KB236888

지역에서의 4월혁명

지역에서의 4월혁명

초판 1쇄 발행   2010년 11월 25일

편 자 ㅣ 정근식 · 권형택
발행인 ㅣ 윤관백
발행처 ㅣ 

편 집 ㅣ 이경남 · 김민희 · 하초롱 · 소성순 · 주명규
표 지 ㅣ 김현진
제 작 ㅣ 김지학
영 업 ㅣ 이주하

인 쇄 ㅣ 한성인쇄
제 본 ㅣ 광신제책

등록 ㅣ 제5-77호(1998.11.4)
주소 ㅣ 서울시 마포구 마포동 324-1 곳마루 B/D 1층
전화 ㅣ 02)718-6252 / 6257   팩스 ㅣ 02)718-6253
E-mail ㅣ sunin72@chol.com
Homepage ㅣ www.suninbook.com

정가   32,000원
ISBN   978-89-5933-400-1(세트)
ISBN   978-89-5933-402-5   94300

· 잘못된 책은 바꿔 드립니다.

민주화운동기념사업회 4월혁명 50주년 기념 연구총서 2

지역에서의 4월혁명

정 근 식 · 권 형 택 편

발간사

　50년 전 무너진 이 땅의 민주주의를 지키기 위해 싸웠던 수많은 젊은이가 있었습니다. 그 해의 4월, 180여 위의 희생자와 6천여 명의 부상자라는 크나큰 희생을 치른 끝에 한국사회는 부정과 부조리에 물든 이승만 권위주의체제를 무너뜨리고 민주주의를 시대적 가치로 각인시킬 수 있었습니다.

　부정선거에 대한 학생들의 항의시위로 시작되어 시민혁명으로 발전한 4월혁명은 형식과 제도로서의 민주주의를 만들어냈을 뿐 아니라, 진정으로 국민을 주인으로 나서게 하는 민주화운동의 시원이자 거대한 분수령이라는 의의를 지니고 있습니다. 4월혁명은 국내적으로는 모든 지역에서 전개된 전국적 수준의 혁명이었으며, 국제적으로도 아시아는 물론 세계의 민주화운동에 있어 선도적인 모범을 보인 혁명입니다.

이 극적인 사건은 한국적 상황에서뿐만 아니라 국제적 상황에서도 참으로 유일무이한 독특한 사건입니다. 우리는 현대역사에서 4월혁명과 비교 가능한 권력과 사건 사이의 상호작용 형태를 알지 못합니다.

4월혁명 50주년을 맞아 열렸던 국제학술대회에서 고트프리드 킨더만 뮌헨대 명예교수가 했던 이 말은, 4월혁명의 특징과 함께 세계사에서 지니는 위상을 잘 보여주고 있습니다.

반세기의 시간 동안 질곡의 역사를 헤쳐오면서, 4월혁명은 대부분의 사람들에게 '미완의 혁명'으로 인식되고 있습니다. 하지만 '현재진행형'인 4월혁명의 의미는 50년이라는 시간의 흐름 속에서 기억이 흐려지는 과정을 겪고 있기도 합니다.

때문에 민주화운동기념사업회는 4월혁명 50주년을 맞이하여 4월혁명의 정신을 재조명하고 계승함으로써 민주화운동의 역사성을 규명하고 민주주의의 성숙을 함께 고민하고 모색하기 위해 일련의 작업들을 진행해왔습니다. 4월혁명 관련 사료를 집대성한 사료총집을 만드는 작업이 그 한 축이라면, 지역별로 진행된 4월혁명의 구체적 역사를 복원하고, 오늘의 시각에서 4월혁명을 재조명하는 다양한 연구들을 수행하는 것이 다른 한 축이었습니다. 모두 6권으로 발행되는 4월혁명 50주년 연구총서는 이 같은 연구 결과들을 모은 것입니다.

우선 다양한 연구자들과 함께 반세기가 지난 현시점에서 4월혁명을 재조명하는 종합적인 연구서 『4월혁명과 한국민주주의』를 발간하였습니다. 둘째, 제주를 포함한 전국 10개 지역에서 "지역에서의 4월혁명과 한국민주주의의 지역적 과제"라는 주제하에 학술토론회를 개최하여 4월혁명이 각 지역에서 어떻게 전개되었는지, 민주주의와 관련해서 각 지역이 안고 있는 문제점이 무엇인지를 고찰하고, 그 결과물을 바탕으로 『지역에서의 4월혁명』을 발간하였습니다. 셋째, 한국여성문학학회·여성사학회·한국여성철학회, 한국사회경제학회, 한국역사연구회, 한국정치연구회, 현대매체연구회, 비판사회학회 등 여러 진보적 학술단체들과 함께 4월혁명 50주년을 기념하는 학술토론회를 공동으로 개최하고, 그 결과물을 4권의 책으로 발간하였습니다.

어려운 과제를 맡아 훌륭한 연구를 수행해 주신 많은 연구자들, 각 지역에서 4월 정신을 되살려 민주주의 발전을 위해 애쓰고 계신 벗들에게 감사의 인사를 전합니다. 민주주의와 정의를 향한 1960년 4월의 웅장한 기념비 위에, 5월과 6월의 찬연한 역사를 새겨온 모든 분들께도 진심으로 감사드립니다.

4월혁명 50주년의 의미를 다시 한 번 깊이 성찰하면서 이 연구 성과들이 민주화운동의 역사와 의미에 대한 연구를 더욱 풍부하게 하고, 한국 민주주의의 지속적인 발전에 이바지하는 단단한 주춧돌이 되기를 기대합니다.

2010년 11월
민주화운동기념사업회 이사장 함세웅

책머리에

한국에서 민주주의를 확립하려는 청년 학생들의 열정과 헌신은 오랜 역사를 가지고 있다. 그 중요한 출발로서의 4월혁명은 올해로 50주년을 맞았다. 혈기 넘쳤던 혁명의 주역들은 이제 할아버지 할머니 세대가 되었고, 그로부터 또 한 세대가 지나 6월항쟁의 주역들은 아버지 어머니 세대가 되었다.

4월혁명은 식민지 체제를 경험한 세계에서 가장 빠른 시기에 터져 나온 시민혁명이자 아시아 민주주의의 가능성을 증명한 기념비적 사건이었다. 대한민국의 헌법 전문에서 밝히고 있듯이 4월혁명은 한국 현대사를 민주주의의 승리의 역사로 만들어간 출발점이자 정의가 살아있음을 깨우쳐 준 이정표였다. 4월혁명은 1970년대 권위주의적 독재체제하에서 새롭게 자라나는 학생들에게는 민주주의의 가치를 각인시키고 직접 혁명에 참여했던 4·19세대들에게는 끊임없이 민주주의적 가치에 충실하도록 요구했던 사상적 죽비라고 할 수 있다.

1980년 이후 4월혁명의 이런 역사적 이정표의 기능은 크게 약화되고 그 자리를 '5월 광주'에 내주었지만, 그럼에도 불구하고 오늘날 우리가 한국사회를 반세기만에 산업화와 동시에 민주화를 달성한 보기 드문 국가라고 자랑스럽게 말할 수 있는 것은 현재의 민주화의 수준뿐 아니라 1960년부터 형성된 '정의를 향한 열정과 헌신'의 전통이 있기 때문이다.

그러나 세계화와 함께 다가온 극단적 생존경쟁의 에토스는 한국현대사를 관통하고 있는 역동적 사회운동의 전통을 위협하고 있는 것처럼 보인다. 가난했지만 희망과 꿈이 살아있던 과거의 청년 학생들과는 달리, 오늘날의 청년 학생들은 비록 풍요의 시대에 성장했지만, 오히려 자기실현의 기회의 제한과 미래에 대한 불안감에 시달리고 있다. 역사와 정의를 외쳤던 위대한 사건들에 대한 각종 기념 행위들이 새로운 세대들의 무감각에 부딪혀 공허한 메아리로 돌아올 때, 회의와 비관주의가 고개를 들지만, 현재의 지평에서 과거를 기념하고 학문적으로 다시 성찰한다는 것은 미래에 대한 희망을 놓지 않고 있다는 증거이다. 비록 두 세대를 지나면서 4월혁명이 가졌던 역사 창출력은 많이 약화되었으나 한국 민주화운동의 전통을 되새기고 다시 성찰하지 않을 수 없다.

민주화운동기념사업회는 4월혁명 50주년을 맞이하여 이를 기념하는 여러 가지 행사를 개최하였다. 사료관은 4월혁명에 관한 각종 자료들을 정리하여 출간하는 작업을 진행하였고, 연구소는 이를 학술적으로 조명하는 작업을 하였다. 이 작업은 두 갈래로 진행되었다. 한편으로는 4월혁명을 연구해온 젊은 학자들과 함께 종합적인 연구서를 기획하여 출판하고, 다른 한편으로는 여러 진보적 학술단체들과 함께, 4월혁명을 기념하는 학술 심포지움을 개최하였다.

학술 심포지움은 역사학, 정치학, 경제학, 사회학, 여성학, 문화연구의 분야에서 활동하는 비판적 학술단체와 더불어 각각의 학문 분야에서 민주화운동이나 현재의 한국사회가 겪고 있는 사회문제를 진단하는 방식으로 진행하였다. 이와 함께 4월혁명이 전국에서 다양하게 전개된 부정선거에 대한 집단적 항의시위, 민주주의에 대한 계몽과 분단을 극복하려는 혁신계 운동들이 결합된 사건이라는 점에 착안하여 전국을 순회하면서 각각의 지역에서 일어난 4월혁명을 되새겨보고 해당 지역에서의 현재의 민주주의의 과제를 논의하는 학술토론회를 개최하였다.

이 책은 바로 이 여러 도시에서 개최한 학술토론회에서 발표된 논문들 중에서 4월혁명의 지역적 전개과정을 새롭게 검토한 것들을 묶은 것이다. 지역에서의 토론회는 2010년 3월 26일 마산에서 시작하여 인천(4. 14), 대전(4. 14), 전주(4. 15), 춘천(4. 16), 대구(4. 19), 청주(4. 22), 제주(6. 29), 부산(9. 10)을 거쳐 9월 30일 광주에 이르기 까지 총 10개 지역에서 열렸으며, 해당 주제를 발표한 연구자들이 별도로 2차례 모여 문제의식을 공유하고 가급적 공통의 분석틀 위에서 4월혁명의 경험을 정리하고자 하였다. 우리가 4월혁명을 지방 도시별로 검토한다면 당연히 3·15시위의 중심인 마산의 사례를 포함해야 하나, 이 사례에 대한 분석은 이 책과 함께 출간하는 『4월혁명과 한국민주주의』에 포함시켰으므로 여기에서는 제외하였다.

우리가 각 지역별 토론회를 개최하면서 새삼스럽게 느낀 것은 그동안의 4월혁명의 연구가 서울 중심으로 전개되어, 그것이 일어난 지 반세기가 지났음에도 불구하고 체계적인 지역사가 없다는 사실이다. 학술적 논쟁을 이끌어 낼 정도의 선행연구들이 축적되어 있지 않았을 뿐 아니라 기초적인 역사적 사실조차 제대로 정리된 경우가 별로 없었기 때문에 이 연구에 참여한 분들은 많은 어려움을 겪지 않을 수 없었다. 이런 사정을 감안한다면, 2010년에 와서야 비로소 한국의 주요 지방 도시들에서 1960년에 어떤 일이 있었으며, 각 도시들에서의 민주주의와 통일을 향한 외침들이 서로 어떤 관련을 맺고 있었는가를 생각할 수 있는 기회를 갖게 된 셈이다.

그동안 4월혁명은 대구의 2·28사건, 마산의 3·15사건을 거쳐 서울의 4·19로 이어지는 하나의 계선으로 인식되었다. 그러나 실제의 4월혁명은 이런 흐름과 함께 여러 도시에서의 동시다발적인 시위들이 존재하였고, 그 양상도 전파-확산론적 패러다임만으로 설명할 수 없는 지역 내적 요인들이 있었다. 모든 지역에서 민주주의를 위한 집합적 시위는 학생들을 주체로 하여 관권에 의한 학생동원과 '부정 선거'에 대한 항의를 기초로 발생했지만, 지역의 서로 다른 조건들이나 매개 요인들은 집합적 시위나 요구의 시기나 내용, 강도를 다르게 만들었다.

우리는 이 책을 통하여 지역에서의 4월혁명의 전개과정을 이해하고, 각 지역별 시위나 운동의 양상들을 간접적으로 비교하며, 나아가 어떻게 서로 영향을 주고받았는가를 성찰함으로써 '전국' 혁명으로서의 의미를 재확인할 수 있으면 좋겠다는 희망을 가지고 있다. 이 책의 발간과 함께 민주화운동기념사업회 출범 10년 만에 연구소는 한국민주주의연구소라는 어엿한 이름을 갖게 되었다는 점을 독자들에게 알릴 수 있게 되어 더욱 기쁘다.

끝으로 지난 1년간에 걸쳐 각 지역과 도시에서 학술회의를 조직하는 데 힘써 주신 남기문(마산), 정영태(인천), 정완숙(대전), 박종훈(전주), 유팔무(춘천), 이상율(대구), 정지성(청주), 박찬식(제주), 김하원(부산), 주정립(광주) 선생께 감사를 드리고, 또한 어려운 자료조사와 함께 훌륭한 논문을 집필하는 데 참여한 모든 분들, 각 논문에 대하여 좋은 토론을 해주신 차철욱, 이현주, 정해구, 김지형, 이정덕, 최두현, 배동인, 최창희, 김준섭, 장대수, 황석규, 김승, 박찬표 선생께 진심으로 감사를 드린다. 빠듯한 일정에도 불구하고 토론회가 열릴 때마다 빠지지 않고 참석하여 2010년의 특별한 의미를 강조하고 발표자들을 격려해주신 민주화운동기념사업회의 함세웅 이사장님, 유영표 부이

사장님께도 감사를 드린다. 아울러 어려운 출판사정에도 불구하고 출판을 맡아준 도서출판 선인의 사장님과 편집부 직원 여러분께도 감사의 말씀을 드린다.

2010년 11월　한국민주주의연구소를 대표하여

소장 정근식

차례

제1장 지역의 4월혁명 : 시각과 연구방법

정근식

1. 4월혁명을 보는 시각

여전히 분단 상태에 놓여있는 한국에서 민주주의의 역사를 어떻게 쓸 것인가는 많은 논란이 있을 수 있겠다. 그렇지만, 1945년 광복 이후 민주주의의 역사가 국가형성 과정에서 국민주권의 실현과정이었고, 그것은 단순한 제도적 이식의 결과가 아니라, 민주주의라는 가치를 정치적 이상으로 삼는 시민들의 희생과 투쟁의 결과였다는 평가에 대해서는 별다른 이견이 없을 것이다.

헌법상 자유민주주의와 공화국의 원리를 채택하면서 출범한 한국에서 민주주의는 현실이라기보다는 오랫동안 이상에 가까웠다. 한편으로는 헌법에 규정된 민주주의의 원리를 충실하게 실천할 수 있는 사회경제적 토대가 취약했고, 전쟁을 거치면서 생존의 정치경제가 개인적 권리의식을 압도했으며, 동시에 분단국가를 규정한 국가보안법이 충분한 민주주의의 실현을 제약했던 것이다.

국가형성과 국민형성 그리고 민주주의의 실현과정과 시민의 탄생은 서로 상호작용하면서 병행하는 역사적 과정 속에서 이루어졌다. 민주주의적 가치를 신체화한 국민의 탄생은 국가권력의 계몽과 교육을 통해 이루어지기도 하고, '국가안보'라는 명분으로 국민의 기본권을 억압하는 국가권력에 대한 투쟁을 통해 이루어지기도 하였다. 이승만정부가 출범한 1948년부터 4월혁명이 발생한 1960년까지의 약 12년 동안, 나아가 민주주의로의 이행이 시작된 1987년까지 약 40년 동안에 국가권력은 계몽의 주체라기보다 억압적 주체에 가까웠다. 따라서 민주주의의 실현과정은 국가와 사회의 대립과 갈등을 통해 단계적으로 그리고 나선형적으로 진전되었다는 특징을 갖는다.

한국현대사에서 민주주의라는 의제를 둘러싸고 국가권력과 시민들이 충돌한 사건은 여러 차례 발생했다. 1960년 4월혁명은 그 최초의 대규모 충돌이었다. 이는 단지 1960년 4월 19일에 발생한 단일 사건이 아니라, 이날 전후의 일정한 시간적 지속성을 갖는, 그리고 서울과 지방을 아우르는 대규모 민주항쟁이자 아래로부터의 압력에 의해 정권이 교체된 최초의 사건이었다.

4월혁명에 관한 역사적·사회과학적 연구에서 부딪치는 첫 번째 쟁점은 '4월혁명'의 정의에 관한 문제이다. 1960년에 발생한 학생들의 시위와 제1공화국의 붕괴를 무엇이라고 불러야 하는가를 둘러싸고, 그 사건이 발생했던 1960년부터 지금까지 서로 다른 견해들이 제시되어왔다. 1960년 4월에 발생한 사건에 대한 최초의 의미부여는 1960년 4월 26일 이승만 대통령의 사퇴와 그가 미국으로 망명한 직후 안동일·홍기범에 의해 출간된 『기적과 환상』이라는 책을 통해 이루어졌다. 당시 대학생으로 항쟁의 주역이었던 이들은 「4월의거의 혁명사적 의의」라는 글에서 "4월 의거를 하나의 혁명으로서 규정"할 수 있다고 보고, 그 특징을 "젊은 세대라는 주체, 전 국민의 호응과 군대의 중립, 혁신세력에 대한 기대, 번영에 대한 향수"라고 요약하였다. 이처럼 1960년의 사건을 바라보는 시각은 '의거'와 '혁명' 사이에 있었다.

그런데 '4월혁명'이 처음부터 그렇게 정의된 것은 아니었다. 4·19의거로부터 4·19혁명을 거쳐 4월혁명 등으로 변화해 왔던 것이다. 첫 번째 변화가 정권의 퇴진에 초점을 맞추었다면, 두 번째 변화는 중기적인 국면을 설정하고 좀 더 긴 호흡으로 바라보았다. 주로 항쟁에서의 희생자들이 '의거'를 선호하였다면(4·19유족회, 1971 ; 3·15의거기념사업회, 2004), 학술연구자나 사회운동가들은 정치적 목표를 내재한 '혁명'을 선호하였다. 이에 관한 공개적 논의는 전기 군부정권, 특히 1970년대 유신체제하에서는 별로 이루어지지 않았다. '4월혁명론'이 체계화되기 시작한 것은 1980년 이후였다. 비록 명시적으로 그렇게 부르는 것은 아니었으나 이승만정부의 퇴진과 민주당으로의 정권교체에 초점을 맞춘 '완성된' 혁명론과 항쟁정신이 완전히 실현되지 않았다거나 당시의 혁신계의 활동 및 통일운동이 이후 군사쿠데타에 의해 좌절되었다는 점에 초점을 맞춘 '미완의 혁명'론으로 점차 분화되었다.

　'4월혁명론'은 1960년 2월 말부터 4월 26일까지 이루어진 자유당정권의 부정선거와 이에 대한 저항, 그리고 이승만 대통령의 사직으로 마무리되는 일련의 정치적 변화를 의미한다. 비록 미국의 지지철회가 크게 작용하였다고 하더라도, 1960년을 전후한 세계적 냉전의 시기에 '자유'진영에서 최고 권력자가 아래로부터의 압력에 의해 퇴진하는 사례는 찾아보기 어렵다. 때문에 4월혁명은 한국 현대사나 아시아 민주주의의 확립과정에서 매우 중요한 의미를 지니는 것으로 인식된다. 이와 달리 '미완혁명론'은 4월혁명 20주년을 지나면서 형성되었다. 이는 4·19의 현재성을 강조하고(백낙청, 1983), 민주주의와 민족주의를 결합시켜(김학준, 1983), 한반도 전체의 민족국가 형성이 4월혁명의 최종적 지향이었다고 규정한다. 이것은 1980년대의 후기 군부정권하의 지식인들의 현실 인식과 미래적 지향이 배어있는 것으로, 목적론적 패러다임이라고 할 수 있다. 이 관점은 4월혁명을 1960년 2월부터 1961년 5월까지 지속되는 것으로 본다. 이것은 4월혁명 30주년을 보내

면서 4월혁명연구소에서 출판한 『한국사회변혁운동과 4월혁명』(1993)
에서도 계승된다.

민주화 이행 이후 '국민국가론'이 부상하면서, 4·19를 민주화의 계기 속에서 파악하는 경향이 커지고(백영철 편, 1996 ; 홍태영, 2010), 이후 완성혁명론과 미완혁명론은 경쟁의 영역에 놓이게 되었다. 2008년에 출간된 민주화운동기념사업회 연구소 편의 『한국민주화운동사 1』에서는 4월혁명을 '2·28로부터 4·26까지'로 보고, 이후 약 1년을 '4월혁명 직후'로 규정하였다.

2. 4월혁명의 역사적 위치와 주체

한국의 민주화 과정은 민주주의적 가치를 선취하면서 이를 실현하려고 한 실천운동가들에게는 매우 길었던 시련의 시간들이었다. 그러나 세계의 여러 나라들과 비교해보면 상대적으로 짧고 빠르게 진행되었다고 할 수 있다. 이를 '민주주의의 압축적 제도화'라고 부른다면, 여기에는 분단국가의 정당성 경쟁, 한국전쟁을 통한 신분제 유제의 철폐와 자유로운 사회이동의 가능성 확대, 농지개혁을 통한 전통적 지배집단의 해체, 급속한 교육의 확대 등과 같은 정치사회적 요인들과 함께 민주화운동 주체들의 헌신적 열정이 복합적으로 작용하였다. 비록 매 시기마다 민주주의의 내용과 형식을 둘러싸고 서로 다른 입장들 간의 경쟁과 충돌이 있었지만, 누구도 자유민주주의라는 가치를 부정하지는 않았다.

민주주의라는 개념은 매우 중층적인 것이어서 때로는 대의제적 원리를 구현하는 보통선거의 도입과 운영을, 때로는 국가권력의 문민적 통제를, 또 때로는 국가권력에 대한 시민적 개방과 주체적 참여를 의미하기도 한다. 이처럼 민주주의의 의미가 사회적 맥락에 따라 다르게 상정되는 것은 민주주의의 제도화 수준이 진전되는 것과 더불어 그때그때의 정치사회적 과제가 달라지기 때문이다. 또한 민주주의의 이상과 현실은 항상 상당한 격차가 있는 것이어서 민주화운동의 양상이나 강도는 그 간격의 폭에 따라 달라진다.

민주화운동의 역사에서 중요한 위치를 점하는 기념비적 사건들은 국가권력이 정당성을 결여했을 뿐 아니라, 넘어서는 안 될 최소한의 규범적 제도를 파괴했다고 인식될 때에 발생하였다. 시간적으로 보면 부정선거가 극에 달했던 1960년, 3선개헌과 유신체제라는 권위주의 정권의 성립을 둘러싼 갈등이 치열했던 1969년부터 1972년까지의 기간, 유신체제의 종말과 민주주의적 헌정질서의 회복을 둘러싸고 전개된 1979~1980년의 시기, 군부정권의 종식과 대통령 직접선거의 부활을 위한 1987년의 6월항쟁 기간이 사회운동의 밀도와 강도가 크게 증가한 시기였다. 민주주의는 항상 사회운동의 중심 의제였고, 사회운동의 주체들은 이 기간에 새롭게 형성되었으며, 또 이들에 의해 새로운 사회운동의 지평이 만들어졌다.

4월혁명은 국가형성기에 출현한 최초의 대중적 투쟁으로, 민주주의의 기본원리인 대의제와 그것의 핵심 제도로서 선거의 공정성을 둘러싸고 발생한 것이다. 국가권력에 의한 일방적 동원이 일상화된 상태에서 선거절차의 공정성이 완전히 파괴되자 새로운 교육을 통해 자유민주주의의 원리를 내면화한 학생들의 집단적 저항이 형성되었다. 그러면서 학생과 시민 수백 명이 경찰에 의해 희생당하는 사태로 발전했으며, 결국 대통령의 사퇴와 정권의 붕괴로 이어졌다.

4월혁명을 논할 때 제기되는 두 번째 쟁점은, 한국 민주주의의 사상적·제도적 원천에 관한 것이다. 이는 왜 4월혁명의 주체가 주로 젊은 학생들이었는가라는 질문과 무관하지 않다. 이 역사적 원천을 한국

사회 내에 면면히 이어져 내려온 전통에서 찾는 견해가 있고, 1945년 이후 미국에 의해 도입된 정치교육과 보통선거에서 찾는 견해가 있을 수 있다. 전자를 내재적 전통주의, 후자를 제도적 이식주의라고 거칠게 표현할 수 있는데, 전자에 서면 한국의 민주주의 전통은 1894년 동학농민혁명에서의 신분제 폐지와 집강소의 경험, 그리고 독립협회의 만민공동회와 여기에서 처음 제기된 입헌군주제, 일제하 3·1운동과 이에 기초한 상해 임시정부의 민주공화제 구상으로 이어지며, 이런 사상적 전통이 1948년 대한민국 헌법으로 구체화되었다고 볼 수 있다. 이러한 맥락에서는 4월혁명이 한국전쟁을 통하여 완전히 와해된 사회운동의 기반이 다시 복원되는 출발점으로 위치지어진다. 대한민국 헌법은 이런 한국 민주주의의 내재적 전통주의를 전문에 밝혀놓았다.

이와 달리, 식민지지배하에서 한국의 민주주의는 아무런 구조적·제도적 기초가 없었고, 제2차 세계대전 종전 후에 시작된 냉전 상황에서 미국에 의해 비로소 자유민주주의 제도가 도입되었다는 보다 냉정한 견해도 있을 수 있다. 전후 자유민주주의의 세계적 확산 속에서 한국의 민주주의도 싹텄다는 견해도 전혀 일리가 없는 것은 아니다. 한국에서 국민에 의한 직접선거, 성별이나 연령, 계급에 관계없이 누구나 동등한 기회를 갖는 보통선거가 이루어진 것은 1948년이었다. 이것은 분명히 당시 한국인의 민주주의에 대한 이해나 열망, 실천역량을 뛰어 넘는 정치제도적 형식이었다. 서구에서 도입된 민주주의의 가치를 최초로 내면화된 집단이 학생들이었고, 이들이 기성세대의 반민주주의적 행태와 부딪친 것이 4월혁명이었다. 학생들의 시위가 정권의 퇴진으로 이어진 것은 미국의 영향력이 작용했기 때문이다. 이렇게 요약할 수 있는 것이 제도 이식론적 틀이다. 여기에는 세대론과 학생집단의 특성론이 결합되어 있다.

4월혁명은 주체들의 취약성으로 인해 불과 1년 만에 한국전쟁을 통해 급속히 팽창한 군부권력에 의해 부정당했으나, 군사쿠데타의 주역들도 형식상으로는 4월혁명의 정신을 완전히 부정하지는 못했다. 군사쿠데타의 주역들은 4월혁명을 '학생들의 의거'로 한정시키고, 자신들의 거사를 '혁명'으로 치장했다. 그리고 또 3·15부정선거의 주역들을 사법적으로 처벌하는 프로젝트(한국혁명재판사편찬위원회, 1962)를 계속 수행하였고, 4·19의거 기념식을 공식적으로 거행했다. 1962년 4·19 제2주년 기념사에서 박정희는 "5·16혁명은 4·19의거의 연장"이라고 규정하고 103명을 의거유공자로 선정하여 포상했으며, 1963년 4·19기념식에서는 4월학생혁명기념탑 제막 및 희생자 합동 이장식, 의거 참여 학생 표창 등이 이루어졌다. 그러나 이때부터 국가주도의 기념에 반대하는 흐름이 형성되고, 1964년부터 4월혁명은 민주주의를 위한 기억투쟁의 핵심 쟁점으로 부상하게 된다.(정호기, 2002, 72~73쪽)

1969년 3선개헌이 이루어지고 1972년 유신헌법에 의해 대의제 민주주의의 핵심적 제도인 국민에 의한 직접선거가 폐지되었을 때, '민주회복'은 시대정신이 되었다. 이때 회복되어야 할 민주주의는 4월혁명이 제공한 이미지이다. 1970년대의 거의 유일한 체제도전세력이었던 대학생들에게 4월혁명은 민주주의의 가치를 상기시키는 횃불이었고, 정치적 억압체제에 합류한 4·19세대 정치인들을 비판하는 근거였다. 아이러니하지만, 유신체제하에서 국가는 학생과 시민들의 4·19기념식은 억압했던 반면에, 정부 주도의 기념식은 지속하였다. 심지어 박정희 대통령이 사망하던 1979년 제19주년 기념식에서도 4·19의 책임자 가운데 한 명이었던 부총리가 대통령 기념사를 대독하였다. 이처럼 4월혁명의 정치적 영향력은 1980년까지 20년간 매우 컸으나 1980년 5·18민중항쟁 이후 사회운동을 위한 에너지의 원천이 '5·18광주'로 전환되면서 감소하였다.

4월혁명은 식민지 체제를 경험한 제3세계에서 가장 빠른 시기에 터져 나온 시민혁명이자, 아시아 민주주의의 가능성을 증명한 기념비적 사건이었다. 4월혁명이 발생한 1960년은 세계적으로 보면 탈식민주의의 물결과 세계적 냉전이 얽혀있던 시기로, 특히 아이젠하워와 흐루시초프의 대결로 상징되던 냉전이 첨예화되었다. 동아시아에서는 일본 '제국'의 해체 이후, 미국과 소련의 영향력 아래에 들어가면서 남북한은 분단되고, 1948년과 1950년 전쟁을 거쳐 분단체제가 형성되었다. 뿐만 아니라 중국과 일본도 분단되고, 내부적으로도 균열된 상태가 계속되었다. 중국 대륙에서는 내전에 이어 성립한 사회주의 정권이 '죽의 장막'을 설치하고 사회주의적 개조에 매진하였다. 이에 대해 대만에서는 '대륙회복'을 외치던 국민당 정권이 권위주의적 지배를 하고 있었다. 일본은 1955년의 자민당 정권의 성립 이후, '전후 민주주의'와 경제성장을 구가하였다. 반면에 오키나와는 일본으로부터 분리되어 미군기지화가 진행되었다. 당시 아시아에서는 일본만이 민주주의가 시행되는 것으로 간주되었다.

동아시아에서 한국을 둘러싼 국제관계는 미소냉전 외에 '한국전쟁 후 체제'로 특징지을 수 있다. 한국전쟁은 한미동맹과 북중동맹을 동시에 만들어냈다. 전쟁 후 중국군은 1958년 북한으로부터 철수를 완료한 반면, 미군은 한국에 강력한 반공기지를 구축하였다. 미국은 소련, 중국, 북한의 북방동맹에 맞서서 일본과 한국, 대만, 필리핀을 잇는 강력한 '자유세계'를 구축하려고 하였다. 한국정치와 경제는 강력한 미국의 영향력 아래에 있었으며, 한일 국교의 수립은 이런 남방동맹의 원활한 구축을 위한 필요조건이었다. 그러나 식민지배의 유산은 이런 새로운 체제의 창출에 중요한 장애물로 작용하였다. 미국의 입장에서 보면, 한국에서의 민주주의는 이런 남방동맹을 강화하기 위한 매개변수로 위치하고 있었다는 것이 정확한 지적일 것이다.

이런 동아시아 분단체제하에서 1960년대 베트남전쟁과 한일 수교가 이루어졌으며, 1970년대 초반 미중 회담과 일중 수교, 그리고 오키나와의 일본 복귀를 통해서 동아시아 분단체제의 일차적 해체가 진행되었다. 이렇게 본다면 4월혁명은 동아시아 분단체제가 강력하게 작동하던 시점에 발생한 것이고, 이 체제를 움직이던 미국의 헤게모니 하에서 진행된 것으로 파악해야 한다.

한편, 1960년은 휴전체제로 진입한지 7년이 경과한 시점이었다. 전쟁으로 파괴된 생산 및 생활 기반시설들의 1단계 복구가 남북 모두에서 일단락되고, 이를 통해 분단체제가 '남북 경쟁을 통한 안정화'의 국면으로 이행하던 시기였다. 남한의 상황으로 국한하면, 한국전쟁과 전후 복구 과정에서 위기에 빠진 한국 정부를 구원한 미국의 영향력이 최고조에 올라 있었고, 전쟁을 통해 급속하게 커진 군부가 아직 정치에 직접 개입하지 않았던 시점에 위치하고 있다. 아울러 이승만 대통령이 집권한지 12년이 경과한 시점이었고, 그가 매우 고령이었다는 개인적 요인도 예상치 못한 '정권의 퇴진'에 작용하였다.

3. 4월혁명의 전국성과 지방성

우리가 이렇게 4월혁명을 동아시아 분단체제라고 하는 구조적 시간대에 위치시킨다면, 좀 더 짧은 시간대로서의 4월혁명의 국면들도 고려해야 한다. 4월혁명 연구에서 네 번째 쟁점은 '전국 혁명'으로서의 성격에 관한 것이다. 한국의 민주화운동을 공간적 측면에서 바라본다면, 특정 지역을 배경으로 하여 발생한 대사건과 전국 여러 지역에서 발생한 사건으로 구분되는데, 4월혁명은 6월항쟁과 마찬가지로 전국에서 동시다발적으로 전개된 항쟁이다. 따라서 4월혁명의 전체상은 서울이라는 특정 공간에서의 저항을 넘어서서 전국의 여러 도시에서 진행된 저항들 모두에 초점에 맞출 때 비로소 얻어진다.

이런 항쟁의 전국성과 지방성의 문제는 4월혁명의 소국면들과 밀접히 결합되어 있다. 우리가 4월혁명을 하나의 시공간에서 폭발한 단일 사건이 아니라, 여러 분산된 장소에서 형성된 에너지가 특정 시공간으로 집약되어 정권퇴진을 이끌어낸 사건으로 바라본다면, 이 사건이 놓여있는 국면과 이들 내부의 좀 더 미세한 시간들에 주목하지 않을 수 없다.

4월혁명의 국면들은 1956년의 대통령선거 이후 이승만정권이 겪게 되는 선거를 통한 권력재생산의 어려움, 1959년에 만들어지는 부정선거 기획체제라는 예비적 국면을 제외한다면, 학생들의 시위가 구체적으로 조직되기 시작한 때부터 설정할 수 있다. 넓은 의미의 4월혁명은 세 가지 국면들로 구성된다. 첫 번째 국면은 1960년 2월 말부터 이승만 대통령의 퇴진이 이루어지는 4월 26일까지를 말하며, 두 번째 국면은 이로부터 총선거가 실시된 7월 29일까지이고, 세 번째 국면은 민주당 정권의 출범으로부터 군사쿠데타가 발생하는 1961년 5월까지이다. 이런 시기 구분은 5·16을 혁명 국면을 종식시킨 반혁명으로 보는 관점에서 파악하는 것이다. 제1국면의 핵심적 의제는 국가권력에 의한 국민의 동원과 이에 대한 저항 그리고 부정선거에 대한 항의였고, 제2국면은 계몽과 새로운 정부 구성이었으며, 제3국면은 전쟁 시기에 발생한 피해자 유족들의 활동과 혁신계의 통일운동이 중심 의제라고 할 수 있다.

첫 번째 국면은 다시 세 개의 소 국면으로 나누어질 수 있는 것으로 보인다. 최초의 소국면은 자유당과 국가권력에 의해 부정선거가 계획되고 이에 대한 저항이 발생하기 시작한 시기, 즉 총선거가 이루어진 3월 15일까지이고, 두 번째 소국면은 4월 19일까지이며, 마지막 소국면은 4월 26일까지이다.

1959년에 부정선거를 위한 지휘부가 자유당과 행정부에 만들어지고 선거일정이 자의적으로 결정되었다. 1960년 초에는 선거유세의 국면에서 노골적인 국민동원과 야당에 대한 방해공작이 진행되었다. 최초의 반발은 대구에서의 2·28사건이었다. 대구의 고등학생들은 정부의 일방적 동원과 일요일 등교에 항의하여 시위를 하였다. 3월에 이르면 학생들의 반발은 서울과 여러 지방도시들에서도 나타났다. 특히 3·15부정선거에 대한 항의가 마산에서 가장 강력하게 표출되었다. 이어 4월 18일과 19일의 서울과 여러 지방도시에서 격렬한 유혈투쟁이 발생했고, 이어 4월 25일의 교수단 데모 등으로 이어진다. 시위의 활성화는 대체로 고등학교를 통해 시작되었는데, 4월 18일을 계기로 서울의 대학생들이 시위의 주축이 되고 시민들이 참여하는 양상으로 전개되었으며, 4월 25일의 교수단 데모와 함께 이튿날 이승만 대통령의 퇴진을 이끌어냈다.

이를 지역 단위에서 바라보면, 학생들의 항의 시위 출현과 함께 자유당과 행정기구, 반공청년단 등 지배역량의 배치, 대립정당으로서 민주당의 역할, 학생들의 시위의 조직 경로, 지역 언론의 상황 등이 우선 파악되어야 한다. 이들은 주민의 동원정치와 관권선거의 양상을 구성하는 항목들이다. 지역에서의 4월혁명은 세 개의 소국면 가운데 어느 시점에 시위가 조직되고 나타났는가에 대해 질문해야 한다. 4월혁명은 대구와 마산 등에서 먼저 그리고 강하게 분출되었고, 이것이 다른 지방도시들과 서울에 영향을 미쳤다. 시위의 공간적 분포로 보면, 1950년대의 정치지형인 '여촌야도'의 연장선상에 있었다고 할 수 있다. 그래서 이를 한국전쟁의 유산이나 농지개혁의 효과 또는 리터러시(literacy)의 차이 등으로 설명하는 경향이 있다. 부정선거의 동원은 농촌에서 더 용이하였던 것으로 보인다.

또한 모든 고등학교나 대학에서 시위가 활성화 된 것은 아니므로,

어떤 요인이 시위의 활성화 여부에 영향을 미쳤는가를 밝혀야 한다. 각 지역별 시위에서는 지역 사회 내부의 요인과 함께 지역들 간의 관계가 흥미로운 분석 과제가 된다. 부정선거에 항의하는 시위가 전국적 조직망에 의해 이루어지는가, 아니면 지역 내부에서 자발적으로 형성되는가, 저항과 시위가 다른 지역으로부터 영향을 받아서 발생하는가, 지역 내부의 문제들로부터 연원하는가가 될 것이다.

두 번째 국면에 대한 분석도 학생들에 의한 계몽운동과 총선거에 모아진다. 당시 계몽운동은 주로 서울의 대학생들에 의해 조직되고, 지방이 주요 활동 무대였다. 또한 교원들을 중심으로 한 노동운동이 활성화되고 사회대중당이 결성되었다. 이 국면의 초점은 새로운 정부 구성을 위한 총선거로 모아지며, 선거 결과는 지역 권력의 동향을 반영하고 있다. 7·29총선거는 민주당과 무소속, 혁신계의 각축장이었다. 민주당은 득표율보다 훨씬 더 큰 의석점유율로 새로운 정부를 구성하였다. 이 선거는 과거의 자유당에 의해 점유되던 정치적 공간이 일시에 공백이 된 영역에 무소속과 혁신계가 어느 정도로 진입할 수 있는가가 초점이었다. 혁신계와 무소속의 비중은 지역의 전통적 지배층이었던 민주당의 영향력에 반비례하여 나타난다. 혁신계는 이 선거에서 충분한 지지를 받지 못했다. 선거가 끝난 이후, 이들은 통일운동을 전개했는데, 1961년에 접어들어 노선 차이로 4개의 정당으로 분화되었다.

이 4월혁명의 후반기 국면에서 주목해야 할 현상은 한국전쟁 전후에 '학살'된 '양민'들의 유족들이 제기하는 진상규명운동이다. 민주주의가 고양되고 국가권력의 권위주의적 독재성이 약화되자 탈식민이나 탈전쟁을 향한 집단적 움직임이 가시화되었다. 이 과정은 한국의 중층적 정치구성을 잘 보여준다. 즉 정치적으로는 보수정당 지배하에서 사회주의를 표방하는 정당은 주변에 머물러 있었다. 사회적으로는 분단국가 형성과 전쟁에 적극 참여한 주류층이 완전한 정치사회적 권리를 향유하는 가운데, 여기에서 배제된 사회적 소수자 집단이 광범하게 존재하고 있었다. 이런 중층적 구성은 '최소 민주주의'가 이루어지기 전에는 은폐되어 있다가 민주주의가 진전되면, 비로소 공적 영역으로 진입하여 가시화된다. 여기에서 우리는 국가형성기의 민주공화제가 정치공동체를 구성하는 성원들이 어떤 차별 없이 동등한 권리와 의무를 갖는 것으로 표방되지만, 실제로는 분단과 전쟁에 의해 이 원리가 제한적으로만 관철된다는 점을 인식하지 않으면 안 된다. 더구나 내전적 국제전쟁을 겪은 한국 사회에서 전쟁의 후과가 강력하게 남아있던 시기에 완전한 시민성의 원리가 작동했다고 보는 것은 무리이다. 따라서 4월혁명 후반기 국면에서의 유족이나 혁신계의 활동은 국가형성기에 배제되었던 소수자들의 성원권 확인운동, 또는 '국가'의 재구성 운동이라고 할 수 있다.

이 국면의 유족운동 또는 진보 혁신계 운동은 지역에 따라 양상이 달랐다. 이들은 한국전쟁기의 점령 경험의 양과 질에 따라, 보다 구체적으로는 북한 정권에 대한 시각에 따라 분화될 소지를 안고 있었으며, 이것이 현실화된 것이 1961년 초의 혁신계 정당의 분화와 경쟁이다. 지역의 4월혁명에 대한 연구는 이런 혁신계의 구성과 노선, 활동 양상을 분석하는 것을 포함한다.

우리가 4월혁명을 넓게 정의하여 1960년 2월부터 1961년 5월까지로 상정할 때 남는 문제는 4월혁명과 5·16군사쿠데타(이하 5·16)와의 관계, 나아가 4·19와 5·16 이후를 가로지르는 근대화 프로젝트의 문제이다. 말할 것도 없이, 5·16은 4월혁명을 뒤집은 반혁명으로 간주되지만, 실제로 군사쿠데타의 주역인 박정희는 자신의 행위를 '혁명'으로 포장하고 4·19를 계승한 것이라고 주장했다. 그러나 양자의 관계는 실제로는 그렇게 단순하지 않다.

한편 4월혁명의 지방사는 지방에서의 기억 및 기념의 정치와 밀접하게 연결되어 있다는 점이 강조될 필요가 있다. 1980년 후반부터 전개된 민주주의로의 이행 그리고 1990년대 지방자치체의 실시와 함께 4월혁명에 대한 지방적 관점이 강화되고, 또 대구의 2·28이나 마산의 3·15의거를 기념하는 독자적 조직과 역사 쓰기가 진전되었다. 1960년대 초반 활발했던 3·15기념사업이 1990년대에 다시 활성화되었고, 광주에서도 1995년에 『호남 4·19 30년사』가 출간되었다. 4월혁명 40주년을 맞아 2·28민주의거40주년기념사업회는 『2·28민주운동사』를 출간하였고, 이에 자극을 받아 3·15의거기념사업회는 2004년에 『3·15의거사』와 사진집을 간행하였다. 그러나 4월혁명과 관련된 기념물과 기념시설은 대부분 서울과 마산에 집중되어 있고, 일부만이 대구, 광주, 목포, 남원, 부산, 대전 등에 분포되어 있다.(정호기, 2002, 320~322쪽) 이들의 대부분은 1960년대 초반에 만들어졌는데, 2000년대에 들어 새로운 기념물과 기념시설들이 건립되는 경향성을 보여준다. 따라서 대구, 마산, 서울을 제외한 지방도시들에서의 4월혁명사는 보다 체계적으로 기술될 필요가 있다.

4. 연구방법과 자료, 책의 구성

4월혁명의 전체사는 역사와 기억이라는 두 측면에서 지역사회에서의 동향을 충분히 분석하여 종합할 때, 비로소 충분히 구성될 수 있다. 그러나 4월혁명이 발생한지 60년이 지난 오늘날까지 지역사회에서의 4월혁명의 전개과정과 그 특징들에 관한 연구는 몇몇 기념사업이 진행되는 지역을 제외하고는 부진하다. 이런 상황은 연구역량의 취약함 때문이라기보다 기초 자료의 파편화나 비체계화에 기인한다.

4월혁명의 지역적 전개를 보다 체계적으로 파악하기 위해서는 해당 지역에서 어떤 사실이 있었는가를 먼저 정리하고, 나아가 왜 그런 양상을 보이는가에 응답을 해야 하는 것이다. 나아가 다른 도시와의 비교가 불가피하다.

4월혁명 연구에서 자주 활용되는 신문은 『동아일보』, 『조선일보』, 『한국일보』, 『경향신문』 등이다. 당시의 민간지들은 대체로 4월혁명을 옹호하는 '야당지'의 논조를 유지하고 있었으므로, 이에 대한 충실한 기사 검색을 통해 해당 지역의 상황을 파악할 수 있다. 이 신문기사를 통한 연구는 당시의 정부 기관지인 『서울신문』의 기사와 대조할 필요가 있다.

지역에서의 보다 구체적인 상황은 해당 지역에서 발간된 지방지를 통해 보완해야 한다. 지방신문은 가장 기초적인 자료원이지만, 유감스럽게도 한국의 지방신문사들은 재정적 열악함 때문에 자주 교체되었으며, 기존 신문의 보관상태가 양호하지 않다. 또한 마이크로필름이나 기사색인 목록이 없어서 활용하기가 어려운 경우가 다수이다. 그러므로 지역에서의 4월혁명 연구는 지방지를 얼마나 활용할 수 있는가에 따라 논문의 질이 달라질 수밖에 없다.

신문기사 검색을 하여 관련 기사를 정리한 후, 당시의 주요 관련자를 파악하여 이들과 인터뷰를 하게 되면, 당시의 실제 상황에 보다 심층적으로 접근할 수 있다. 신문기사 등의 기록 자료만으로는 피상적인 파악에 머무를 가능성이 있기 때문이다. 4월혁명 연구에서 인터뷰는 구술자가 과거를 어떻게 기억하고 있는가를 알기 위한 것이라기보다는 도대체 어떤 일들이 있었는가라는 사실에 관한 '증언' 확보가 주요 목적이 된다. 증언자를 얼마나 많이 그리고 폭넓게 구할 수 있는가에 따라 4월혁명에 대한 기술의 폭과 두께가 달라진다. 여기에서 주요 정보 제공자는 지방정치에 참여하였던 인사나 경찰, 혁신계 활동인사, 학교의 시위조직자들이다. 이들은 연령상의 차이가 있었으므로, 현재 인터뷰가 가능한 사람들은 주로 당시에는 고등학생이나 대학생이었던 사람들이다. 다만 증언의 역사성과 기억의 불완전성을 감안하여 기록된 자료들과 대조가 불가피하다.

신문기사와 관련자 인터뷰 외에 활용할 수 있는 자료는 학교사나 학교지들이다. 4월혁명에 참여했던 학교들에서 4월혁명의 경험은 누구나 자랑스러워하는 전통이 되었으므로, 이를 교지나 교사에 기록하는 경향이 있다. 그러나 이들 자료 역시 '긍지'의 측면을 드러내기 위해 구성된 것임을 감안해야 한다.

이 책은 2010년 4월부터 10월까지 총 10개 도시에서 열렸던 "4월혁명 50주년 기념 심포지엄"에서 발표된 논문들 가운데 4월혁명의 전개과정에 관한 발표 논문들만을 모아 편집한 것이다. 어떤 경우는 도 단위를 기준으로, 어떤 경우는 단일 도시를 기준으로 서술했는데, 도 단위 서술이라고 하더라도 지역 내 두 도시 정도를 포괄하고 있으므로, 기본적으로는 지방도시에서의 4월혁명의 양상을 기술했다고 보는 편이 옳다. 4월혁명이 농촌에서의 시위보다 도시에서의 학생들의 시위에 의존했다는 점, 시위의 중심이 고등학교에서 대학으로 옮겨가는 양상을 보이고 있다는 점에서 이들 학교가 집중되어 있는 도청 소재지 도시가 주요 분석대상이 되는 것은 당연하다.

그러나 각 도시의 사례들이 4월혁명의 세 단계를 모두 포괄하는 것은 아니다. 1960년 3월부터 4월까지의 상황은 모든 사례 연구들에 공통적으로 나타나지만, 7월 29일의 선거 이후 1961년 5월까지 전개된 한국전쟁유족회의 진상규명운동이나 혁신계의 정치활동은 지역에 따라 다르다. 한국의 민주화운동은 대체로 국가형성 이후의 민주주의 의제를 둘러싼 1단계 운동이 성공적으로 진행되면, 그 다음에는 탈전쟁과 탈식민의 맥락에 있는 국가형성기의 쟁점들이 제기되는 양상을 보여왔다. 이런 정치적 기회구조의 문제가 4월혁명의 전개과정에서 처음으로 그리고 전형적으로 나타났다. 그런데 정치적 기회구조는 지역사회의 특성, 즉 안면관계와 익명적 관계의 비중이 다른 농촌과 도시에서 서로 다르게 작용한다. 또한 초기의 국가형성기의 반체제운동 경험 여부나 한국전쟁기의 '피점령' 경험 여부에 따라 다르게 나타난다. 이런 점에서 4·3항쟁과 대규모 학살을 겪은 제주도에서 4월혁명은 늦게, 그리고 조심스럽게 전개된 반면, 북한군에 의해 점령당하지 않았던 부산이나 대구의 4월혁명은 좀 더 빨리 시작되고, 또 혁신계의 활동이 강한 방식으로 전개되었다.

이 책의 편집에서는 4월혁명의 전반기 국면의 분석이 많은 비중을 차지하는 사례는 앞으로, 후반기의 활동이 두드러진 사례는 뒤로 배치하였다. 그래서 광주나 대구, 부산은 후반부에, 제주는 마지막에 배치하였다. 4월혁명의 중요한 전사를 이루는 3·15시위의 중심 무대인 마산의 사례는 이 책과 동시에 간행하는 다른 책에서 다루고 있으므로 여기에서는 생략하였다.

▣ 참고문헌

2·28민주의거 40주년 특별기념사업회, 2000 『2·28민주운동사』.

3·15의거기념사업회, 2004 『3·15의거사』.

4·19유족회, 1971 『4·19 10주년 기념지』.

4·19혁명부상자회 광주·전남지부 및 호남 4·19 30년사 편찬위원회, 1995 『호남 4·19 30년사』.

61회 편, 1992 『4월 민주혁명사』, 제3세대.

강만길·고영복·김학준 외, 1983 『4월혁명론』, 한길사.

고려대학교 4·18편집위원회 편, 2001 『고려대학교와 4·18』, 고려대학교 출판부.

김동춘, 1993 「4월혁명에 관한 기존연구와 그 문제점」『한국사회변혁운동과 4월혁명』 1(4월혁명연구소 편), 한길사.

김정남, 2003 『4·19혁명』, 민주화운동기념사업회.

김학준, 1983 「4·19혁명, 오늘의 의미」『4·19혁명론』 1(한완상 외), 일월서각.

김행선, 2005 『4·19와 민주당』, 선인.

민주화운동기념사업회연구소 편, 2006 『한국민주화운동사 연표』, 민주화운동기
      념사업회.

______, 2008 『한국민주화운동사』 1, 민주화운동기념사업회.

박태순·김동춘, 1991 『1960년대의 사회운동』, 까치.

백낙청, 1983 「4·19의 역사적 의의와 현재성」『4·19혁명론』 1(한완상 외), 일월
      서각.

______, 1994 『분단체제 변혁의 공부길』, 창작과 비평사.

백영철 편, 1996 『제2공화국과 한국민주주의』 1, 한길사.

4월혁명연구소 편, 1993 『한국사회변혁운동과 4월혁명』 1, 한길사.

______, 1990 『한국사회변혁운동과 4월혁명』 2, 한길사.

서중석, 1997 「1960년 4월혁명 개념소고」『사림』 제12~13호, 수선사학회.

______, 1999 『조봉암과 1950년대』 하, 역사비평사.

안동일·홍기범, 1960 『기적과 환상』, 영신문화사.

우찬제·이광호 편, 2010 『4·19와 모더니티』, 문학과지성사.

정호기, 2002 「기억의 정치와 공간적 재현」, 전남대학교 박사학위논문.

조광 외, 2003 『장면총리와 제2공화국』, 경인문화사.

최장집, 1996 『한국민주주의의 조건과 전망』, 나남출판.

학민사편집부 편, 1985 『4월혁명 자료집 혁명재판』, 학민사.

한국혁명재판사편찬위원회, 1962 『한국혁명재판사』 1, 한국혁명재판사편찬위원회.

한완상 외 편, 1983 『4·19혁명론』 1, 일월서각.

홍석률, 1993 「4월민주항쟁기 중립화통일론」『역사와 현실』 10호.

홍태영, 2010 「4·19와 국민국가의 계기」『4·19와 모더니티』(우찬제·이광호 편),
      문학과지성사.

제2장 대구경북의 4월혁명

석원호

1. 범위와 시기구분

올해는 4·19혁명이 발생한지 반세기가 되는 해이다. 대구경북지역은 4월혁명의 도화선이 되었던 2·28학생운동의 발생지이다. 2·28운동에 대한 연구는 여러 방면에서 진행되었던 적이 있지만 정작 2·28이후의 4월혁명시기 대구경북지역의 운동에 대한 연구는 드문 형편이다.[1] 이런 공백을 메우기 위해 뜻있는 몇 단체가 머리를 맞대고 지역에서의 4월혁명의 전개에 대한 학술회의를 개최하였다. 본 논문은 대구경북지역의 4월혁명 전개과정을 분야별로 발표한 몇 편의 논문[2]을 참고하여, 학생운동을 중심으로 4월혁명기 대구경북의 민족·민주운

---

[1] 2·28민주의거기념사업회가 주최한 몇 차례(35, 37주년)의 학술회의 발표논문과 40주년기념특별사업회가 2000년에 발간한 3권짜리의 『2·28민주운동사』가 있다. 『2·28민주운동사 1(史論편)』에서 김일수는 논문 「2·28의 4·19민주운동으로의 계승」에서 대구경북지역 학생운동을 다루고 있다.

[2] 2010년 4월 19일 경북대학교에서 대구경북민주화운동계승사업회와 대구사회운동연구소가 주최한 4월혁명50주년기념학술토론회에 발표된 주제는 다음과 같다. 1부는 「4·19혁명의 배경」, 「2·28과 4월혁명」이고, 2부는 「4월혁명과 사회운동(학생운동, 노동운동, 피학살자유족회운동)」과 '대구경북진보운동과 인혁당사건'이고, 3부는 「4월혁명과 오늘의 민주주의」인데, 우리는 2부의 논문들을 참고로 논의를 전개할 것이다.

동을 개괄하고자 한다.[3]

이 글은 4월혁명기 대구경북지역의 민족 · 민주운동이 어떤 양상으로 전개되었고, 그 특징과 전국운동에서의 위상, 이후 민족 · 민주운동의 전개에 끼친 영향 등을 규명하는데 목적이 있다. 이를 위해 대구에서 발생한 2 · 28학생시위를 간략히 언급하고, 4 · 19 이후 대구경북지역의 학생과 민중들의 대응을 분석하며, 각 단계 운동의 특징을 해명하고자 한다. 이 시기의 운동은 향후 지역운동의 성격을 기초지우고, 지역의 정치적 특성의 단초를 형성하였다고 볼 수 있다.

하지만 4월혁명은 단계구분이 없이 진행된 사건이 아니다. 혁명은 시기마다 중점요구와 내용이 다른 몇 개의 단계로 나눌 수 있다. 각 단계마다 전개된 운동의 내용이 다르고, 정권의 대응도 달랐다. 4월혁명의 기간은 학계의 기존 연구에 따라 2 · 28에서부터 5 · 16쿠데타 직전까지로 하고자 한다. 4월혁명의 시기구분 연구는 1980년 이후에서부터 시도되었다.[4] 광주민중항쟁 이전의 연구는 4월혁명의 전개과정에 세부적 시기구분이 없었다.

우리는 이 4월혁명을 다시 세 시기로 나누고자 한다. 2 · 28에서 4월 26일 이승만 사퇴까지를 혁명1기(발생기)로, 4 · 26사퇴에서 7 · 29총선까지 다양한 민중운동이 전개된 기간은 혁명2기(성장기), 7 · 29총선 이후~5 · 16쿠데타까지 민중운동의 성장과 통일운동이 전개된 기간은

---

3) 이를 위해 각 부분운동의 집필에 필요한 신문과 선언문 등 1차 자료를 수집하고, 진실화해위원회의 조사발표 등을 참고하였다.

4) 시기구분의 시도는 1984~1985년 전후로 전두환정권에 대한 반대운동이 한창 고양되던 시기에 비로소 등장한다. 김성환의 「4 · 19혁명의 구조와 종합적 평가」 ; 『1960년대』(1984)에서 2시기로 구분을 시도하고, 통사 · 개설서에 반영된 것은 한국역사연구회의 『한국현대사 2』(1991)로 세 시기로 구분한다. 민중의 역량으로 독재정권타도와 전사회적 변혁을 시도한 광주항쟁이 일어난 후 광주항쟁에 대한 선구로서 4월혁명에 대한 재조명이 시도되면서 시기구분이 이루어졌다. 기존의 연구는 주지하다시피 4월혁명의 사회경제적 · 정치적 원인과 미국의 영향, 학생 등 주도세력에 대한 포괄적 연구에 초점을 맞추었다.

혁명3기(고양기)로 나누어 각 단계별로 혁명의 전개과정을 분석할 것이다. 발생기·성장기·고양기의 세 단계에 따라 연대순 기술을 주로 하면서, 필요 시 각 단계 내에는 학생·노동·통일운동 등 부문운동별 기술도 병행하고자 한다. 하지만 성장기(2기)인 4월 26일 이승만 사퇴 후에 시작한 노동운동과 민간인학살 진상규명운동은 고양기(3기)까지 전개되었지만 성장기 내에서 같이 분석하였다.

2. 대구경북지역 4월혁명의 배경

해방공간에 국가건립을 둘러싸고 단정세력에 강력히 저항한 대구 10월항쟁[5]의 전통을 가지고 있던 대구경북지역은 정부수립 전후 미군정과 이승만정권의 지속적 탄압으로 제 역할을 못하고 있었다. 한국전쟁을 거친 이승만정권은 반공이데올로기와 각종 조작사건으로 정치적 반대자를 제거했고, 그 와중에 대구경북지역의 진보적 정치세력들도 지도부는 거의 제거되었다.

하지만 한국전쟁시기 미점령 지역으로서 개전 초기 임시수도 역할을 했고, 전쟁을 피해 남하한 진보적 지식인 등이 대구지역에 뿌리를 내렸다. 이승만정권 시기엔 대구매일신문과 영남일보 등의 언론과 교사·대학교수 등 진보적 지식인이 반자유당 논조와 비판으로 이승만과 자유당의 독재와 저항했다. 특히 전쟁 후 한국정치사에서 대구는 한국민주주의의 메카로서의 역할을 수행하기 시작했다. 1956년 제3대 정·부통령선거에선 대구에서 진보당의 조봉암이 이승만을 압도적

---

5) 10월항쟁의 명칭과 성격규명은 본 논문의 목적이 아니므로, 학계에서 일반적으로 불리는 이 용어를 선택한다. 명칭은 진보학계에서는 '대구10월민중항쟁', '대구10월인민항쟁'으로, 보수학계와 관변 측은 '대구10월폭동'으로 일반적으로 부르지만 우리는 대구10월항쟁으로 부르고자 한다.

차이[6]로 이길 만큼 진보세력에 대한 지지가 높았다. 대통령후보의 경우 10만 1,120표 대 3만 8,813표란 압도적인 차이로 조봉암이 이승만을 눌렀다.

이렇게 이승만을 위협할 정도로 조봉암이 성장하자 이에 두려움을 느낀 이승만은 1958년 간첩사건으로 조작하여 조봉암을 체포·사법살인하고 진보당을 해산하여 다음 대통령선거의 정적을 사전에 제거하는 폭거를 자행했다. 이것도 모자라 이승만정권은 야당과 언론을 통제할 국가보안법 개정안을 1958년 12월 24일 크리스마스 이브에 무술경관을 동원하여 강행처리하였다. 정권에 비판적인 천주교가 운영하던 경향신문을 1959년에 폐간하여 비판언론을 원천봉쇄했다.

이승만정권의 독재에 대해 비판적 논조를 펼친 대구매일신문은 지역 여론의 형성에 상당한 역할을 했다. 그리하여 이승만정권은 1955년 비판적 논설을 통해 정권을 비판하던 최석채 주필에 대해, 국민회 경북도본부의 김민과 자유당 경북도당의 홍영섭이 지휘하는 괴한들로 테러를 기획하는 언론탄압을 자행하면서 대구경북지역의 진보적 경향에 대한 지속적인 탄압을 가했던 것이다.(민주화운동기념사업회, 2006, 39쪽) 또한 국가보안법개정의 폭거에 맞서 민주당 경북도당은 1958년 12월부터 1959년 1월까지 4차에 걸친 반대시위를 조직하며 국가보안법 개정반대투쟁을 전개했다.(민주화운동기념사업회, 2006, 40쪽) 이러한 야당의 강력한 저항이 당시의 청년학생층의 정치적 의식에 적지 않은 영향을 미쳤을 것이다.

---

6) 이영도, 『4월혁명과 민주주의의 과제』, 2010, 11~12쪽. 개표 결과 대통령에는 이승만, 부통령에는 장면이 각기 당선되었다. 민주당 대통령후보 신익희의 죽음 이후 연일 계속되는 민주당의 추모표 호소와 조봉암에 대한 정권의 집중적인 '빨갱이몰이'에 현혹되지 않고, 대구사람들이 당시로서는 충격적이었던 '평화통일과 피해대중을 위한 정치'를 내걸었던 조봉암 후보에 압도적인 지지를 보냈던 것이다.

4월혁명이 이승만 자유당정권의 이러한 억압체제에 대한 각계의 폭넓은 저항을 수행해오던 대구경북지역에서 먼저 발화된 것은 결코 우연이 아니었다. 비록 이식되었지만 자유민주주의에 대한 교육을 받고 자란 고등학생들이 민주주의의 최소한 절차인 자유선거를 무시하는 정권과 그 하수인 노릇을 하던 교육계에 저항하는 것은 어찌 보면 당연한 것이다. 초기에 학생들에 의해 주도된 저항운동은 형식적 민주주의의 실현을 요구했다. 자유선거와 언론의 자유, 학원의 민주화와 정치적 중립 등을 요구했고 현실정치에는 개입하지 않았다.

3. 대구경북 4월혁명의 발진(2 · 28~4 · 26)
: 혁명의 도화선과 정권퇴진투쟁

4월혁명의 발생기인 1기는 2 · 28(대구학생의거)에서 이승만의 사퇴까지이다. 이 시기는 4 · 19혁명이 움트고 전개된 시기이자 냉전기 반공독재로 억압받았던 민주화운동세력의 잘린 맹아가 싹트는 시기이다. 2 · 28학생의거로 경북고 · 대구고 등 고교생들이 제일 먼저 이승만의 반공독재정권에 파열구를 내었다. 그 물결은 급속히 전국으로 번져 3 · 15, 4 · 11의 대규모 마산시위로 자유당정권의 부정선거음모가 폭로되자 대학생들도 그 대열에 동참하기 시작했다. 4월 18일 서울에서 고려대생의 시위가 있자, 대구경북지역에서도 4월 19일부터 대학생들의 대규모시위가 전개되었다. 3 · 15부정선거 무효와 책임자 처벌, 학원자율을 요구했다. 뒤이은 4월 26일 교수단의 시위에 시민들도 합세하여 정권의 퇴진으로 요구를 높여 이승만의 사퇴성명을 이끌어내었던 것이다. 그 과정에 자유당사 및 경찰서 · 파출서 등 관공서의 습격과 반공청년단에 대한 보복 등 폭력적 사태도 일어났다.

1) 학생운동

이 시기 대구경북지역의 학생운동은 이승만정권에 대한 반독재투쟁의 중심이었다. 선도적 학생운동의 주역은 대학생이 아니라 고등학생이었다. 2월 28일 대구의 고등학생들이 이승만정권의 부정선거에 항의하는 시위를 먼저 감행하였다. 2·28세대보다 선배들인 대학생은 이승만정권에 대항한 민주화운동에 늦게 동참했다. 2·28학생시위가 일어나고 3·15사건이 발생한 시기에도 대구의 대학가는 암중모색을 하고 있었다. 4월 20일자 대구매일신문은 이렇게 당시의 대구학원가를 묘사했다. "대구학생들 잠잠." 영남지역에서 시작한 저항의 물결이 수도 서울에 본격적으로 입성한 것은 4월 18일부터이다. 고려대생 3천명이 4·18시위로 포문을 열었다. 4월 19일 서울대문리대를 선두로 법대와 각 단과대와 대부분의 대학이 시위에 돌입했다. 경북대·청구대·대구대 등 대구의 대학들도 바로 이 시기에 항의대열에 동참하며 국대안반대운동 이후 단절된 저항운동을 계승하며 오랜 기간의 침묵을 깨뜨렸다.

(1) 4·19의 단초를 연 2·28

이승만 독재정권의 3·15부정선거에 항의하는 조직적 저항을 전국에서 가장 먼저 한 곳이 대구의 고등학생들이다. 1960년 2월 28일은 민주당 부통령 후보 장면의 연설이 있는 일요일이었다. 이 유세에 학생의 참여를 막기 위해 대구시 교육청에서는 일요일 등교를 지시했다. 이에 항의한 경북고등학교와 대구고등학교와 사대부고·경북여고 등 공립 8개 고등학교 학생들이 주도한 '2·28대구학생시위'는 4월혁명의 도화선이 되었다. 2월 29일에는 경북여고·대구여고·대구상고 학생들도 시위를 하였다. 뒤이어 마산에서 일어난 '3·15부정선거 규탄 마산항쟁'은 4월혁명의 기폭제가 되었다. 이렇게 시작된 항의는 3월 들어 전국에 걸쳐 고등학생들의 연이은 시위로 부정선거에 항의하는 물결이 전국적으로 파급되었다.

대구경북에서 고등학생의 시위가 가장 먼저 일어난 것은 한국전쟁 미점령지인 영남지역의 진보적 지식인들이 상대적으로 많이 살아남 았기 때문일 것이다. 당시 지식인의 주요 직업이 교사와 기자였는데, 이 분야 인적자원의 풍부함이 대구경북지역에서 교원노조운동을 전국 최초로 출범시켰다. 이러한 교사들이 학생들에게 민주주의 가치와 불의에의 저항정신을 주도적으로 교육시켜 고교생들이 선도적으로 참여하였을 것이다. 그리고 2·28에 중심적으로 참여한 경북고·대구고·사대부고 출신들이 대학진학 후에도 학생운동에 참여하는 비중이 상대적으로 높았던 것이다.

(2) 4·19 이후의 정권퇴진운동

① 경북대

전국적으로 1960년 4월 19일 전까지는 주로 고등학생들에 의해 시위가 이루어졌다. 대구2·28학생시위와 3·15마산시위가 일어나자, 경북대의 각 단대대표(기세환, 전재창, 박용목)들은 3월 15일부터 시위의 사전모의를 극비리에 진행했다.(편찬위원회, 1996, 127쪽) 당시 대학은 이승만정권의 학원통제정책에 따라 학도호국단체제로 운영되었고, 정부정책에의 저항은 소극적이었다. 그래서 3·15 전후 요원의 불길처럼 번져간 고등학생들의 자유당 반대시위에도 불구하고, 서울에서 어용적인 전국대학생구국총연맹과 국정연구회 등은 "학생들은 자중하라."라는 가두방송을 하기도 했다.(서중석, 2007, 222쪽)

4월 4일 전북대생의 시위를 계기로 대학생들의 시위참여도 이루어졌다. 4월 18일 전후 최초의 대학생시위인 고려대 시위에 정치깡패를 동원하여 학생들을 습격하자, 대학생의 저항의지에 기름을 부었다. 경북대도 4월 19일부터 학생들이 본격적으로 이승만정권을 반대하는 시위에 돌입하고, 교수들은 4월 26일 전날의 서울교수단시위에 이어 가두시위에 동참함으로써 이승만정권을 무너트리는데 일조했다.

4월 19일 단과대 대표들이 학생회관에서 회합을 갖고, 오후 2시 30분 대운동장에서 모여 결의문과 구호 채택 후 "학도는 살아있다. 국민이여 안심하라"는 플래카드를 앞세우고 2천여 명이 시위행진에 돌입했다. "협잡선거 물리치고 공명선거 다시하자", "학생의 인권을 옹호하자", "민주주의를 살리며 학원 내에 미치는 정치력을 배제하라"(편집실, 1986, 121쪽)는 구호를 외치며 전진하자 시민의 박수갈채를 받기도 했다. 3시 30분경 신암파출소 앞에서 경찰의 제지를 받았으나 그것을 뚫고, 신천교를 지나 50여 명의 경찰저지를 뚫고 대구역 광장에 도착하였다. 4시 30분경 동산파출소 등 시내를 지나 경찰저지선을 뚫고 도청(현 경상감영공원) 광장에 진입하여 3천 명의 학생이 도지사(吳琳根) 면담을 요구했다. 경북도지사는 학생의 요구에 응답했으나 자기의 소임이 아니고, 계엄령이 선포되었음을 알렸다. 그러나 학생들은 아랑곳하지 않고, 5시 25분경에 도청을 나와 시내를 돌아 6시 30분경 역전 광장에서 결의문을 낭독하고 만세삼창과 경북대학교만세를 삼창하고서 해산했다. 결의문은 "구속 중인 우리의 학도동지를 석방할 것, 마산사건에 대한 상세한 해명과 동족살해에 대한 엄중한 책임소재를 밝힐 것, 악독한 고문과 구타를 감행한 경찰로 공인된 자를 속히 구속처단하라, 헌법이 보장하는 기본 권리를 장해하는 법률을 무효화시킬 것."(『대구매일신문』 1960년 4월 21일자) 등을 요구했다.

4월 20일 계엄령하에서도 동인로터리에 집결한 경북대 학생들은 의대생과 합세하여 2군사령부(미문화원 건물) 앞에서 계엄령 해제를 요구하는 농성을 벌렸다. 도중에 전국의 사상자를 위한 조문금 가두모금을 하기도 했다.(『대구매일신문』 1960년 4월 21일) 또한 교수들도 전날의 시위사후수습과 휴교문제를 논의하기 위해 단대별 긴급교수회의를 열었다. 문리대 김성혁 교수(영문과)는 4월 19일 학생시위에도 참여하였다.(「경대학생운동사」, 1986, 122쪽)

4월 26일은 학생들의 희생에 보답하자고 경북대 교수단 백여 명의 평화적인 가두시위가 있었다. 교수들은 이날 오전 11시 본교대강당에서 긴급전체교수회의를 오용진(사범대) 교수의 사회로 열었다. "4·19 학생의거로 흘린 피를 헛되이 하지 않기 위해 우리 교수단도 좌시만 말고 대정부규탄데모를 감행할 것"을 만장일치로 결의하고 구호문과 선언문초안을 교수 전원의 기립박수로 통과시켰다. 교수들은 "경북대학교 교수단과 국민은 원한다. 이 대통령 즉시 사퇴를!"이라는 플래카드를 들고 시위에 돌입했다. 오후 12시 30분부터 2시 30분까지 수많은 시민의 박수갈채를 받으며 경북대→동인로타리→대구역전→반월당을 행진했다. 오용진 교수는 반월당에서 선언문을 낭독하고 "국민은 원한다. 이 대통령의 사퇴를 지지한다."라는 구호를 외치고 해산했다. 그러자 뒤따르던 경북대생 3백여 명이 교수단의 플래카드를 인계하여 시위를 계속했다. 5관구 사령관(윤춘근 소장)도 출동하여 사고방지에 주력하여 불상사는 일어나지 않았다.(『대구매일신문』; 『조선일보』 1960년 4월 27일) 시위 도중 이승만이 사퇴하자 시민·학생들과 함께 기뻐하며 행진했다. 이승만이 사퇴하던 날, 부산·마산지역의 격렬한 공격보다는 덜했지만 분노에 찬 시위대들은 경찰서와 파출소 및 도지사·경찰국장·시장 관사·자유당사를 파괴하였다. 또 반공청년단 단장이자 민의원인 신도환의 집과 자유당계 사람들의 집을 파괴하였다. (서중석, 2007, 261쪽)

② 청구대 · 대구대

4월 19일 저녁 7시 10분경에는 청구대학 야간부 학생 1천 5백 명이 시위에 들어가 시내를 일주하며 경찰과 헌병에 포위당한 채 행진했다. 청구대에서 출발한 시위대는 한국은행대구지점→도청→대신동로터리→인교동 북성로를 거쳐 중앙통으로 빠져 나왔다. 다시 한국은행→대구매일→중앙파출소→삼덕로터리를 거쳐 오후 8시 40분경 동인동 도지사 관사에서 구호를 외치며 "우리의 요구에 답하라"고 요구하며 40분가량 연좌했다. 11시경에는 학교 내에서 연좌농성을 실시하다 해산했다.(『대구매일신보』 1960년 4월 20일자) 이날 여학생 배금원(국문과 1)과 전귀련(영문과 1)은 연행되어 조사과정에 구타 · 고문과 성추행을 당하여 입원치료를 받았다. 여성계(적십자사)의 문제제기로 대구경찰서 고문경관 이준기가 구속되기도 했다.(『대구일보』, 『한국일보』 1960년 4월 24일자 ; 『대구매일신문』 1960년 4월 25 · 26일자) 4월 20일에도 2백여 명의 청구대생이 강당에 모이다 학교당국의 만류를 뚫고 동인로터리로부터 출발한 경북대 의대생 2백여 명 중 60여 명과 합류하여 시위를 하자 인근 지방에서 지원 나온 경찰병력이 이들을 제지하기도 하였다.(『대구매일신보』 1960년 4월 21일자) 그리고 4월 26일 오후 2시에 "이 대통령의 사퇴를 지지한다."는 플래카드를 들고 3백 명의 청구대 학생이 평화적인 시위에 들어가자 시민들의 열광적인 환호가 있었다. 이날 청구대 교수 40여 명도 2시 30분경 학생들의 희생에 동참하는 시위를 감행했다.(『조선일보』 1960년 4월 27일자 ; 서중석, 2007, 261쪽)

한편, 계엄령이 선포된 4월 20일 대구대생 5백여 명이 오전 9시경 대학광장에 집결하여 선언문을 낭독하고 구호를 외치며 시위에 돌입했다. 이날 오전 9시부터 경찰은 시위첩보를 입수하고서 대명동로터리에서 바리케이트를 구축하고 있었다. 10시경 정문을 통해 남부관통로를 행진하여 중앙통으로 진출하려다 대구고교 북방 300M 지점에 구축된 경찰저지선에 제지당했다. 그러자 영신못 쪽으로 우회해 대봉동 미군부대 후문을 돌아 경북중학교로 행진하여 중앙통으로 진출을 시도하였다. 이 과정에 이미 배치된 경찰들에 의해 진출이 저지되자 대구상고 뒷길에서 삼덕동을 거쳐 경대 의대생들과 합류하려 했으나 경찰제지로 실패하여 11시경 해산되고 말았다. 이 과정에 14명이 연행되었고, 수성교 앞 수성병원 앞에서 송효익(정치과 2) 등 20여 명의 학생도 연행되었다.(『대구매일신문』 1960년 4월 20일자) 4월 26일 오후에 대구대 교수 30여 명이 민의원 해산과 대통령 사퇴를 요구하는 시가행진을 하였다.

③ 경북지역

이러한 저항의 열기는 대구 외의 경북지역에서도 학생들을 시위에 참여하게 만들었다. 포항에서는 3월 8일과 22일 학생들의 시위가 있었으며,(학민사 편집실 편, 1984, 18·36쪽) 14일 포항고 2백 명 학생들도 시위에 동참했고, 이승만이 사퇴한 4월 26일에는 동지중학교 및 동지상고 학생 1백여 명이 '전국학교의 휴교조치를 해제하라'는 요구를 하며 시위를 했다.(『대구매일신문』 1960년 4월 27일자) 문경에서는 3월 13일 문경고 학생 33명이 발기하여 만든 플래카드와 전단이 경찰에 의해 발각되어 시위는 무산되었다.(학민사 편집실 편, 1984, 20쪽) 4월 16일 오전 11시 청도읍공관에서 3백 명이 모인 청도교직원대회가 열렸다. 문병태 교육감 취임 후 열린 첫 대회에서 교사들은 침체된 교육행정을 일신하기 위하여 "구내 교육신문 발간, 정실인사 배격, 구내 소비조합 조직" 등의 추진을 결의했다.(『대구매일신문』 1960년 4월 20일자)

2) 정당 및 시민들의 항거

4월 11일 마산의 2차 시위는 12일부터 민주당의 선거부정에 저항하는 시위를 불러일으켰다. 대구의 민주당원들은 4월 12일 경찰과 난투극을 벌리는 격렬한 시위를 감행했으나 경찰의 제지로 뜻을 이루지 못하고 제지되었다.(민주화운동기념사업회 편, 2008, 120쪽) 그 후 민주당은 혁명의 발생기 기간에 주도적으로 투쟁을 이끌지 못했다.

4월 19~20일의 시위는 대학생들이 시위를 주도했지만 4월 26일 시위부터는 중고등학생과 소년 등 시민들의 참여로 시위가 폭력화되었다. 대구에서는 시위대가 자유당정권의 지배도구 역할을 했던 3개 경찰서와 대부분의 파출소, 자유당사 및 반공청년단 사무실, 신도환 의원 집 등을 파괴·방화하였다. 도지사·경찰국장과 시장관사는 물론 내외방직 공장과 사장집도 파괴·방화로 피해를 입었다.(『대구일보』, 『매일신문』, 『영남일보』 1960년 4월 27일자) 이런 파괴행위는 성인들보다 초등학교 5~6학년과 중고등학생 등 청소년에 의해 주도되었다(『영남일보』 1960년 4월 27일자)는 것이 특이하다. 이들 학생층이 그만큼 교육받은 내용과 현실의 민주주의에 대한 격차에 대해 분노하고 있었다는 것이다. 4월 26일 김천에서는 시위대가 김철안 의원 등의 집을 습격하기도 했고, 안동·상주·경주에서도 시위대들이 자유당·반공청년단·서울신문사지국 등을 파괴하기도 했다.(서중석, 2007, 261쪽) 한편 이날 자유당 포항시당은 스스로 지구당간판을 철거하여 파괴를 피하기도 하였다.(『영남일보』 1960년 4월 27일자)

한편, 학생들이 질서유지반을 가동하던 4월 27일에는 수원에서 대구로 잠입해 무기와 금품을 약탈한 부랑배 일당 17명이 헌병에 의해 구속되는 일이 발생했다. 이들은 수원의 농사시험소 차량을 탈취하고 운전수를 협박하여 시위대로 위장하며 총기도 탈취하였다. 김천·성

주·영천을 거쳐 약목에서 대구로 들어오려다 헌병과 경찰에 체포되었다.(『영남일보』1960년 4월 28일자)

4. 대구경북 4월혁명의 성장기(4·26~7·29총선)
: 학원민주화·노동·피학살자유족회 운동의 전개

이 시기는 4월혁명 2기로 이승만의 사퇴에서 7·29총선까지이다. 이 기간 동안 이 지역에서는 전국과 보조를 맞추며 혁명의 공고화를 위해 다양한 투쟁을 벌였다. 이승만의 사퇴 후 부정선거 관련자 처벌을 요구하는 운동과 개헌요구투쟁을 시작으로 대구경북에서는 세 가지 영역의 운동이 전개되었고, 이것은 전국에서 전개된 각종 투쟁의 전형을 보여준 투쟁들이었다. 우선, 학생운동에서는 부정선거원흉 처단투쟁과 4대국회 해산요구 등의 정치민주화운동과 학생회건설 및 어용교수퇴진투쟁 등의 학원민주화운동이 전개되었다. 또 억압적 권력의 공백기를 틈타고 발생한 교원노조 및 제일모직노조건설 등 노동운동이 전개되었고, 한국전쟁기 군경에 의해 저질러진 민간인학살 진상규명투쟁인 피학살자유족회운동이 전개되었다. 이 중 뒤의 두 가지 운동은 전국에서 제일 먼저 그리고 가장 강력하게 전개되어 전국운동을 이끌었던 것으로, 5·16군사쿠데타에 의해 4월혁명이 좌절될 때 이 지역이 가장 많은 타격을 받게 된 원인이 되었다.

1) 학생운동 : 국민계몽운동과 학원민주화운동의 본격적 전개

이승만 사퇴 이후 대구경북지역의 학생운동도 전국상황과 유사하게 질서회복활동과 학원민주화운동에 주력한다. 정·부통령 재선거를 포함한 정치일정은 국회와 정치권에 맡겨둔 채, 우선적으로 각 지역에 질서유지 선무반을 파견하고 학원정화(민주화)운동에 주력하였다. 7·29총선이 예정되자 국민계몽대를 농촌의 각 지역에 파견하여 선거계몽운동을 펼쳤다. 혁명정신을 사회생활의 여러 측면에 전파시키기 위한 신생활운동이 서울에서는 6월경에 시작되었지만, 대구경북지역은 학원정화운동이 격렬하게 전개되어 7월 말경에나 추진되었던 것이다. 이렇게 혁명주체였던 학생들의 근본적 목표가 정권의 획득에 있지 않았기에, 학생들은 자신의 이해관계를 해결하는 학원민주화운동과 사회개량활동에 주력하였던 것이다.

(1) 학생자치회 건설 및 학원민주화(어용교사 및 부패재단 축출)운동

① 경북대

이승만이 사퇴하자 경북대 학생들은 선무반을 파견하여 질서유지 활동을 시작하였다. 한편 대학의 정화와 어용교수퇴진 등 학원민주화운동과 선거계몽운동도 벌려나가며 전국흐름에 보조를 맞추었다. 학생들은 먼저 어용교수퇴진과 학교당국과 교수들의 억압적 태도 개선을 요구했다.

경북대는 4월 29~30일 양일간 열린 문리대교수회의에서 고병간 총장에 대한 인책사퇴를 요구하는 총장배척운동이 확산되었다. 교수들은 총장이 불응할 경우 학생들의 신임투표를 거쳐 처리해야한다고 주장하며 10여 개 항목(인사·경리행정의 불합리 시정, 총장 인책사퇴, 사무직원·기구 감축, 아부어용교수퇴진, 4·19시위 방관·저지 교수의 양심적 사퇴 등)을 요구했다. 특히 교수들은 5월 2일 학생 등교 이전에 이 문제를 해결해야한다고 주장했다.(『대구매일신보』;『영남일보』 1960년 5월 1일자)

한편, 허정 과도내각은 5월 3일 국무회의에서 학도호국단 해체를 결의하였다.(민주화운동기념사업회 편, 2008, 216쪽) 경북대 학생들도 이에 따라 학도호국단을 해체하고 학생자치회 건설에 나섰다. 경북대는 호국단 간부가 자유당의 외곽단체에 가입한 경우가 많아 전부 사퇴를 요구하여 축출하고 자주적인 자치학생회를 구성하였다. 5월 3일 5개 단대 학생대표 25인이 모여 9개항(① 어용교수[고병간 총장, 김사엽 교수, 이종항 교학처장, 김익호 학보사부사장, 농대학장·학감]와 직원의 축출, ② 데모주동자의 밀고자 색출, ③ 후원회 간부 퇴진, ④ 본관 일부를 강의실로 씀, ⑤ 학교운영의 민주화, 단대 운영은 교수회의가 운영토록, ⑥ 학보의 중립·자치화와 편집국장 퇴진, ⑦ 호국단 해체와 자치회구성, ⑧ 학생회관 관리는 학생자지회가 함, ⑨ 기성회비 반환)의 요구조건을 제시하고, 5월 9일까지 관철되지 않으면 동맹휴학할 것을 선언했다. 그러나 요구조건이 관철되지 않자 10일 선언문(『영남일보』 1960년 5월 10일자 ;『경북대학보』 1960년 5월 16일자)[7]을 채택하고 동맹휴학에 들어갔다. 동맹휴학 후 2주가 되도록 해결이 되지 않자 상당수 학생들은 수업을 받으면서 투쟁할 것을 제의하여 사대·문리대·법정대는 5월 21·23·26일 등교하게 되었다. 6월 1일 학교당국은 제9항의 절충안으로 기성회비 2만 환 중 1만 환을 반환하기로 하여 의대를 제외한 4개 단과대 학생총회가 찬성하여 문제가 소강상태에 접어들었다.(「경대학생운동사」, 123쪽 ;『대구매일신문』 1960년 5월 3일자)

학원정화운동 중 가장 장기간에 걸쳐 일어난 운동이 경북대 의과대학의 어용교수퇴진운동이다. 의과대학이 이처럼 장기간에 걸쳐 강도

---

7) 오등 경북대학교 학생 전원은 학교정화의 기치를 들고 결의안을 작성하였던 바 학교당국의 미온적인 해결책으로 인하여 결의안의 일건도 해결을 보지 못하였기에 동결의안이 완전 관철될 때까지 4천 학도들은 동맹휴학함을 선언한다.

높은 투쟁을 수행한 것은 그 전후로도 아주 드문 일이었다. 이는 5월 2일부터 시작해서 6월 13일은 학생(396명 중 384명)들이 자퇴를 하고, 6월 15일은 문교부 장학관이 조사관으로 파견되었다. 7월 1일에는 학생들이 총장실을 점거하고 단식투쟁에 돌입하고 어용교수로 지목된 정창수·이규택 교수를 납치하자, 문교부는 당일 의대에 무기휴교령과 의대교수의 사표제출을 지시했다. 7월 5일 모든 의대교수가 사표를 내고, 학생 120명이 단식투쟁에 돌입하고 60명이 병원에 입원하였으며, 12일은 의대생 18명이 구속되는 사태에까지 이르렀다. 8월 16일에 문교부는 휴교령을 철회하고, 신임학장(이주걸)과 병원장(김중명)이 부임했다. 11월 18일에 구속된 4명의 의대생에 선고유예를 내리며 의대분규는 막을 내렸다.(『경북대학교50년사』, 131쪽 ;「경대학생운동사」, 124쪽) 농과대학도 5월 25일부터 장상욱·이용하 두 어용교수 퇴진을 요구하다 6월 13일에는 강의시간 대체를 요구하며 단식투쟁에 돌입했다. 6월 21일 오후 5시에 열린 농대교수회의는 강의 대체를 결정하고 학생대표에 설명하면서 농성이 해제되었다.(『경대학보사』 1960년 6월 27일)

② 계명대·청구대

이러한 학원민주화운동은 누적된 모순이 있는 학교에는 예외 없이 일어났다. 5월 10일 계명대 영문과 학생 200여 명도 신태식 임시부학장의 사퇴를 요구하는 움직임이 있었다. 이들은 비기독교인에도 강사 임용을 개방하기를 요구하고 이에 대한 각과 대의원의 의견을 모을 계획이며, 1959년 4월에도 신태식 부학장의 사퇴를 요구하는 학생의 스트라이크가 있었다고 운영위원장(김기한)은 밝혔다.(『대구매일신문』 1960년 5월 11일자) 대구대는 5월 5일 학생대표와 동창회의 요구로 자유당 중진인 재단이사 3인(이우익·김룡국·강용)에 권고사퇴를 요구하였다.(『대구매일신문』 1960년 5월 5일자) 청구대도 최해청 학장이 자유당과 정부에 아부했다며 학생들이 퇴진을 요구하자 사퇴하는 일이 발생했다.(민주화운동기념사업회 편, 2008, 221쪽) 대구사범학교와 효성여대는 이 시기보다 늦은 고양기에 어용·비리 교장·학장 퇴진 운동이 일어났다. 이것은 다음 장에서 다룬다.

③ 기타 중고등학교

4월 29~30일 대구공고 학생들은 학도호국단 간부를 물리치고 4·19 시위를 저지한 교사들을 규탄하며, 학교당국에 내세울 요구조건을 둘러싸고 회의를 거듭하던 중 학교 전체가 휴학을 하기도 했다. 또한 대구시내 공립 중고등학교 교장단들은 4월 29일 계엄해제 후 등교일을 계기로 학생들의 지탄과 당국으로부터의 처벌을 우려하여 집단적 사표제출설이 나도는 등 동요하는 상황이었다. 3·15부정선거에 정부의 부당한 지시나 간섭으로 학생을 동원한 것에 대해 학생들이 불만을 갖고 있는 점을 우려하였던 것이다.(『대구매일신문』 1960년 5월 1일자) 어용·무능 교원배척투쟁은 대학만이 아니라 고등학교에서도 전개되었다. 5월 2일 경주공고에서는 3·15부정선거에 관여한 교사와 사적인 일에 학생을 동원한 교사의 퇴출을 요구하며 동맹휴학이 돌입하기도 했다.(민주화운동기념사업회 편, 2008, 219쪽) 5월 4일에는 김천중고교에서 이훈응 교장의 퇴진을 요구하는 동맹휴학이 발생했다.(『영남일보』 1960년 5월 5일자) 5월 11일 오성고등학교에서는 반공청년단 지구단장을 지낸 이영성 교장과 비리교사 퇴진을 요구하는 동맹휴학이 일어났다. 5월 17일에는 학생 3백여 명이 교장사택을 포위하여 사퇴를 압박하자 도망가는 교장을 돌로 추격하는 사태가 발생하여 계엄군이 출동하여 해결했다.(『대구매일신문』 1960년 5월 12일자 ;『영남일보』 1960년 5월 18일자) 5월 31일에 영신중고등학교 학생 천 2백 명은 학교운영 비리척결과 교사복직 및 등록금 인하를 요구하며 재단 이사장과 교장·교감의 사퇴를 요구하는 동맹휴학에 돌입했다.(『대구매일신문』 1960년 6월 1일자) 경북도내 중고등학교의 학내분규는 10월 현재 32건 발생했고 반수가 부정선거개입 및 운영·인사상의 부정으로 인한 교장 등의 퇴진운동이고 3개교가 맹휴로 요구가 관철되었다.(『대구매일신문』 1960년 10월 6일자)

(2) 각종 계몽운동 및 국회해산 요구투쟁

이승만정권의 붕괴 후 대구지역의 학생들은 질서회복에 나섰다. 4월 27일 경북대·대구대·청구대·계명대 4개 대학과 고등학교 대표 40여 명이 장도영 계엄사령관을 만나, 민주주의와 새조국의 건설을 위해 질서회복에 협조하겠다는 제의를 하였다. 이 자리엔 4개 대학 총학장과 오임근 도지사도 참석하였고, 학생들은 장도영을 치안사령관에 추대하였다. 이들은 학생치안반·정리반·청소반을 구성하고 대구시내의 파괴된 관공서와 거리를 청소했다. 학생들은 각 담당 경찰서에 배치되어 경찰을 도와 시가지 청소와 흥분한 대중을 무마시키는 선무반 활동에 28일까지 나섰다. 경북대는 대구서에 3백 명, 대구대는 남부서에 2백 명, 청구대는 동부서에 2백 명, 계명대는 경찰본국에 1백 명씩 학생치안반이 배치되어 활동했다.(『대구일보』 1960년 4월 27일자 ;『영남일보』 1960년 4월 28일자 ;『대구매일신문』 1960년 4월 28일자)

경북대생들은 대구경찰서 관내 14개 파출소와 안동·영주·예천·선산·구미·울등도 등지에 파견되어 질서회복활동을 수행하여 계엄당국자와 시민들의 찬사를 받았다.(『경북대학교50년사』, 1996, 129쪽) 특히 법대학생 4명(정성옥, 이규무, 김규춘, 정종호)으로 구성된 영주·풍기지역 선무반이 3일간의 활동을 마치고 30일 돌아왔다. 이들은 당시 극도로 흥분한 민심을 가라앉히기 위한 지역의 질서유지를 위해 파견되었다. 영주지역은 부정선거에 의한 민의원 재선거 지역이어서 지역민들의 정부와 자유당에 대한 반감이 극심하였다. 이들은 파괴행위를 막는데 주력하여 3개 학교 중 1개 학교만이 시위를 하도록 선무활동을 하였다.(『대구매일신문』1960년 6월 1일자 ;『경북대학교50년사』, 1996, 129쪽)

하지만 이러한 질서회복 이후에도 고등학생들은 국회 해산을 요구하기 시작했다. 1공화국에서 구성된 4대국회도 부정선거에 책임이 있고 개헌자격이 없다는 것이 이유였다. 5월 2일 사대부고 8백 명, 대건고 5백 명, 대구상고 8백 명, 대륜고 4백 명은 국회해산과 총선거실시 및 개헌을 요구하며 가두행진을 하였다. 5월 3일에도 대구농고 · 대구공고와 사립 중고교교인 오성 · 영신 · 능인 · 성광고와 중앙상고 · 대구여상 그리고 효성여중 · 원화여중 학생 6천 명이 국회해산을 요구하는 가두시위를 벌였다.(『영남일보』1960년 5월 3 · 4일자) 한편, 5월 3일 대구지구계엄사무소의 주선으로 경북도청에서 55개 시내 공사립 중고교 학생대표자회의를 갖고 국회해산요구 시위는 중지하되 '선선거 후개헌(先選擧 後改憲)' 원칙을 재천명했다. 한편, 5월 3일 경북대를 제외한 4개 대학대표자회의에서 국회결의인 '先개헌 後선거' 원칙을 지지하는 결의를 함으로써 중고생들과 대립하였다.(『영남일보』1960년 5월 4일자) 5월 4일 도청에서 대구시내 55개 공사립 중고교 및 5개 대학생 대표 72명이 모여 중고교대학생대표자회의를 열어 5시간에 걸쳐 의견조정을 하였다. "선개헌 후선거(先改憲 後選擧)"에 합의하여 시위는 중지하되 개헌 후 국회해산을 요구하는 결의안을 국회에 건의하였다.(『대구일보』,『영남일보』1960년 5월 5일자) 이 회의 전 오전 9시에 영남중고생 2천여 명은 국회해산을 요구하는 우중시위를 하기도 했다.(『대구매일신문』1960년 5월 5일자)

한편, 7 · 29총선을 앞두고 6월 22일 경북대 법대 · 문리대 · 사대학생

30여 명으로 '민주선거촉진학생연맹'이란 계몽단체가 결성되었다.(『대구매일신문』 1960년 6월 23일자) 이들은 국회의원 총선거를 위한 선거계몽을 목적으로 하였다. 첫 사업으로 7월 7일 포항·영일지역에서 공명선거 계몽, 보수·혁신 양당정치에 대한 지식전파, 반혁명세력의 배척과 혁명완수를 위해 가져야 할 태도 등에 대해 10일간 계몽하였다.(「경대학생운동사」, 122쪽 ;『경대학보사』 1960년 7월 18일) 이 기간 동안 포항시선관위에서 일부학생들이 유령유권자 시정을 요구하는 농성이 있었고, 선관위에서는 '사무착오로 발생한 366명의 가공선거인이 시정되었다'고 해명하는 사건이 발생하였다.(『영남일보』 1960년 7월 28일)

(3) 반민주세력과 부패척결운동

이렇게 개헌논의가 한창인 5월 29일 허정 과도내각 수반이 이승만의 미국망명을 주선했다. 5월 30일 대구대생 1천여 명은 오전 9시에 학교운동장에 모여 '허정 수석은 국민을 기만하지 말라', '국민 앞에 사죄하라'는 현수막을 앞세워 시내행진에 돌입했다. 오전 11시 반경 대구역 광장에서 허정 내각수반에 보내는 경고장과 아이젠하워 미대통령에 보내는 메시지를 낭독한 후, 연도 시민들의 환영을 받으며 오후 1시경에 학교로 돌아왔다.(『대구일보』 1960년 5월 30일자 ;『영남일보』 1960년 5월 31일자)

7월 16일 대구역 광장에서 대구시내 12개 단과대 및 26개 고등학생 1만여 명은 자유당 인사들의 총선참가를 규탄하는 반혁명인사규탄대회를 열었다.(『대구매일신문』 1960년 7월 16일자) 또 7·29총선 전날인 7월 28일 오후 7시 20분에 수성교 방천가에서는 서울대국민계몽대와 경북대·대구대·청구대 공동주최로 반혁명세력규탄궐기대회가 개최되었다. 각 대학의 대표 5명의 연설 후 지프차 2대를 앞세우고 전단을 살포하며 2백여 명의 학생이 횃불을 들고 시가행진에 돌입했다.
연설에서 일부 반혁명세력들이 득표공작에 추태를 부리고 있으므로,
이들의 '일당독재를 막아야 한다'고 주장했다. 또 가창·산청 등지의
양민학살원흉과 백범암살배후를 밝혀라', '부패기성세력 물러가라',
'부정축재자·은폐자 엄단하라'는 구호를 외치며 시내를 행진하다 역
전광장에서 해산했다.(『영남일보』 1960년 7월 28일자)

2) 노동운동의 고양
: 교원노조와 제일모직노조를 중심으로[8]

(1) 최초의 교원노조운동[9]의 전개

4·26 이승만 사퇴 후 개헌논의와 총선을 통한 정부의 교체가 예상
되자, 대구의 교사들은 재빨리 움직였다. 기존의 관제교육과 정권의
간섭으로부터 교육의 자율을 확보하기 위함이었다. 한국교육사상 최
초의 교원노조운동은 자유당정권의 관제·통제적 교육정책에 대중적
으로 저항했던 운동이었고, 대구경북지역은 지구단위의 조합이 가장
빨리 결성되었던 곳이었다.

① 교원노조의 건설

1960년 4월 29일, 대구의 공사립 중고등학교 교원 60여 명은 경북여
고에서 대구시교원조합 발기인총회를 열었다. 학원 자주화와 교원의

---

8) 이 절은 김상숙의 연구(2010)에 의존했다.

9) 교원노조운동에 대한 문헌자료는 다양하나 일부 내용은 불일치하므로 우리는
이목의 『한국교원노동조합운동사』(1989, 푸른나무)를 주로 인용한다. 이목(1922)
은 경북사대부고 교사로 재직 중 1960년 교원노조를 결성하여 한국교원노동조
합경상북도연합회 부위원장과 한국교원노동조합총연합회 사무국장을 역임,
5·16군사쿠데타 직후 혁명검찰부에 의해 징역 10년을 선고 받고 5년간 옥고를
치렀다.

권익을 옹호하는 단체를 구성하기 위해서였다.[10] 이 무렵 각 대학 교
수들의 단체 결성 준비 움직임이 있었고, 5월 3일에는 초등학교 교원
들도 초등교원노조준비위원회를 개최하였다.(『대구일보』 1960년 4월
29 · 30일 · 1960년 5월 4일자) 5월 7일에는 대구상업고등학교 강당에서
대구시내 중고등학교 교원 284명이 참가한 가운데 한국 최초의 교원
노동조합이 탄생하였고, 같은 날 대구국민학교 강당에서는 국민학교
교원 1,300여 명이 참가하여 초등교원노동조합이 결성되었다.(이목,
1989, 22~27쪽)

대구에서 시작된 교원노조 결성 움직임은 전국으로 급속히 확산되
었으며 특히 영남권의 움직임이 활발하였다.(이목, 1989, 48쪽)[11] 이
흐름은 자연발생적으로 일어난 것으로 조직 · 체계 · 형태는 통일되지
않았으나 노동조합 성격의 평교사 중심의 조직이라는 점은 일치하였
다.[12] 이후 도연합회의 필요성이 대두되어, 5월 29일 대구 종로국민학
교 강당에서 경북지구교원노조연합회(위원장 김문심, 부위원장 이목,
신우영) 결성대회가 개최되었다. 초등은 24개 조합 5,619명의 교사가,
중등은 11개 조합 1,418명의 교사가 가입하였다.(이목, 1989, 31~45쪽)[13]
7월 3일에는 대구 청구대학 강당에서 전국규모의 연합회 결성준비 집

---

10) 여기서 가칭 '교원조합' 결성을 위한 12개 항목의 강령을 채택하고 결성준비위원
　　회를 두기로 결의함. 강령은 학원의 완전 자유 보장과 민주화, 교원의 신분 보장
　　과 교권 확립, 단체교섭 · 단체행동의 자유권 보장 등을 포함하고 있다. 이목이
　　기초한 '1960.5. 대구시 교원조합 결성준비위원회 성명서'의 원문은『한국교원노
　　동조합운동사』, 17~18쪽에 실려 있다.

11) 1960년 7월 3일 현재 전국 82개 단위조합 가운데 경남북 조합이 61개이다.

12) 전국의 단위노조에서 채택한 결의문들은 ① 교원의 신분보장과 사회 · 경제적
　　지위향상, ② 교육의 정치적 중립 보장, ③ 학원의 자유와 민주화, ④ 교육 행정
　　의 부패와 부조리 척결, ⑤ 대한교련(한국교원단체총연합회) 탈퇴 등 교육의 자
　　주성과 학원의 민주화를 공통적인 내용으로 하고 있었다.

13) 여기서 각 단위노조 대의원과 위원장 200여 명이 참석하여 강령과 규약을 통과
　　시킨 다음 임원을 선출하고 결의문을 통과시켰다.

회가 열렸고, 7월 17일 서울 의사회관에서 전국대의원 186명이 참가한 가운데 '한국교원노동조합총연합회'를 결성함으로써 교원노조는 전국적으로 통일된 체제를 갖추게 되었다.(이목, 1982, 48~64쪽)[14] 이때 전국의 각 단위노조에 참여한 교원 수는 19,883명이었다. 이후 2만 명을 비공개로 받아들여, 당시 초중고 교사와 대학 교수 등 전체 교원 수가 10만 명이 채 되지 않았던 상황에서 4만 명가량이 교원노조에 가입했다.(경북은 9천여 명)(『신동아』 2004년 10월호)[15]

② 교원노조 합법화 투쟁

5월 19일 문교부장관(이병도)은 대한교육연합회의 정관을 민주적으로 개정하면 교원노조가 불필요하다는 견해를 표명하였다. 5월 20일 대구지부중등노조는 규탄 성명서를 발표하였다. 6월 22일 보사부·문교부장관은 교원노조는 국가공무원법과 교육공무원법 위반이라며 교원노조 해체의 정부입장을 발표하며, 노조를 탈퇴하지 않으면 파면하겠다고 위협하였다. 동시에 단위노조의 신고서류를 반려하였다.(이목, 1982, 105·108쪽)[16] 6월 24일 경북교조는 대구역 광장에서 과도정부

---

14) 대의원 186명 중 경남북이 81명이었으나 실제의 조직적 역량은 대의원 수보다 더 많았다. 영남권 등 지방조직은 아래로부터 민주적 절차에 의해 순조롭게 건설되었으나 서울조직은 그렇지 못하였다. 서울에서는 1960년 5월 1일 동성고등학교에서 서울중고등교원노동조합이 건설되었으나 민주당의 사전개입에 의해 조직되었다는 풍문이 떠돌고 있었다. 이후 5월 22일 서울대 문리과대학에서 각급 교원 300여 명이 모여 한국교원노조연합회 결성대회를 가졌다. 전국조직 건설은 지방대표들이 서울조직의 일원화를 요구한 가운데 이뤄졌으나 전국총연합회 결성 이후에도 이 점은 문제의 소지로 남아있었다.

15) 강기철의 증언. 반면 교원노조로부터 어용단체로 몰린 대한교육연합회(한국교총의 전신)의 경우 4·19 전 8만 2천여 명이었던 회원이 4·19 이후 5만 명으로 급격히 감소하였다.(「교총 40년사」) 교총을 탈퇴한 교사들의 상당수가 교원노조에 가입했을 것으로 추정된다.

16) 이미 정부 측은 1959년 교원노조 결성 이전부터 일반직 공무원의 노조조직을 금지하는 형태로 법률 해석을 하고 있었는데 허정 과도정부의 해석도 이를 그대

의 비민주적인 정책을 비판하고 문교부장관의 사퇴를 요구하는 성토 대회를 열었다. 전국노동조합협의회와 각 언론사도 교원노조 지지를 표명하였고 대한변호사회도 교원노조는 합법이라고 해석하였다.(이목, 1982, 114~116쪽)

정부의 탈퇴 종용과 파면 위협이 심해지자, 7월 11일 경북교조는 경북지사를 노동조합법 위반으로 대구지검에 고발하는 등 실력·법정 투쟁을 진행하였다. 7·29총선을 앞둔 7월 17일 '한국교원노동조합총연합회'를 결성하면서, 총선 시 각 정당이 교원노조문제를 쟁점으로 내걸도록 하였다.(이목, 1982, 119쪽)

그러나 경북지사 조준영은 8월 9일 김문심 등 간부 25명을 지방벽지로 전근 발령시켰다. 경북교조는 8월 11일부터 도청 광장에서 나흘간 연좌시위를 벌이며, 8월 14일에는 700여 명의 교원들이 경북 도지사의 사임을 요구하며 가두시위를 전개하였다. 전국의 교원과 공무원 노조 및 철도·체신·전매·남전(南電)노조 등과 진보적인 정당들이 지원하였다. 하지만 경북지사와의 담판은 결렬되었다. 교원노조는 8월 15일 궐기대회를 통해 극한투쟁 불사 결의를 천명하는 한편, 8월 16일 대구지방법원에 행정소송을 제기했다. 8월 20일 달성공원에서 3~5천 명의 교사·시민이 모여 교원노조탄압반대 전국조합원 총궐기대회를 열었다. 이 집회는 교원노조 발족 이래 최대 규모의 군중집회였다.

8월 23일 장면정권이 들어섰으나 정부입장은 변화가 없었다. 8월 25일 2천여 명의 교원이 대구역 광장에서 총사퇴투쟁결행선언대회를 열었다. 참가자들은 "경북 교원노조원은 8월 25일 6시를 기해 총사퇴한다. 전국의 교조원은 8월 28일까지 전원 사표 제출을 완료하고 비상대기태세를 취한다."는 선언문을 채택하였다. 8월 25일 대구고등법원에서는 교원노조의 합법성과 전근인사의 부당함을 판정함으로써 교

로 답습한 것이었다.

원노조는 승리를 거두었다.(이목, 1982, 152~157쪽)

그러나 민주당 정부는 본질적으로는 교원노조를 인정하지 않겠다는 방침을 세웠다. 어용단체인 대한교련을 개편하는 한편, 9월 7일에 조합결성권만 인정하고 쟁의권은 인정하지 않겠다는 교원노조법 개정안을 제정하겠다는 입장을 표명했다. 9월 8일 대구역 광장에서 교원 800여 명과 500여 명의 시민이 참석한 채, 대구지부는 교원노조의 합법성 천명을 촉구하는 대정부 궐기대회를 열었다. 9월 13일 곽태진(고령) 의원 등은 노동조합법 개정안(제복 근무를 하는 소방관·형무관·경찰관의 노조결성 금지를 담은 제6조에 '교사'를 첨가해 교사의 노조설립을 금지)을 민의원에 제출했다. 9월 18일 고령공회당 앞에서 고령지구 교조원 등 600여 명이 이를 규탄하는 성토대회를 열었다.(이목, 1982, 168~170쪽)

9월 26일 대구역 광장에서 교조불법화반대 집단농성·단식투쟁 결행선언대회가 개최되었다. 이때부터 학생들의 지원투쟁이 시작되었다. 교원들은 저녁부터 집단 단식에 들어갔으며, 9월 27일에는 전국 교조원 단식으로 확산되어 9월 30일까지 84시간 동안 단식투쟁이 전개되었다. 참가자들은 9월 30일까지 요구가 관철되지 않으면 전원 사퇴하기로 결의하고, 정상수업 중 단식으로 부상자가 연이어 발생했다. 경북은 6,270명이 참가하여 1,161명이 졸도했으며, 426명은 탈진하고 33명은 입원치료를 받았다. 이 기간 동안 대구시내 중고교에서는 수천 명의 학생들이 동조 단식농성을 하였다. 9월 28일은 경북고·경북여고·대구상고 학생도 시위와 농성에 참여했고, 대구농고·능인고도 수업을 거부하며 교사들을 지지했다.(『대구매일신문』, 『영남일보』, 『대구일보』 1950년 9월 29일자) 9월 29일에는 대구상고·영남중·고 학생 등 14,000여 명이 "스승 없는 학원 없다"는 구호를 외치며 시가행진을 하고 대구역 광장에서 노천학습을 하는 등의 지원투쟁을 하였다.(『대구매일신문』, 『영남일보』 1960년 9월 30일자) 교조 대표들은 서울에 모여 국회의사당과 문교부 앞에서 농성을 벌였다. 결국 정부는 9월 29일 교원노조법 개정안을 폐기하기로 하자 9월 30일 상오 6시를 기해 전국 교원노조원들의 단식은 중지되었다. 그러나 그 후유증으로 교사 이증석(당시 32세, 월성지구교원노조)이 사망했다.(『신동아』 2004년 10월호)[17]

정부는 교원노조법 개정안을 폐기하는 대신 교원노동조합에서 '노동'이라는 말을 뺀 교직단체법안을 국회에 제안하기로 하였다.(이목, 1982, 201~206쪽) 10월 6일에 전국교조총연합회는 성명서를 발표했다. 이 같은 상황 속에서 교조에 대한 탄압과 방해공작도 상당히 치밀하게 진행되었으나, 경북교조는 각종 언론에 선전전을 진행하였다. 민주당 정부는 이러한 여론에 밀려 더 이상 이 법안을 추진하지 못하게 되었다.

이어서 교원노조는 노동조합설립신고증 교부투쟁을 진행하였다. 이미 수개월 간 노동조합 설립신고 각하처분 취소를 위한 행정소송을 제기하여 법정투쟁 형태로 전개해왔던 이 투쟁은 실력투쟁과도 결합하여 진행하였다. 경북교조는 이 투쟁에서도 선봉에 서서 1961년 1월 16일부터 48시간 동안 중앙국민학교에서 노조 간부들을 중심으로 집단농성투쟁을 전개하였다. 1월 26일부터는 전국 각지의 교원노조와 보조를 맞춰 대구지구 초등 교원 1,167명과 중고등 교원 784명이 참가하여 2차 농성투쟁을 48시간 동안 전개하였다. 2월에는 지역 각계 인사들이 참여한 교원노조지원투쟁위원회(위원장 방한상)가 결성되었으며, 2월 20일에는 대구역 앞 광장에서 지원투쟁위원회 주최로 학

---

17) 이목은 당시 상황에 대해, "우리는 투쟁을 하면서도, 결코 수업을 거르지 않았지요. 수업은 교사의 가장 큰 사명이니까. 요령 피울 줄 모르고 단식을 진행하던 교사들이 쓰러져 갔어요. 1,300명의 교사 중 74명이 의식불명으로 교단에서 쓰러지고 그 후유증으로 한 달 후 이증석 동지가 숨을 거뒀습니다."라고 증언하였다.

생·학부모 등 2천여 명의 군중들이 모인 가운데 도민궐기대회가 열렸고 이 대회는 야간 횃불시위로 이어졌다. 이에 정부 측은 4월 24일 설립신고 각하처분을 취소함으로써 교원노조는 법정투쟁에서도 승리하였다.(이목, 1982, 261~265쪽)

③ 경제투쟁, 교육실천운동 및 민주화투쟁

결성 이후 줄곧 대정부투쟁을 벌였던 교원노조는 1960년 10월에서 12월 사이에는 외부로부터 심각한 도전 없이 지낼 수 있었다. 이 기간 동안 교원노조는 교원들의 생존권 보장을 위한 임금투쟁과 법정수당 쟁취투쟁[18] 등 경제투쟁을 진행하였다. 또한 당시 문교부 산하 독점 출판사들에 의해 강매 형태로 진행되어 왔던 국정 및 검인정교과서 공급과정의 불합리성에 대해 문제제기하고 공급제도 합리화, 국민학교 교과서 무상공급 요구와 교과서대금 인하투쟁을 벌였다. 이외에도 대구지역 학생종합예술제전 주최, 결식아동대책 및 부족한 교실 증축을 위한 기금모금운동, 신생활운동, 문맹교육운동 등 교육실천운동을 전개하였다.[19]

교원노조는 사회실천으로서 민주화투쟁도 활발히 벌였는데 학원정화투쟁과 2대악법 반대 연대투쟁은 당시 진행되었던 주요한 투쟁이었다. 이 부분은 4장에서 자세히 다룰 것이다.

이처럼 당시의 경북교원노조는 각계각층의 민주화운동 및 진보적 정치운동과 결합하여 새로운 사회적 흐름을 주도하면서 진보적 민주주의운동의 전국적 거점이 되었다.

---

18) 법정수당 쟁취투쟁은 노동조합설립신고증 교부투쟁과 함께 진행되었다.

19) 1961년 1월 26일 경북 교원 노조에서 발표한 성명에 이에 대한 사정이 잘 나타나 있다.

(2) 제일모직 등 노조건설투쟁(4 · 26〜12월)

1960년 3 · 15부정선거가 극성을 부릴 무렵, 자유당 측은 제일모직 노동자들도 부정선거에 가담하도록 독려하였다. 노동자들은 이에 반발하면서 단결투쟁할 필요성을 느껴 노동조합 결성을 도모하게 되었다. 즉 제일모직노조는 단순히 경제투쟁에서 시작한 것이 아니라 반독재민주화의 의지 속에서 시작된 것이었다. 뜻을 가진 몇몇 노동자들이 노조결성을 준비하는 동안 4 · 19혁명이 일어났고, 제일모직의 사주 이병철은 부정축재 혐의로 규탄을 당해 미국을 거쳐 일본으로 도피하게 되었다.[20]

노조결성준비위원들이 노조 설립신고를 하자, 회사 측은 사주가 도피한 상태에서 그의 고향인 의령출신 사원들을 중심으로 제2노조를 만들어 노조설립을 방해했다.[21] 그러나 4월혁명의 분위기로 이러한 시도가 제대로 통용되지 않자, 회사 측은 공장폐쇄와 함께 조합원 152명에 대한 불법휴직조치를 내렸다. 또한, 휴업기간 동안 임금의 60%를 지급하도록 하여 이 조치는 기혼 노동자들에게는 큰 압력이 되었다.(이

---

20) 대구에서는 제일모직노조는 교원노조와 거의 동시에 시작했지요. 4 · 19 이후 대한노총에서 벗어나 독자적인 움직임이 다소 싹트기 시작할 때입니다. 대구시내에도 대한노총 산하 침산동 삼미자동차에 노조가 있었고, 중소기업에서는 흥국주정이라는 소주 공장과 남선경금속, 이 두 공장에서 노동조합을 결성했어요. 당시 부산과 서울에서도 여러 공장 노동자들이 와서 제일모직노조를 따르면서 이 파장이 전국적으로 번져나갈 기미를 보였습니다. 그러니까 그만큼 제일모직 노동조합이 책임감을 느껴졌지요. '우리는 만약 우리가 실패하면 안 된다. 우리가 끝까지 성공을 시켜야만 다른 데까지 파급을 미친다.'(나경일 구술증언, 2007년 6월 30일)

21) 노조 결성 이전에도 경남 의령 출신 노동자들은 경북 출신 노동자들에 대한 텃세가 심했다고 한다.
"이병철이 고향이 경남 의령이잖아. 그에 비해 우리들은 아무 백도 없이 그냥 시험 쳐서 들어간 사람이잖아. 그러니 직장 안에서 의령 사람들 텃세가 말도 못해. 의령 사람들은 남자고 여자고 어떻게 훈련을 받고 들어왔는지, 우리가 무슨 말을 하면 대번에 사무실에 말이 들어가니 말을 자유롭게 할 수 없었어. 그래서 우리는 경남 의령 사람과 경북 사람을 너무 차별을 둔다고 불만이 많았지."

옥화 구술증언, 2008년 11월 19일 ; 나경일 구술증언, 2007년 6월 30일)

1960년 6월 14일 제일모직 노동자 400여 명은 '부당노동행위 중지', '불법휴직 조치 철회', '불법폐업 중지와 정상작업 실시'를 요구하며 단식투쟁을 했다. 전국노협에서는 회사 측의 노동운동 방해책동을 비난하고, 노조의 세 가지의 조건을 6월 18일까지 받아들이고 조업을 재개하도록 요구했다. 이어서 노동자들은 6월 17일 사측 노조의 어용성을 지적하고, 이의 해산을 요구하는 농성투쟁을 시작했다. 경북도 당국에서도 공장폐쇄가 위법임으로 시정을 촉구하며 6월 20일부터 조업재개를 권고하였다. 회사 측에서는 어떤 조치도 취하지 않자, 노조는 6월 22일 경북도 당국에 쟁의보고서를 제출하며 앞의 세 가지를 요구하였다. 회사 측은 이와 같은 노동자들의 요구에 대해서도 전혀 응답을 하지 않았다.

노조원 300명은 7월 4일 사무실을 점거하고 농성투쟁을 전개하였다. 회사 측의 고발로 200명의 경찰이 출동하여 강제 진압에 나섰으나 실패했고, 농성장은 여성 노동자들의 울음바다로 변하였고 이숙자를 비롯한 상당수가 부상을 입었다.(김낙중, 1982, 302~303쪽 ; 이옥지·강인순, 2001, 81~82쪽) 계엄사령부의 헌병 1개 중대가 1주일간 농성현장을 경비하였고 농성은 한 달 이상 지속되었다.(나경일 구술증언, 2007년 6월 30일) 이 과정에서 여성노동자들이 압도적으로 참여하여 투쟁을 주도했다. 또한, 농성투쟁과정에 대한방직·삼호방직·내외방직 등 다른 섬유사업장 노조들의 지원과 연대도 활발했다. 대한방직 노조 등 섬유사업장 노조들은 농성을 시작하던 첫날부터 1,500여 명의 노조원들이 대오를 이루어 와서 주먹밥을 만들어주는 등 농성을 지원하였다.(나경일 구술증언, 2007년 6월 30일)

대한방직노조 등 대구지역 1,500명의 노동자들이 지원투쟁을 하는 등 투쟁이 길어지자 8월 10일 회사 측은 폐업조치를 철회하였다. 당시

보사부 당국이 제일모직노조에 대해 발표한 내용은 다음과 같다. "① 신구 양파 노조는 노조의 단일화를 위해 해산한다. ② 회사는 양 노조의 해산을 확인한 후 3일 이내에 직장폐쇄를 해제하고 조업을 개시한다. ③ 단일노조는 조업개시 후 40일 이내에 결성하기로 하고 외부 인사 및 외부 단체의 개입 또는 간섭을 받지 않는다."(김낙중, 1982, 302~303쪽 ; 이옥지·강인순, 2001, 81~82쪽)

그 후 제일모직노조는 경상북도계엄사령관·동대구경찰서장·검사의 현장 감시하에서 노동조합을 결성했다. 그러나 제일모직노조는 전국노련의 대구지부인 "대구노동조합시연맹"의 지원이 끊어지자 그 해 12월에 해산되어 버렸다. 4·19 후 결성된 "전국노련"이 장면정부 및 이병철과 정치적 타협을 했기 때문이다.(이일재, 2004)

그 외에도 대구경북지역에서는 5월 15일 기자와 기술노동자들로 언론노조인 대구일보노동조합이 결성되었다.(김낙중, 1982, 292쪽) 5월 28일에는 1955년 투쟁 때 해고된 대구 대한방직 노동자 30여 명이 퇴직금 및 복직을 요구하며 공장 앞에서 시위를 전개하였다. 다음날 현직노동자 1천여 명은 이에 호응하여 임금인상을 요구하며 시위를 벌였다.(민주화운동기념사업회 편, 2008, 249쪽)

3) 민간인학살 진상규명운동의 주도적 전개(6월 초~61.4)[22]

이승만의 사퇴로 상징되는 자유당정권의 퇴진은 엄밀한 의미에서 혁명의 종결이 아니라 시작이었다. 이승만과 자유당 정권이 물러나기는 하였지만, 당시 사회는 여전히 구체제가 저지른 악행의 결과로 고통 받은 민중들이 제기하는 과제가 있었다. 그것은 한국전쟁 전후에

---

22) 이 절은 노용석의 연구(「과거청산에 있어서의 유해발굴사례 연구」, 2010.4.19)와 임채도의 연구(「4·19 직후 대구경북지역 피학살자유족회 운동의 전개」, 2010. 4.19)에 의지했다.

군경에 의해 자행된 민간인학살문제였다. 이 진상규명운동은 정권교체를 넘어선 문제로 보수세력과 군경의 정당성에 심각한 의문을 제기하는 운동이었다. 5월부터 영남일보 등이 연재기사를 보도하는 등 필요성을 제기하였다. 5월 23일 국회 결의로 '양민학살사건진상조사특별위원회'가 조직되어 각지에서 민간인학살에 관한 진상조사(5.31~6.10)가 진행되자 이 운동은 활발히 전개되었다. 6월 21일 국회본회의에 보고서가 제출되었다. 각 시·군·읍·면 단위에서 피해자 신고 접수를 하면서 유족들은 양민학살의 진상을 규명하고 명예를 회복하기 위해 유족회를 조직하여 대규모 위령제 개최, 유해 발굴 활동을 전개하였다. 그러나 이 운동은 1년 뒤 발생한 5·16군사쿠데타에 의해 무참히 짓밟히게 되었다. 그 결과 한국사회의 반공이념의 지형을 강화시켜 이 문제는 6월항쟁 이후에나 다시 제기될 수 있었다.

(1) 경북지구피학살자유족회의 결성

4·19혁명 이전까지 유족들은 민간인 학살의 진상과 자신들의 억울함을 어떠한 형태로든 표출할 수 없었다. 하지만 4·19혁명은 이러한 상황을 변화시켰다. 가장 대표적인 변화는 1960년 5월 12일 경남 거창군 신원면에서 소위 '거창사건' 유족들이 한국전쟁 당시 면장이었던 박영보를 구타하고 불에 태워 죽인 사건에서 잘 나타나고 있다.(『대구매일신문』 1960년 5월 13일자)[23] 이처럼 4·19혁명 이후 한국전쟁기 민간인 학살 문제는 다시 사회적으로 공론화되기 시작했고, 전국의 피학살 유족들 역시 '일방적 침묵 상태'에 있던 과거와 달리 좀 더 적극적인 자세를 취하기 시작하였다. 이 중에서도 대구경북지역은 민

---

23) 이 사건은 당시 유족들과 사회적 분위기를 보여주는 좋은 사례로서, 이후 제4대 국회에서 거창, 함양, 산청, 함평, 영암, 통영, 남원, 문경 등지의 민간인 학살 진상조사를 이끌어내는 계기가 되었다.

간인 피학살자 유족회운동의 핵심 진원지라 할 수 있다.

민간인 학살에 대한 관심이 고조되자 대구경북의 지역 언론에서도 민간인 학살에 대한 기사가 연일 등장하기 시작하는데, 특히 경산 코발트광산 학살과 대구시 가창골 일대 학살에 대한 보도가 주류를 이루었다.(『대구매일신문』 1960년 5월 22일자)[24] 성주에서는 이삼근의 주도로 유족회를 결성하고 6월 7일 위령제를 지냈다. 이후 1960년 6월 15일 대구상공회의소에서 대구·성주·경주 등지에서 모인 유족들이 '경북지구 피학살자 유족회(이하 경북유족회) 결성대회'를 개최하게 되었다. 유족들은 결성대회에서 신석균을 경북유족회 임시의장으로 선출하고, '헌법에 규정된 기본인권의 보장', '정치도의 확립', '학살 피해자에 대한 국가의 형사보상', '합법적 수단을 통하여 관련자에 대한 집단고발 및 처단수행', '원혼탑 건립', '불법적 및 반민족적 현상에 대한 비판 시정' 등을 요구하였다.(『영남일보』 1960년 6월 12일자) 10월 10일에는 860여 명의 회원으로 경주유족회가 결성되었다. 11월 2일에는 군경유가족회 및 상이군경과 6·25 때 경주민보단장으로 민간인을 살해한 혐의로 유족회에 의해 고발당한 이협우(자유당 국회의원) 측이 유족회 사무실을 습격하는 사건이 발생했다. 경북유족회 회원 60여 명이 지원투쟁을 벌였다.(임채도, 2010, 57쪽) 이와 같은 대구경북지역의 유족회 결성은 먼저 도조직을 결성하고 군조직을 뒤에 결성해나간 하향식이었다. 상향식으로 유족회를 건설한 경남지역과 함께 조직결성은 빠른 편이었다.

---

24) 세부지역으로는 대구시 용계동 1구, 파동 서당곡 대구 정수장 골짜기, 산원동 1구 광산 채광장 근처(달성광산), 경북 칠곡군 가산면 학산동 소재 유학산 등이 있다.

(2) 경북지구피학살자유족회의 활동

유족회 결성 이후 유족들은 '경북 피학살자 위령제 준비위원회'를 구성하고, 이 조직을 중심으로 7월 28일 대구역전 공회당 앞에서 유족과 시민 2,000여 명이 참석한 가운데 '경북지구 피학살자 위령제'를 개최하였다. '무덤도 없는 원혼이여, 천년을 두고 울어 주리라', '조국산천도 고발하고 푸른 별도 증언한다', '처형군경 색출 처단하라', '유족에게 보상금을 달라'(민주화운동기념사업회 편, 2008, 249쪽 ; 임채도, 2010, 56쪽)는 현수막을 걸어 유족의 한 많은 요구를 나타내었다. 또한 이들은 8월 20일 각급 기관장 17명의 후원을 받아 합동묘비건립위원회를 구성하여 신문광고를 내는 등 기금모금운동도 전개하였다. 11월 4일부터는 회보 「돌꽃」도 발행하였다. 경주유족회는 11월 13일 계림초등학교에서 2,500여 명이 참가하여 합동위령제를 개최했다. 나아가 경북유족회는 1961년 3월 14일 진행된 2대악법반대투쟁에도 적극적으로 참가하였다. 경북공투위에 조직의 일원으로 참여하여 보수화되는 장면정부를 개혁적으로 바꾸기 위해 투쟁하였다.

유족회의 활동에 학생들의 조직적 참여는 거의 없었다. 하지만 학내조직과 분리된 채 청구대 상과 2학년 최규태(崔圭泰, 당시 27세, 경북지구민간인피학살자유족회 청년학생위원회 부위원장)는 피학살자유족회운동에 참여했다. 경북지구피학살자유족회에는 학생대표로 이효철(24세)이 참여하였다. 이들은 1961년 2월 16일 국회의원 윤길중·김성숙 등 30여 명 연명으로 장면 국무총리에게 유족들에 대한 조치로서 국가보상금 지불, 호적정리, 위령제 및 위령비 건립, 학살관련 군·경의 색출처단 등을 요구하였다.(『대구경북지역 민주화운동 기초조사 보고서』, 296쪽)

이런 활동에도 불구하고 경북지구 피학살자유족회는 1961년 5월 16

일 발생한 군사쿠데타로 이적단체로 규정되어 심대한 타격을 받았다. 주요 간부였던 신석균·이원식·이삼근·이복녕·김하종·김하택 등을 국가보안법 위반 혐의로 구속하고, 이들에게 사형과 무기징역 등의 실형을 선고하였다. 이 과정에서 경북유족회장이었던 신석균은 서대문 형무소에서 옥사하였고, 이원식을 비롯한 나머지 간부들은 많게는 10년 동안 옥고를 치루어야 했다. 이런 경험이 1987년 6월항쟁 이후의 민간인학살운동에 대구경북지역을 소극적으로 만들었을 것이다.

(3) 유해 발굴 및 사회민주화투쟁

4·19혁명 직후 일부 지역에서 민간인 학살 희생자에 대한 유해 발굴이 진행되었지만,[25] 대구경북지역은 그중에서도 가장 활발하게 발굴이 진행된 곳이다. 민간인 학살 직후부터 유족들은 유해 발굴을 진행하고자 하였으나, 대부분 정확한 학살 지점을 알지 못하였고, 학살지를 안다고 할지라도 군경의 삼엄한 감시하에 있었기에 이를 실행할 수 없었다. 이러한 이유로 인해 경북유족회가 설립된 이후부터 유족들의 최대 관심사는 희생자들의 유해를 발굴하는 것에 집중되어 있었다.

경북유족회는 그 결성에서부터 유해 발굴에 대한 의지를 표명하였다. 유족들은 1960년 6월 15일 대구상공회의소에서 유족회 결성식을 실시함과 동시에 '경북 피학살자 위령제준비위원회'를 구성하는데, 여기서 희생자의 유해 발굴 및 원혼탑의 건립을 요구하였다. 그리고 8~9월

---

25) 진실화해위원회 조사에 의하면(진실화해위원회, 『2009년 하반기조사보고서』 7권, 316쪽) 1960년 4·19혁명 직후 대구경북지역을 제외한 여러 곳에서 유해 발굴이 진행되었다. 대표적인 사례로, 김해군과 창원군의 피학살자 유족 700여 명은 1960년 5월 31일 '금창(金昌)지구피학살자장의위원회'를 결성하여 유해 발굴을 실시하였고, 밀양지역 피학살자 유족회 역시 1960년 7월 19일 학살지로 알려진 경북 청도군 매전면 곰티재와 삼랑진면 안태리 뒷산에서 유해를 발굴하여, 동년 7월 20일 밀양공설운동장에서 정치인과 유족 등이 참여한 가운데 위령제를 지냈다.

에 가창댐·수창동·지묘동·송현동·본리동·만촌동 일대를 현지조사하고 3차에 걸친 유해 발굴활동을 하였다.(임채도, 2010, 56쪽)

이렇게 경북지구피학살자유족회의 활동은 당시 사회적 분위기로 볼 때 혁신적인 민간운동을 창조했다고 평가를 할 수 있다. 대부분의 피학살자들이 '아군과의 교전 중 사망하거나 적군에게 부역하였다는 혐의'를 가지고 있었으므로, 자칫 이들에 대한 신원(伸寃)운동이 유족들까지 '빨갱이'로 몰릴 가능성을 내포하고 있었다. 이러한 가능성에도 불구하고 경북유족회는 '가족의 억울한 죽음'을 규명한다는 '든든한 명분'을 중심으로, 한국 사회의 가장 핵심적 지배이데올로기인 '좌익', '빨갱이'라는 핵심 개념에 대한 공격을 실시하였다.[26]

4) 7·29총선

6월 15일 내각책임제를 골자로 한 개정헌법이 공포되었다. 4월혁명 성장기에 제기된 수많은 문제는 6월 23일 4대국회가 해산되고(임영태, 2008, 270~273쪽) 7·29총선에서 선출되는 5대국회의 구성에 달려있었다. 7·29총선에서 혁명정신을 계승할 혁신정당의 득표율이 전국적으로는 예상외로 저조하여 소선구제인 민의원 5명과 대선거구제인 참의원 3명만 당선되었다.[27] 그중 대구경북에서 민의원과 참의원 각 1명

---

26) 하지만 이러한 공격이 유족들의 자각 의식은 아니었던 것으로 보인다. 대구 유족회장이었던 이원식은 1962년 자신의 형량이 무기징역에서 감형되자 박정희 당시 최고회의의장에게 보내는 감사문에서 '유족회가 사상 이전에 윤리적인 결합체로 골육지정에서 파생된 비극적인 존재'라고 표현하고 있으며, 그 외 이광달·이복녕·신윤식 등의 증언에서도 1960년 경북유족회의 성격을 가족의 신원 이상을 요구하는 정치단체로 평가하지는 않았다. 하지만 이러한 유족들의 의지에도 불구하고, 경북유족회는 4·19혁명 이후 사회적 변혁의 지평을 가장 높게 상정한 순수 민간주도운동으로 평가받고 있다.

27) 정당별 득표율(당선자 수)은 민의원선거에서 민주당 37.8%(175), 자유당 2.8%(2), 사회대중당 5.1%(4), 한국사회당 0.6%(1), 무소속·기타 53.7%(49)이었고, 참의원

씩 당선되었다. 자금부족과 조직기반 없이 1달여의 준비기간으로 반공이데올로기에 사로잡힌 대중들에게 민주당과 대비되는 통일정책만으로 지지를 획득하기가 쉽지 않았다. 게다가 사회대중당과 한국사회당 등으로 혁신세력 내도 통일되지 못하고 한 선거구에 같은 당소속이 2~3명이 출마하는 경우도 있었다.

사회대중당 후보는 대구에서 인기가 높았다. 7월 22일 수성천변 선거유세에는 4~5만의 군중이 참여했다. 서상일·이동화·최석채·양호민·김수한 등이 입후보하였고, 대구 정(丁)구는 민주당의 입(대변인) 조재천과 양호민의 대결이 관심을 끌었다.(민주화운동기념사업회 편, 2008, 174쪽) 사회대중당 대표 서상일(대구 을구, 44.8%)이 당선되었고, 참의원에는 경북의 최달선이 당선되었다.(4월혁명연구소, 1990, 200~201쪽) 경북지역은 전국에서 가장 높은 득표율(민의원선거 : 사회대중당 12.4%, 사회당 0.14%)[28]을 보여 지역민들의 높아진 요구를 반영했다. 이것은 이후 전개된 각종 민중운동에 높은 대중들의 참여가 증명하고 있다. 농촌지역보다 대구 등 도시의 지지율이 높았던 것은 젊고 교육수준이 높은 도시인이 혁신세력을 지지하기 때문일 것이다. (백영철, 1996, 200쪽) 수도권보다 영호남이 지지율이 높았던 것은 해방정국의 민중운동이 활발했던 지역과 연관성이 있을 것이다.[29]

선거는 민주당 30.0%(31), 자유당5.9%(4), 사회대중당 2.1%(1), 한국사회당 0.9%(1), 무소속·기타 51.8%(20)이었다.

28) 서울은 사대당 3%, 한사당 2.8%, 경남은 사대당 9.7%, 한사당 0.8%, 제주는 한사당 11.5% 등의 득표율을 보여 대구경북보다 혁신세력의 지지율이 낮았다.(중앙선관위 홈페이지 역대선거정보시스템 정당별 득표현황 참고)

29) 『제2공화국과 한국민주의』, 201쪽 참고. 이갑윤은 7·29총선에서 영호남지역이 혁신세력을 지지한 것이 해방 후 민중운동이나 좌익세력의 조직화와의 연관보다 중앙과 거리가 먼 지리적 원인에 따른 반권위적 태도 때문으로 본다. 우리는 견해를 달리한다.

5. 4월혁명 고양기(7·29총선~5·16)
: 통일운동·2대악법반대투쟁의 전개

총선 이후 방학을 넘기고 9월에 개학을 맞은 경북대학을 위시한 대학가와 일부고교는 민족통일연맹 주도로 1960년 말부터 5·16쿠테타 이전까지 민족통일운동과 2대악법반대투쟁을 전개했다. 하지만 학원 바깥은 노동조합설립 등의 노동운동과 피학살자유족회운동 및 교원노조운동 등 대중운동이 고양되고 있었다. 대구의 대학가는 분규로 부족한 수업일수를 메우기 위해 방학기간에도 수업을 하는 경북대 의대와 대구사범학교와 효성여대의 어용교장·학장퇴진투쟁 등으로 학원민주화투쟁이 지속되고 있었다. 1960년 2학기를 맞은 대학은 신생활운동을 중심으로 사회개량운동을 펼쳤고, 11월경에 접어들면서 민족통일연맹을 결성하면서 민자통 등 혁신계 및 사회단체와 연대해 통일운동을 전개하기 시작했다. 이듬해는 통일운동 전개에 두려움을 느낀 장면정권에 의해 추진된 2대악법, 즉 데모규제법과 반공임시특별법에 대한 반대투쟁에 지역의 전 운동역량이 결집해 투쟁하였다. 그러나 남북학생회담을 앞둔 날 군부의 5·16쿠테타로 4월혁명은 막을 내리고 민주화의 상당한 후퇴를 겪게 되었다.

1) 신생활운동과 국민계몽운동

7·29총선 이후에도 경북대는 의대 어용교수퇴진투쟁이 장기화 되면서 학원은 마비상태였다. 7월 1일 의과대학에 내려진 휴교령이 아직 해제되지 않다가 문교부는 8월 16일 휴교령을 해제했다. 총선 전인 7월 15일 오후 6시 경북대 사범대 사회학과 학생 10여 명은 신생활운동의 시작을 알렸다. 이들은 소나기 중에도 '양담배 배격과 국산품애

용’ 및 ‘정치혁명과 함께 생활을 개선하자’는 플래카드를 들고, 자전거에 확성기를 설치하여 시내를 일주하며 평화적 시가행진을 벌렸다.(『대구일보』1960년 7월 16일) 이는 서울대 등에서 일기 시작한 신생활운동에 대한 이 지역의 첫 반응이었다. 물론 6월경에는 선거계몽대를 구성하여 7 · 29총선 전에 지방에 파견해 활동했다.

9월 개학 후 경북대 학생들은 10월 31일 학생회관에서 100여 명의 학생이 참가한 신생활계몽대를 발족시켰다. 선언문(『경북대학교50년사』, 132쪽 ;『경북대학보』, 1960년 11월 7일)[30] 낭독 후 이상두(李相斗) 영남일보 논설위원의 격려사와 조현 4H클럽 회원의 조언에 이어 행동방안을 토론했다. 백여 명의 계몽대원은 ‘나락과 음모의 소굴 빠 · 카바레 · 다방의 문을 닫자’, ‘미국 잉여농산물에 농민은 운다’, ‘왜가요 일소하여 민족정기 되살린다’, ‘미제 · 일제 쓰는 것은 민족의 수치다’라는 플래카드를 들고 동인로터리 · 중앙통을 지나 시내를 행진하면서 시민들의 주의를 환기시켰다. 비밀댄스홀과 카바레 다방을 돌아다니면서 절제와 국산품애용 등을 계몽하는 활동도 벌렸다.(『경대학보사』, 1960년 11월 7일) 또한 12월 12~15일까지 댄스홀 광경, 고급관리들의 음성적 실태, 고아 등 사회의 암흑상을 담은 사진전시회를 거리에서 열어 시민의 각성을 촉구하기도 했다. 하지만 이 운동은 훌륭한 효과를 거둔 것이 아니고 사회의 냉대와 비난을 받기도 하였다. 계몽대 대표들은 11월 10일 경대학보사 주최로 김성혁 부사장과 배용광 · 김진재 · 차기벽 교수와 좌담회를 갖고 이를 극복하기 위해선 자아비판이 선행되어야 함을 알게 되었다. 종강 · 휴강 · 시험부정 없애기, 녹화운동 및 가까운 농촌의 계몽이 필요하고, 양담배 유입의 근원을 막는

---

30) 선언문은 “아세아적 무지와 빈궁으로부터의 해방을 위하여 우리들이 개혁해야 할 것은 우리들의 생활체제의 궁극적 기초이다.”라고 했고, 행동규약은 “우리들은 밑으로부터의 신생활운동과 위로부터의 신생활운동을 함께 전개하기로 약속한다.”라고 하였다.

것이 중요함을 깨달았다.(『경북대학교50년사』, 132쪽) 하지만 이후 학생운동의 흐름이 통일운동으로 옮아가면서 이 운동도 소강상태에 빠졌다.

한편, 대구사범과 효성여대에서는 다른 대학보다 뒤늦은 어용교장·학장 사퇴를 요구하는 투쟁이 일어났다. 대구사범학교에서는 표광호 교장 축출을 요구하는 투쟁이 전개되었다. 8월부터 학생들은 표광호는 부산 남중학교 교장으로 부정선거에 참여하다 전근을 왔다며 퇴진을 요구하였고, 사친회와 교사들도 문교부에 12월까지 경질을 요구했다. 1961년 3월 20일 졸업식 전날이 되어도 변화가 없자 학생 400여 명이 강당에서 학생대회를 열어, 반혁명분자로부터 졸업장을 받을 수 없다며 등교·졸업식을 거부했다.(『대구매일신문』 1961년 3월 22일자 ;『영남일보』 1961년 3월 21일자 ;『대구일보』 1961년 3월 21·22·23일자) 3월 21일 졸업생 없는 졸업식을 치르자 휴교령이 내려지고, 동창회·사친회 대표들이 문교부장관을 만나 3월 말 인사이동 시 교장경질을 약속하며 이 분규는 종식되었다. 효성여대는 9월 19일 긴급 학생총회를 소집하여 8개항의 결의문을 낭독하고 전석재 학장 퇴진을 요구하며 동맹휴학을 결의하였다. 학생들은 정실인사, 학원의 불법경영과 사영화 반대 등 학장의 전횡을 시정하라는 것이다.(김일수, 2000, 130쪽) 9월 30일부터 1백 수십 명의 학생과 60여 명의 학부형이 위의 요구를 걸고 농성에 돌입하였다.(『영남일보』 1960년 10월 2일자)

2) 민족통일연맹결성과 통일운동 및 학원자주운동

한편, 11월 1일 서울대학이 민족통일연맹을 결성하자, 11월 4일 경북대 법정대학생 30여 명이 모여 경북대민족통일연맹 발기대회를 개최하였다. 11월 10일에는 '민족통일촉진학생연구회'가 200여 명의 학생이 모인 가운데 결성되었다.(「경대학생운동사」, 124쪽) 1960년 가을에는 기세환·전재창·박용목(58학번), 변태강·전학춘(60학번)의 주도로 경북대민통련이 결성되었다. 이 단체는 경상북도 민족통일연맹(약칭 경북민통련)에 가입하여, 1961년 봄에 전개된 '남북학생회담' 추진 등 통일운동을 전개해 나갔다. 1961년 5월 20일에 예정된 남북학생회담에 대구에서는 100여 명이 참가하기로 하고, 남북학생회담의 분위기를 돋우기 위해 "가자 북으로, 오라 남으로, 만나자 판문점에서"라는 구호를 내걸고 연일 시가행진을 하였다. 경북민통련은 대구대의 정만진, 청구대의 최규태 등이 주도한 두 대학의 민통련 및 경북고·경북여고·영남고·대구여고의 민족통일학생연맹과도 연대하여 통일운동과 2대악법반대운동을 전개했다.(대구경북민주화운동계승사업회, 2006, 81쪽)

요원의 불길처럼 번진 통일운동의 열기는 청구대·대구대와 고등학교에도 불어왔다. 1960년 11월에 경북고·경북여고·영남고·대구여고 등 5개 고등학교와 각 대학별로 '학생민족통일연맹'이 결성되었고, 1961년 1월에 '경북지역 학생민족통일연맹 연합회'가 결성되었다.(대구경북민주화운동계승사업회, 2006, 166쪽) 한편, 1961년 들어 2·28 학생시위 1주년 기념행사에서는 민족의 평화적 남북통일이 주요 구호로 등장했으며, 3월에는 한미경제협정 반대투쟁을 통해 반외세 민족자주의 기치는 그 열기를 더해 갔다.

경북민족통일연맹(약칭 경북민통련)은 '민족자주통일중앙협의회(약칭 민자통중앙협의회)'를 상급단체로 하고 아래에 경북민주민족청년동맹, 경북교조지원투쟁위원회를 두고 있었다. 이 조직은 1960년 9월경 대구에서 안경근·장상호 등이 '민주구국동지회'를 발전적으로 해소하여 '경북시국대책위원회'를 결성하였다. 1960년 11월 12일에 경북시국대책위원회는 종로국민학교에서 시국강연회를 개최하고, 조직의 명칭을 '경북민족통일연맹'으로 변경하였다. 안경근·안민생·강신용·백규천·이정상·안잠·김성달 등이 주도하여 1961년 2월 25일에 혁신계 조직인 '민자통중앙협의회'에 가입하였다. 경북민통련은 1961년 2월 25일에 대구역 광장에서 통일촉진웅변대회를 개최하였고, 1961년 3월 1일에는 달성공원에서 정부수립 이후 통일운동 관련 최대 인파인 3만 명을 동원하여 '3·1민족통일촉진궐기대회'를 개최하여 통일운동의 열기를 드높였다. 또한 교원노조합법화와 노동조합법 개악반대투쟁을 지원하고, 2대악법 반대 연합공동투쟁위원회에 참여하는 등 광범한 통일전선적 활동을 수행하였다. 1961년 '4·2시위'를 주도하며 남북 간 전면적 교류 확대, '선건설후통일론' 배격 등을 주장하였다.(대구경북민주화운동계승사업회, 2006, 296~267쪽) 이러한 통일운동의 열기에 놀란 미국의 지원을 받은 박정희 등 군부세력의 쿠데타에 의해 통일운동의 열기는 꺾이면서 20여 년간 수면 아래로 잠겼던 것이다.

　한편, 이러한 자주통일운동의 열기에 따라서 대구공고와 경일중학교 등 일부 중고교에서도 미군·국군이 사용하는 교사반환을 요구하는 투쟁도 일어났다. 대구공고 학생 천 5백여 명은 1960년 11월 29일 한국전쟁기에 미8군 제16병기중대에게 징발된 본교사 반환과 운동장을 요구하는 가두행진을 벌렸고, 도지사를 만나 협조를 당부하기 위해 도청을 방문했다. 사친회에서도 주한미대사관 및 미군 측과 교섭했으나 국방부에 해결을 미루었다.(김일수, 2000, 136쪽 ; 『영남일보』 1960년 11월 30일자) 12월 3일 경일중학교 학생 6백여 명은 5관구사령부가 징발한 본교사(원대동)를 돌려달라고 관구경계선을 뚫고 들어가 연병장에서 시위를 하였다.(『영남일보』 1960년 12월 4일자) 또한 1961년 2월 28일과 3월 1일에 대구중학교 학생 6백여 명도 학교운동장에서 '우리집 내놔라'라는 플래카드를 들고 교사반환을 요구하는 농성을 시작했다. 이에 사친회와 동창회도 이 문제 해결을 위해 몇 년간 미군

측과 교섭했지만 별 성과가 없었다.(『대구매일신문』 1961년 3월 2일자) 이렇듯 중고생들도 자신의 학교생활과 밀접한 교실문제 해결을 위해 그간 금기시되던 미군과 군대에 대한 요구도 제출하기 시작했던 것이다.

3) 2대악법반대투쟁

이러한 민통련과 혁신세력에 의한 통일운동과 민중운동이 급격히 고조되자, 장면정권은 이 운동을 규제하려 3월 8일이 국가보안법을 보강한 '반공임시특별법'과 '데모규제법'을 제정한다고 발표하였다.(민주화운동기념사업회 편, 2008, 323쪽) 경북대 학생들은 이에 맞서 경북대민통련 주도로 2대악법반대투쟁을 치열하게 전개해 나갔다. 전국적으로 가장 치열하게 진행된 대구경북지역의 이 투쟁은 대중동원에도 아주 성공적이었다. 경북대 민통련은 대구의 민족민주운동세력과 밀접한 관계를 맺고 자주 민주 통일운동에 적극 나섰다. 3월 18일 대구역 광장에서 2대악법반대경북학생공투위 주최의 집회에 참석하였다.(『대구일보』 1960년 3월 19일자) "2대악법 폐지하라"는 구호를 외치며 교문을 나서면 학생들뿐만 아니라 일반시민들까지 가세하여 1만 명 이상의 시위대가 시가지를 행진하여 대구역 광장→남일동→수성천변→달성공원 등을 행진하였다. 2대악법투쟁의 불길이 전국에 걸쳐 번져나가자 장면정권은 회기 내 국회통과를 포기한다는 성명을 냈다.(『대구경북지역 민주화운동 기초조사 보고서』, 81쪽)

대구대에서도 '2대악법반대 학생공동투쟁위원회'를 설치 후, 이 조직을 연대조직으로 승화시켜 투쟁하였다. '학생민족통일연맹 연합회'를 '2대악법반대 학생공동투쟁위원회'(위원장 : 58학번 정만진)로 개칭하여 악법반대투쟁을 이끌었다. 특히 3월 25일 대구역 광장에서 열린

'공투위' 주최의 규탄대회는 3만 명이 운집하는 전국에서도 모범적인 투쟁이었다. 이후 4·2데모사건에서 43명이 구속되는 등 투쟁이 고조되면서 대구지역의 2대악법반대투쟁의 열기를 알리기 위해 10여 명의 학생들을 서울에 파견하였다. 이처럼 대구민족통일연맹이 중앙의 민족자주통일중앙협의회 건설을 추동하는 등 당시 대구지역의 투쟁열기와 진보적 역량은 대단하였다. 이러한 4·19의 반외세 민족통일과 사회민주화의 염원도 박정희의 군사쿠데타로 좌절되고 만다.(대구경북민주화운동계승사업회, 2006, 166쪽) 대구대의 이정희, 청구대의 성낙호 등이 참여한 경북공투위에는 대구·경북지역의 정당·사회단체의 지도부가 광범하게 참여하였다. 이 경북공투위는 실질적으로 통일전선적 성격의 조직으로서 장면정권의 민주화 후퇴에 맞선 투쟁의 지도부였던 것이다.

한편 2대악법반대투쟁은 학생운동세력만의 역량으로 진행될 수 없었다. 법제정 반대투쟁이었던 만큼 정당 및 사회단체의 연대는 필수적이었다. 1961년 3월 31일에 '2대악법반대 경북정당·사회·노동·학생단체 공동투쟁위원회(약칭 2대악법 공투위)'가 구성되었다. 이 단체에는 교원노동조합연합회·경북통일민주청년동맹·경북학생2대악법반대공동투쟁위원회·혁신당·사회대중당통합추진위원회·민족통일연맹·민족자주통일협의회·대구시노동조합연맹·경북노동조합연합회·사회당·통일사회당 등이 참여했고, 그 아래에 총무·선전·섭외위원과 동원부를 두고 전국에서 가장 강력한 투쟁을 지도해 나갔다.(대구경북민주화운동계승사업회, 2006, 297~298쪽) 그리하여 5·16쿠데타 이후 이들 지도부는 대거 구속되었지만, 이들이 1960년 이후 대구경북지역의 민족민주운동의 지도부로 성장·활동하였던 것이다.

2대악법 공투위는 대구역 광장에서 3월 18일 1만 명, 3월 21일 1만 5천 명의 군중이 참여한 궐기대회를 개최하였고, 3월 24일은 전국 최대 군중인 3만 명을 동원하여 2대악법을 분쇄하기 위한 선도적 투쟁을 전개하였고, 대회 후 학생 1천여 명이 횃불시위를 감행하였다.(민주화운동기념사업회 편, 2008, 326~329쪽 ;『대구일보』1960년 3월 24·25일자) 4월 2일 오후 5~8시경 대구역 광장에서 공투위 주최로 2천 명이 참여하여 '2대악법반대 대구궐기대회'를 개최하였다. 장면정권은 이날부터 공세적 진압에 나서 경찰에 의해 43명이 연행되었다. 김문심(金文尋) 경북교조위원장, 강창덕 등 지도부 35명이 공무집행방해죄로 구속되었다. 참가자들은 "장면정권 물러가라", "악질 경찰관 물러가라", "2대악법은 살인법이다, 죽음으로서 막아내자"는 구호를 외치며 경찰과 충돌하였다. 이날 경북도경은 예하 24개 경찰서에서 2천여 명의 경찰병력을 동원하여 대회를 불법집회로 규정하고 봉쇄작전을 전개하였다.

대구경찰서에 구속된 대회참가자들은 4월 4일 아침부터 평화적인 데모를 강제 진압한 경찰에 항의하며 단식투쟁에 돌입하였다. 위원장이 구속된 경북교조는 4월 4일 성명서를 발표하고, 평화적인 시위 집회를 경찰이 폭력으로 탄압하여 경찰이 민주주의를 말살시켰다고 통박하였다. 경북교조는 구속자 전원석방을 요구함과 동시에 전국 5만여 교조원을 총동원하여 투쟁할 것을 결의하였다. 전국교조대의원대회를 4월 5일 대구에서 개최하고 4개항(구속조합원 석방, 조합원에 대한 기소, 휴직처분 취하, 2대악법 철회)의 요구를 담은 결의문을 발표하였다. 한편 경찰은 대회 당일 43명을 소요죄 혐의로 긴급구속한데 이어 대구시자동차노조위원장 김종하(金鍾河), 민주민족청년동맹 위원장 도예종 외 혁신정당과 사회단체 간부 30여 명을 사태의 주모자로 지명 수배하였다.(『대구경북지역 민주화운동 기초조사 보고서』, 28쪽) 이들은 5·16쿠데타 후에 혁명재판부에서 반혁명범죄로 재판을 받았던 것이다.

　시위로 세워진 정부가 시위를 진압하는 형국이 조성되자, 4월혁명 정신의 쇠퇴에 많은 학생과 시민들이 우려를 표하기 시작했다. 4월 7일에도 오후 4시 반부터 수성천 변에서 약 천여 명이 참여하는 '2대악법반대 규탄대회'를 개최하였다. 참가자들은 1시간의 대회를 마치고 2대악법 철회하라는 결의문을 채택한 후 대열을 지어 지프차를 선두로 시위행진을 하였다. 참가자들은 봉산동을 거쳐 반월당 앞 로터리에 도착하여 오후 6시 40분경 만세삼창을 부르고 자진해산하였다. 이날 경찰과의 충돌은 일어나지 않았다.(『대구경북지역 민주화운동 기초조사 보고서』, 28쪽) 4월 14일에도 '악법반대 및 구금학생석방궐기대회'를 학생 4천 명으로 시작하여 시민참여로 6천 명이 참여하는 줄기찬 투쟁을 전개하였다.(대구경북민주화운동계승사업회, 2006, 298쪽 ; 민주화운동기념사업회 편, 2008, 327 · 333쪽) 이 투쟁은 냉전체제를 위협하는 민중운동의 고양에 두려움을 느낀 군부의 5 · 16쿠데타로 소멸되었던 것이다.

6. 대구경북 4월혁명의 특징과 의의

　4월혁명시기 대구경북은 학생운동을 비롯한 노동운동, 피학살자유족회운동과 통일운동 영역에서 빛나는 금자탑을 세웠다. 4월혁명을 선도적으로 이끈 2 · 28운동을 통해 정부수립 후 저항운동의 첫 침목을 놓았고, 이후 전개된 통일운동과 2대악법반대운동에서도 전국적 모범을 보였다. 학원 내에서의 자유당 반공독재의 잔재를 청산하는 학원민주화투쟁에서도 그 규모와 치열함에서 타의 모범이 되었다. 이것은 민주화운동기념사업회가 편찬한 『한국민주화운동사 1』을 일별해보면 알 수 있다. 각 영역의 투쟁에서 주요한 투쟁은 대구경북에서 대부분 전개되었음을 지면의 분량을 보면 알 수 있다. 물론 이것은 학생운동만이 아니라 다른 민중운동의 영역에서도 대구경북운동의 지도력에 뒷받침된 결과일 것이다.

1) 전국운동의 선봉적 위치

이 시기 대구경북지역의 학생운동은 민족의 모순이 집중된 통일운동과 첨예한 정치투쟁인 2대악법반대운동 등에서 전국적으로 선도적 역할을 수행하였다. 이것은 한국전쟁기 미점령지역으로서 진보적 운동역량이 많이 보존된 지역의 특성이 반영된 결과로써, 성인세대의 풍부한 경험과 사상적 지도가 결합된 산물일 것이다. 이 때문에 5·16 쿠데타 후 박정희정권하에서도 서울의 학생운동과 대등한 위치에서 전국운동을 주도할 기초를 놓았던 것이다. 또한 교원노조운동과 피학살자유족회운동 등 민중운동에서도 선도성과 주도성을 발휘하며 전국운동을 이끌어 나갔다. 민자통과 민통련·민족민주청년동맹 등 통일운동을 이끈 조직도 전국에서 먼저 결성되어 가장 많은 대중을 동원하여 주도적 활동을 하였다.

2) '선 정치투쟁 후 민중운동의 고양' 모델의 전형성

학생운동은 혁명 초기에 정치적 자유공간을 개척하는 선도적 투쟁으로서 정치투쟁을 담당했다. 이승만 자유당 정권의 극심한 정치적 탄압을 학생들이 뚫자, 성장기에 노동운동과 피학살자유족회운동 등의 민중운동이 뒤이어 전개되었다. 고양기에는 통일운동과 2대악법반대투쟁으로 요구의 수위를 높혀 나갔고 여기서도 학생들은 시위의 주력부대로 활동했다. 교원노조와 언론노조 등 노조건설투쟁과 어용노

조였던 한국노총에 맞선 전국노협 건설 등에서 대구경북지역이 선도
적 역할을 할 수 있었던 것은 이러한 정치적 공간의 창출로 가능하였
다. 또한 제일모직 및 대한방직 등 노조의 쟁의도 이러한 열린 공간에
서 가능했던 것이다.

3) 학생운동과 노동·피학살자유족회운동의 제한적 결합

당시의 학생운동은 성장기에 대두한 노동운동과 교원노조운동 및
피학살자유족회운동 등에 적극적으로 주목하지 않았다. 이것은 한국
전쟁 후 형성된 반공이데올로기가 학생운동에도 깊게 영향을 미쳤기
때문일 것이다. 한국전쟁 이후 이승만정권 시기의 학생운동이 거의
공백이었고, 기타 운동과의 연대의식도 미약했다. 4월혁명 공간의 학
생운동도 여타 민중운동과의 연대에 대한 의식이 거의 없었다. 교원
노조운동을 적극 지원한 고교생과 달리 이들은 노동운동과 민중운동
에 대한 지원은 거의 하지 않았다. 남북학생회담을 추진한 민족통일
학생연맹은 민족분단이라는 같은 뿌리에 나온 피학살유족회운동에
관심을 보이지 않았다.

7. 맺음말 : 대구경북지역 4월혁명의 평가와 과제

이처럼 4월혁명기 대구경북 민족민주운동은 양적·질적으로 전국
에 모범적인 운동을 전개하였다. 혁명을 촉발시킨 2·28의거를 이끈
대구의 고교생들은 성장기의 국회해산투쟁과 교원노조투쟁의 지원에
서도 강고한 조직력을 바탕으로 전국의 모범이 되었다. 교원노조운동
과 피학살유족회운동 등 새로운 운동영역의 개척도 전국에서 가장 먼

저 조직적으로 시작하였다. 뿐만 아니라 통일운동과 2대악법반대투쟁에서는 학생운동과 정당·사회단체의 연대투쟁도 활발히 추진되었다. 학원민주화운동에서도 경북대 의대의 어용교수퇴진투쟁은 3달여 동안 조직적이고 강고한 대중투쟁을 통해 목표를 달성하기도 하였다.

민자통경북협의회와 경북민통련, 민족민주청년경북연맹 등 사회운동세력은 전국 최고의 조직력을 가지고 남북학생회담 추진과 통일운동, 2대악법반대투쟁 등에서 선도성을 발휘했다. 이들 조직은 고양기에는 학생운동과 긴밀히 연대하여 전국 최고의 대중동원을 하는 각종 연설회와 규탄대회를 전개했다.

민중운동의 요구를 정치영역에 반영해야 할 혁신정당의 조직적 역량이 타 지역에 비해 강력하여 전국적으로는 가장 높은 득표율(13%, 민의원 1명, 참의원 1명 당선)을 보였다. 그러나 전체적으로는 7·29총선에서 참패함으로써 이후 본연의 정치활동보다는 민자통과 함께 하는 통일운동, 사회운동에 주력하게 된다. 이는 장면정권이 2대악법 제정을 비롯한 악법 제정과 민중탄압정책을 펼치고 이에 대한 주 저항이 민자통이 주도하는 대중투쟁공간을 중심으로 이루어짐으로써 혁신정당이 독자적인 역할을 하기 어려운 정세를 반영한 것이다. 이러한 억압적 상황은 5·16군사쿠데타에 의해 더욱 강화됨으로써 '민족민주운동과 제도정치의 분리'라는 한국현대정치사적 특징이 나타나게 된다.

게다가 선도적 학생운동은 계급적 성격을 지닌 민중운동과의 결합에는 소극적이었다. 이 점은 비생산적 신분 때문에 나타나는 한계였지만, 향후 1970~1980년대의 학생운동의 성장발전에 따라 극복될 성질의 것이었다 하겠다. 이러한 운동의 과제를 해결하기 위한 선배운동가들의 노력이 박정희정권하에서도 지속되었다. 박정희정권의 명운을 가르는 중요한 운동이었던 6·3한일회담 반대투쟁과 3선개헌 반대투쟁, 교련반대운동, 유신헌법철폐투쟁 등에서 보여준 지역출신 운동가들의 지도력과 헌신성은 대구경북의 민주화운동역량을 정점에 끌어올렸다. 이러한 투쟁에 위협을 느낀 박정희정권이 1차인혁당, 남조선해방전략당사건, 인혁당재건위사건, 남민전사건 등으로 무한한 희생을 요구했다. 그리하여 민족민족운동의 제단에 대구경북 출신 운동가의 선혈이 가득 찼던 것이다.

또한 대구경북지역의 학생운동은 5·16쿠데타 이후 선도적·정치적 투쟁에 집중하였고, 그에 따른 대규모의 탄압으로 역량의 대량손실을 피할 수 없었다. 이런 나머지 새로운 운동의 공간과 방법의 창출면에서 서울·광주지역의 성장과 진전에 비해 상대적으로 뒤쳐지는 결과를 낳지는 않았는지 분석할 필요가 있을 것이다. 물론 이 점은 향후 권력을 장악한 TK정권의 집요한 공격에 적절한 대비를 하지 못한데 원인이 있을 것이다. 이들은 권력의 공고화를 위해, 민족민주운동 진영을 고립·제거해야 할 필요성을 느껴 집요한 제거공작을 벌렸다. 이점은 향후의 연구과제로 충분히 검토되어야만 '한국의 모스크바/민주화운동의 메카'에서 '수구보수의 본산'으로 극적 전환을 하여 '한국 민주주의의 걸림돌'이라는 폄하를 받는 작금의 현실을 극복할 수 있을 것이다.

▣ 참고문헌

2·28 40주년기념사업회편찬위원회, 2000 『2·28민주운동사 1(史論편)~3(자료편) 권』(2·28민주의거40주년특별기념사업회).

「또 하나의 잊혀진 과거사, '4·19 교원노조' 사건」 월간 『신동아』 2004년 10월호 (통권 541호).

강기철, 1988 「한국교원노동조합사건」 『민중교육 2』, 푸른나무.

______, 1988『한국교원노동조합사건의 진상 ― 정치적 해결을 요구하며』.

강만길,『증보판 한국민족운동사론』, 서해문집.

강만길 외, 1983『사월혁명론』, 한길사.

경북대학교60년사편찬위원회, 2005.5.30『경북대학생운동의 회고와 전망』.

김낙중, 1982『한국노동운동사(해방후편)』, 청사.

김인걸 외 편, 1998『한국현대사 강의 : 1945~1990』, 돌베게.

김일수, 2000「2·28의 4·19민주운동으로의 계승」『2·28민주운동사 1(사론편)』 (2·28민주의거40주년특별기념사업회).

김정남, 2003『4·19혁명』, 민주화운동기념사업회.

대구경북민주화운동계승사업회, 2006『대구경북지역 민주화운동 기초조사보고서』, 대구경북민주화운동계승사업회.

대구경북민주화운동계승사업회·민주화운동기념사업회 외, 2010.4.19『4월혁명 과 민주주의의 과제―4월혁명50주년기념학술토론회자료집』(대구사회연 구소·대구경북민주화운동계승사업회).

동아일보사, 1990『現代史를 어떻게 볼 것인가(Ⅲ)』동아일보사.

민주화운동기념사업회, 2008『한국민주화운동사 1―제1공화국부터 제3공화국까 지』, 돌베게.

박현채 엮음, 1992『청년을 위한 한국현대사(1945~1991) : 고난과 희망의 민족사』, 소나무.

백영철,『제2공화국과 한국민주주의』, 나남출판, 1996.

4월혁명연구소, 1990『한국사회변혁운동과 4월혁명』제1권, 한길사.

서중석, 2007a『이승만과 제1공화국―해방에서 4월혁명까지』역사비평사.

______, 2007b『한국현대사 60년』, 역사비평사.

송종래 외(고려대노동문제연구소), 2004『한국 노동운동사 4 : 정부수립기의 노동 운동/1948~1961』, 지식마당.

이 목, 1989『한국교원노동조합운동사』, 푸른나무.

이옥지·강인순, 2001『한국여성노동자운동사』, 한울.

이철국, 1988「4·19시기의 교원노동조합운동」『역사비평』봄호.

임영태, 2008『대한민국사(1945~2008)』, 들녘.

정계정, 1995「4月革命期·學生運動의 背景과 展開 : 學園民主化運動과 國民啓蒙 運動을 中心으로」, 성균관대학교 대학원 석사논문.

정해구 외, 2007『한국정치와 비제도적 운동정치』, 한울아카데미.

제일모직 40년사 편찬위원회, 1994『제일모직 40년사』, 제일모직(주).

채장수, 2005a「1960년 ‘2·28대구민주운동’의 발생배경」『근현대 대구·경북지역 사회변동과 사회운동 Ⅱ』(경북대학교 대형과제연구단), 정림사.

______, 2005b「민주화운동으로서의 ‘2·28대구민주운동’의 성격」『근현대 대구·경북지역 사회변동과 사회운동 Ⅲ』(경북대학교 대형과제연구단), 정림사.

최장집, 2005『민주화 이후의 민주주의 개정판』, 후마니타스.

편집부, 1986「경대학생운동사」『복현20』, 경북대학교복현편집위원회.

편찬위원회, 1996『경북대학교50년사』, 경북대학교.

학민사 편집실,『四一九의 民衆史』, 학민사, 1984.

한국노동조합총연맹, 1979『한국노동운동사』, 고려서적주식회사.

한국역사연구회 현대사연구반, 1991『한국현대사 2』, 풀빛.

한승주, 1983『제2공화국과 한국의 민주주의』, 종로서적.

한완상 외, 1980『四一九革命論』, 일월서각.

『경북대학보』,『대구매일신문』,『대구일보』,『동아일보』,『영남일보』,『조선일보』.

〈구술자료〉

나경일 구술증언(2007년 6월 30일).

이옥화 구술증언(2008년 11월 19일).

제3장 인천지역 4월혁명의 사회운동론적 양상

김은경 · 서규환

1. 인천에서의 4월혁명에 대한 연구의 의의

한국민주화운동사에서 4월혁명[1]을 평가하는 입장은 다양하지만,[2] 무엇보다도 4월혁명의 '혁명성'은 혁명을 기억하는 역사적 전개과정 속에서 "사회운동의 전형으로서의 혁명"인가에 초점을 맞춰 접근, 분

---

[1] 4월혁명이라 명명하는 까닭은 4·19라는 기존의 명명관행과는 다르게 사회운동론적 혁명론의 일반 규준을 살리려는 때문이다. 4·19의거가 아니라 4월혁명이라 명명하는 까닭은, 이 사회운동이 한국민주화운동사에서 한국사회의 민주주의의 구조적 전형에 핵심적으로 작용하고 있다고 판단하기 때문이다. 이에 대해서는 별도의 연구가 필요하다.

[2] 『4월혁명의 주체적 평가』(한얼문고사, 1970), 『4·19민중사』(학민사편집실 편, 1984), 『4·19혁명론 I, II』(일월서각, 1983), 『4월혁명론』(한길사, 1983), 『한국사회변혁운동과 4월혁명 I, II』(4월혁명연구소 편, 1990)에 실린 논문들을 살펴보면, ① 역사적으로 지역성을 고려하지 않은 채 종합적으로 평가하면서 서울의 전개과정을 4월혁명으로 일반화시키고 있다. 이로 인해 ② 역사적 사실에 대한 오해와 혼란을 초래하고 있다. 각 지역의 혁명의 전개과정에서 나타나는 주도세력, 시위규모와 양상, 외친 구호, 희생자 수 등이 명확하게 나타나 있지 않을 뿐 아니라, 각 논문들 간에 서로 다른 내용들을 기술하고 있다. 한국현대사의 역사서술에서 우리는 서울 중심의 지역사를 마치 한국의 일반적 역사인양 인정되는 역사서술의 한계를 주목해야 한다. 4월혁명의 경우도 그 예외는 아닌 것 같다. 인천의 사례에 대한 이 연구가 서울 중심의 역사서술을 넘어서는 비판의 계기가 되길 바라는 마음도 있다. 인천에서의 4월혁명 연구는 그 시작에 불과하다. 관련사료들을 더 수집하고 보다 체계적인 연구를 함께 기대한다.

석되어야 한다. 하지만 기존의 4월혁명론은 역사적으로 각 지역의 지역성을 고려하지 않은 채 대체로 서울을 중심으로 역사서술을 전개하는 맥락에서 역사서술의 이른바 "일반화 오류"를 범하고 있다. 4월혁명은 지역을 중심으로 각각 다른 양상으로 전개되었다는 역사적 사실을 고려해야 한다.

인천에서는 4월혁명이 사회운동론적으로 어떻게 전개되었는가를 서술하는 의의는, 서울 중심의 역사서술의 한계와 오류를 밝히는 것뿐만 아니라, 인천의 자기정체성을 발전시키는 데에도 기여한다는 것이다. 이 예비적 연구가 체계적인 모양새를 갖추어가는 최초의 연구라는 충격적인 사실을 지적해 두어야겠다.

본고에서는 4월혁명의 인천사례를 얘기하면서 수집한 사료들에 근거하되,(신문보도, 혁명참가자 증언)[3] 미흡한 사료수집단계이기는 하지만 사회운동론의 관점[4]에서 인천에서의 4월혁명에 대해 역사서술하려고 노력했다.

---

3) 본고는 인천지역신문인 『경기일보』, 『기호일보』, 중앙지인 『조선일보』, 『동아일보』, 『경향신문』의 기록과 시위에 참가한 부두노동자와 중·고·대학생(송도고등학교, 박문여자고등학교, 남인천여자중학교, 인하공과대학교)의 증언으로 집필한 것이다. 사료의 일부는 서규환 교수의 「한국정치경제론」 1994년 1학기 세미나를 인천에서의 4월혁명을 주제로 운영했을 때 수집한 것이다. 인천의 경우, 관련사료들을 수집하기가 쉽지 않았다. 앞으로 더 많은 노력을 경주해야만 관련사료들을 수집할 수 있을 것 같다. 오늘 여기에서는 매우 제한된 사료들을 가지고서 분석하는 까닭에 한계가 있을 것임을 미리 밝힌다. 또한 기사인용에서는 필요에 따라 한자를 병기하였다.

4) 브린튼(Crain Brinton)은 『혁명의 해부』에서 근대국가에서 성공한 네 개의 혁명(영국·프랑스·미국·러시아 혁명)을 분석하고 내부의 공통적인 규칙성─상대적 수탈감, 지식인 집단의 이탈, 국가의 개혁, 정치적 경제적 군사적 문제해결의 실패로 인한 정치적 위기, 심각한 경제적 위기, 폭력의 호소─을 발견하였다.(브린튼, 1982, 328~338쪽)

2. 4월혁명의 발발 배경과 인천

4월혁명은 이승만과 자유당정권의 권위주의와 그 부정부패가 낳은 3·15부정선거가 사건발발의 직접적인 원인이 되었다. 특히, 3·15부정선거에 학생들을 동원하면서 그 불만이 극에 달했다. 근원적으로는 원조를 매개로 한 대외적 종속심화, 민족경제의 소멸, 그리고 관료독점자본의 수탈에 의한 소외된 민중(노동자, 농민, 실업자)의 불만과 빈곤이 4월혁명의 역사적 당위성을 부여했다. 인천의 경우도 이승만 독재와 부정선거에 대한 저항으로 시위가 시작되었다. 하지만 1950년대의 정치경제적 상황을 보면 인천이 다른 지역보다 (이승만과 자유당정권에 대해) 불만의 정도가 더 컸을 수 있다. 왜냐하면 인천은 ① 이승만의 위협이었던 조봉암의 정치무대였으며 ② 인천항에서 노역을 하는 부두노동자들의 경제적 곤란이 극심했기 때문이다.

1) 조봉암의 정치무대

조봉암은 해방 직후 서울이 아닌 인천지역에 한정하여 활동을 전개하면서,(『대중일보』 1945년 10월 8일자)[5] 이후 활동영역을 확대 이승만의 장기집권에 위협인물이자 해방 이후 혁신세력을 이끌고 나간 정치인이다.

---

5) 1945년 8월 16일 보안대를 조직하고, 8월 18일에는 인천시내 인영극장에서 건국준비위원회 조직에 관한 협의를 갖고 25일경 인천 건국준비위원회를 결성하는데, 이때 조봉암이 결성대회를 주도한다. 보안대가 치안을 담당하는 한편, 건준 인천지부는 미군정이 시작되기 전까지 인천지역이 정치활동을 주도하였다. 인천을 중심으로 한 조봉암의 활동에 대해 사료를 토대로 작성한 윤상현의 논문(「조봉암의 정치활동과 사회민주주의사상」, 2006)을 참고하라.

> 나는 헌병사령부에서 나오자마나 인천으로 직행했습니다. 인천 도착하던 날부터 인천 치안유지대를 조직해서 치안유지에 전력했고, 그 뒤 즉시 건국준비위원회 인천지부를 조직했고 또 노동운동·공산당재건운동에 열중했고, 민주주의민족전선이 조직되자 인천 민정의장이 되어 활동했습니다.(조봉암, 1999, 389쪽)

조봉암은 해방 후 인천에서 활발한 활동을 벌여 치안 유지회·건국준비 위원회·노동조합·실업자 대책 위원회 등을 조직하고, 조선 공산당 중앙 간부 겸 인천지구 민전의장에 취임하였다. 그는 혁신운동과 그의 세력기반으로 노동자뿐만 아니라 농민, 실업자, 인텔리, 중소기업가를 포함하여 대중으로 고려하여 1950년대 한국사회에서 "진보당"이라는 혁신세력이 대안세력으로 자리잡게 하였다. 1956년 대통령 선거 결과와 진보당의 각 지역 지부의 결성과정에서 알 수 있듯이, 그는 광범위한 대중의 지지를 받았다. 하지만 인천을 무대로 활동했던 조봉암이 이적행위혐의로 사형에 처해지고 진보당이 해체되면서, 다른 지역에 비해 받은 충격과 이승만독재에 대한 불만이 더 컸을 것으로 추측할 수 있다.

2) 부두노동자들의 경제적 빈곤

인천에서는 인천부두노동자들이 시위에 참여하는 양상을 보이는데, 이는 적어도 이들에게는 인천지역이 처해 있는 경제적 빈곤이 더 크게 작용했던 것으로 보인다.(부두노동자들은 인천으로 들어오는 해외원조물자의 하역작업을 주로 하는 노동자들이었다) 다른 지역에 비해 인천이 임금투쟁과 노조결성을 둘러싼 사업주와의 갈등, 부두노동자와 인천항만자유노조와의 갈등이 극심했고 노동자들의 생계유지마저도 곤란한 형편이었기 때문이다.

당시 경제적 곤란은 인천에만 국한된 현상은 아니지만, 인천에는 일본제국주의가 전쟁을 수행하기 위해 건설한 군수공장들이 많이 입지했으며 대륙침략의 전초기지 역할을 맡고 있었기 때문에 해방 직후 더욱더 경제적으로 곤란한 상황에 놓였다.(이갑영, 2006, 129쪽) 당시 인천항이 수입항으로 활기를 찾기 시작하면서 교역규모가 증가하고 미군들의 진주로 군사물자가 들어오면서 인천의 하역업계가 활성화되었다. 하역업계는 군수하역과 민수하역 등을 도맡아 다루면서 부두의 하역노동자들에게 배포되는 임금만 월 1억을 넘어설 정도로 인천 경제에서 절대적인 비중을 차지했다. 하지만 교역량의 증가로 군소하역업자들이 난립하게 되면서 하역질서에 혼란이 생겨 외항선이 인천항에 입항하는 것을 기피하는 상황이 발생하기도 했다.[6] 게다가 휴전 이후 외국 원조물자가 점차 삭감되면서 인천항의 물동량이 격감되었고 조운, 미창 등 대기업도 수개월씩 노임이 체불되었으며 일부 군소기업에서는 문을 닫는 등 심각한 사태가 벌어졌다.(『조선일보』1952년 12월 12일자, 조간 2면 ;『조선일보』1956년 6월 4일자 ;『조선일보』1956년 6월 19일자) 결국 부두노동자들은 기본적인 노동조건을 확보하기 위해 사업장별로 나누어져 있던 노동조합의 통합을 시도한다. 1958년 2월 11일 '인천자유노동조합'과 '인천부두자유노동조합'이 '인천항만자유노동조합'으로 통합하게 된다.(『조선일보』1958년 2월 12일자) 하지만 통합 후에도 노동조합이 부두노동자들의 이해관계를 대변하지 못하면서 노조 내의 갈등이 끊이질 않았고, 부두노동자들의 생계유지마저 어려운 상황은 지속되었다.(『조선일보』1959년 6월 20일

---

6) 1946년 인천항에서 취급한 화물을 보면 국내무역은 총 95,845톤으로 출하가 30,120톤 그리고 입하가 65,725톤이었으며, 미군이 취급한 민수품의 입하량은 총 127,083톤으로 곡물 및 식료품 33,819톤, 제재 및 원목 23,924톤, 석탄 및 석유 53,353톤, 시멘트 15,987톤이었으며, 외국무역은 수출입화물이 7,000톤 안팎으로 미미한 수준으로 추정된다.(인천상공회의소, 1995, 175쪽)

자 ;『조선일보』1960년 1월 26일자) 이러한 지역적 상황으로 1960년 인천에서의 자유당과 민주당의 선거유세장의 분위기는 확연한 차이가 드러난다.

이날 바닷바람이 차가웠고, 공무원들이 공휴일임에도 불구하고 출근명령을 받았으며, 강연시간이 교회의 예배시간과 겹쳤기 때문에 "청중들이 예상보다 적은 것 같다"고 주최자들은 말하고 있었으나 강연이 시작된 11시 45분경까지 약 삼천평의 인천중학교교정은 거의 청중으로 덮혔을 뿐 아니라 교정을 내려다보게 되어있는「자유공원」언덕길에까지 많은 청중이 모여서 "정치적으로 불우한 처지"를 호소하는「민주당의 말」을 듣고 있었다. 회장에 모인 사람들은 청중의 수를 삼만 내외로 추산하고 있었다.(『동아일보』1960년 2월 16일자)

강연이 시작된 11시 20분부터 현재 운동장에는 연단 앞 약 10미터 둘레 안에만 사람들이 모였었고 학교 주변에 있는 구만국공원입산금지지역에 모인 사람가지 합쳐서 2만 명의 사람이 모인 것으로 관축되어 있어 지난 번 민주당 강연회 때보다는 현저히 사람수가 적었다. 아침부터 인천시내에는 각기관공무원 통반장 시장번영회 등 자유당이 이용할 수 있는 모든 수단이 총동원되어 사람을 모우기에 노력했고 시가주변농천으로부터 추력으로 청중이 안내되었다.(『동아일보』1960년 2월 29일자)

3. 인천지역 4월혁명의 전개과정

4월혁명의 시위가 사회경제적 위기국면에서, 학원을 정치도구화하고 부정선거를 일삼는 이승만대통령과 자유당 정부를 규탄하기 위해 시작되었다는 점에서 각 지역의 차이가 있는 것은 아니다. 다만 그 지역의 운동주체세력이 어떠한 정치의식을 갖고 사회운동을 전개했는지, 연대양상이나 저항의 양상 등 사회운동이 전개되면서 저항의 강도가 깊어지고 혁명운동으로 전형되는 정도 여부에서는 지역별 차이가 있을 수 있다. 우리는 이런 사회운동론적 관점에서 인천 사례를 살펴보고자 한다.

1) 주체

정치의식을 지닌 조직화된 집단이 혁명의 주도세력이라면,(브린튼, 1982, 414쪽)[7] 인천의 4월혁명에서는 잘 조직화된 "주도세력"이 있었다고 보기 어렵다는 점을 지적해야겠다. ① 인하공과대생들이 운동을 주도하지 못했고, ② 중·고등학생의 시위가 주를 이루었지만 비조직적이고 간헐적으로 참여했으며, ③ 노동자, 시민들은 혁명을 해야 한다는 정치의식을 갖지 못했기 때문이다.

(1) (세간에 알려진 바와는 달리) 인하공과대생들은 시위에 참여하지 않은 것은 아니었다.[8] 4월혁명에 주도적이거나 선도적이지 않았던

---

7) 4월혁명 일반론에서는 대학생이 주축이 되어 중·고등학생 주도적으로 전개했다고 평가한다. 대학생(고려대, 서울대, 연세대, 성균관대, 건국대, 중앙대, 동국대, 경북대, 동아대, 전남대 등)이 총학생회를 중심으로 조직적으로 시위를 전개했으며, 교수들 역시 교수단을 조직(서울대학중심의 대학교수단, 경북대교수단)하여 성명서를 발표하고 시위대에 적극 가담했다. 또한 대구, 광주, 마산, 대전, 부산 등도 중·고등학생들도 시위대를 조직하고, 성명서를 발표하고, 유혈사태에 이르기까지 데모를 전개해 나간다. 『사월혁명자료집 4·19의 민중사』(학민사, 1983), 『한국사회변혁운동과 4월혁명 Ⅰ, Ⅱ』(4월혁명연구소 편, 1990)에 실린 4월혁명일지, 성명서 등의 자료를 참고하라. "혁명운동은 제법 부유한 사람들이 품고 있는 불만에서 발단된다"(브린튼, 1982, 414쪽)는 브린튼의 명제가 옳다면, 대학생이 주도한 4월혁명은 혁명운동이다.

8) 김진석(부두노동자)는 당시 인하공대생은 시위에 참여하지 않았다고 증언한다. "그 당시에 우리 그……노동자들의 입장에서는 다른 지역에서는 대학생들이, 응, 주도가 돼가지고 앞장서서 시위를 하고 있는데, 왜 인천에 있는 인하공대는 안 하는가, 이렇게 해서 저희가 불만을 좀 갖긴 가졌었습니다. 그런데 그 때 당시에 설립자가 아, 뭐, 이승만 박사라는 그런 얘기가 있어가지고 아마 하지 않았

것이다.

시내 최초의 대학생 데모. 19일과 20일에 시내 각처에서 파생적으로 발생하였던 고등학교학생 (데모)에 뒤이어 21일 정오경에는 시내에서 최초인 대학생 데모가 인하공과대학(仁荷工大)에 의해 감행되었다. 이날 상호 10시 45분경 인하(仁荷)공대학생 약 2백 명가량은 시내 경동파출소 앞 광장에 집결하여 애국가 봉창과 교가를 합창한 후 3·15선거는 불법무효이다 를 외쳤다.(『경인일보』 1960년 4월 22일자)

인하공대 학생 2백 명이 경동네거리에 연좌(連坐)·구호(口號)·제창(齊唱). (경찰은 순진한 학생에게 무차별 사격을 한 야만적인 처사에 대하여 책임을 지라) (체포된 우리학우를 즉시 석방하라) (경찰국가타도하라) 등의 구호를 외치며 일대데모를 기도하려고 하였으나 경찰국장진두지휘 아래 경찰기동대가 긴급출동 「데모」가 좌절되자 경도경찰관파출소 전면 노상에 연좌하고 말었다.(『경인일보』 1960년 4월 22일자)9)

인하공과대생의 시위에 참여한 최초 시기가 4월 19일 이후라는 점, (4월 21일 낮 12시 뒤늦게 시위에 참여) 시위의 양상이 몇 가지 구호를 외치고, 경찰에 의해 제지되면 연좌데모를 진행하거나, 4·26 이후에는 무질서한 인천시내의 질서를 유지하는 수준에 그쳤다는 점, 그리고 다른 지역 대학생들이 학원민주화운동에서 출발하여 통일운동, 노동운동에 가담하며 혁명을 지속했던 것과는 달리10) 인하공과대학

다, 뭐 그렇게 생각이 됐었습니다.(김진석 구술채록문 중에서)"

9) 데모에 참가한 인하공과대생들의 규모에 대해서는 기록이 일치하지 않는다. 지역일간지에는 200명,(『경인일보』 1960년 4월 22일자 ;『기호일보』 1960년 4월 22일자) 중앙지에는 100여 명(『조선일보』 1960년 4월 21일자 ;『동아일보』 1960년 4월 22일자)으로 기록되어 있다. 사진으로 보면, 100여 명으로 보는 것이 맞는 듯 하다.

10) 1960년 4월 26일 이승만 사퇴 이후, 서울대를 비롯한 전국의 대학들은 국민계몽대(각급대학 신생활운동반), 민족통일전국학생연맹 등을 결성하는 등 민족, 노동

살리기에 매진했다는 점에서 그들이 인천에서의 4월혁명을 주도했다고 볼 수는 없다. 인하공과대학이 자유당정부와 맺고 있었다고 알려져 있던 특수한 관계(인하공과대학 설립자는 이승만, 대학 이사장은 이기붕이었다)를 외면할 수 없었던 당시 인하공과대생들은, 서울 및 다른 지역에서처럼 4월혁명의 사회운동에 주도적 역할을 자임할 수 없다고 스스로 판단했던 것이다. 4월혁명 때 인하공과대생이었던 홍승홍, 최병하는 당시 인하공과대생들이 시위에 적극적으로 나서지 않은 이유에 대해 다음과 같이 증언한다.(이 인터뷰는 1994년 진행하였으며, 인터뷰 당시 인하대학교 공과대학 교수였다)

① 4월 19일 시위에 참여하지 않았다. 인하공과대학의 설립자는 이승만이며 대학재단 이사장이 이기붕이기 때문에, 즉 이승만에게 충성하기 위해서 불참한 것은 아니다. 인하공과대학과 이승만정권과의 관계로 인해 시위에 참여하지 않았다고 보는 주변의 시선이 부담스럽다.

② 4월혁명시기에 인하공과대학은 단 하루도 휴교를 하지 않았다. 대학의 유급제도로 인해 학업을 쉴 수 없었다. 당시 인하공대의 명성은 서울공대보다 높았고, 미국의 MIT처럼 쉽게 졸업할 수 없는 학교라는 이미지를 주기 위해 학업을 강조했다.

③ "공과대학"의 특성상 시국에 그다지 큰 관심을 갖지 않았다. 사실 당시 데모와 시위대에서 외치는 "학원민주화", "부정선거규탄"보다는 인하대학의 운명에 관심을 갖고 있었다. 하지만 물론, 이승만의 장기집권을 바라는 정치적인 측면이 아니라, "학교살리기" 차원이었다. 인하공과대학은 이승만의 "조국근대화"의 염원으로 대통령성명에 의해 하와이 교민성금과 국민성금(주된 내용은 공무원들의 월급의 일부)으로 세워졌다. "이승만이 매해 입학식과 졸업식에 직접 참석해 축하해 주었으며, 이는 인하공과대생들만이 누릴 수 있는 특권이었다"는 증언으로 보아 당시 인하공과대생들은 학교 발전이라는 차원과 부정선거에 대한 비판 사이에서 이종의 딜

운동에 참여한다. 출처 : 기록으로 보는 4·19혁명, 국가기록원(사이트: http://theme.archives.go.kr/next/419/sub02_1.do/)

레마에 빠져 있었던 것 같다. 다른 대학생들과는 달리, 당시 인하공과대
생들은 이승만에 대해 부정적이지만은 않았던 것이다.

〈사진 1〉 인하공대생들의 연좌데모 현장　〈사진 2〉 인하공대생들과 데모진압경찰들

(출처 : 리뷰인천편집자, 2010)

(2) 인천의 중·고등학생들이 학생운동의 중심을 구성했다. 그런데
이들 학생이 인천에서 전개한 시위운동에서 조직적·체계적이지는
않았다. 인천에서 중·고등학생들이 시위대를 형성한 것은, 3월 14일
이다. 대구(2·28민주운동)와 대전(3·8민주의거)지역에 비해서는 늦
은 감은 있으나 대체로 다른 지역보다는 시위가 이른 편이다. 3·15선
거일을 하루 앞둔 1960년 3월 14일 학생데모를 우려하여(전국학도호
국단 중앙단부에서 인천시내 모 중학교에 '데모'를 하라는 지령이 왔
다는 정보를 입수) 인천지역 경찰서들은 비상경비태세를 유지했다.
14일 아침에는 각 학교 직원들까지도 전 동원되어 시내 각처에 분산,
학생들의 등교상황을 감시하고 있었으며 사복경찰관들은 각 학교정
문에 배치되어 있었다. 13일부터 데모를 준비해온 학생들은 시시각각
으로 시간을 변경하다가 저녁 7시경부터 시내 배다리 철교 위에서 3,
4명 정도의 학생들이 색연필로 쓴 "국민이여 총궐기하라 공명선거하
라", "학도여 일어나라"는 등 삐라 약 100여 매를 살포하였다. 밤 10시
30분경에는 해광사 앞, 항도백화점 앞, 동인천역 앞, 성산교회 앞 등에

서 약 30여 명씩의 학생들이 "학원의 자유를 달라"는 구호를 부르짖으며 산발적인 학생 데모가 감행되었다. 출동한 경찰에 의해 시위는 30분만에 진압되어 11시에 해산되었다.(『경인일보』 1960년 3월 15일자 ; 『기호일보』 1960년 3월 15일자)

> 「학원에 자유를 달라」, 「학도야 일어나라」 등 구호를 외치며 14일 하오 10시 30분경 약 삼십명 정도의 시내 동고(東高) 인고(仁高) 송고(松高) 학생들이 시내 성산교회 전면에서 「데모」를 하였는데 긴급출동한 경찰들의 제지로 약 십분 후에 해산되고 송고의 김효성(20) 군은 경찰에 연행되어 갔다고 한다. 한편 오늘아침 시내 요소요소엔 「정부는 우리에게 손을 떼라」 등의 「포스타」가 부쳐있었다(『경인일보』 1960년 3월 16일자 ; 학민사 편집실 편, 1984, 143~145쪽)[11]

한편 3월 15일 당일 인천에서는 비교적 안혼한 분위기에서(『경인일보』 1960년 3월 16일자)[12] 시민들의 참여로 순조롭게 선거가 진행되었다. 그 이후로 4월 19일 시위(『조선일보』 1960년 4월 19일자 ;『동아일보』 1960년 4월 20일자 ; 리뷰인천편집자, 2010 ; 경기도사편찬위원회, 2002, 20쪽)[13]가 있을 때까지는 (민주당의 정치적 시위를 제외하고

---

11) 성산교회 앞에서 시위를 주도했던 김효성(송도고등학교)은 당시의 상황을 이렇게 증언한다. "인천에서도 3월 14일 오후 9시 30분 인천시내 성산교회 앞에서 송도고교 50여 명이 모여 데모를 감행하였던 것인데, 실상 이날 정오에 데모를 하려고 하였으나 경찰에 의하여 좌절되고 말았고, 또 오후 7시에 하려고 하다가 또 좌절되고, 그 후 친구들을 규합하기 위하여 갖은 고생을 겪으면서 경찰의 눈을 피해야 했던 것이며, 드디어 50여 명이 모여 데모를 시작하게 되었던 것이다. 이들이 "학도여 일어나라", "학원의 자유를 달라", "공명선거를 실시하라"는 등의 구호를 외치면서 데모를 하자, 모여든 학생과 시민들이 2백 명가량 되었으며, 무자비한 경찰의 방해와 소방차의 위협으로 말미암아 약 30분 동안 데모를 계속하다가 모두 해산되고 말았으며, 몇몇의 학생 데모대원이 경찰에 연행되어 고문을 당한 바 있다"(학민사 편집실 편, 1984, 143~145쪽)

12) 각동단위의 투표소마다 배치되었던 무장경찰들은 오전 8시경을 전후하여 자리를 떠났다. 다만 몇몇 파출소 앞에는 소방차가 대기하고 있었다.

는) 시위는 물론, 그 분위기조차 감지할 수 없는 상황이었다.

16일보다 한층 더 광범위하게 펼쳐진 통행차단구역 경비태세를 보고 어디서 무슨 "데모"가 있느냐는 듯 모처럼의 일요일인 이날을 즐기려 외출한 시민들에게 한때 불편을 주었던 것이다. 한편 더욱 손해를 봤다고 말하고 있는 사람들은 "경동"에 점포를 벌리고 있는 상인들로 일부 점포는 완전히 문을 닫히고 있었다.(『기호일보』 1960년 4월 17일자)

치안상태 평온(平穩) 18일 인천시내. 18일 인천거리는 긴장된 공기 속에서 보낸 16, 7일과는 달리 평상시로 되돌아갔으며 관계당국에서 알려진 바에 의하면 치안상태도 평온하다고 한다.(『기호일보』 1960년 4월 18일자)

인천의 중·고등학생들은 자발적으로 주체적인 정치의식을 갖고 선도적 시위를 했다기보다는 3월 14일 시위는 대구와 대전의 운동에 영향을 받아, 4월 19일 이후의 시위는 서울지역운동에 자극을 받아 시위에 가담한 것으로 보인다.[14] 대구 2·28민주운동은 직접적으로 민주당 장면의 유세현장에 학생들이 참석하지 못하도록 일요일에 등교하라는 지시로 인해 발생한 것이다.[15] 당시 인천에서도 똑같은 상황이

---

13) 인천공업고등학교학생 3백여 명은 4월 19일 오전 11시 첫째 수업시간을 마치고 교문을 뛰어 나와 3·15부정선거규탄하며 수봉산을 넘어서 무언의 데모를 감행하였다. 숭의동 '로타리' 지점에서 마침 출동한 경찰관과 소방차를 물로 응수하다가 해산된 후 다시 12시 20분경 약 2백 명이 다시 집결하여 '데모'를 감행하다가 경찰에 의해 좌절되고 말았다. 이날 인천공업고등학교 3백여 명의 시위를 "3월 19일"이라고 기술하고 있는 문헌도 있다. 표기상의 실수로 보인다. 3월 19일 인천공고학생들이 시위를 벌였다는 기록을 찾을 수 없기 때문이다.

14) "19일 서울 학생 '데모'는 마침내 그 도를 넘어 폭도화 함에 이르러 계엄령이 선포되고 전국학교임시휴학 등의 비극을 초래하였거니와 이날 인천에서도……학생소동사건이 있었다"(『경인일보』 1960년 4월 20일자)

15) 당시 시위를 주도했던 김정구(대구고등학교)는 "아, 그 당시 2월 28일날 우리가 데모할 때……그때에는 그……아……상황이 에……2월 28일 일요일인데, 일요일날 등교를 했습니다. 각 대구 시내, 각 중·고등학교에 전부다. 고 등교시킨

벌어졌으나, (대구는 "일요일에 등교하라"는 것이었다면 인천은 "일요일에 영화관에 가라"는 것이었다.) 학생들의 시위는 없었던 것으로 보인다.16)

이날 강연장소로 택해진 인천중학교에서는 전교생들에게 일제히 강연이 벌어지는 14일 공휴일인데도 그들에게 극장구경을 가라고 권유 전교

이유는 어……유세장에, 대구의 수성교변에서 하게 됐는데 거기에 참석을 못하게 하려고, 그리고 2월 20일인가, 으……했을 때는 일찍이 내보내 줬어요. 한 오전 수업도 하지 않고 한 2시간만 하고 내보내주고, 집에 가서 집을 보게 하고 또 거기에 참석할 사람은 참석하고 또 집에 가서 참여하도록 동요를, 동요를 하고, 그렇게 해서 일찍이 보내줬는데, 그……민주당 유세 때는 일요일인데도 전부다 학교로 오래고 한 겁니다. 학교와서 와야만 학생들이 안 가니까 안 가고, 또 안감으로써 그만큼 유세에 사람이 참석이 적을 것이다, 뭐 이렇게 해서 그러한 정도로써 학생을 참석시켰어요. 그 당시에 우리 대구고등학교에서는 어… 앞산에 토끼를 잡으, 앞산이 학교에서 가까웠습니다. 그래서 토끼를 잡으러간다, 그래서 뭐, 이렇게 핑계를 대고 어… 전부다 뭐, 몽둥이를 들고 온 사람도 있었고, 도끼도 들고 온 사람도 있었고, 아주 여러 가지가 그 있었어요. 그래서 우리가 시위에 많이 서기도 했는데, 우리는 학생들을 학교에 등교하게 함으로 그 반발이 일어난 겁니다. 그래서 우리가 각 대구 시내 학생들이, 고등학생들이 그 전날 일차적으로 만났어요. 저도 그 당시에 학교 간부였는데, 만나서 인자 고런 것이 돼가지고 2월 28일날 교문을 나서게 되었는데. 시민들은 뭐, 참, 박수만 치고 뭐, 그렇게 했지 참여한 사람은 없습니다. 그러나 우리가 경찰에 잡혀가고, 그 다음에 경찰에 쫓길 때 가게라든지 민간집에 들어가든지 시민들이 적극적으로 숨겨주고, 또는 옷을 빌려주고, 빌려준 게 아니라 그냥 옷을 줬습니다. 그냥, 주고. 그 다음에 캬, 그렇게 또 먹는 것도 주고. 그냥 이렇게 참 적극적으로 참여……나 호응을 해줬다는 것입니다."(김정구 구술채록문 중에서)라고 당시 대구의 학생시위를 증언한다.

16) 전시체제기에 일제는 한국의 학생들의 노동력을 동원했는데, 인천지역의 학생들도 예외는 아니었다. 1944년에 들어 "학도근로령"이 실시되면서 학생들의 학습권은 무시되었다. 당시 인천의 중·고등학생들뿐 아니라, 초등학생들까지 근로보국대로 동원되었다. 인천의 학생들은 인천육군조병창, 조선기계제작소 등으로 동원되었다. 초등학생들도 인천시사 확장공사, 송탄유와 퇴비증산을 위한 재료 채집 등에 동원되었다. 인천지역의 학생동원은 경기도 단위의 동원계획 속에서 실행되었는데, 인천조병창 동원은 모범적인 사례로 선전되기도 했다. 이처럼 일제시대, 이승만정권하에서 다른 지역에 비해 학생을 수단화하는 정도가 상대적으로 강했음에도 불구하고 학생들의 불만과 저항은 표출은 그리 극심하지 않았던 것으로 보인다.(김미현, 2010, 139~182쪽)

생들이 백환을 내고 세계극장에 가는 등의 보기 드문 진풍경을 연출하였다. 인천중학교가 배움의 도상에 있는 학생들에게 이례적인 극장관람을 권유한 이면엔 만약 학생들이 학교에 나온다든지 또는 강연회장부근에 얼씬거리기만 하여도 그 학생에겐 정학처분을 내린다는 협박(?)을 하였다고 들려 더욱 주목을 끌었다.(『동아일보』 1960년 2월 16일자)

중·고등학생들뿐 아니라, 인천시내에 있는 각 직장 공무원들에게도 일요일인데 오전 8시 반까지 일제히 출근하라는 지시가 내려졌다. 민주당 강연회장소에 참석할 경우 파면 당할 것이라고 엄포까지 놓았으나, 이에 불만을 갖고 반발하기보다는 명령에 순순히 따랐다.(『동아일보』 1960년 2월 16일자)[17]

4월 21일 인천지역에서 벌어진 시위를 보면, 외부의 자극을 받아 즉흥적으로 일어났음을 알 수 있다.

21일 아침 일찍부터 이구석 저구석에서 소집단을 이루어 학생 및 청소년 데모대는 강찰의 제지를 받는 가운데 격앙된 기세를 올렸다. 대체 시내일원에 걸쳐 감행되고 있는 이날 데모는 종전의 그것과는 달리 약간 무질서한 형태로 온거리를 맴돌고 있으며 연도에 나선 군중의 수효도 지난날에 비해 훨씬 증가된 양상이었다. 경동과 신포동 관동을 비롯한 숭의동 도화동 쪽 변두리에서 각각 산발적으로 야기된 청소년데모대열 가운데는 뚜렷한 시위성격을 나타내지 못하고 「와－와」 소리를 지르면서 「스크랍」을 짠채 행진을 거듭하는 측도 있었다. 경찰당국은 각 데모대열 선후에 뒤따르고 있었으며 각 언론계의 취재기자들도 상향취재에 여념이 없었다.(『경인일보』 1960년 4월 22일자)

인천시내 곳곳에서 작은 규모로 산발적으로 일어났으며, 시위에 참여하는 학생들 가운데 주체적인 의식을 갖고 참여했다기보다는 주변

---

17) 당시 "송학동에 있는 인천세무서엔 오바와 모자를 쓴채 10여 명의 세무직원들이 어두컴컴한 방안에서 꼼짝하지 않고 있었다"(『동아일보』 1960년 2월 16일자)

선배들의 권유, 군중에 휩쓸려서 시위를 했던 자들도 적지 않았다.[18]

4월 19일에서 4월 26일까지 인천에서도 시위는 지속적으로 있었으나, 그 참여자들이 매일 다르다는 사실에도 주목해야 한다.

〈표 1〉 인천 4월혁명 참여학교[19]

참가학교 \ 시위일	04/19	04/20	04/21	04/22	04/23	04/24 (추도식)	04/25	04/26
인천중학교				▨		■		
인천여자중학교				▨	■	▨		
남인천여자중학교	■					▨		
박문여자중학교				■		▨		
인천여자고등학교						■		
인천여자상업고등학교	■					▨		
인천사범학교		■		■	▨	■		
수산고등학교		■		■	▨	■		
송도고등학교	▨	■			▨	■		
동인천고등학교	▨	■		■	▨	■		
제물포고등학교	▨				▨	■		
인천공업고등학교	■	■		■	▨	▨		
인천고등학교	▨	■		■	▨	▨	■	
인하공과대학교			■			▨		■

■ 참여확실   ▨ 참여한 것으로 추측

---

18) 양순이(남인천중학교)는 4월 19일 주위 학교 선배들을 따라서 시위에 나갔다고 증언했다. "내가 한 중학교 3학년 땐데, 우리 학교에 인천여상에 고등학교가 있었거던. 근데 우리 이웃에 남자 송도 고등학교……가 있는데, 어느 날 남학생들이 전~부 우리……학교로 몰려와가지고 데모에 참가해야 된다고 전부 나오라고 그러는 거야. 그런데 그, 그때가 아침 아마 열시나 열한시쯤 됐을까. 그랬더니 인천여상 인제 고 거기 고등언니들이 데모에 참가한다고 우리 중학교 애들도 나오라고 막 그래가지고서 그래서 나갔어. 다 따라가니까 남학생들 따라 간 거지 뭐. 가니까 자유공원으로 전~부 다 몰려가더라고. 근데 뭐, 인천 시내에 있는 남학교 여학교 학생들이 전부 모여가지고 데모에 참가했지"(양순이 구술채록문 중에서)

19) 『경인일보』, 『기호일보』, 『조선일보』, 『동아일보』, 『경향신문』의 기록과 4월혁명 참가자들의 증언을 비교검토(cross check)하여 인천의 4월혁명의 전개과정을

　인천시위에 참여한 학교는 인천중학교, 남인천여자중학교, 인천여자상업고등학교, 인천고등학교, 인천공업고등학교, 수산고등학교, 인천사범학교, 송도고등학교, 제물포고등학교, 동인천고등학교, 박문여자고등학교, 그리고 인하공과대학교이며, 이들 학교 학생들이 4월 19일에서 26일까지 시위에 지속적으로 참여한 것은 아닌 듯 하다. 4월 19일 시위에 참여한 학생들은 적어도 4월 21일 시위에는 참여하지 않았던 것으로 보인다. 4월 20일 인천사범학교생,(『조선일보』 1960년 4월 20일자)[20] 4월 21일 인하공과대생, 그리고 4월 22일부터 4월 24일까지는 인천중학교, 제물포고등학교, 인천고등학교, 동인천고등학교, 박문여고, 수산고등학교 등이 시위에 참여하여 주도해 나갔는데, 대개 각 학교별로 상황에 따라 일어났고 인천을 단위로 하는 조직적인 집행부가 구성되거나 주도그룹이나 주도적인 학생들이 있었던 것은 아니었던 것 같다. 또한 당시 시위에 적극적으로 참여한 인천 출신 학생들(인천 소재 중·고등학교 학생들)은 인천이 아닌 서울시위대에 합류한 것 같다. 당시 최숙자(인천박문여자고등학교)는 "그날 밤(4월 19일 - 인용자) 9시 35분경 성북서 앞에서 3발의 총알을 맞고 쓰러졌다. 데모 끝에 연약한 여성일망정 경찰의 잔인한 총기난사에 분격하여 끝까지 대항하려고 했다. 그리곤 30여 명의 군중들과 함께 추럭을 타려고 할 때 성북서 안에서 발사한 총알에 추럭에 탔던 군중들 중 1명이 즉사하고 4명이 부상을 입었다"(『동아일보』 1960년 4월 30일자)면서, 4월 19일 당시 서울의 극렬했던 시위상황을 증언하고 있다. 3월 14일 성산교회 시위를 주도했던 김효성 역시 4월 시위에는 서울로 상경하여 시위했

　기술하였다. 지역일간지, 중앙지의 기록과 증언에 따라 기술한 것이기에 해석의 오류가 발생할 수 있다.

20) 4월 20일 오전 9시 30분 50명의 여학생들을 포함한 약 300명의 인천사범학교생들은 데모를 하다 인천시내 숭의동 청과시장 앞에서 경찰의 제지로 해산되었다. 당시 여학생 11명과 남학생 19명이 경찰에 연행되었다.

다.(당시 그는 집안사정으로 고등학교를 휴학하고 징집영장을 받아
놓은 상태에서 데모대열에 합류했다) 그는 4월 19일 혁명일 당시 부상
자를 트럭에 태우고 병원으로 가다 경찰의 무차별총격을 받고 척추부
상을 입었다. 4월 19일 저녁 친구들과 함께 서울로 상경하여 시위를
했는데 "도심의 시위대열은 실탄을 장전하고 장갑차를 앞세운 경찰병
력에 밀려 청량리로, 청량리에서 돈암동으로 계속 밀렸다", "돈암동에
서 수천 명의 군중과 함께 시위를 계속하던 중 주변건물의 옥상으로
올라간 경찰의 무차별 총격을 받았다"(『동아일보』1990년 4월 29일자)
고 증언한다. 인천에 거주하고 인천소재 학교를 다녔던 학생들이 서
울시위에 참여했다는 것은, 인천의 시위가 그 당시 조직적이지도 적
극적이지 않았음을 보여주는 것이다.

(3) 4월 19일 시위는 "부두노동자"가 학생들과 함께 주축이 되었
고,[21] 그 이후에도 부두노동자들은 시위에 동참한 것으로 보인다. 노
동자들은 노조를 중심으로 조직적으로 시위에 참여했으나, 그들이 정
치의식을 갖고 사회운동에 참여했다고 판단하기는 어려워 보인다. 당
시 부두노동자였던 김진석은 "다음 날 20일날 저는 그……비번인 관
계로 해서 시위에 참석을 못했어요. 그런데 저희 동료들한테 들으니
까 20일날 오전 10시에 에, 정문을 나와 가지고 그... 항동에서 저희
그 근로자 동료들과 같이 시위를 주도했다, 그렇게 얘기를 들었고, 지
금도 그렇게 생각을 하고 기억하고 있습니다"라고 증언하고 있다. 4월

---

21) "그때 당시에 아침에 저희가 출근을 해 가지고, 조회를 했었어요. 근데 그 조장
    이 에……아침 11시까지 자유공원에서 집회가 있다고 그래서 그리 집합을 하라
    고 그래서 그때 11시에 집합을 한 적이 있습니다. 아마 그때가 처음 그 장소가
    아니었던가, 이렇게 기억이 됩니다.……어, 11시에 모이라고 그래서 갔더니, 그
    때 당시……에 인원은……대략 한 50명 정도가 모여는 있는 걸로 지금 기억이
    되고요"(김진석 구술채록문 중에서)

20일에도 부두노동자들의 시위가 계속되었으나, "비번인 노동자는 시위에 참석하지 않았다"는 것으로 보아, 정치의식을 갖고 자발적으로 시위에 참여한 것은 아닌 듯 하다. 그 당시 노동자들이 당면한 문제(노조탄압, 임금문제)에만 관심이 있었던 것으로 보인다. 당시 인천 부두노동자들의 실상[22]이 이를 뒷받침해준다.

> 에……저희는 그……하루 벌어 하루 먹는 그런 노동자이기 때문에 우선적으로 그……생계가 커다란 문제였었어요. 그런데 실질적으로 이 노조라는 게……우리 노동자를 위해서 일을 해야 되는데 에……그렇지가 못했어요. 그때 당시 상황으로는 자세히는 모르지만은……그……뭐…… 그때 이승만정권이었지 않았습니까, 아마 그……그 쪽에 대해서만 그 중점적으로 일을 하는 것 같고, 저희들의 그……뭐……후생문제라든가 복지문제는 전혀 그 신경을 안 쓰니까 그래서 아마 그런……게 주로 구호에 있었어요. 그리고 그 때 당시에 저희는 그, 뭐, 부패정권이다, 정권이 누가 바뀐다, 그런 거보다 저희 그 생계가 큰 문제였기 때문에 우선적으로 그 으……저희의 임금인상, 또 그걸로 인해서 저희를 그……일해 주는 그, 노조, 어용노조 이런 거에 중점적으로 저희가 에, 구호를 외쳤었어요.(김진석 구술채록문 중에서)

2) 시위 양상

인천에서는 4월혁명이, 시위대의 성격과 규모,(시위대 구성, 각 조직들의 연대여부, 시위참여인원) 시위대와 진압군의 대치양상(폭력수

---

22) 노동조합간부들의 조합원 착취도 번번이 일어났는데, 특히 중간착취는 부두노동조합에서 심하게 나타났다. 1953년 당시 6,400여 명의 조합원을 갖고 있는 인천 부두노동조합의 경우 조합비를 2% 이상 걷지 못하게 되어있는데, 8.5%를 걷었다. 인천 부두에서 노동자들은 하루에 883환을 받는데, 십장은 3,900환이었으며, 인천 항만자유노조 산하 32개 분회 230명의 반장은 일반노동자가 월 3만 환 미만인데, 월 9만 환 이상을 수취하였다.(『조선일보』 1953년 7월 2일자 ; 한국노동조합총연맹, 1979, 443~444쪽)

반여부) 등, 어떻게 사회운동론적으로 어떻게 전개되었는가.

(1) 시위대의 성격과 규모에 관해서는 첫째, 인하공대생, 시내 중·고등학생, 부두노동자들이 시위에 참여한 것은 분명해 보인다. 특히 인천지역의 학생시위대의 특징은 여학생들이 적극적으로 시위에 가담하고, "어린 나이의 학생(초·중학생)이 참여했다는 것이다.(『경인일보』 1960년 4월 20일자 ;『경인일보』 1960년 4월 23일자)

〈사진 3〉 태극기를 앞세운 여고생 데모대 　〈사진 4〉 애관극장 앞의 초중학교 어린 데모대

(출처 : 리뷰인천편집자, 2010)

다른 조직들도 시위에 참여하였는가. ① 인천이 이 당시 야당의 지지가 강한 지역이라는 점을 반영하듯, 민주당도 시위에 적극 가세하려는 움직임을 보였다. 인천시당은 4월 17일 데모를 감행했으나, 인천 주위의 각 서에서 지원 동원된 경찰에 의해 완전 포위된 채 인천 민주당원들은 오전 10시 40분 애국가를 부른 후 2층에서 수백 장의 전단을 뿌리고 플래카드를 내리고 시위를 하려 했으나 경찰의 강력한 제지로 무산되었다. 당원 21명이 연행되었으나 4월 19일 전원 석방되었다.(『경인일보』 1960년 4월 16일자 ;『경인일보』 1960년 4월 19일자 ;『기호일보』 1960년 4월 16일자 ;『경인일보』 1960년 4월 17일자 ;『경인일보』

1960년 4월 19일자 ;『동아일보』 1960년 4월 18일자 ;『조선일보』 1960년 4월 17일자 ;『조선일보』 1960년 4월 19일자)

② 인천시민들은 대체로 시위에 소극적인 반응을 보였다. 시민들은 3월 15일을 전후한 민주당의 부정선거 규탄시위에는 거의 호응하지 않았다. 민주당원이 "3·15선거는 불법이다"라는 삐라를 살포하고 규탄구호를 선창하면서 고함을 쳤었으나 이에 호응한 시민은 한 사람도 없었다.(『기호일보』 1960년 4월 17일자) 4월 시위에서는 시위대가 가두행진을 할 때, 도로연변에 늘어서서 땀을 흘리는 데모대에 물을 주고 땀을 씻어 주며 박수갈채를 보내는 등 열열한 성원과 함께 시위대를 응원하는 시민들의 행적을 간간히 읽어볼 수 있다.(『경인일보』 1960년 4월 23일자 ;『조선일보』 1960년 4월 24일자) 4월 23일 시위에서 포착된 시민의 표정은 "수일 전에 비해 다소 피로를 느낀 듯 따분한 듯이 보였으며" 간혹 가다 전우가와 6·25의 노래를 불리워질 때 물과 손수건을 제공하며 지켜보고 있는 정도였다.(『경인일보』 1960년 4월 24일자)

〈사진 5〉 현장을 취재하고 있는 외국인 기자와 성명서를 낭독하는 여학생 〈사진 6〉 인천여중생과 교직원 시위

(출처 : 리뷰인천편집자, 2010)

③ 인천지역의 언론기관은 비교적 현장을 밀착해 취재하며 당시 시위상황을 보도했다. 인천의 지역지인 경인일보, 기호일보는 시위현장을 취재해 톱기사로 다루었다. 하지만 언론기관이 조직화되어 시위에 참여하고, 당시의 인천의 현장을 낱낱이 기록하여 각 지역으로 전달하지는 못한 것 같다.

여학생이 성명서를 낭독하는 장면이 있는 것으로 보아 인천지역 중·고등학생들도 성명서를 발표했다는 사실이 확인되었다. (하지만 성명서 기록은 찾을 수 없었다.) 고려대생, 서울대생, 연세대생, 동아대생, 강문중·고등학교생, 경북대생, 중앙방송국 아나운서, 서울남자중·고등학교생, 청주고교생 등이 발표한 선언문, 결의문 등을 4월혁명 관련 자료집에서 쉽게 찾아볼 수 있는 반면, 인천의 중·고등학생, 대학생들이 발표한 성명서는 자료집에 찾아볼 수 없었다. 게다가 지역신문에 "제물포고등학교 학생들의 성명서"(『기호일보』 1960년 4월 24일자)가 실려 있었음에도 불구하고 이를 각 지역의 널리 알리지는 못했던 것으로 보인다.

인천지역의 교원들은 4월 23일 인천여중학생들 시위에서 학생들을 뒤따르며 시위에 참여한 정도이며, 대부분 학생들의 시위를 만류한 것으로 보인다.(『기호일보』 1960년 4월 24일자) 인천공고 교직원들은 4월 26일 이승만 사퇴 이후 뒤늦게 데모의 행진에 가세한다.(『기호일보』 1960년 4월 29일자) 하지만 종교단체, 공무원 등은 어떠한 태도를 취했는지는 확인할 수 없었다.

둘째, 시위에 참여한 각 집단들이 연대했는가도 주목해야 한다. "혁명은 각 사회계급이 서로 동떨어져 있는 경우보다도 상당히 밀접한 상호접촉이 있는 경우의 편에 일어나기 쉽다"(브린튼, 1982, 415쪽)고 볼 때, 이들의 연대는 중요하나, 서로 조직적으로 연대했을 가능성은 희박하다. 각각의 집단이 조직화되지 않은 상태에서,(노동자들은 비교적 조직적이었겠지만, 학생들은 조직적으로 시위에 참여하지 않은 것으로 보인다) 시위에서 목표하는 바가 달랐기 때문에 연대가 쉽지 않았을 것이라고 추측할 수 있다.(학생들은 주로 학원민주화, 부정선거규탄, 정권타도를 외친 것에 반해, 노동자들은 임금인상을 주장했다. 연대의 가능성에 관하여는 좀 더 면밀한 실증연구가 필요할 것으로 보인다)

셋째, 시위규모를 보자. 가두행진을 지켜보고 응원한 인천시민은 많았지만, 시위대에 직접 참여한 인원은 최소 50여 명에서 최대 3,500여 명 정도로 볼 수 있겠다. 하지만 4월 22일, 4월 23일 시위(1,500~3,000여 명)에서를 제외하고 대체로 시위에 참여한 인원은 300여 명 정도이다.(『경인일보』 1960년 4월 23일자 ;『조선일보』 1960년 4월 23일자) 가장 많은 인원이 참여한 시위의 경우라 할지라도 인천지역 전체 학생의 15% 정도가 참여했다.(300명이었다면 1.2% 정도가 참여한 것이다)[23] 인천에 비해 인구규모와 학생수가 현저히 적은 진주, 청주, 춘천지역에서도 5백여 명 이상 4천여 명 시위대를 형성하였다.[24] 특히, 4월 19일 타 지역에서는 몇 천 명의 학생들이 시위에 참여하고 몇 백 명이 경찰에 연행되었던 것에 비해,[25] 인천에서는 몇 백 명의 시위

---

23) 1960년대 당시 인천지역 중학생은 1만 6천 명(16,124명), 고등학생 7천 6백 명(인문계고등학생 5,251명, 실업계고등학교 2,363명), 대학생 8백 9십 명(인하공대 891명. 당시 정황상 1백여 명이 시위에 참가했다는 것은 많은 인원으로 보이지만, 실증적인 연구(증언)가 필요하다)으로 인천 총인구수(4십만 2천여 명) 중 학생(2만 4천 6백여 명)이 약 6%를 차지한다. 4월 18일 시위에 참여한 고려대생만 4,000여 명에 이른다. 전국 대학생수(9만 7천여 명) 대비해서 볼 때도 참여가 높은 편이다. 통계자료 출처 : 국가통계포털(사이트 : http://kosis.kr/nsp/index/index.jsp)

24) 1960년 당시 전주는 18만 8천여 명, 청주는 9만 2천여 명, 춘천은 8만 3천여 명으로 인천인구의 절반에도 미치지 못했다. 통계자료 출처 : 국가통계포털(사이트 : http://kosis.kr/nsp/index/index.jsp)

25) 4월 19일 부산에서는 3개교 3천 5백 명의 학생들이 경찰 400명에게 투석으로 대

대가 형성되었다는 점에서 시위의 참여가 낮으며 시위규모도 크지 않았던 것으로 보인다.

  (2) 인천에서 시위양상은 어떠했는가. 4월 11일 마산에서 김주열의 시신이 발견되면서 마산에서는 2만여 명이 경찰의 잔혹성을 규탄하면 시위했고, 그 과정에서 2명이 사망하고 14명이 중상을 입었다. 이후 경찰의 시위진압이 강경해졌으나, 서울을 비롯한 각 지역에서는 실탄사격 속 시위를 강행하였다.[26] 다른 지역에 비해 인천은 비교적 "평화적"으로 시위를 진행했다. 4월 20일 인천사범학교 학생들의 시위에서 학생이 연행되었으며,(여학생 11명, 남학생 19명) 4월 22일 중·고등학생들의 시위에서는 경찰총탄에 부상자가 발생하였다.(학생 1명) 이를 제외한 대부분 시위에서는 구호를 외치는 정도에서 가두행진을 했고, 4월 19일 인천고등학생 3백여 명의 시위, 4월 22일에는 "가슴에 태극기를 각자 달고"(『경인일보』 1960년 4월 23일자) 시위를 전개했으며, 4월 24일 1천여 명은 "무언의 시위"를 했다. 유달리 4월 23일 데모에서는 투석을 하고 기물을 파괴하는 등의 폭력적인 양상이 눈에 띄는데, 이는 경찰의 폭력진압에 대한 반응으로 볼 수도 있으나, 이보다는 구속학생 석방 요구,[27] 그리고 휴교령철회를 요구한 시위양상의 특징이라 할

───────────────

   항하였고, 광주에서도 광주고등학생 1천여 명이 "우리들도 죽을 각오를 하고 있다"고 외치며 6백여 명이 경찰에 연행되었다.(『조선일보』 1960년 4월 19일자)

26) 전국 사망자 184명, 부상자 6천여 명, 집계. 사망자는 서울 144명, 부산 17명, 마산 15명, 광주 8명이다. 사망자 187명, 사상자 6천여 명. 사망자와 부상자 수가 각기 다르다. 정확한 희생자 집계가 필요할 것이다.(4월혁명연구소 편, 1990, 410쪽 ; 4·19의 민중사, 1983, 432쪽)

27) 4월 23일 "아침 10시 전후해서 자유공원에서 시내 각 중학교 및 일반 소년들로 혼성된 약 2백여 명의 데모대는 우리는 형제가 죽어가는 것을 앉아서 볼 수만 없다 경찰은 학원에서 손을 떼는 등의 구호를 외치며 따르던 경찰경비차(경기관 138)에 투석하여 유리창 2매가 파손되는 동시에 탑승했던 경찰관 2명이 부상당하였"고, 같은 날 학생 200명이 배다리 창영동파출소에 투석, 파출소 유리 2매와

수 있겠다.[28] 또한 대부분 경찰의 제지가 있자, 자진해산하는 정도로 심각한 무력시위양상은 아니었다. 3월 14일 송도고등학생시위는 30여 분 만에 해산되었고, 4월 17일 인천민주당 지구당 시위는 경찰의 제지로 시위 자체가 무산되었다. 또한 4월 19일 인천고등학교 학생들은 시위를 시작한 지 1시간도 채 되지 않아 경찰과 충돌하여 해산했다. 전국적으로 시위가 과격해질 무렵 동아일보는 인천의 데모상황을 "인천 데모 방관으로 무사고 6시간 만에 자지해산,"(『동아일보』 1960년 4월 23일자) "유혈 없이 해산 인천학생 데모"(『동아일보』 1960년 4월 24일자)라는 기사제목으로 보도하기도 하였다. 대체로 인천의 시위가 과격하지 않았다는 것은, 희생자가 거의 없었다는 점에서,(공식적으로 사망자는 없었고 부상자는 1명이었다) 당시 지역이 입은 피해상황이 다른 지역에 비해 적었다는 점에서도 드러난다.[29]

또한 인천의 독자적이고 선도적인 사회운동을 전개했다기보다는 다른 지역(특히 서울)의 영향을 받아 전개되었던 것 같다. 4월 24일 서울지역은 서울시 주체로 희생자 합동위령제를 개최하자, 학생들이 관제위령제 참가를 거부하고 퇴장하였고, 마산, 전주, 등지에서는 시

내부에 걸렸던 거울 등이 파괴되기도 했는데 이는 구속 동료학생들의 석방을 요구하는 시위였다.(『기호일보』 1960년 4월 24일자 ;『경인일보』 1960년 4월 25일자)

28) "22일 하오 3시경 답동광장에서 해산한 데모대 중 백여 명은 다시 스크랍을 짜고 인천교육청 현관계단 앞에까지 달려가 빨리 휴교조치를 철회하라고 외치며 돌을 던져 유리창 약 8매와 짚차 유리도 파괴하는 등 전국적으로 실시 중인 학교 임시휴교령에 대해 날카로운 반발을 보여준 바 있다"(『경인일보』 1960년 4월 24일자)

29) "60여만 만환. 인천 데모 피해. 지난 28일 인천시청 내에다 본부를 둔 인천시학생시국대책수습연합회에서는 알려진 바에 의하면 4·19사태 이후 각 시중에서 입은 손해액은 총계 6십9만1천4백6십환 정도이라고 하며 그에 대한 내용은 대략 다음과 같다. △뻐-스 3대, △자가용 짚차 1대, △주유소 2개소, △음식점 식대, △의류점, △약품대"(『경인일보』 1960년 4월 29일자)

위를 지속했다. 반면, 인천은 서울지역과 함께 오전 10시 10분 답동 광장에서 인천중학교, 제물포고등학생 1,000여 명이 추도식을 거행했다. 혁명의 최고조였던 4월 24일 추도식과 위령제를 거행하고 무언의 시위를 전개했던 것이다(『경인일보』1960년 4월 26일자 ;『경인일보』1960년 4월 27일자 ;『기호일보』1960년 4월 26일자 ;『기호일보』1960년 4월 27일자 ;『조선일보』1960년 4월 25일자)[30] 또한 4월 26일 서울대 데모대가 인천을 방문한 사실도 주목할 만하다. 서울학생 약 100여 명은 경찰백차와 시발(市發) 택시 등에 분승하고 인천에 와서 데모를 감행했다.(『경인일보』1960년 4월 27일자)

〈사진 7〉 인천으로 원정 나선
서울데모대원(리뷰인천편집자, 2010)[31]

〈사진 8〉 인천 4월혁명의 요람,
경동사거리

(출처 : 리뷰인천편집자, 2010)

당시 인천고등학교 500여 명이 시위를 하던 도중 12시 55분경 서울

---

30) 추도식이 끝난 10시 30분부터 팔에 상장을 단 학생들은 조기와 태극기를 선두로 열을 지어 모금함을 들고 통행인들의 조위금을 받아가며 무언의 행진을 하였다. 오후 2시에 동래범어사에서 위령제를 거행했다.

31) 민간트럭을 탈취한 청년 데모 대원의 사진이 있다. "과격한 일부 데모대원들은 민간인 트럭을 탈취해 인천으로 원정 데모에 나서기도 하였다. 그들 중에는 트럭에 확성기까지 달고 거리를 누볐다. 트럭 앞에 비스듬하게 걸린 '정 · 부통령 선거를 속히 재선하라.'는 팻말이 눈길을 끈다"고 사진설명이 되어 있다.

에서 데모하던 학생 100여 명이 인천시청을 방문해 시위상황을 전해 듣고, 가두시위를 진행했다.[32) 다른 지역에서는 대체로 지역 내에서 대학생, 중·고등학생, 시민들이 연대하여 시위를 전개한 반면, 인천은 시내합승 택시와 경인간 버스는 자취를 감추어 교통이 두절된 상황에서도 서울데모대가 방문하여 시위를 전개했던 까닭은 아마도 인천에서의 운동양상이 미흡하다는 판단이 있었기 때문으로 보인다.

3) 시위 구호 및 플래카드

4월혁명의 목표는 언제부터 "이승만 사퇴"였는가.[33) 전국적으로 학원민주화에서 시작된 4월혁명은 4월 26일 "이승만 사퇴"라는 혁명적 목표를 성취하였다. 하지만 당시 인천의 시위에서 외친 구호를 걸린 플래카드를 보면, 각 지역의 전개과정과는 다소 차이가 있다.

(1) 전국적으로 학생들이 외치는 구호나 선언문을 보면 그때그때 상황에 따라 조금씩 다르긴 하지만 대체로 시위 초반에는 "학원의 자유", "민주주의 호소" 등 경찰의 간섭으로부터 학원의 자유를 수호하

---

32) 서울대 데모대 2백여 명은 트럭 5대와 택시 2대에 분승하여 인천시청에 몰려들어 학생대표로 알려진 서울대학교문리대 이봉철(李蜂喆) 군 외 2명이 시장비서를 통하여 인천의 데모상황을 들은 다음 인천은 평온하니 서울로 돌아가겠으니 점심을 요청하자 인천시장이 이를 승낙하여 직원을 시켜 부근식당에 데모대원을 인도해서 주식을 제공했다. 점심을 먹고 난 데모대는 서울에서 학생이 운전하고 온 차를 선두로 "우리는 승리했다", "이기붕과 최인규 일당 선거살인범을 잡아죽여라"를 외치며 인천 시가를 돌아 수많은 시민들의 환영을 받고 4시 30분경 서울로 떠났다.(『조선일보』 1960년 4월 27일자)

33) 상당한 학생들은 자유당정권의 붕괴가 바로 4·19가 달성할 목적으로 보고 있었다. 4·19 직후 대학생들의 의식상황을 조사 분석한 결과에 의하면 4·19가 목적 달성했다고 본 것은 30.2%, 소망보다 엄청난 결과를 가져왔다고 본 것은 39.7%, 자유당정권을 쓰러뜨리려는 생각은 없었는데 예상외의 결과를 빚었다고 본 것은 7.3%로 나타났다.(김성태, 1960 ; 송건호, 1983, 228쪽에서 재인용)

자는 구호가 빈번하게 나왔다.

〈표 2〉 인천 4월혁명의 구호[34)]

	인천	타지역	
3월 14일	·학도여 일어나라 ·학원의 자유를 달라 ·공명선거 실시하라	부산 포항	·우리는 공산당식의 테러를 배격한다 ·학원에서 강제 선거운동을 하지마라 ·학원의 자유를 달라
4월 17일	·이승만정부는 물러가라 ·3·15부정선거는 불법, 무효다[35)]		
4월 19일	·어용노조 물러가라 ·임금인상하라 ·반공(공산주의 타도하자)	서울대	·민주주의 바로잡아 공산주의 타도하자
		건국대	·기성층은 각성하라
		이기붕 집 앞	·태극기에 붉은 물감을 뿌린 놈은 역적이다
		연세의대	·김주열군의 시체를 다시 해부하라[36)]
		국회 앞	·이승만박사 물러가라 ·불법으로 치른 3·15선거 다시 하라 ·부정과 살인선거범 최인규를 불러내라 ·총을 쏘라고 준 것이라고 말한 이기붕 의장을 불러내어 즉시 자진 사퇴를 요구하자
4월 20일	·학원의 자유와 민주적인 학생 데모에 경찰은 총칼을 쓰지 마라	전주/군산	·학원의 자유를 달라
		이리	·민주주의를 바로잡자
		대전	·시장은 사임하라
4월 21일	·민주주의 바로잡자 ·경찰국가 타도하자		
4월 22일	·이기붕은 물러가라		
4월 23일	·평화적 데모를 방해하지 말라		
4월 26일	·민주반역자 이기붕을 때려죽여라		·이승만정권 물러가라 ·이기붕을 죽여라

34) 인천 4월혁명의 전개과정에 맞춰 다른 지역의 구호를 비교하였다. 인천의 구호는『경인일보』,『기호일보』,『동아일보』,『조선일보』의 기록을, 다른 지역의 구호는『사월혁명자료집 4·19의 민중사』(학민사, 1984)에 실린 구호를 참고했다.

　　4월 11일 이른바 "마산사태" 이후 "경찰의 포학규탄, 정부처산 규탄", "재선거실시" 등 좀 더 직접적이고 구체적인 구호를 외쳤다. 시위가 진행되면서 부정선거 규탄과 독재 배격이라는 정치적 구호가 등장했으며, 이는 4월 19일을 기점으로 "이승만, 이기붕 타도", "자유당정권 타도"라는 정권을 바꾸자는 구호로 이어졌다. 인천에서도 시위 초기 학생들은 주로 학원민주화와 공명선거실시를, 노동자들은 "어용노조 규탄", "임금인상"의 구호를 외쳤다. 인천의 부두노동자들은 1950년대 내내 빈곤에 허덕이고 있었고,[37] 일감이 떨어져서 "아사지경"에 빠져 있었으며, "구호대를 요청"할 지경이었다.(『조선일보』 1959년 6월 20일자 ;『조선일보』 1960년 1월 26일자) 게다가 인천자유노동조합 간부들이 업자와 공모하여 노동자들의 노임을 착취했다.(십장제도를 만들어 일반노동자들을 착취했다)[38] 결국 부두노동자들은 파업하고 1천 2백 명이 밀린 노임 완불 요구하면서 시위를 감행했다.[39] 이어진 4월혁명

---

35) "이승만정권타도", "불법선거규탄"은 인천 학생들의 시위에서 나온 구호가 아니라 민주당 사무실에서 민주당원들이 외친 구호이다.

36) 연세의대생들의 구호는 의대생이라는 특징을 부각시켜 "김주열 군의 시체를 다시 해부하라", "썩은 정치 수술하자", "경찰은 생명을 존중하라"는 구호를 외쳤다. 인하공과생등이 학과의 특성상 시국에 민감하지 않았고, 그다지 큰 관심도 갖지 않았다고 하는 부분이 궁색한 변명처럼 느껴진다.

37) "그날그날의 노임(勞賃)으로도 생활이 보장이 안 되는 노무자의 땀의 냇가인 노임이 3개월 간이나 지불이 지연되고 있어 2만여 인천항 부두노동자들은 비명을 울리고 있다.……이로 말미암아 부두노무자들 대다수는 보리죽으로 연명하는 실정이며 작업가지 거절할 기세를 보인다고 한다"(『조선일보』 1956년 6월 4일자)

38) 일반 노동자의 하루 수입은 8백 환인데, 월 24일간을 계산하며 1만 9천백 환인데 반장은 6만 3천백 환이고, 십장은 6십9만4천백 환이다.(『조선일보』 1958년 8월 6일자)

39) 부두노동자들은 1958년 2월 11일 인천 자유노동조합과 인천부두노동조합의 통합하고 "인천항만자유노동조합"으로 새로 발족하면서 그간의 분규와 사건이 끝이라고 희망을 가졌다. 기대와는 달리 노조 상층부의 어용성은 여전하였고, 따라서 하층 노동자들의 착취와 고통 역시 지속되었다.(『조선일보』 1960년 1월 26

에서도 그들만의 구호를 외쳤다. 하지만 다른 지역에서 19일 이후 이승만 독재를 규탄하는 시위들이 등장한 반면, 인천의 학생들은 무언의 시위를 전개했고 노동자들은 부패정권을 비판하기보다는 노조의 어용성과 임금문제해결에만 몰두하여 구호를 외쳤다. 게다가 인천에서는 4월 22일이 되어서야 "경찰국가 타도하자", "이기붕은 물러가라"는 구호가 나왔다. 즉, 정권타도라는 직접적인 정치적 구호가 등장한 시기가 다른 지역에 비해 늦었으며 "민주반역자 이기붕 타도" 역시, 4월 26일 이승만 사퇴 시점에서 등장했기 때문에 구호가 갖는 정치적 힘이 다소 약화되었다.

(2) 인천의 경우 다른 지역들과 비교해 볼 때 시위에서 플래카드의 수는 매우 적은 편이었다. 대부분 구호를 외치고 애국가와 전우가를 부르며 시위를 전개했는데, 4월 22일에서야 중고생들 시위에서 "3 · 15선거는 불법 무효다", "정부통령선거 다시 하라"는 플래카드를 내걸었던 것을 확인할 수 있다.

<표 3> 인천 4월혁명에 걸린 플래카드[40]

시위일	시위장소 및 주체	내용
3월 15일	성산교회 앞 고등학생시위	· 정부는 우리에게 손을 떼라(포스터)
4월 22일	배다리근처 중고생시위	· 정부통령선거를 다시하라 · 학생에게 자유를 달라
4월 23일	도원교−시내중심지 인천여중시위	· 3 · 15선거는 불법무효이다
4월 24일	무언추도데모	· 4 · 19순국학도애도
4월 25일	인천시내 인천고시위	· 리승만정부는 과거 12년간의 모든 실정을 책임지라 물러가라

일자)

40) 『경인일보』, 『기호일보』, 『동아일보』, 『조선일보』, 『경향신문』의 기록을 참고하여 작성했다.

대체로 중·고등학생들의 시위에서보다는 대학생, 정치인, 교수들의 시위에서 플래카드를 세웠다. 시위현장에서 바로 외칠 수 있는 구호와는 달리, 플래카드는 사전에 제작해야 하기 때문에 보다 더 조직적이고 자금융통이 쉬운 집단(대학생총학생회, 정당, 교수협의회)이 참여하는 시위에서 볼 수 있는 것이다.[41] 인천의 경우, 민주당원시위가 아닌, 중·고등학생들의 시위에서 플래카드가 등장했다는 것은 의미 있게 읽어볼 수 있는 대목이다. 또한 4월 23일 인천공고, 인천고등학생 약 150명은 학원의 자유와 무기휴학을 즉시 해제하라는 등 5개 항목으로 된 유인물을 뿌리기도 했다. 그 5개 항목은 "1. 학원의 무기휴학을 즉시 해제하라 2. 학생의 데모는 폭력이 아니다 3. 정부는 4·19 살인사건을 책임져라 4. 계엄령을 즉시 철회하라 5. 피 흘려 찾은 인권 총칼로서 뺏지 말라"(『경인일보』 1960년 4월 25일자)이다.

4. 4월 26일 이후 4월혁명

서울에서는 4·26 이후 전국적으로 여세를 몰아 학원민주화운동에서 시작하여, 계몽운동, 노동운동, 통일운동 등으로 확대했던 것에 반해, 인천은 그렇지 않았다. 인천 학생들은 각각의 학교가 처한 당면문제에만 몰두한 탓에 운동의 성격을 띠지 못했다. 그리고 노동운동은, 해방 이후 줄곧 있었던 전통을 이어가면서 보다 조직적으로 전개하여 이후 인천이 노동운동의 메카가 되는데 밑거름이 된다.

---

41) 사전제작한 집단이 구체적으로 누구이며 제작비는 어떻게 충당했는지에 대해 좀 연구가 필요하다. 학생회 집행부가 제작했을 수도 있고, 시위에 참가한 학생 혹은 시민이 개인적으로 제작했을 수도 있다. 이는 인천 중·고등학생들이 어떻게 시위에 참여하였는가를 파악할 수 있는 맥락이다.

1) 4 · 26 직후 인천상황

인천지역도 수습대책위원회를 구성하여 이승만 사퇴 이후 소기의 목적을 달성했다고 보고 들떠있는 민심을 수습하고 질서를 확립하기 위해 사태수습에 나선다.

> ……27일 상오 인천시청에 모인 1백여 명의 재인대학생들은 인천학생 수습대책위원회를 구성하고 우리고장은 우리가 지킨다는 목표 아래 치안 소위원회와 선무반을 조직─선무반은 각처에서 마련해온 「마이크」를 통하여 인천시민은 냉정히 사태수습에 임하자고 설득시키고 있으며 또 한 편의 치안위원들은 경찰과 협조 아래 요소요소에서 교통정리를 맡는 일방 치안유지에 당하기로 하고 27일 정오부터 즉각적인 치안임무에 나섰다. 수습대책위원회를 인천시의회분과위원실에 두고 치안본부를 인천의 중심지인 경동파출소에 설치하기로 했다.……또한 김인천 시장은 27일 학생수습대책위원회 임원들과 만나고 질서회복 등을 위해 학생들의 수범을 고마워하고 학생들이 요구해온 사무실과 차량 등의 편의를 봐줄 것을 확약했었다.(『기호일보』 1960년 4월 27일자)

4월 26일 이승만 사퇴와 정부통령선거를 다시 한다는 보도가 전해지자, 인천시민들은 함성을 울리고 학생들은 이내 데모를 중지한다. 이 보도 이후 곧바로 인하공과대생을 위시한 고등학교 학생대표들은 사후 수습에 대한 대책위원회를 조직하고 이어 치안확보 및 질서유지에 동원되었다.(『기호일보』 1960년 4월 27일자)42) 4월 27일 이른 아침부터 짚차에 "재인대학생 대책위원회"라는 플래카드를 달고 거리를 돌며 질서를 유지할 것과 각자 자중하여 혼란을 벗어나서 제각기 맡

---

42) 향토질서유지를 위해 결성한 4월 27일의 학생대책위원회에서는 다음과 같은 임원을 선출하였다. 위원장 남상우(연세대), 대표 이태구(동국대), 치안 임병호(인하공대), 공보 유승현(경희대) 등이다. 임병호는 4월혁명 당시 인하공대 학생회장이었다.

은 임무에 되돌아갈 것을 호소했다.(『기호일보』 1960년 4월 27일자) 경향신문은 "한때 무질서와 혼란에 빠졌던 인천시내의 치안은 대학생들의 봉사적인 노력으로 27일 하오에 이르러 완전히 평온상태로 되돌아갔다. 하오4시 현재 일반 상가는 정상을 회복했으며 각 관공서 및 경찰관서도 평온시와 다름없이 집무하고 있다. 일부시민들은 이날 아침 D일보 조간의 "경찰발표로 시위대원 2명 사망"이라는 오보 기사 때문에 동요를 보였으나 신문사 측의 해명가두방송과 대학생들의 성의 있는 수습으로 가라앉았다(『경향신문』 1960년 4월 28일자)며 인천의 상황은 "평온"하다고 보도하였다. 대체로 인천지역은 4월 29일을 전후해서 그동안 휴교에 들어갔던 시내 각 중·고등학교들이 개교를 보고 중전과 다름없는 정상수업에 들어갔다.(『경인일보』 1960년 4월 27일자 ;『기호일보』 1960년 4월 29일자)

반면 뒤늦게 데모대를 꾸린 조직도 있었다. 그들은 바로 인천 4월혁명에서 주도적으로 역할을 했던 인천고등학교의 교직원들이다. 4월 28일 인천공업고등학교 직원일동은 "우리는 민주학원건설에 매진한다"라는 플래카드를 내세우고 시내를 데모 행진하였다. 데모대 교직원들은 오후 2시 동교운동장에 집합하여 마산사건 및 4·19학도의거에서 흘린 고귀한 피 앞에 엄숙히 무릎을 꿇고 민주정신에 불타는 정의의 학도들 앞에 교육자로서의 양식을 발휘하여 진정한 민주대한의 교육을 이룩하자는 선언문을 낭독하기도 했다.(『기호일보』 1960년 4월 27일자)

2) 4·26 이후 인천의 사회운동

(1) 중·고등학생 : 인천에서는 대학생들보다 중·고등학생들이 적극적으로 시위에 참여했었는데, 4·26 이후에는 상이한 행보를 보여

준다. 각 학교들이 처한 문제에만 관심을 갖고 시위를 전개해간다. 이를테면 학교설립반대, 교장전임반대, 보직요구 등의 이유로 각각 데모를 벌인다.(『조선일보』 1960년 4월 30일자 ; 『조선일보』 1960년 5월 14일자)[43] 같은 해 7월 19일 100여 명의 인천사범학교 졸업자들은 금년도졸업자전원을 보직하라는 요구조건을 내걸고 연좌데모를 전개했으며 문교부당국의 확답이 있을 때까지 데모를 계속할 것을 선언하겠다는 강경자세를 보였다.(『경향신문』 1960년 7월 20일자) 1961년에 들어 인천공업고등학교생들이 인하공대부속종합직업학교 설립을 반대하고 서울을 향해 가두행진을 하며 시위를 벌였고,(『경향신문』 1961년 2월 28일자) 4월 23일 제물포고등학교와 인천중학교생들이 농성을 하기도 했다. 학생 2천여 명은 교실 내에서 철야농성을 시작했는데, 그 이유는 문교당국에서 금명간 실시예정인 전국고교교장 인사이동에서 10여 년간 동교발전에 지대한 헌신을 한 길영희 교장이 인천사범학교 교장으로 전임될 것이라는 인사내정에 불만 때문이었다. 이를 문교당국에서 취소할 때까지 학생들과 동창생 및 학부형층의 단합된 실력행사를 한 것이다. 한편 인천고등학교 학생들과 경북안동으로 전임내정된 동교 조교장의 유임운동을 대대적으로 전개하였다.(『경향신문』 1961년 4월 25일자) 이처럼 인천의 중·고등학생들(특히, 고등학생)은 사회운동 성격이 아닌, 학교의 당면문제에 국한하여 시위를 전개하는 양상을 띠었다.

(2) 대학생(인하공대생) : 인하공과대생들은 일반적으로 4·26 이후 혁명을 주도했던 타지역 대학생들이 통일운동, 노동운동에 가담하며

---

43) 4·26 직후에는 4월혁명과 관련하여 학원민주화를 요구하는 목소리가 있었다. 1960년 4월 29일, 30일 인천고등학교 교원 40여 명은 4월혁명을 억제한 탓으로 학교의 명예와 교직원들의 위신을 손상시켰다면서 당시 조현옥 교장의 사퇴를 요구하였다.

혁명을 지속했던 것과는 달리,[44] "학교 살리기"에만 매진했다. 4월 28일 이기붕과 그의 부인, 이승만의 양자아기도 한 큰 아들과 연세대생인 작은 아들이 경무대에서 자살했다.(『동아일보』 1960년 4월 28일자)[45] 최병하와 홍승홍의 증언에 따르면, 이기붕의 죽음으로 인하공과대학의 존폐가 위태로워졌으며, "초급대학격하"라는 조치가 거론되었다. 이에 인하공대는 학생총회를 열고 회의를 거듭하여 정부를 찾아가서 인하대학을 존립시켜 줄 것을 요청하며, 오로지 인하공과대생들은 학교를 살리는 데에만 매달렸다.(『경향신문』 1960년 5월 6일자 ; 『동아일보』 1960년 5월 6일자 ; 『경향신문』 1960년 5월 10일자)[46]

   (3) 노동자 : 4·26 이후 전국 각지에서 노동자의 단결권과 권익옹호를 위한 노동조합결성이 급증하면서(『경향신문』 1960년 6월 12일자 ; 『경향신문』 1960년 5월 29일자)[47] 노조운동이 활발하게 전개된다. 4월혁명 이후 노동운동의 중심적 노동조직으로 활동할 수 있는 기반이 되

---

44) 1960년 4월 26일 이승만 사퇴 이후, 서울대를 비롯한 전국의 대학들은 국민계몽대(각급대학 신생활운동반), 민족통일전국학생연맹 등을 결성하는 등 민족, 노동운동에 참여한다. 출처 : 기록으로 보는 4·19혁명, 국가기록원(사이트 http://theme.archives.go.kr/next/419/sub02_1.do/)

45) 4월 27일 이기붕과 3명의 고위자유당간부, 그리고 그들의 가족이 인천 미군기지에 숨어있다는 기사가 보도되면서, 잠시 소동이 있었다.

46) 당시 전국적인 학원민주화운동과는 대조적인 행보이다. 학원민주화운동은 주로 행정체제에 대한 비판, 어용교수에 대한 지적에서 시작되어 점차 총장, 이사회, 재단의 정화로까지 운동의 목적이 확대되었다. 1960년 5월 당시 서울대 상과 대학생 1천여 명은 어용교수가 물러나지 않는다며 맹휴상태에 들어갔고, 동아대, 부산대학생들도 총장, 교수들을 규탄하며, 자진사퇴를 요구하는 시위를 하였다. 경북대학생들은 자진퇴학식까지 거행하면서 어용교수의 사퇴를 요구하였다. 이 밖에도 당시 전국의 63개 대학 중 30개 이상의 학교에서 어용교수 및 총장사퇴 등을 요구하며 학원민주화운동을 전개하였다.

47) 이 날 대회에서 위원장에는 이동렬 수산고교 교사, 부위원장은 박정영 동산고교 교사와 이형기 인천여상 교사가 선출되었다.

었다. 전국노협은 임금인상과 노동조건 개선을 원하는 노동자들의 요
구를 효과적으로 수렴하고 어용적인 노조 밑에 억눌려 있던 노동자들
을 민주적 노동운동에 참여할 수 있게 하는 커다란 자극제가 되었다.
그 결과, 1960년에는 1959년에 비해 쟁의발생 건수가 2배 이상 증가하
였다. 4월혁명부터 그해 6월까지 485회의 노동자 가두시위가 있었고,
시위 참가인원이 12만 명에 이른다.(민주화운동기념사업회연구소, 2008,
247쪽) 다른 지역에 비해 인천의 노동운동은 더욱더 활발하게 진행되
었다. 이들은 노동운동의 관점 내에서 4월혁명을 이해하고 그 전형을
추진하려 했던 것으로 보인다. 특히, 부두노동자들은 적극적으로 운
동을 전개. 4·26 이후 곧바로 어용노조 규탄데모를 전개한다. 5월 3일
부두노동자 30여 명은 "인천항만자유노동조합"과 "한운분회"에 대하여
어용노조라고 규탄 데모를 벌였다.(『동아일보』 1960년 5월 4일자) 이
후 5·16쿠데타 직전까지 부두노동자들의 임금인상, 어용노조규탄 등
을 내세우며 데모를 지속적으로 전개해 나가는데 부산지역 다음으로
많은 시위가 전개되었다.[48] 1960년 5월 인천 흥한방직 투쟁 역시 인천
의 대표적인 노동운동이다. 1957년 3월에 부당해고 된 59명의 노동자
들이 5월 19일 어용노조를 규탄하고 복직 및 법정 보상금을 요구하는
농성투쟁을 벌였다. 그 과정에서 공장내부에서 새로운 노동조합을 결
성하려는 노동자와 기존의 어용노조 간에 충돌이 발생하였다.(한국노
총 편, 1997, 514~517쪽 ; 민주화운동기념사업회, 2004, 85쪽에서 재인
용) 미군기관에 종사하는 노동자[49]들도 한미행정협정의 조속한 체결

---

48) "재경위감사반 지적─관수비료 적기배급 난처, 부두노동자의 쟁의 등으로", "인
천항만노동자 이틀 동안 파업", "인천부산부두노조원파업", "인천부산부두노조파
업"(『조선일보』 1961년 3월 9일자 ;『조선일보』 1961년 3월 31일자 ;『동아일보』
1961년 3월 31일자 ;『동아일보』 1961년 4월 1일자)

49) 한국전쟁 중 인천의 취업비율이 급격하게 증가한다. 그 원인은 다양한 군부대와
노무대가 인천에 상주해 있었기 때문이다. 당시 인천에는 미 제8군 노무과의 협
조 아래 노무단 중앙보충대 파견대가 운영되고 있었으며, 여기에서 노무자를 선

과 미군기관의 한국인 종업원에 대한 처우개선을 절규하였다.[50] 하지만 그들이 정치의식을 갖고 사회운동에 참여, 부패정권타도와 같은 정치적 대의를 강조한 것이 아니라, 어용노조규탄, 임금인상과 같은 노동자 당면현안에 집중되었다는 한계를 갖는다.

　(4) 혁신세력 : 1950년대 진보당은 인천에 뿌리를 둔 혁신세력이다. 당시 진보당이 강제로 해체되고 조봉암이 처형되는 등 혁신세력이 탄압을 받게 되었으나 1960년 4월혁명을 맞아 다시 혁신정당운동을 시작하게 된다. 이승만독재정권을 무너뜨린 상황에서 인천지역에서 혁신세력의 활동공간을 확보하는 것은 다른 지역보다 수월할 수 있었다. 당시 혁신세력은 각 계열을 망라한 혁신세력의 단합방안을 논의하고 정당을 창설하거나, 혹은 연맹을 결성한다.(노중선, 1992, 34~35쪽)[51] 하지만 7월 29일 혁신세력의 총선참패는 인천지역 진보세력의 위축을

발하여 운영하고 있었다. 선발된 노무자들은 최소한의 시간과 인력으로 하역할 경우, 하역을 계약한 계약자는 더 높은 수익을 올릴 수 있었으며 노무자들도 보다 높은 임금을 받을 수 있었다. 반면에 같은 인원으로 다른 조직의 평균량에 미치지 못하면 손해를 볼 수 있었다. 유엔군은 인천에서 1950년 11월 성과제 계약을 적용하였다.(FEC, Indigenous Labor in Korea, 1952, pp.4~5 ; 양영조, 2003, 260쪽에서 재인용)

50) "19일 아침 서울 인천부평, 파주지구의 미군기관종업원 약 2천여 명은 「한미행정협정 촉구시위대회」를 열고……2천여 명의 시위대는 이날 2시 반경 「빈곤은 민주주의적이다」, 「행정협정을 체결하라」는 등 플래카드를 앞세우고 「임금을 인상하라」, 「퇴직금제를 실시하라」, 「노동법을 적용하라」는 등의 구호를 외치며 시가행진에 들어갔다"(『경향신문』 1961년 2월 20일자)

51) 4월혁명 이후 혁신세력들은 사회대중당(사대당), 한국사회당(한사당), 혁신동지협의회(혁련)로 나누어 7·29총선에 임하게 된다. 혁신세력들은 민의원에 161명, 참의원에 10명의 후보를 내세웠는데 당시 민의원 총입후보자 1,563명 중 사대당 129명, 한사당 19명, 혁련 13명이었고, 참의원 총입후보자 201명 중 사대당 7명, 한사당 2명, 혁련 1명이었다. 총선 결과 민의원 총의석 233석 중 혁신정당은 5명만 당선되었고, 참의원선거에서는 총의석 58석 중 3명이 당선되었는데 인천지역에는 민주당이 압도적으로 승리하면서, 단 한 명의 당선자도 배출하지 못했다.

가져왔고, 동시에 인천지역의 민주당 기세가 높아지게 했다.

> 인천의 경우를 보더라도……혁신세력들이 모두 민주당에게 눌리고 있
> 으며 이것은 추세로 보아서는 민주당인 당공천자만을 가지고서도 민의원
> 의 과반수를 차지할 것이며 낙천후보까지를 합하면 삼분의 2선에 육발할
> 가능성조차 없지 않다. 따라서 제헌국회의원선거 이래 가장 많은 진출을
> 보았던 혁신계는 거의 예외 없는 「전멸상태」를 보였으며 각계열이 한데
> 얽혀 20석을 모아서 원내교섭단체만이라도 만들겠다던 혁신계의 구상은
> 완전히 허공에 떠버리고 말았다.(『동아일보』 1960년 7월 30일자)

7·29총선에서 실패하자, 혁신세력들의 재편이 추진된다. 1961년 4월 사대·혁신 양당통합추진위원회가 결성되고, 5월에는 합당노력 진행 되었으나 결국 5·16쿠데타로 인해 좌절되고 만다. 총선에서 참패하고 진보진영이 그 운동의 힘을 잃은 것은, 여러 요인이 있겠으나 인천 지역에서는 선거전략상 민주당과 차별화시키지 못했기 때문인 것으로 보인다. 총선에서 당선된 곽상훈(인천을구 당선자)은 4월혁명의 정신을 민주당이 부흥케 하겠다면서 혁신세력 진출의 부진을 "시기상조"라고 일축하였다.(『경향신문』 1960년 7월 30일자) 당시 민주당은 자유당과의 대결구도에서 "못 살겠다 갈아보자"는 구호로 유권자들의 동정을 샀고, 따라서 이미 우세한 상황이었다. 혁신세력에게는 정강과 정책에 있어서 유권자의 관심을 살 만한 새로운 내용이 없었다. 여기에 "용공"이라는 인상까지 주면서, "현실계전멸상태"라는 결과를 낳았다. 인천은 이승만과 자유당정권에 대해 부정적인 인식을 갖고, 그 대안세력으로 민주당을 선택한 것이다. 이 과정에서 1950년대 "진보당"의 정신과 정강을 유권자들에게 전달하지 못한 인천의 혁신세력은 단 한 명의 후보도 당선시키지 못한 참패를 맞는다.

5. 맺음말 : 인천지역 4월혁명의 사회운동론적 특징

기존의 4월혁명론에서 우리는 대학생이 혁명의 주도세력이 되어 각 지역의 학생 및 시민이 총궐기, 폭력에 대항한 유혈투쟁을 전개한 결과, 이승만 사퇴와 정권퇴진을 이끌어 냈다는 역사서술을 쉽게 확인할 수 있다. 그러나 인천의 경우는 이러한 기존의 "일반적" 역사서술과는 다르게 나타난다.

첫째, 인천의 경우, 대학생들이 운동의 주도세력은 아니었다. 전국의 각 지역에서 대학생들이 적극적으로 4월혁명에 참여한 것과는 달리, 인천의 유일한 대학생이었던 인하공과대학생들은 소극적 태도(4월 21일에서야 뒤늦게 시위에 참여하고, 4월 26일 이승만 사퇴에는 무질서한 인천시내의 질서를 유지하는 역할을 담당했다.)를 보였다. 4월 26일 이후 다른 지역 대학생들이 4월혁명의 정신을 이어 정치운동을 확산시키고 있을 때, 인하공대생들은 학교의 운명에만 관심을 보였다.

둘째, 인천의 경우, 중·고등학생들이 시위에 참여한 주된 주체들이라고 말할 수 있으나, 마산, 대구, 대전 등 다른 지역들의 사례와 비교해볼 때 상대적으로 비조직적이고 간헐적이었다. 인천소재 중·고등학교(인천공업고등학교, 인천송도고등학교, 제물포고등학교, 인천고등학교, 인천여자상업고등학교, 인천중학교, 남인천여자중학교, 인천사범학교 등) 학생들도 대대적으로 시위에 참여했다. 4월 23일에는 초등학생 3천여 명이 데모대에 참여하는 등(『조선일보』 1960년 4월 23일자)52) 범시민적 양상까지 보였다. 하지만 그들은 지역 독자적으로 정

---

52) 인천의 중·고등교원들도 노조를 결성한다. 노동조합결성대회가 16일 시내 제2시민관에서 대의원 1백여 명이 참가한 가운데 성대히 거행되었다. 4월 23일 인천시내 중·고등학생들이 평화적인 시위를 하는 데모대에 "국민학교 어린이도 참가"하여 약 3천 명에 달하는 학생들이 데모대를 4개 부대로 나누어 질서정연하게 구호를 외치며 행진하였다.

치의식을 확립하고, 각 학교의 주체들이 시위를 주도했다기보다는 다른 지역(특히 서울)의 추이에 맞춰 전개한 것으로 보인다. 셋째, 인천의 경우, 다른 지역과 달리 인천부두노동자들이 시위에 참여했다는 점에서 특징이 있다. 게다가 그들이 (인천의 학생들과는 달리) 이승만의 사퇴일인 4월 26일은 "혁명의 끝이 아닌 시작"으로 말하고 있다는 점에서 주목할 만하다. 하지만 이 또한 인천부두노동 현실을 넘어서는 한국의 일반 노동운동 실천도 아니었던 것 같다. 그리고 시위에 참여한 학생들과 노동자들 사이에 4월혁명을 위한 사회운동론적 연대도 보이지 않는다.

▣ 참고문헌

2·28민주의거 40주년특별기념사업회, 2000 『2·28 민주의거의 역사성과 현재성』, 2·28민주의거 40주년특별기념사업회.

4월혁명10주년기념세미나보고서편찬위원회, 1970 『4월혁명의 주체적 평가』, 한얼문고사.

4월혁명연구소, 1990 『한국사회변혁운동과 4월혁명』, 한길사.

Crain Brinton, 1982 『혁명의 해부』(차기벽 옮김), 문명사.

강만길 외, 1983 『4월혁명론』, 한길사.

경기도사편찬위원회, 2002 『경기도정 50년사』, 경기도.

국가통계포털(사이트 : http://kosis.kr/nsp/index/index.jsp).

『기록으로 보는 4·19혁명』, 국가기록원(사이트 : http://theme.archives.go.kr/next/419/sub02_1.do/).

김미현, 2010 「전시체제기 인천지역 학생 노동력 동원」 『인천학연구』 12호(2월호).

노중선, 1992 「4월혁명기 혁신정당, 왜 좌절하였나」 「역사비평」 통권 20호.

리뷰인천편집자, 2000 『리뷰인천』 겨울·봄 합병호(통권 제4호), 이문회.

민주화운동기념사업회연구소, 2004 『민주화운동관련사건·단체사전편찬을 위한 기초조사연구보고서』, 내일기획.

민주화운동기념사업회연구소 엮음, 2008『한국민주화운동사 1』, 돌베개.

양영조, 2003「한국전쟁 시기 인천의 특징과 성격」『인천학연구』2-1호(12월호).

윤상진, 2003「인천지역 시민사회운동을 통해 본 인천시민사회의 성격에 관한 연구」『인천학연구』2-2호(12월호).

윤상현, 2006「조봉암(1899~1959)의 정치활동과 사회민주주의사상」『한국사론』52호.

이갑영, 2006「해방 직후 인천노동운동의 성격」『인천학연구』5(2월호).

인천상공회의소, 1995『인천상공회의소 110년사』, 인천상공회의소.

조봉암(정태영 외 엮음), 1999『조봉암전집 1』, 세명서관.

조봉암, 1957「내가 걸어온 길」『희망』2월호.

학민사편집실 편, 1984『사월혁명자료집 4·19의 민중사』, 학민사.

한국역사연구회현대사연구반, 1991『한국현대사 2』, 풀빛.

한완상 외, 1983『4·19혁명론』, 일월서각.

『경인일보』,『경향신문』,『기호일보』,『동아일보』,『조선일보』.

〈구술자료〉
김정구(대구고등학교 1학년 학생으로 4월혁명 참여).
김진석(인천항 부두노동자로 4월혁명 참여).
김효성(송도고등학교 휴학생으로 4월혁명 참여).
양순이(남인천여자중학교 3학년 학생으로 4월혁명 참여).
최병하(인하공과대학생으로 4월혁명 참여).
최숙자(박문여자고등학교 3학년 학생으로 4월혁명 참여).
홍승홍(인하공과대학생으로 4월혁명 참여).

제4장 수원의 4월혁명

윤상진

1. 머리말

4월혁명에 관한 기존의 많은 연구들은 4월혁명의 원인 및 배경으로 해방 이후 급격히 증가한 교육기회의 확대로 인하여 민주적 가치를 습득한 학생 수의 증가, 도시화와 매스미디어의 보급률 증가로 인한 민주적 가치의 확장이라는 주체적 조건과 이에 비하여 학교를 졸업해도 취직이 되지 않는 경제적 위기와 이승만정권의 반민중적이고 파행적인 정치행태라는 정치·경제적 조건의 부조화를 지적한다.(전철환, 1983 ; 정용욱, 1998 ; 민주화운동기념사업회 연구소, 2008)

또한 이러한 4월혁명에 대한 평가로는 근대 이후 우리 역사에서 최초로 민중이 스스로의 힘으로 반민중적인 정권을 무너뜨렸다는 사실을 강조하면서도 4월혁명이 5·16으로 귀결됨으로써 혁명의 한계를 드러냈음을 지적하고 있다. 4월혁명이 한계를 가질 수밖에 없는 주요한 이유는 운동주체의 역량부족과 1950년대의 사회·경제적 구조에서 그 원인을 찾고 있다. 즉, 운동주체의 문제로는 본질적인 한국정치의 문제를 파악하지 못하고 이승만 독재라는 표피적인 대립구조에만 집착한 점, 사회제계급의 불만을 대리하는 대리자로서 역할을 인식하지 못한 점 등을 운동의 한계로 지적한다.(김동춘, 1988 ; 김일영, 1991)

사회경제적 구조의 문제로는 1950년대 당시 국내에 재생산기반을 가진 민족부르주아지나 조직화된 민중이 존재하지 않았다는 점을 지적한다.(김동춘, 1991)

본 논문에서는 경기도지역 중 도시화과정을 겪으면서 동시에 경기도지역에서 가장 먼저 4월혁명이 시작된 수원지역을 중심으로 4월혁명의 전개과정을 검토한다.(경기도사편찬위원회, 1982)[1] 이를 통하여 지역적 차원에서 4월혁명의 원인을 파악하고 또한 4월혁명이 5·16으로 귀결될 수밖에 없었던 이유를 살펴본다. 특히 4월혁명의 핵심 주체였던 학생들의 정치·사회적 가치정향이 주체들의 태도에 영향을 미치고 이것이 운동의 과정과 결과에 영향을 미친다는 가정하에 4월혁명의 한계점으로 지적되는 운동주체의 문제를 탐구하고자 한다.

2. 연구방법

수원시의 4월혁명 전개과정 연구는 중앙일간지,(동아일보) 수원시사, 경기도사 등의 문헌과 4월혁명에 참여했던 고등학생과 대학생 중 핵심 운동 주체들을 대상으로 한 질적면접 방법 중심으로 진행되었다.

당시 수원시의 고등학교는 6개가 있었고, 대학은 서울대학교 농과대학이 유일했다. 이들 대부분의 학교 학생들이 4월혁명에 참여했지만, 그중에서 수원농업고등학교가 3월 10일 경기도에서 최초로 학생 데모를 실시했다. 그 후 4월 20일에 서울농대가 4월혁명에 참여하였다.[2]

따라서 당시 수원농업고등학교 3학년에 재학 중이며, 3월 10일 대모를 주동했던 송강진과 서울농대의 시위를 주동하고 4월혁명 기간에

---

1) 경기도지역 중 3월 10일 4월혁명이 발생한 곳은 수원이며, 그 후 3월 14일 인천에서 야간고등학생들의 시위가 발생하였다.

농대학생 회장을 맡았던 당시 3학년 조동주를 대상으로 인터뷰를 실시하였다.

4월혁명에 대한 지역적 연구가 거의 없는 상태에서 운동 주체에 대한 인터뷰는 1차 자료로써의 충분한 역할을 할 수 있다고 판단된다. 또한 당시 운동 주체들의 정치·사회적 가치는 심층적 인터뷰에 의존할 수밖에 없다. 그러나 인터뷰 대상의 수가 많지 않다는 점과, 인터뷰 대상의 50년 전 기억에 의존할 수밖에 없다는 점은 본 연구의 한계로 나타날 수 있다.

3. 수원지역의 일반적 현황

수원지역의 사회·경제적 현황을 인구변화, 산업분포별로 살펴보면 다음과 같다. 우선, 인구변화를 살펴보면, 정부수립 후 1949년 8월 15일 수원은 시로 승격했으며, 당시 수원시 인구는 74,000명이었다. 그 후 한국전쟁과 그로인한 피난민들이 지역공터에 초막이나 판잣집을 지으면서 수원의 인구와 도시구조가 변화되었다. 1951년 수원의 인구는

2) 수원시의 각종학교현황(1960년 4월 30일 현재 기준)

학교	학교수	교원, 교수수	학생수		
			남	녀	계
국민학교	8	204	7,057	6,201	13,258
공민학교	1	4	77	95	172
고등공민학교	1	11	139	178	317
기술학교	2	11	12	282	294
중학교	6	129	3,306	1,819	5,125
고등학교	6	128	1,847	796	2,643
대학교	1	64	1,064	46	1,110
기타	1	6	82	54	136
합계	26	551	13,584	9,471	23,055

자료 : 수원시, 4294.

52,452명이었고, 1952년에는 104,044명이었다.(『수원일보』 2008년 8월 19일자) 한국전쟁 이후 1954년에는 73,004명이었으며, 그 후 꾸준히 인구가 늘면서 1960년에는 90,806명이 되었다. 인구 5만 명 이상을 도시로 측정했을 때 수원의 경우 이미 1940년대 말부터 도시화가 진행되고 있었다.

〈표 1〉 수원시의 인구현황

년도	가구수	인구		
		남	녀	계
1951				52,452
1952	20,129	48,757	55,287	104,044
1953	18,587	44,023	54,799	98,822
1954	14,065	34,422	38,582	73,004
1955	13,502	34,378	37,613	71,991
1956	13,437	34,478	37,440	71,918
1957	13,781	35,678	38,380	74,058
1958	14,228	37,142	39,526	76,668
1959	14,772	38,936	40,544	79,480
1960	16,498	45,241	45,565	90,806
1961	15,777	42,434	44,478	86,912

자료 : 수원시, 1962.

1961년의 수원시 산업별 인구현황을 살펴보면 상업에 종사하는 인구가 18.0%로 가장 높았고, 서비스업이 17.0%, 공무업이 14.2%로 나타났으며, 농업에 종사하는 인구는 12.7%, 제조업/건설업에 종사하는 인구는 8.8%로 나타나 2, 3차 산업 중심의 산업구조를 보여주고 있다. 이는 69.4%가 농·림·어업과 같은 1차 산업에 종사하고 15.6%가 2, 3차 산업에 종사하는 구조를 가진 경기도 전체의 산업구조와 비교했을 때 당시 수원의 전형적인 도시형 산업구조를 확인할 수 있다.

그러나 실업인구가 경기도 전체의 7.4%에 비하여 35.2%로 높게 나타났으며, 이는 그 당시 수원지역의 경제적 어려움을 단적으로 보여주고 있다.

〈표 2〉 수원시의 산업별 인구현황(1961.12.31 현재 기준)

산업	수원시				경기도 전체
	남	녀	합계	비율(%)	비율(%)
농업	1,607	516	2,123	12.7	68.4
임업·어업·광업 등	30	0	30	0.2	1.0
제조업	809	396	1,205	7.2	1.7
건설업	263	7	270	1.6	0.5
전기·수도 위생사업	205	27	232	1.4	1.4
상업	2,321	678	2,999	18.0	6.3
금융, 보험업	62	5	67	0.4	0.1
운수, 통신, 보관업	426	14	440	2.6	0.6
공무업	2,150	216	2,366	14.2	2.5
서비스업	2,210	629	2,839	17.0	2.5
기타	3,316	788	4,104	24.6	16.1
실업	3,283	2,594	5,877	35.2	7.4

자료 : 수원시, 1962 ; 경기도, 1962.

수원시의 가구당 라디오 및 TV, 전화 보급률을 살펴보면, 경기도 전체의 경우 가구당 라디오 보급률은 12.9%이며, TV 보급률은 0.05%, 전화 보급율은 0.3%로 나타나, 정보 수집 수단으로 라디오에 의존하는 비율이 높게 나타났다. 수원시의 경우도 라디오 보급률은 26.9%, TV는 0.09%, 전화는 1.1%로 나타나, 라디오 의존률이 높게 나타났다. 이러한 결과는 도시지역인 수원시의 경우도 10가구 중 7가구 정도는 각종 정보로부터 소외되고 있었음을 알 수 있다.(경기도, 1962)[3]

〈표 3〉 가구당 라디오 보급률과 TV 보급률(1960년 말 현재)

	가구수	라디오		TV		전화가입자	
		보급수	보급률	보급수	보급률	주택용	보급율
경기도 전체	492,889	63,437	12.9	269	0.05	1,525	0.3
수원시	16,498	4,432	26.9	15	0.09	183	1.1

자료 : 경기도, 1961.

4. 수원지역의 4·19시기 학생운동 전개과정

수원지역에서 4월혁명의 시작은 3월 10일 수원농업고등학교, 수원고등학교 학생들이 민주당 장면 부통령 후보의 유세가 열리는 수원공설운동장으로 진출하면서 시작되었고, 그 후 수원시의 거의 모든 중·고등학교 학생들의 시위가 빈번하게 나타났다. 특히 4월 20일부터는 수원지역에 유일한 대학인 서울대학교 농대학생들의 시위가 발생하였으며, 수원지역의 4월혁명은 이승만 대통령이 사퇴하면서 진정되었다.

이러한 수원지역 4월혁명과정을 수원농업고등학교와 서울대학교 농대학생들을 중심으로 4월혁명의 참여 동기, 전개과정, 7·29총선 결과 및 5·16쿠데타로 등장한 박정희의 평가를 통한 수원지역 4월혁명의 평가 순으로 살펴본다.

우선, 각종 일간지와 수원시사 등 문헌에 나와 있는 수원지역 4월혁

---

3) 경기도의 신문발행 상황을 살펴보면, 1961년 당시 경기도에는 『경기공론』(순간), 『인천신문』(일간), 『경기매일』(일간), 『경인일보』(일간) 등이 발행되고 있었으며, 각 신문의 총 발생부수는 62,300부이며 경기도의 각 가구당 각 신문의 한 종류만 본다고 가정하더라도 가구당 구독률이 12.6%에 지나지 않는다. 이는 경기도의 라디오 보급률보다 약간 낮은 수치이다.

명의 날짜 및 구호, 운동내용을 정리하면 아래의 표와 같다.(수원시, 2001)[4]

<표 4> 수원지역 4월혁명 일지

날짜	출처	시위 주체	시위 양상	구호/플래카드
3월 10일	동아일보(3/11)	수원농업고등학교 학생 약 300명	삐라 살포, 장면 민주당 부통령 후보 유세장인 공설운동장으로 향함.	"학원 내의 정치적 간섭을 배격한다", "장박사를 환영함"
4월 20일	동아일보(4/21)	서울농대 약 1,000명	남문까지 진출하여 만세삼창 제창 후 해산	"학원에 자유를 달라"(『동아일보』1960년 4월 21일자)[5]
4월 23일	수원시사(1986), 444쪽 수원도시변천사 (2004), 122쪽	수원농고, 수원북중, 수성고, 수성중, 삼일고, 매향여상, 매향여중, 수원고, 수원여고, 서울 농대	중고등학생－수원시내 서울대－800여 명 서울 중앙청까지 강행군	
4월 26일	동아일보(4/27) 경인일보(4/28)	서울에서 내려온 중·고등학생, 대학생 7~8백여 명	경찰서, 자유당시당부 등 파괴, 시민들 가두에 나와 성원	
4월 27일	동아일보(4/28)	서울대 농대	치안담당 및 선무반 활동	치안유지 및 질서 회복을 호소

위의 표에서 보는 바와 같이 수원지역의 4월혁명은 3월 10일 수원 농업고등학교 학생 약 300명이 민주당 장면 부통령 후보의 유세장으로 진출을 시도하면서 발생하였다.(『수원시사』, 1986)[6] 그 후 4월 20일에

---

4) <표 4>와 같이 수원지역의 4월혁명 주체는 중·고등학생과 대학생이 주도하였지만, 오히려 학생들보다는 식당 종업원들과 같은 일반인들이 데모를 많이 했다는 증언이 있다.(수원시, 2001, 222쪽)

5) 『동아일보』 1960년 4월 21일에 따르면 서울농대생들의 4월 20일 대모에서 외친 구호는 "학원에 자유를 달라"라고 나와 있지만, 서울농대 58학번 김동주 씨에 의하면, 당시 대학은 치외법권지역으로서 대학생들의 자유가 박탈당하지 않았으며, 정치적 동원도 없었기 때문에 그러한 구호는 있을 수 없다고 주장한다. 당시 서울대 농과대 학생들의 구호는 "이승만정권은 물러가라", "타도 자유당", "부정부패를 근절하자"임.(2010년 3월 26일)

서울대 농대학생들 약 1,000여 명이 4월혁명에 참여하였고, 4월 23일 수원의 거의 모든 중·고등학교와 대학교 학생들이 시위에 참여한 후, 수원지역 중·고등학생들의 시위는 더 이상 기록되어 있지 않다.

1) 고등학생들의 시위 참여

(1) 학생운동의 동기

수원지역에서 4월혁명의 시작은 3월 10일 수원농림고등학교 학생들의 시위로 시작되었다. 수원농고의 시위의 직접적인 원인은 3월 9일 갑작스럽게 다음날 중간시험을 보겠다는 통보 때문이었다. 즉, 학생들은 이러한 갑작스러운 시험통보가 3월 10일 수원공설운동장에서 있을 예정인 장면 부통령 후보를 위시한 민주당의 유세장에 학생들이 참여하지 못하게 하기 위한 자유당 정권의 술책임을 간파했다.(홍영유, 2010, 139쪽)

이러한 학교의 자율성 침해 및 정치적 동원은 자유당 정권 내내 지속되어왔던 관행과도 같았다. 수원농고 21회 송강진(4월혁명 당시 3학년)의 진술에 의하면, "이승만 대통령이 기차를 타고 수원을 지나가면 각 학교에서는 학생들을 동원하여 작은 깃발을 들고 수원역으로 나가서 깃발을 흔들며 환영해야 했다"고 회상한다. 또한 "3월 26일 이승만 대통령의 생일에는 경축행사로써 학교에서 공부를 하지 않고 비가 오나 눈이 오나 축구경기를 했다. 북한의 김일성 우상화와 다를 바가 없었다"고 진술한다.(송강진 인터뷰 내용, 2010년 3월 29일)[7]

---

6) 수원지역에서의 4월혁명이 언제 시작되었는지는 확실하지 않다. 『수원시사』(1986)에 의하면, "1960년 3월 1일에는 서울, 대전, 수원에서"라고 언급되어 있지만, 각종 신문자료와 수원농업고등학교의 송강진(21회)에 의하면 수원지역에서 수원농업고등학교가 가장 먼저 시위를 시작했으며,(3월 10일) 같은 날 수원고등학교 학생 10여 명이 참여했다고 진술함.(2010년 3월 29일)

이러한 고등학교의 학원자율성 침해가 수원지역 고등학생들의 4월 혁명 참여의 직접적인 동기로 작용했다. 그러나 이러한 직접적인 동기 이외에 평소 고등학생들이 가지고 있던 이승만정권에 대한 인식은 상당히 부정적이었다. 송강진에 의하면, 이승만정권의 각종 부정부패와 관련한 정보를 동아일보를 통해 알고 있었으며, 부정투표에 대한 정보 또한 인식하고 있었다고 진술한다. 특히 대미 원조에 의존하는 한국 경제상황에서 원조를 자유당이 전유하고 국민들에게 제대로 배분하지 않았다고 인식하였다.

이러한 정치·사회적 인식이 3월 10일 학원 자율성 침해로 인하여 폭발한 것이라 판단된다.

(2) 전개과정

3월 10일 전교생 1,500여 명 중 절반 정도가 시험을 거부하고 학교를 나와 민주당 부통령 후보 장면 박사의 유세장인 공설운동장으로 향하였으며, 도중에 경찰과 반공청년단의 저지로 피해학생들이 발생하였다. 그러나 경찰과 반공청년단의 저지를 뚫고 넓은 시가지에 도착하여 '자유당의 독재와 횡포로 국민들이 피해를 본다', '3·15부정선거 획책을 규탄한다', '학원의 자유를 달라'는 등의 내용을 담은 삐라를 뿌리며 구호를 외쳤으며, 이에 대하여 시민들은 먼발치에서 박수로 환대해줄 뿐이었다.(『동아일보』 1960년 3월 10일 ; 송강진 인터뷰 내용, 2010년 3월 19일) 즉, 학생들에 비하여 수원 시민들의 4월혁명에 대한 참여는 소극적이었다.

이날 수원고등학교에서도 자체 대모를 계획하고 있었다. 그러나 사전에 경찰의 철저한 진압으로 뜻을 이루지 못하고 학생 20여 명만이

---

7) 당시 수원농림고등학교 3학년에 재학 중이며, 수원농림고등학교의 시위를 주도했던 송강진 인터뷰 내용.(2010년 3월 29일)

유세장에 도착하였다.(홍영유, 2010, 139~143쪽)

이날 이후 수원농림고등학교의 시위는 더 이상 발생하지 않았다. 3월 10일 시위를 주동했던 주동자(송강진)가 경찰에 연행되어 갖은 고문과 폭행에 시달렸으며, 오히려 서울농대의 시위를 사전에 차단하라는 요구를 받았다. 또한 경찰과 학교의 주 감시대상으로 지목되어 매일 등하교를 선생님과 함께하는 처지에 놓이게 되었기 때문에 더 이상 시위에 참여할 수 없었다.(송강진 인터뷰 내용, 2010년 3월 19일)[8]

더욱이 3월 10일 시위 이후에 수원지역에서는 산발적인 시위가 벌어지고 있었다. 그러나 그 시위는 수원지역 학생 또는 시민들이 주체가 된 시위라기보다는 서울에서 원정 온 시위대가 대부분이었으며, 이들의 시위 방법은 평화적인 방법보다는 경찰서를 파괴하는 등의 폭력적인 시위로 변질되어 있었다.

이러한 폭력적 시위방식과 경찰 및 학교의 감시로 인하여 수원지역 4월혁명의 시작을 알렸던 수원농림고등학교의 시위는 더 이상 발생하지 않았다.(송강진 인터뷰 내용, 2010년 3월 19일)

2) 서울농과대학생들의 시위 참여

고등학생들에 비하여 대학생들의 시위참여는 한 달 이상 늦어지고 있었다. 3월 10일 이후 산발적인 몇 번의 시위가 있었지만 서울농과대학생들에게는 이러한 수원지역의 시위를 인식하지도 못했으며, 대학생들의 참여를 유도할 정도의 영향력이 없었다. 수원지역에서 서울농대생들이 4월혁명에 참여한 시기는 4월 19일 다음날인 4월 20일이이었다.

---

8) 송강진에 의하면, 3월 10일 시위 이후 서울지역에서 많은 대학생들이 수원으로 내려와 함께 대모에 참여할 것을 권유했지만 그들의 시위방법은 파출소 파괴 등 폭력적이었기 때문에 순수하지 못하다고 판단하여 거절하였다고 진술하였다.

(1) 학생운동의 동기

고등학생들과 마찬가지로 서울농대생들의 4월혁명 동기는 이승만 정권의 반민중적이고 폭압적인 속성, 부정선거, 미국 원조에 의존하면서도 일부 정치인들의 배만 불리는 부패 등 1950년대 내내 계속되었던 파행적 정치행태(이수인, 1990, 233쪽)에 김주열 학생의 사건이 결합하면서 폭발한 운동이었다.

수원 서울농대학생들의 4월혁명은 4월 20일이 되어서야 시작되었다. 4월 11일 김주열학생 사건으로 학생들이 술렁이기 시작했다. 그때 4월 18일 고대 시위가 발생하여 농대생들의 분노를 자극하게 되었다. 그러나 4월 19일은 정상적으로 수업이 진행되고 있었다. 이때 라디오를 들은 기숙생들로부터 서울에서 벌어진 4·19학생시위에 관한 이야기가 온 학교에 퍼지기 시작했다.(홍영유, 2010, 355~356쪽) "다음 날인 4월 20일은 학교 내의 어수선한 분위기로 인해 휴강이었다. 따라서 서울에 사는 학생들은 모두 서울로 올라가고 지방에서 온 학생들만 기숙사에 남아있었으며 기숙사 앞에는 서로 눈치만 보며 수백 명의 학생들이 폭발 직전의 고요를 보이고 있었다. 그때까지 시위를 위한 사전조직이나 준비도 없었으며, 학생회장을 비롯한 학생회 간부들도 보이지 않았다. 학생들이 자발적으로 봉기한 것이다."(조동주 인터뷰 내용, 2010년 3월 26일)[9]

(2) 전개과정

군대 다녀온 선배들이 앞장서서 대열종대를 외치며 총을 든 경찰들의 저지망을 뚫고 수원시내를 향해 나아가기 시작했다. 수원시내로

---

[9] 당시 서울농과대학 3학년에 재학 중이며, 서울농대의 시위를 주도했던 조동주 인터뷰 내용.(2010년 3월 26일)

향하면서 '이승만정권은 물러가라', '타도 자유당', '부정부패를 근절하자' 등의 구호를 외쳤다.

이 시위 과정에서 시민들은 '학생만세', '대한민국만세'를 부르면서 환영해주었으나 적극적으로 참여하지는 못했다. 또한 민주당 사무실 앞에 나와 있던 민주당원들이 '민주당 만세'를 외치자 오히려 민주당원들에게 돌을 던지는 경우가 발생했다. 당시 대학생들 사이에서 자유당뿐만 아니라 기성 정치인 모두에 대한 불만이 극에 달했음을 보여준다.

서울농대의 수원시내 시위는 21일까지 계속되었다. 그 후 22일부터는 교내에서 단식투쟁을 벌이며 전국민들의 적극적인 시위참여 방안을 계획하고 있었다. 그중 하나의 방안이 교통의 축인 경부선 철도를 마비시키자는 의견이었다.(조동주 인터뷰 내용, 2010년 3월 26일)

3) 시위의 절정

장면이 부통령사임을 발표한 4월 23일에는 수원지역에서 격렬한 시위가 발생하였다. 이날의 시위는 이전에 있었던 고등학생들과 대학생의 산발적인 시위와는 양상이 달랐다. 수원농고, 수원북중, 수성고, 수성중, 삼일고, 매향여상, 매향여중, 수원고, 수원여고 등 거의 모든 수원시내의 중·고등학생들이 경찰과 교사들의 저지를 뚫고 교문을 박차고 나섰으며, 서울농대생 800여 명은 23일 새벽 서울중앙청까지 강행군에 돌입했다.(수원시, 1986, 444쪽 ; 2004, 122쪽) 이러한 서울농대생들의 시위는 지방에서 서울로 올로가는 장정 시위의 첫 케이스였다.

이러한 수원지역의 시위는 이승만이 사퇴하면서 진정되었으며, 특히 서울농대생들의 시위는 4월 25일 '학생의 피에 보답하라'라는 교수단 시위가 발생하면서 1차 시위가 끝이 났다.

4) 이승만 사퇴 후의 활동

(1) 선무반활동

교수단의 봉기 후 26일 국회가 이승만 사퇴결의안을 채택하고, 이 승만이 사퇴성명을 발표하면서 무정부 상태가 며칠간 계속되었다. 이 때 학생들은 치안의 부재로 인한 시내의 혼란을 막기 위해 학생 스스 로 선무반을 조직하여 시내의 평화를 유지하고자 노력하였다.

4월 26일에는 서울에서 내려온 중·고등학생과 대학생 7~8백여 명 이 경찰서와 자유당시당부 등을 파괴하는 과격한 시위가 발생하였 다.(『동아일보』 1960년 4월 27일자 ;『경인일보』 1960년 4월 28일자) 조동주의 증언에 의하면, 이때 수원지역에서는 "좌파라고 할 근거도 없는, 수원사람도 아닌 사람들이 이상한 붉은 깃발을 흔들면서 해방 의 노래, 자유의 노래를 부르는 이상한 집단과 기운이 생겼으며, 경찰 력의 부재로 인해 경찰서를 불 지르는 사건이 발생하고, 서해안에 간 첩이 침투한다는 이야기가 나돌기 시작하였다. 이러한 상황에서 서울 대 수의과대학에서 수원지역 선무대를 만들라는 연락이 왔으며, 마을 유지들이 스스로 찾아와 마을 치안을 유지해달라고 부탁하였다.(조동 주 인터뷰 내용, 2010년 3월 26일)" 따라서 서울농대는 4월 27일 치안 담당 및 선무반 활동을 시작하였다.(『동아일보』 1960년 4월 28일자) 각 경찰관 지서와 파출소의 치안을 담당하는 이러한 선무반활동은 2~3일간 계속되었으며, 경찰관의 협조를 얻어 짚차로 시가행진하면서 시민들에게 치안유지와 질서 회복을 호소하였다.

(2) 학내 사회정화운동

그 후 허정 과도정권이 들어서면서 학생운동내부에서 정체성 논쟁 이 발생하였다. 즉, "새로운 역사가 열리게 되니 실력 있는 역사의 주

역이 되기 위해 열심히 공부하자. 이제는 조용히 공부할 이유가 분명
해졌다는 분위기와 기존의 기성 사회의 모든 분야가 부패하고 무능하
며 왜곡되었으니 참신한 학생세력으로 사회정화와 개혁에 당장 앞장
서야 한다는 분위기"로 구분되기 시작했다.(개혁농사회, 2006, 78쪽)

서울대 문리대를 중심으로 한 '신생활 계몽대'와 고려대의 '학생운
동 협의회'가 학생이 사회정화와 개혁을 담당해야 한다는 대표적인
단체였다.(개혁농사회, 2006, 99쪽) 이승만정권이 붕괴된 후 이들을 중
심으로 당시 대학가에서는 학내외의 정화운동이 시작되었다.

학원 내에서는 어용 또는 무능교수들을 사퇴시키는 학원정화운동
을 진행했으며, 그 후 자유당의 잔재를 청소한다는 목적으로 사회정
화운동이 시작되었다. 그러나 이 사회정화운동은 일반시민들과 참여
했던 학생들과 학생리더들조차도 동의할 수 없는 방법으로 폭력적으
로 변화되었다. 특히 "문리대의 계몽대는 힘없는 과도내각의 장·차
관을 강아지 부르듯 불러 앉히고 술 마시는 손님에게 주먹질 하고, 양
담배 피운다고 폭행하고, 호화간판을 부셔버렸다."(조동주 인터뷰 내
용, 2010년 3월 26일)

당시 서울농대의 경우는 '학내복귀론'에 중심을 두었지만 학원정화
운동의 물결을 거부할 수는 없었다. 결국 전체 총학생회를 개최하여 무
능교수문제를 논의하게 되었으며, 결국 "자식이 어버이를 쫓을 수 없
다"는 결론을 내림으로서 일단락되었다.(송강진 인터뷰 내용, 2010년
3월 19일)[10]

---

10) 이러한 학원정화운동은 대학교에만 적용되지 않았다. 수원시내 고등학생들도
   이 시기 학원정화운동을 통해 교내 비리 교사들을 사퇴시키려는 움직임이 나타
   났다.

(3) 학생과 시민 계몽을 위한 백리강행군

서울에서 한창 벌어지고 있는 사회정화운동이 폭력으로 변하여 물의를 일으키자 사회정화운동에 앞장섰던 학생리더들도 학생운동의 위기의식을 느끼기 시작했다. 서울대 수의학과 학생회장은 이러한 위기의식으로 서울농대에 지원을 요청하였다. 즉, 시민들의 인식과 학생운동의 방법과 방향을 동시에 전환시키고 정립시킬 수 있는 극약처방을 요청했다.

이에 서울농대는 "시민과 학생이 공감하는 뚜렷한 철학적 기준을 세우고, 파괴와 폭력이 없는 조용한 표현을 사용하며, 우리의 시위가 시민들의 일상에 불편을 주지 않아야 한다"는 등의 행동강령을 세우고 서울농대 교수 7명과 1,000여 명의 학생들이 수원에서 서울까지 불볕더위를 참아가며 걸어가는 '백리강행군'을 시작했다.(조동주 인터뷰 내용, 2010년 3월 26일)

'커피 한 잔 피 한잔', '양키 커피 먹지말자', '고급차 타지말자', '가진자를 모함 말고 없는 자를 사랑하자' 등의 피켓을 들고 평화적이고 조직적으로 행진하였다.

(4) 농사단의 출범

백리강행군 이후 장면정부가 들어서면서 서울농대 운동의 핵심주체들이 모여 학생운동의 방향을 고민하였다. 그들은 "농촌이 춘궁기와 보릿고개의 고통으로부터 벗어나는 일"과 "졸업 후 실직상태에 있는 수많은 젊은이들을 위한 일자리 창출"이 당시 한국사회의 가장 시급한 과제라고 인식하고, '흙으로 가는 대열'이라는 이념하에 1961년 5월 17일 농촌 농민운동을 지향하는 농사단을 출범시킨다.

5) 4월혁명의 영향
: 7 · 29총선과 5 · 16쿠데타로 등장한 박정희의 평가

이승만정권의 붕괴 이후 무정부 상태에서 나타난 폭력적 시위와 서울을 중심으로 벌어지고 있던 대학생들의 과격한 사회정화운동은 시민들과 고등학생 운동주체에게도 불안감을 조성하기에 충분하였다.

이러한 과정에서 치러진 1960년 제5대 참의원 선거에서는 민주당 간판만 달아도 무조건 당선이었다.

(1) 7 · 29총선 결과

수원지역 시민들의 이승만과 자유당에 대한 민심은 이승만 사퇴 이후 치러진 7 · 29총선 결과에서 뚜렷하게 나타나고 있다.

1960년 7 · 29총선에서 무소속, 민주당, 자유당 소속의 총 6명의 후보가 입후보하여 경쟁하였지만, 민주당의 홍길선 후보가 총 유효투표수 34,915 중 16,400표(득표율 47.0%)를 얻어 4선의원이 되었다.

<표 5> 수원지역 7 · 29총선 결과

성명	정당	득표수	득표율
차준담	무소속	1,989	5.7
지영린	무소속	4,868	13.9
이해익	무소속	6,685	19.1
홍길선	민주당	16,400	47.0
구철회	자유당	3,185	9.1
박대의	무소속	1,788	5.1

자료 : 수원시사편찬위원회, 1997.

수원지역은 전통적으로 야당도시였다. 특히 민주당의 홍길선 후보와 자유당 설경동, 노동당 최선규 후보가 경합한 1958년 4대 국회의원 선거에서는 금력을 바탕으로 한 선거공략을 세운 설경동 후보와 홍길선 후보의 대결로 관심이 높았지만, 결국 홍길선 17,507표, 설경동 13,197표, 최선규 776표로 홍길선 후보가 당선되었다.(수원시사편찬위원회, 1997, 46~47쪽)

이때 수원지역에서 유행하던 말은 "먹고보자 설경동, 찍고보자 홍길선"(송강진 인터뷰 내용, 2010년 3월 19일)이었다. 즉, 당시 수원지역에서 금권을 동원한 설경동 후보의 전략은 홍길선 후보의 절대적 지지를 넘어서지 못하는 상황이었다.

이러한 상황에서 이승만 사퇴 후 치러진 5대 총선에서는 자유당과 민주당 후보 지지율의 격차가 현격히 벌어졌다.

(2) 민주당정부와 5 · 16쿠데타에 대한 평가

자유당에 대한 실망이 너무 컸기 때문에 상대적으로 민주당에 대한 기대가 컸으며 이는 7 · 29총선에서 민주당 후보에게 압도적인 지지를 보인 것으로 나타났다. 그러나 민주당에 대한 기대는 당내 파벌싸움으로 실망을 주기 충분하였다. 또한 민주당 정부가 들어섰음에도 불구하고 사회적 혼란은 지속되었다. 이러한 상황은 자유당에 이어 민주당에 대한 실망, 즉 기성 민간정치인들에 대한 실망으로 이어졌으며, 이는 5 · 16쿠데타에 대하여 긍정적인 평가를 하도록 만드는 핵심 요인이 되었다.

4월혁명 당시 수원지역 고등학생 운동과 대학생 운동을 주도했던 송강진과 조동주의 진술은 당시 민간정치와 민간정치인에 대한 불신이 어느 정도였는지를 파악할 수 있다.

군인들을 통해 썩은 정치를 없앨 수 있다고 판단하였다. 특히 계엄군이 학생운동주체라고 나를 잡으려고 하여 도망 다니기도 했지만 박정희의 시원시원한 정치스타일이 마음에 들었다. 또한 개발독재라고 하더라도 경제발전과 보릿고개를 없앴다. 이 공로를 인정해야 한다. 그래서 유신반대운동이 한창일 때도 나는 수원에서 오히려 유신지지대모를 했다.(송강진 인터뷰 내용, 2010년 3월 19일)

박정희가 쿠데타를 일으켰을 때 본인과 학생들은 박정희를 호응했다. 비록 5월 18일에 농사단 발기 모의자로 계엄군에 체포되기도 했지만, 자유당쪽으로 가지 않으면 된다. 독재만 아니면 된다. 빨갱이만 아니면 된다는 식으로 호응했다.(조동주 인터뷰 내용, 2010년 3월 26일)

위의 두 진술에 의하면, 두 운동주체들은 쿠데타 이후 계엄군에 의해 탄압을 받았던 경험이 있었다. 그럼에도 불구하고 쿠데타와 군인정치를 인정하는 모습은 당시 민간정치에 대한 실망이 어느 정도였는지를 보여주고 있다.

또한 당시 운동주체들이 반공이데올로기 틀에서 벗어나지 못하고 있음을 확인할 수 있다. 이는 4월혁명이 한계를 가질 수밖에 없는 요인으로 판단된다.

5. 수원지역 4월혁명의 특징

수원지역에서는 4월혁명의 객관적 조건인 당시 거의 모든 도시에서 나타나는 높은 실업률과 학생수의 증가, 농촌지역에 비하여 상대적으로 높은 대중매체의 보급률 등의 특징을 보이고 있다. 또한 고등학생들의 주도적 시위와 그 후 대학생의 참여라는 방식도 동일한 것으로 나타났으며, 운동구호나 플래카드의 내용 역시 '이승만정권에 대한 저항'과 '학원의 자유'라는 점에서도 동일하다.

그러나 고등학생의 시위는 지속적이라기보다는 일시적이었고, 수원지역의 유일한 대학인 서울농대의 시위는 4월 19일 이후인 20일에 발생했으며, 서울지역 대학생들과 달리 무능·어용 교수의 퇴진운동인 학원정화운동에 적극적이지 못하였다. 또한 학원정화운동 이후 확장된 사회정화운동에는 참여하지 않았고, 오히려 대학생들의 과격한 사회정화운동을 순화시키는 백리강행군을 진행하였다.

운동주체들의 정치적 태도에 있어서도 고등학생과 대학생 운동 주체들 모두 5·16쿠데타에 대하여 긍정적인 태도를 보였다.

즉, 수원지역의 4월혁명 주체들은 봉건적 유교사상과 반공이라는 정치·사회적 가치의 한계를 벗어날 수 없었으며, 이러한 한계 속에서 진행된 4월혁명은 과격한 폭력적 방식보다는 평화적 방식을 선호했고, 무능·어용 교수의 퇴진보다는 용서를 선택했으며, 과격한 대학생들의 사회정화운동을 순화시키는 시위를 주도했다. 또한 기성 민간 정치인에 대한 불신과 경제적 곤궁이라는 현실이 반공이데올로기와 맞물려 5·16쿠데타를 인정하는 모습을 보이고 있다.

6. 맺음말

지금까지 수원지역에서 진행된 4월혁명의 진행과정과 4월혁명 핵심주체들의 정치적 태도를 고등학생들의 운동과 대학생들의 운동으로 나누어 살펴보았다. 그 결과 첫째, 운동 참여의 원인으로는 당시 이승만정부의 실정 및 부정부패에 대한 불만이 누적된 상황에서 3·15정부통령 선거과정에서 나타난 각종 부정선거 및 이에 대항하는 학생들에 대한 과잉진압과정이 원인이 되었다. 특히 고등학생의 경우는 정치적 목적에 의한 학생동원 또는 학교교육의 자율성 침해가 직접적인 원인으로 나타났다.

둘째, 따라서 수원지역 학생운동의 궁극적인 목적은 이승만정권의 붕괴로 달성된 것처럼 보인다. 이는 운동의 전개과정에서 나타나듯이 고등학생과 대학생 모두 다른 조직과의 연대는 존재하지 않았으며, 사전에 모의하거나 철저히 준비된 운동은 아니었고 또한 고등학생들의 시위의 경우 이승만 사퇴 이후 급격히 사라졌고 그 후 진행된 수원지역의 파괴적 시위는 수원농고의 핵심운동주체에게도 부적절하게 보였기 때문이다. 대학생들의 시위도 이승만 사퇴 이후 학원정화운동 및 사회계몽운동으로 이어졌고, 특히 서울농대는 이러한 과격한 폭력 시위에 대하여 거부감을 나타내었고 오히려 평화적인 방법으로 시민과 학생을 계몽하려는 백리강행군을 추진한다.

셋째, 자유당정권의 부정부패, 무능과 민주당정권의 무능은 학생운동 핵심주체들에게 민간정부에 대한 회의를 불러왔고 이러한 실망이 오히려 5·16쿠데타를 긍정하도록 만들었다고 판단된다.

좀 더 구체적으로 4월혁명 주체들의 정치·사회적 가치와 운동 과정 및 결과를 요약하면, 4월혁명을 주도했던 학생들은 초등학교 또는 중학교시기에 한국전쟁을 겪은 세대이며 따라서 1950년대 내내 지닐 수밖에 없었던 반공의식을 완전히 떨쳐버릴 수 없었을 것이다. 또한 해방 이후부터 자유당 정권이 들어선 시점에도 불거져 나오는 미군의 행패로 인한 반미감정과 민족주의적 자각이 신생활운동, 국민계몽운동 등에 깔려있다.

이러한 운동주체들의 정치적 태도와 한계로 인해 오히려 5·16쿠데타로 등장한 박정희에 대해서 긍정적인 평가를 내리고 있다고 판단된다. 즉, 자유당 폭정에 대한 불만, 민간정치인들에 대한 불신, 경제성장 그리고 반공이데올로기는 박정희의 쿠데타를 인정하는 주요 기준으로 작용했던 것이다.

▣ 참고문헌

개척농사회, 2006 『농사45년사』.
경기도, 1962 『경기통계연보』.
______, 4294 『경기통계연보』.
경기도사편찬위원회, 1982 『경기도사』 제2권.
______, 1997 『경기도 역사와 문화』.
김동춘, 1988 「민족민주운동으로서의 4·19시기 학생운동」 『역사비평』.
______, 1991 「4·19혁명의 역사적 성격과 그 한계」 『1950년대 한국사회와 4·19 혁명』, 태암.
김일영, 1991 「4·19혁명의 정치사적 의미」 『1950년대 한국사회와 4·19혁명』, 태암.
민주화운동기념사업회 연구소, 2008 『한국민주화운동사 1 : 제1공화국부터 제3공화국까지』, 돌베개.
수원시, 1962 『제2회 통계연보』.
______, 1996 『우리고장의 역사와 문화』.
______, 2001 『수원 근·현대사 증언자료집 Ⅰ』.
______, 2004 『수원도시변천사』.
______, 2004 『수원도시변천사』.
______, 4294 『제1회 통계연보』.
수원시사편찬위원회, 1986 『수원시사』.
______, 1996 『수원시사(상) : 역사속의 수원』.
______, 1997 『수원시사(하) : 활기찬 수원』.
안동일·홍기범, 1960 『기적과 환상』, 영신문화사.
이종오, 1991 「4월혁명의 심화발전과 학생운동의 전개」 『1950년대 한국사회와 4·19혁명』, 태암.
전철환, 1983 「4월혁명의 사회경제적 배경」 『4월혁명론』(강만길 외), 한길사.
정용욱, 1998 「이승만정부의 붕괴(3.15~4.26) : 이승만정부의 대응 및 미국의 역할과 관련하여」 『한국현대사의 재인식 4 : 1950년대 후반기의 한국사회와 이승만정부의 붕괴』(한국정신문화연구원 현대사연구소 편).
홍영유, 2010a 『4월혁명통사 제2권 : 그 치솟는 혁명의 불기둥』, 도서출판 천지 창조.

_______, 2010b『4월혁명통사 제8권 : 저마다 피어난 진홍빛 야생화』, 도서출판 천
　　지창조.

『경인일보』, 『동아일보』, 『조선일보』.

〈구술자료〉
김석주(수원농고 21회 당시 3학년, 2010년 3월 29일 인터뷰).
송강진(수원농고 21회 당시 3학년, 2010년 3월 19, 29일 인터뷰).
조동주(서울농대 58학번 당시 3학년, 2010년 3월 26일 인터뷰).

제5장 대전의 4월혁명의 전개과정과 성격*

송규진

1. 머리말

'4월혁명'은 1950년대 한국사회의 구조적 모순이 심화되고 민중운동이 성장한 것을 배경으로 시대적 과제에 민감한 학생층이 중심이 되어 일어났으며 이후 학생층과 혁신세력이 추진한 민족통일운동이 자주, 민주, 통일이라는 한국사회변혁운동이 지향하는 과제를 총체적으로 제기하는 출발점이 되었다.

'4월혁명'은 민중의 힘에 의해 독재정권을 무너뜨린 사례의 하나로 역사적 의의가 큰 까닭에 그동안 많은 연구가 이루어졌으며 그 성격을 둘러싸고 많은 논쟁이 있었다. 당시에도 '4월혁명', '4월의거', '3·4월민중항쟁', '민중봉기', '학생혁명', '민족혁명' 등 다양한 명칭으로 불리었고 지금도 명칭뿐만 아니라 그 성격규정에 다양한 견해가 존재하고 있다. '4월혁명'을 바라보는 시각은 크게 네 가지로 분류할 수 있다. 첫째는 근대화론에 입각해서 반독재민주혁명으로 보는 시각이다. 둘째는 민족주의 내지 제3세계론적 시간에서 '미완의 혁명'으로 규정하는 견해이다. 셋째는 소박한 민족주의 시각이나 제3세계론을 비판

---

* 이 글은 송규진, 「4·19시기 대전지역의 사회운동─『대전일보』·『중도일보』를 중심으로」, 『湖西史學』 第33輯, 2002을 수정·보완한 것임을 밝혀둔다.

하면서 나온 '변혁운동론'적 시각이다. 넷째는 민족해방민주주의혁명의 서전으로 '4월민중항쟁'으로 평가하는 시각이다.(김동춘, 1990 ; 한국역사연구회 현대사연구반, 1991)

'4월혁명'에 대한 초기연구는 대부분 원인규명에 치중하고 있고 최근에 들어 운동의 주도세력, 이념 등에 대한 연구로 그 영역을 넓히고 있다. '4월혁명'은 초기에는 이승만이 사퇴할 때까지를 지칭하는 경우가 많았지만 최근의 연구는 제2공화국 시기에 전개된 학생, 민중, 혁신정치세력들의 사회운동까지 포함하고 있다. 5·16군사쿠데타로 좌절된 '4월혁명'기의 사회운동은 이후 사회변혁운동의 원류를 이룬다는 점에서 많은 연구가 이루어졌다. 최근에는 기존 연구를 정리하여 '4월혁명'의 배경과 전개과정뿐만 아니라 전국적으로 발생한 여러 사회운동을 정리함으로써 '4월혁명'기를 총체적으로 이해할 수 있는 연구서도 출간되어 있는 상황이다.(민주화운동기념사업회 엮음, 2008)

그동안 많은 연구가 이루어졌음에도 '4월혁명'기에 발생한 지역운동에 관한 사례연구는 여전히 부족한 실정이다. 전국적으로 발생했던 운동양상과 지역사회에서 발생했던 운동양상의 차별성은 무엇이며 또 어떤 한계를 지니고 있는지를 분석하는 것은 '4월혁명'의 성격규명에 일조할 수 있을 것이다.

이런 측면에서 대전은 흥미로운 지역이라 할 수 있다. 대전은 일제의 침략과 더불어 '식민도시'로 형성됨으로써 일본인의 입장에서 치안이 확보된 지역이었다.(송규진, 2002, 108쪽) 일제하에 민족해방운동의 차원에서 사회운동이 발생하기도 했지만(조종섭, 1998 ; 김형국, 1997) 다른 지역에 비해 민족해방운동이 활발하게 전개된 지역이라고 평가하기는 어렵다. 특히 미군정의 진주와 더불어 인민위원회가 해체되는 과정에서도 대전에서는 특별히 사건이 발생하지는 않았다.(브루스커밍스, 1986, 185~192쪽)

사회운동이 상대적으로 침체했던 대전에도 '4월혁명'기에 이승만독재에 대한 항거운동이 있었고 이승만정권이 붕괴된 이후 사회운동이 전개된 것은 전국적으로 발생했던 '혁명'의 영향을 받았던 측면을 무시할 수는 없다. 그래도 '4월혁명'기에 대전지역에서 사회운동이 지속적으로 전개되었던 점을 고려하면 단순히 외적 영향만이 아닌 내적 조건이 있었기 때문이라는 것을 추측케 한다.

대전지역의 '4월혁명'에 대한 연구는 종래 당시 학생운동을 주도했던 경험자, 참가자들의 인상기, 평론이나 충남과 대전의 관공서가가 발간한 시지나 도지, 그리고 대전고, 충남대가 발간한 교사에서 개괄적으로 다루어졌다.(박선영, 2001 ; 1992 ; 2005 ; 1982 ; 1977) 이러한 글들은 당시의 실상을 이해하는 데 도움을 준다. 그러나 경험자, 참가자들은 당시 상황을 주관적으로 해석하고 있는 경우가 대부분이며 교사의 경우도 일부의 운동을 지나치게 확대해석하는 경향이 있다. 필자는 대전지역에서 '4월혁명'기에 발생한 사회운동의 사회경제적 배경, 학생운동, 노동운동, 노동운동, 혁신계운동의 동향에 대해 검토한 바 있다.(송규진, 2002) 이 글을 통해 '4월혁명'기에 대전지역에서도 사회운동이 활발하게 전개된 것을 입증한 바 있다. 최근에는 '4월혁명'기 대전지역 혁신세력의 조직과 활동을 분석한 주목할 만한 성과가 나왔다.(윤애리, 2010) 이 연구를 통해 대전에서는 혁신세력의 정당 중 혁신당이 가장 활발하게 활동한 반면 학생·청년단체의 활동이 발견되지 않았다는 점과 대전지역 혁신세력이 정당 및 사회단체를 구성했고 사회민주주의나 남북통일 등의 목표달성에 노력하는 등 많은 가능성이 있음을 구체적으로 밝혔다.

대전지역을 연구하는 데에 있어 가장 어려운 문제는 자료의 문제다.[1] 새로운 자료발굴이 이루어지지 못한 상황에서 연구는 기본적으

---

1) 지역연구에 있어서 기본이 되는 대전지역의 인구통계도 1956년까지는 연도별로 정

로 한계를 지닐 수밖에 없다. 앞으로 대전지역 현대사 연구가 활성화되기를 위해 대전지역의 현대사와 관련한 역사자료를 체계적으로 정리하는 작업들이 수행되었으면 하는 바람이 있다. 대전의 지역신문을 대표하는『대전일보』와『중도일보』의 대전지역 관련 기사는 '4월혁명' 연구뿐만 아니라 대전지역의 현대사를 분석하는 데 보고와 같은 존재라고 평가할 수 있다.[2] 이글은 '4월혁명'기 대전지역에서 벌어졌던 사회운동에 대해『대전일보』와『중도일보』를 중심으로 진행한 필자의 기존연구에 최근의 '4월혁명'기와 관련한 연구성과를 반영하여 대전지역 '4월혁명'의 전개과정과 성격을 밝히고자 한다.

2. '4월혁명' 이전 대전의 사회경제적 상황

대전은 일제가 조선을 침략하는 과정에서 부설한 경부선과 호남선을 계기로 일본인의 이주에 의해 '식민도시'로 형성됨으로써 일본인이 초기에는 압도적인 비율을 차지했으며 1917년에는 충남 제1의 도시가 되었다.(송규진, 2002) 이후 대전이 '식민도시'라는 한계 속에서도 대도시로 발전함에 따라 1917년 6천 8백여 명이었던 인구가 1944년 무렵에는 7만 6천여 명으로 증가했다. 특히 1944년에는 조선인의 수가 일본인의 6배 이상 될 정도로 조선인의 대전 이주가 활발하게 이루어졌

리되어 있지 않다. 1957년 이후의 인구통계에 대해서는 http://www.kosis.kr 참조.

2)『대전일보』는 1950년 10월 3일 창간(사장 임지호)되었고『중도일보』는 1951년 8월 24일 창간(사장 이용렬)되었다. 현재『대전일보』는 창간호부터 비교적 보관이 잘되어 있으나『중도일보』의 경우는 1950년대의 신문 상당수가 유실되었다.『대전일보』와『중도일보』는 각 신문사의 재산일 뿐만 아니라 대전시의 재산이라 할 수 있다. 대전시의 적극적인 예산지원으로 자료의 체계적인 보관과 정리가 절실하게 필요하다 하겠다.

다.(조선총독부, 1917 ; 1944)

대전의 인구는 해방 이후 급격하게 증가했다. 이는 해외동포의 귀환과 어느 정도 상관관계가 있는 듯하다. 그런데 6·25 당시 대전시는 한때 임시정부가 옮겨와 방어지가 되었던 관계로 그 피해가 이루 말할 수 없었다. 시가는 거의 폐허가 되었다. 그런데도 휴전 이후 '피난민의 쇄도'로 대전의 인구는 지속적으로 증가했다.(대전직할시사편찬위원회, 1992, 617~618쪽)

1960년까지 대전의 인구추이를 보여주는 것이 다음의 〈표 1〉이다. 이 표에 의하면 1949년과 비교하여 1960년에 인구수가 81%나 증가했음을 알 수 있다.

〈표 1〉 대전의 인구추이(1949~1960)

연도	남	여	합계	인구지수
1949	69,407	57,297	126,704	100
1955	87,457	85,686	173,143	137
1958	90,472	93,590	184,062	145
1960	115,254	114,139	229,393	181

출전 :『통계로 본 대전50년』, 1999, 188쪽.

〈표 2〉 1958년 대전의 산업별 취업자(단위 : 천 명, 비율 : %)

	농림업	광공업	상업 및 서비스업	합계
취업자	4	3	46	53
비율	7.5	5.7	86.8	100

출전 :『통계로 본 대전50년』, 1999, 197쪽.

대전의 인구가 증가한 것이 대전의 산업 발전 때문이라고 보기는 어렵다. 1958년 현재 대전의 산업별 취업자 수와 비율을 보여주는 것이 〈표 2〉이다. 〈표 1〉과 〈표 2〉에 의하면 1958년 현재 대전 전체 인구 18만 4천여 명 가운데 취업자 수는 5만 3천여 명으로 취업자 비율이 높지 않았다. 따라서 실업률은 꽤 높았을 것이다.

1958년 현재 대전의 산업별 취업자 가운데 가장 많은 비율을 차지하는 것이 상업 및 서비스업이었다.(대전상공회의소, 1992, 334쪽)3) 상업은 일제시대 이래 대전을 대표하는 산업이었다. 대전은 한반도의 중심부에 위치할 뿐만 아니라 교통이 편리하여 물품의 집산지로 상업발전에 유리한 조건을 갖추고 이었다. 휴전 이후 피난만이 급증하면서 상업종사자의 수도 급증했다. 피난민들은 연명을 위해 생활전선에 뛰어들지 않을 수 없었다. 이들은 노점상, 가로상을 가릴 것 없이 변변치 못한 상품을 갖고 상업을 시작했고 이러한 상업이 시내 상업에서 주종의 형태를 이룬 것 같다.(대전직할시사편찬위원회, 1992, 618쪽)

1958년 현재 『전국기업체총람』에 기재된 대전의 회사는 모두 257사였다. 당시 전국의 기업체는 모두 7,807사로 대전의 회사는 당시 한국 전체 회사의 3.3%에 지나지 않았다.(대한상공회의소, 1958) 이를 업종별로 분석한 것이 〈표 3〉이다. 이 표에 의하면 대전지역의 경우 상업무역 관련 회사가 77사로 전체의 30%로 1위를 차지했다. 이 자료에는 자본금에 대한 구체적인 정보가 없기 때문에 자세한 실상을 알 수 없으나 상업무역과 관련한 회사는 규모가 영세한 것으로 추정된다. 2위를 차지했던 것은 섬유공업으로 15.6%를 차지했다. 회사수에 있어서 2위를 차지한 섬유공업이 자본 규모에서는 실제적으로 1위를 차지했을 것을 추정되어 대전지역의 산업계를 이끌었다.

---

3) 1956년의 경우 전체 취업자 23,027명의 44.68%인 10,288명이 상업에 종사하고 있었다.

〈표 3〉 1958년 대전지역의 업종별 회사수와 비율

업종	회사수	비율
상업무역	77	30.0%
섬유공업	40	15.6%
식료품제조업	37	14.4%
화학공업	22	8.6%
요업	21	8.2%
금속기계공업	20	7.8%
운수창고업	14	5.4%
기타제조업	13	5.1%
출판업	12	4.7%
토목건축업	1	0.4%
총합계	257	100.0%

출전 : 대한상공회의소, 1958년판.

해방 이후 대전의 산업계는 풍한방적과 대전방직(현재 금하방직)을 비롯한 섬유공업을 중심으로 발전을 하고 있었다. 6·25전쟁으로 대부분의 산업 시설이 파괴되었고 자본가와 기술자들의 피해로 절망상태에 빠지기도 했지만 휴전 이후 대전시에는 새로운 생산공장이 설치되어 활발하게 가동되기도 했다. 그럼에도 공업의 입지적 조건이 다른 도시에 비해 불리했기 때문에 방적공업 이외의 기간산업이 크게 발발하지 못했다는 평가도 있다.(대전직할시사편찬위원회, 1992, 638쪽)

특히 1960년에 들어오면 당시 대전시내 중소기업은 절반 이상이 폐업과 도산상태에 빠져 있었다. 기업은 자본융자를 바라고 있었으나 이미 누적된 사채 증가와 담보물 부족으로 대부를 받을 여력조차 없었다. 때문에 중소기업체의 육성책이 나올 수 없는 실정이었다. 대전시내의 중소기업체 수는 150개소였으나 당시 조업을 지속하고 있는 것은 불과 40~50개소뿐이었다. 50여 개소가 이미 폐업상태에 있었으며 나머지 50여 개소는 명목적으로만 조업을 했을 뿐, 실질적으로 도산지경에 빠져 있었다. 특히 조업하고 있던 메리야스 기업은 과거 4~50개소였던 것이 당시에는 3~4개소에 지나지 않았다. 당시 정부당국은 기업회생을 위한 자금을 방출했지만 이들 도산지경의 기업체는 사채 누적과 담보물 결핍으로 융자금을 이용할 수 없었기 때문에 결국 폐업할 수밖에 없는 상황으로 몰리고 있었다.(『대전일보』 1960년 2월 16일자)

이러한 상황에서 대전 상공업발달을 선도해야 할 대전상공회의소는 휴면상태로 유명무실한 운영을 했다. 대전상공회의소는 상공업발전을 뒷받침할 업적을 남기지 못하고 현상유지에도 급급할 정도로 그 활동이 미미했다. 1959년 당시 대전상공회의소는 레이온공장과 시멘트포장지공장 등의 유치운동을 전개했으나 실패했다. 또한 각종 생산자금을 알선하여 운영자금난으로 휴면상태에 빠진 업계의 어려움을 다소나마 해소시키는 일도 하지 못했다. 대전상공회의소의 활동자금난은 1959년 책정한 예산 8백만 환(회비)을 5할도 채우지 못한 사실을 통해서도 알 수 있다. 이와 같이 대전상공회의소는 업자들로부터 회비를 받아 그 기구만을 유지했을 뿐 업계발전을 뒷받침하여 복지를 증진시키는 대의기관으로서의 존재가치를 잃고 개점유업상태의 업계와 운명을 같이하고 있었다.(『대전일보』 1960년 1월 11일자)

조업을 하고 있는 기업의 경우도 노동자들에게 임금을 지불하지 못하는 경우가 많았다. 그리하여 충청남도 사회당국은 1959년 체불임금을 전부 청산할 것을 누차 독촉한 바 있으나 대전의 경우 동아연필(198명) 140만 환, 대영메리야스(156명) 145만 환 등 큰 기업체에서도 체불임금이 청산되지 않아 노동자들의 불만을 사고 있는 상태에 있었다.(『대전일보』 1960년 1월 27일자)

〈표 4〉 지방세 징수액(1958~1960)

국세			
연도	총액(백만 환)	평균부담액(환)	
		1세대당	1인당
1958	233	7,221	1,263
1959	282	8,134	1,408
1960	315	7,922	1,375
지방세			
연도	총액(백만 환)	평균부담액(환)	
		1세대당	1인당
1958	26	796	139
1959	32	930	161
1960	40	994	173

출전 :『통계로 본 대전50년』, 1999.

　이런 상황에서 〈표 4〉와 같이 대전시민이 부담해야하는 국세와 지방세가 계속적으로 늘어났는데 특히 지방세의 경우는 1세대당, 1인당 평균부담액도 급격하게 증가했다. 1960년의 경우 대전시민에 부과된 호별세(戶別稅, 도세), 시세(市稅), 소방세, 동세(洞稅), 교육세 등의 지방세액은 4백만 환에 달했는데 1인당 평균부담액도 1958년과 비교하면 25% 가까이 늘어났다. 이는 대전시민의 부담이 그만큼 증가한 것을 의미하는 것이다.(『대전일보』 1960년 1월 16일자)

　1인당 평균부담액의 증가는 미납세액이 급증하는 상황에서 대전시민들의 불만을 사는 계기가 되었다. 당시 대전시의 누적 미납세액은 5천 만환에 달하고 있었다. 이 가운데 징수가 불가능한 액수만도 절반 이상을 차지하고 있어 결손처분을 단행해야하는 상황이었다.(『대전일보』 1960년 2월 6일자)

　이와 같이 당시 대전시민의 경제생활은 갈수록 열악한 상황이 되었다. 이러한 상황은 '4월혁명'기에도 개선되지 않았다. 이로 인해 사회운동이 활발하게 전개되었던 것이다. 물론 사회운동은 단순히 경제적인 요인으로만 발생한 것은 아니다. 그럼에도 경제적 어려움은 사회운동이 적극적으로 지지를 받게 된 하나의 요인이 되었다.(『중도일보』 1961년 1월 19일자 ; 1961년 1월 18일자)[4]

3. 학생운동의 동향

'4월혁명' 이전에 전국의 중등학교 이상의 학생조직은 준군사조직인 학도호국단의 체제에 통합되어 있었고 정부의 결정에 따라 전국적으로 일사불란하게 통솔되었다. 이승만정권은 학도호국단 조직을 통해 반공주의를 고취하고, 나아가 각종 관제시위에 학생들을 동원했다. 학도호군단은 기본적으로 국가가 주도하는 학생조직이었지만, 그 하부 단위의 실제 활동에서는 일정 부분 학생들의 자율적인 의사를 반영하기도 했다.(민주화운동기념사업회 편, 2008, 215~216쪽) 이 시기에 학생들은 이승만 대통령 환영대회에 동원되었고 정부기관지였던 『서울신문』을 학급비로 구입하는 것이 예사였는데 이에 대해 대전지역의 학생들은 큰 불만을 품었으며 학도호국단 간부들을 중심으로 학생들의 의견을 수렴하려는 움직임이 있었다.(박선영, 2001, 10쪽)

1960년 2월 28일 대구에서 민주당 부통령후보인 장면이 정견발표회

---

4) 이런 상황에서 물가가 폭등하자 시민들의 불만이 표출된 경우가 많았다. 그 한 사례는 다음과 같다. 1961년 1월에 쌀값이 올라갔는데 특히 16일에 1만 7천 5백 환하던 것이 17일에 1만 9천환으로 올랐고 18일에는 1만 9천 5백 환으로 올랐다. 쌀값이 오르자 대전에서는 호남지역에서의 미곡반출을 위해 수송차량 확보를 했으나 상인들은 쌀값 인하를 막기 위해 화물차 사용을 거부하기도 했다. 이러한 상황에서 18일에 부녀자들이 주동이 된 의례적인 시위가 발생했다. "쌀값 올려 못살겠다 쌀값 나려라"라는 플랜카드를 걸고 시위대는 대전시청 앞 도청을 거치 시내 중요도로를 선회하면서 시위를 전개했다.

를 갖기로 되어 있었다. 일요일인 이날 이승만정권은 야당집회에 민중과 학생들이 참가하는 것을 저지하기 위해 공장에서는 노동자들을 전원 출근시켜 작업케 했으며 학생들은 억지등교를 시켜 집회장소의 접근을 원천적으로 막으려했다. 학원을 정치도구화 하는 데에 분노를 느끼고 있었던 학생들은 부정선거규탄시위를 벌였다.(김경대, 1990, 15쪽)

대구의 학생시위는 대전지역의 학생들에게 영향을 끼쳤다. 대전고 학도호국단 간부들이 3월 7일 교장의 관사로 호출되어 3월 8일 민주당 정견발표회에 가지 말라는 강압적인 지시를 받게 되자 그동안 이에 누적된 학생들의 불만이 폭발했다. 그날 밤 시내 모처에서 대전고 학도호국단 대대장 박제구와 운영위원장 박선영 외 간부가 회합하여 결의문과 구호를 작성하고 교내에서의 집회 시간과 장소, 집회에서의 진행과 결의문 채택 및 구호의 제창 담당자를 결정했다.(『중도일보』 1960년 3월 10일자)5) 또 이 모든 계획의 비밀이 유지하도록 각 학급에 전하는 시각과 방안, 시위의 행진코스 그리고 경찰과의 충돌이 있을 경우의 대처방안, 행진의 속도조절과 어떤 일이 있어도 분산되지 않도록 하는 방안 등을 논의했다.

학생들은 민주당의 정견발표회에 모인 시민들의 성원과 효과를 고려했다. 이는 바로 단순한 학생시위로서가 아니라 시민과 연대하여 거족적인 반독재투쟁으로 승화하려 했던 학생들의 의지가 드러나는 것이다.

학생들의 시위계획은 사전에 당국에 의해 파악된 듯하다. 3월 8일 오전 10시 30분, 대전고 김낙중 교감 앞으로 "금일 데모가 있을 테니

---

5) 이때의 결의된 내용은 다음과 같다. ① 대구에서도 경북고등학교가 데모하였는데 충남에서보다 전국에서 손꼽는 우리 대전고등학교도 위신을 세워야 한다. ② 신성한 학원에서는 정치성을 띠지 말자. ③ 3월 8일을 택하게 된 것은 학생의 사기를 돋구는 데 있다. ④ 3월 8일 하오 2시 40분을 기해 데모에 돌입한다.

선처하시오"라는 요지의 무기명투서가 들어왔다. 김 교감이 도학무과에 보고하는 동시에 도학무과에서는 장학관을 파견하여 사전대책을 세우는 한편 횡적으로 경찰에 연락했다. 학교당국에서는 시위를 사전에 막기 위해 주모자 19명을 교장관사에 집합시켜 설득했다. 하지만 홍석곤이 결의문을 낭독하고 시위할 것을 재차 결의했다.(『중도일보』 1960년 3월 10일자)

3월 8일 천여 명의 학생들이 민주당 정견발표회장인 대전공설운동장으로 향해서 시위를 했다. 이때의 구호를 살펴보면 ① 학생을 정치도구화하지 말라 ② 학원에 자유를 달라 ③ 학원에서의 선거운동을 배격한다 ④ 우리의 말을 억제하지 말라 ⑤ 서울신문구독을 강요하지 말라 등이었다.(박선영, 2001, 15쪽) 이는 학원을 정치도구화 하는 제도권 교육당국에 대한 독자적이면서도 강력한 내적 분노의 분출로 볼 수 있다.

이때 무장경관들의 강력한 제지로 경찰과의 충돌이 벌어졌다. 결국 민주당 정견발표회장에 가려던 계획은 실패로 돌아가고 피투성이가 된 학생 수십 명이 경찰차에 연행되었다. 나머지 학생들은 수십 명씩 집단적으로 시내 각처에서 시위를 벌이다가 무장경관에 의해 속속 연행되어 대부분 학교에 수용되었다.(『대전일보』 1960년 3월 9일자)

대전고 학생들이 시위를 할 때 이를 지켜보던 시민들은 박수를 치면서 격려하기도 했지만 시민들의 적극적인 동참으로 이어지지는 못했다. 또한 시위를 주도했던 학도호국단 간부들은 학교당국의 설득으로 10일 석명서를 발표하고 3월 8일의 시위가 자신들의 무모한 소행이었음을 밝혔다.(『중도일보』 1960년 3월 11일자)[6] 대전고 학생들의

---

6) 석명서의 내용은 다음과 같다. "지난 3월 8일 하오에 거행된 학교데모 미수사건에 대해서는 시대의 조류와 환경에 대한 그릇된 판단에서 야기된 무모한 소행으로 여기에 그 원인과 근본에 대하여는 우리가 말할 수도 없거니와 묻지도 말아주기를 바랍니다. 우리가 아끼고 자랑하는 대고의 명예를 損傷했고 학부형 및

시위는 대전지역 다른 학교와 연합하여 거사하려했던 애초의 계획대로 실행에 옮기지는 못했다

이는 항쟁지도부가 시민과 연대하려했음에도 불구하고 시민들을 적극적으로 끌어들이기 위한 구체적인 방법을 마련하지 않았다는 데서 그 원인을 찾을 수 있다. 또 다른 학교와의 연대가 이루어지지는 못한 것은 대전지역 학생운동이 갖고 있는 한계성을 드러낸 것이다.

원래 3월 초, 대전고 박제구를 중심으로 대전공고의 허옥, 이정희, 대전상고의 채재선, 이원옥, 보문고의 안행균, 민석기 등이 모임을 갖고 대전시내 5개교가 함께 시위할 것을 계획했었다. 그러나 대전상고의 경우, 채재선 학도호국단대대장을 비롯하여 학생 간부들이 연행되어 조사를 받았고 3월 8일에는 경찰이 학교를 에워싸고 사찰하는 바람에 좌절되었다.(박선영, 1992)

3월 8일 대전고에서 시위가 발생하자 대전상고 학도호국단 간부들은 "대고학생들이 데모를 했는데 우리가 하지 않으면 체면이 서지 않는다"며 시위할 것을 결의했다. 이런 구호는 당시 학생들의 시위가 학교 간 경쟁심이 발동했음을 의미하는 것이다. 이 정보를 입수한 경찰에서는 사전에 이를 방지하기 위해 3월 10일 새벽 4시 30분경 동교 학도호국단 운영위원 대표 13명을 연행했다. 이에 대전상고 학생들은 동교학생대표 석방요청 시위에 돌입했다. 시위대열이 체신청 앞에 이르자 경찰의 출동으로 제지되었고 시위대열은 역전통과 중앙시장통으로 갈라졌으나 수십 명의 학생들이 경찰에 연행되었다.(『중도일보』 1960년 3월 11일자)

3월 10일 대전공고 학생들은 어수선한 분위기에서도 이날부터 시작된 학년말 시험을 보고 있었으나 교문에서 교원들 수명이 지키고 있

사회에 본의아닌 그릇된 영향을 끼쳐 심심사과하는 동시에 앞으로 참된 역군으로서 대고의 명예와 국가사회를 위하여 분골쇄신 노력할 것을 이에 釋明합니다"

었으며 보문고에서도 교원들이 교문과 주변을 지키고 있었다. 그런데 이 날 대전상고 학생들이 떼를 지어 보문고 주변에 판자를 두드리는 등 시위호응을 호소한 바 있으나 뜻을 이루지 못했다.(『대전일보』 1960년 3월 11일자)

대전지역의 학생시위는 대구 2·28시위 이후 첫 학생시위 사건이었으며 이후 여타지역으로 번져가는 가교역할을 했다. 대전의 학생시위는 충남지역은 말할 것도 없고 충북과 강원에 까지 직접적인 영향을 끼쳤다. 청주지역에서 자유당 정권의 교체를 강력히 주장하던 사람들은 대전의 학생시위를 '충청도의 명예'라고까지 치켜세웠다. 이런 분위기에 편승하여 민주당의 장면은 춘천, 대전, 청주, 충주 간의 장거리 자동차 유세를 통해 정권교체의 당위성을 역설했다.(『동아일보』 1960년 3월 10일자) 이러한 분위기를 차단하기 충남 도경에서는 학생시위가 민주당의 지령으로 야기되었다고 발표했다. 3·15정부통령 선거를 앞두고 민주당에서 학생에게 일제히 봉기하여 시위를 일으킬 것을 지령했다는 것이다.(『중도일보』 1960년 3월 11일자 ;『조선일보』 1960년 3월 9일자)[7]

충남 문교당국자는 대전고 시위가 정치적인 선동에 의해 이루어졌다고 평가했다. 특히 야당보다도 공산당 지하조직이 배후에 있을 것이라고 주장함으로써 이날의 시위를 공산당 지하 조직에 의한 좌익폭동으로 몰려고 했다.(『대전일보』 1960년 3월 9일자) 또한 경찰 측은 "대전상고 시위의 주모자는 과거 '공산제6지대' 빨치산 총사령관으로 공비를 총지휘하여 살인 방화, 약탈을 일삼다가 월북한 ○○○의 4촌 동생이자 괴뢰간첩으로 이북에서 밀파된 간첩으로 1959년 충남경찰

---

7) 자유당 충남도당 위원장 이종철은 자유당 정·부통령 선거대책위원회에 대전시위가 "중앙에서 파견된 듯한 정체불명의 청년 50여 명이 학생을 가장하여 학교를 찾아다니면서" 선동했다고 보고하면서 이들이 민주당과 관련이 있을 것으로 추정했다.

에 체포되어 무기형을 받고 당시 복역 중인 ○○○의 實弟"라고 발표하기도 했다.(『중도일보』1960년 3월 11일자)

그러나 연행된 학생들이 모두 귀가조치의 처분을 받았던 것으로 보아 학생시위가 정치적인 선동이나 좌익 측의 지시에 의한 것이라는 경찰 측의 발표는 사실무근임이 명확하다. 학생들은 시위의 동기가 "학원의 자유를 달라는 독자적인 운동에 불과한 것이며 어떠한 배후관계도 없다"고 밝혔다.(『동아일보』1960년 3월 9일자)

'4월혁명' 발생 직전 대전지역 학생들의 시위는 이승만독재정권에 대한 자발적인 시위가 가능하다는 것, 국민은 국민의 행복을 보장해주지 않는 정부에 대해서는 저항할 권리가 있다는 것, 자유는 투쟁의 산물이라는 것을 대전시민들에게 심어주는 역할을 했다. 또한 이후 사회운동을 촉발하는 시발점이 되었다.

그런데 전국적으로 시위가 격화되었던 4월 19일에 대전에서는 시위가 발생하지 않았다.[8] 충남 도당국은 4월 19일 아침 시내 중고등학교 교장과 사친회장을 도청에 불러놓고 시위방지에 노력하라고 지시했다.(『대전일보』1960년 4월 20일자) 정부는 19일 오후 4시를 기해 국무원공고 제82호에 추가하여 부산, 대구, 대전, 광주 등 지역에 경비계엄령을 선포했다.(『대전일보』1960년 4월 20일자)[9]

계엄이 선포되자 학생들이 반발의 조짐이 보이기 시작했다. 학생대표로 알려진 5명은 시위를 모의하다 경찰에 연행되어 조사를 받은 뒤 풀려났지만 계속 엄중한 감시를 받고 있었다.(『대전일보』1960년 4월 22일자) 대전지구 계엄사무소장은 4월 25일 오전 10시부터 충남도청

---

8) 민주화운동 기념사업회, 앞의 책, 134쪽에는 대전에서 경찰이 발포를 하지 않아 희생자가 생기지 않았다고 서술하고 있다. 그런데『중도일보』와『대전일보』에 시위 사실이 보도되지 않은 것으로 보아 시위 자체가 없었음을 알 수 있다.

9) 부산지역 계엄사령관은 군수기지사령관 박정희 소장, 대구, 대전, 광주 3개지구 계엄사령관에는 2군사령관 장도영 중장을 임명했다.

공무원훈련소에서 대전시내 중고등학교 이상 각 학교 호국단 운영위원 및 간부좌담회를 개최했다. 여기에서 학생들은 행정부의 부패를 규탄하고 교육을 통해 배운 것과 현실사회의 차이로 인하여 '4월혁명'이 발생했다고 주장하면서 학원간섭을 하지 말 것을 주장했다.(『중도일보』 1960년 4월 26일자)

대전지역에서는 4월 26일 이승만의 사퇴성명 이후 시위가 발생했다. 충남대 학생을 비롯하여 대전대학, 그리고 남녀 중고등학교 학생 약 천여 명이 시위를 감행했다. 이들 학생시위대는 "① 자유당정치와 같은 정당정치를 다시는 하지 말자 ② 민주주의 기반 닦아 자유독립 이룩하자 ③ 쓰러진 국민주권 정의로서 인도하자 ④ 한희석을 처단하고 최인규 체포하라 ⑤ 발포자와 발포명령자를 처단하라"는 등의 구호를 외쳤다.(『중도일보』 1961년 4월 28일자)

학교당국을 비롯한 관계당국의 설득과 이날 오전 이승만의 사퇴성명에도 불구하고 학생들은 그동안의 울분을 터뜨렸으며 각 대학의 교수들은 시위대열을 수행하면서 평화적인 시위를 촉구했다. 학생들은 도청과 시청 앞에서 농성하면서 도지사, 경찰국장, 시장 등에게 사퇴할 것을 종용했다. 또한 자유당 시도당사 등의 일부를 파괴했고 대전 시내의 교통을 한 때 완전히 마비에 빠뜨렸다. 당시 민의원 의장 이기붕이 유성에 피신했다는 정보를 입수하고 약 300여 명의 선발대가 만년장과 유성호텔을 수색했으나 그가 없다는 것을 확인하고 다시 시내로 돌아와 시위를 계속했다.(『중도일보』 1960년 4월 28일자)

대전경찰서에 투석하고 솜방망이를 던져 방화를 기도했을 뿐만 아니라 서대전경찰서를 비롯한 시내 여러 파출소를 습격 파괴하고 자유당 대전시 을구 당위원장인 최석환 집에 방화하기에 이르렀다. 시위대들은 또한 대한반공청년단 본부청사도 대파시켰고 자유당 당사 내의 기물을 마구 파괴했으며 소방차 1대를 소각했다. 이 과정에서 헌

병 10여 명이 부상을 당하기도 했다.(충남대학교삼십년사편찬위원회, 1982, 95~96쪽)

대전지역 학생들과 대전시민들의 시위설이 유포되는 등 상황이 점차 과격해지자 대전시 학생 대표들은 27일 오전 선무공작반 5개를 편성하여 시내를 순회하면서 "우리들의 목표가 완전히 성취되었다. 방화와 파괴는 4·19학도의 고귀한 피를 모욕하는 것이다. 건설의 선봉이 되자"고 호소했다. 특히 이들은 "공산당 재침의 기회를 주지말자"며 자중을 호소하기도 했다.(충남대학교삼십년사편찬위원회, 1982, 96쪽)[10] 이를 통해 대전지역 학생들은 이승만독재정권에는 항거했지만 이승만정권의 반공정책에 대해서는 동일한 입장을 취하고 있었음을 알 수 있다.

'4월혁명' 직후 학생들은 독재정권에 노골적으로 협조했던 '어용교원'을 배척하는 투쟁을 전개했다.(민주화운동기념사업회, 2008, 218~222쪽) 전국적으로 살펴볼 때 어용교원퇴진투쟁은 1960년 5월에 발생한 것이 특징인데 대전에서도 5월에 어용교원퇴진운동이 발생했다.

충남대에서는 5월 3일 어용학자 축출대회가 발생했다. 문리과대학 학도호국단 간부들은 총장, 문리대학장, 문리대학생과장 및 총장의 직권을 배경으로 오만불손한 행동을 한 문리대 서무직원 등의 자진사퇴를 요구했다.(『대전일보』 1960년 5월 4일자) 결국 충남대 총장은 사퇴할 수밖에 없었고 이를 계기로 충남대학교 평의원회가 조직되었다.(충남대학교삼십년사편찬위원회, 1982, 98쪽)[11] 또한 3·15부정선거에

---

10) 선무공작반은 충남대 문리대, 농대, 공대, 그리고 대전대(현 한남대) 및 대전고 학생들로 편성되었다. 이들의 호소문은 다음과 같다. "1. 우리의 목표는 완전히 성취되었다. 1. 학생은 학원으로 돌아가자. 1. 공산재침의 기회를 주지 말자. 1. 오직 국가의 건설이 우리의 의무이다. 질서 회복에 힘쓰는 것만이 남아있다. 애국학도여, 민주주의 건설에 이바지하자. 1. 방화 피괴를 금하라. 국가의 재산을 부수는 자는 4·19학도의 고귀한 피를 모독하는 것이다. 학생은 건설의 선봉이 되자.

관여한 교직원을 배척하기 위한 맹휴가 일어나기도 했다. 5월 16일에는 대전중학교 천 오백여 명이 조회를 가로막고 "교장은 3·15부정선거의 책임을 지고 물러가라"며 맹휴에 들어갔다.(『중도일보』 1960년 5월 17일자)

'4월혁명' 직후 허정 과도정권은 1960년 5월 3일 국무회의에서 학도호국단 해체를 결의한 뒤 각 학교에서 자치학생회를 구성하는 작업이 진행되었다. 자치학생회는 '4월혁명' 이후 어용교수 축출 및 재단비리 청산 등 학원민주화운동과 국민계몽운동, 신생활운동에서 중요한 역할을 했다.(민주화운동기념사업회 편, 2008, 216~217쪽) '4월혁명'기 대전지역의 학생운동도 개량적인 성격을 띠는 계몽운동과 신생활운동이 주류를 이루었다.

충남대 학생들은 여름방학 중 학생계몽대를 조직하여 7·29선거 계몽운동을 전개했다. 학생계몽대 활동은 본래 국무회의의 결의로 전개된 것으로 충남대에서는 3개 단과대학 전부가 참가했다. 그럼에도 대학당국은 "정국이 불안정하고 학원질서가 문란하다"고 평가하면서 학생들에게 "학문연구와 자기수양에 매진하라"고 지시했다. 충남대 학생들은 '문란한' 사회질서를 바로잡고 국민생활을 보다 나은 방향으로 개선하고 건전한 사회를 이룩하는 데 호응한다는 취지로 정신적 계몽을 하고 생활개선에 앞장서기로 결의했다.(충남대학교삼십년사편찬위원회, 1982, 98쪽)[12]

'4월혁명'기에 다른 지역과는 달리 대전지역의 학생들은 통일운동에

---

11) 충남대 평의원회는 종전 자유당 독재정권하에서 교육 및 학교 운영을 총장 1인이 주관함으로써 건전한 민주 학원 운영에 지장을 초래케 한 것을 시정하고 민주학원을 건설키 위한 의도로 조직된 것이다.

12) 신생활운동의 취지문은 다음과 같다. "1. 학생들의 복장을 검소하게 착용하고 조속한 시일 내에 신사복을 대신하여 학생복 혹은 작업복을 착용할 것. 1. 유흥장의 출입을 삼갈 것. 1. 외래품을 배척하고 국산품을 애용할 것. 1. 여학생 복장에 있어서도 소박하고 검소한 색깔을 선택하여 착용할 것".

대하여 적극적으로 참여하지 않았다. 대전지역의 경우 민주민족청년동맹(민민청)과 통일민주청년동맹(통민청) 등 다른 지역에서 출현한 진보적 학생들과의 교류, 연계가 보이지 않았던 것도 학생들에 의한 통일운동이 전개되지 않은 이유로 들 수 있다. '4월혁명'이 학생들만이 주요한 역할을 한 것은 비판을 받고 있지만 학생세력이 수행한 선도적인 역할에 대해서는 대부분의 연구자의 견해가 일치한다. 다만 학생세력을 이승만정권 붕괴 이후 개량화되는 A형과 4·19 이후 민족민주운동을 주도하는 B형으로 구분하여 결국 '4월혁명' 이념이 B형에 의해 계승되고 있다는 평가가 있다.(정기영, 1990 ; 고성국, 1990) 이 견해에 의하면 대전의 학생운동은 A형에 해당되며 사회운동의 주도세력에서 이탈했다고 볼 수 있다.

4. 노동운동의 활성화와 질적 발전

'4월혁명'으로 자유당정권이 붕괴되자 노동자들은 자유당 독재정권시대와는 다른 새로운 노사관계의 수립을 열망하게 되었고 이러한 열망은 자연스레 새로운 노동조합설립과 노동쟁의를 통하여 자신들의 권익을 지키려는 운동으로 이어졌다. '4월혁명' 직후 기존 노동조합 개편과 함께 신규 노동조합 결성도 활발하게 진행되었다. 중소기업일수록 노동자의 수가 적고 노동운동을 이끌 만한 역량도 약하기 때문에 노조결성이 어려웠다. 하지만 '4월혁명'으로 민주화가 진전되고, 노동운동이 활성화되자 중소기업 부문에서는 노동조합 결성이 확산되었다.(민주화운동기념사업회 편, 2008, 244쪽)

1960년 6월 6일 대전피복공 노동조합결성대회가 열렸다. 시내 45개 공장의 남녀노동자 약 8백 명이 모인 이 대회에서는 규약심의 예산통과를 한 뒤 의장단을 선거했다. 이는 대전지역의 피복공장 노동자가 총망라된 것으로 이후 큰 영향력을 행사할 수 있었다.

1960년 6월 19일 대전출판업계 노동자들은 대전철도노조회관에서 출판노조결성식을 거행했다. 여기에는 대전시내 각 인쇄소 노동자가 참석했다.(『대전일보』 1960년 6월 19일자) 또 1960년 7월 2일 대전토건기술노동조합 결성이 예정된 상황에서 준비위원회를 구성했다.(『중도일보』 1960년 6월 27일자)

대전시 인동 소재 동창실업에서는 1960년 7월 25일 노조결성을 앞두고 이를 비난하는 사원과 노동자가 시비를 벌여 집단폭행사고로 비화되면서 노동자 2명이 경찰에 연행되는 사건이 발생했다. 결국 이를 계기로 동창실업의 노조결성은 좌절되었다. 이 사건은 노조설립을 방해하는 세력과 노동자간에 갈등의 골이 깊었으며 사소한 사건을 빌미로 노조설립을 막는 데에 기업주와 경찰이 뜻을 함께 했던 당시의 기류를 반영한다.(『중도일보』 1960년 7월 27일자)

'4월혁명' 이후 노동조합의 결성과정에서 두르러진 특징은 사무직노조의 활성화이다. 이는 특히 금융 부문에서 두드러진다. 은행노조 설립은 노동자들의 권익을 보호함과 아울러 관치금융을 타파하고 금융민주화를 이루려는 노력의 일환이다.(민주화운동기념사업회 편, 2008, 244~245쪽) 노조 결성을 준비하던 농업은행충남도분실관하 발기준비위원 9명이 타도 전출발령을 받자 관련자들은 행정가차압 신청을 제기하는 소송을 일으켰다. 사태가 확대되자 은행노조중앙위는 부위원장을 대전에 파견하기로 결정하는 등 지대한 관심을 표명했다.(『중도일보』 1961년 2월 18일자) 사용자 측의 방해공작에도 불구하고 농업은행 충남지구노동조합은 결국 1916년 2월 19일 결성대회를 개최했다.(『중도일보』 1961년 2월 19일자)

이와 같이 대전지역에서는 '4월혁명' 이후 노동자들의 노조설립에 대한 열망이 강하게 일고 있었지만 당국과 결탁한 사업주들은 교묘하게 노조설립 자체를 방해했다. 당시 대전을 포함한 충남 전지역에서 근로기준법 단체협약에 의한 노동자로서의 권익을 보장받을 수 있는 중소기업체에 근무한 노동자는 전체 노동자의 1할에 지나지 않았다. 대부분의 중소기업체 노동자들은 기업주에 대항할 수 있는 노조를 설립하지 못했다. 취업 인원 2만 2백 43명 가운데 직장노조 가입원들은 1만 2,627명으로 약 1만여 명이 근로기준법의 혜택을 받지 못하고 있는 상태였다. 노동자들이 노동조합을 조직할 의욕은 있다고 조사되었음에도 불구하고 노동조합설립이 부진한 이유는 기업주가 노조결성을 방해하고 있음을 반영하는 것이다.(『중도일보』 1960년 9월 20일자)

이와 같은 열악한 상황에서도 노동자들은 자신들의 권익을 위해 나름대로 노동운동을 활발하게 전개했다. 1960년 5월 26일 대전방직 노동자 800여 명이 작업을 중지하고 공장사무처 앞에서 연좌시위를 감행했다. 이에 회사 측에서는 수습위원 9명을 선출하고 노동자들과 협상을 벌여 노동자들의 요구를 받아들였다.(『동아일보』 1960년 5월 28일자)13) 이는 '4월혁명'이라는 거센 물결 속에서 자본가 측이 노동자 측에게 양보한 사례이다.

1960년 7월 28일 대전피복공노조에 파업을 일으키자 도당국은 임금인상 알선에 응할 자세를 취했다. 그러자 지병식을 비롯한 7명의 공장경영자들은 "시위대의 일부가 각 피복사업장에 침입하여 기물을 파괴하고 작업 중인 직공들을 협박함으로써 고의적으로 작업을 방해하고 있다"고 경찰에 진정하여 임금인상을 가로막았다.(『중도일보』 1960년 8월 31일자 ; 『대전일보』 1960년 8월 31일자) 피복공노조는 30일에

---

13) 그들은 "① 현임금을 배로 인상하고 8시간 노동을 실시하라 ② 악질간부를 추방하라 ③ 社員과 雇員들의 차별을 없애라 ④ 위생시설을 갖추라 ⑤ 앞으로 노조의 위치를 재인식하라"는 결의문을 채택했다.

다시 3백여 조합원이 모인 가운데 국제시장, 중앙시장 피복공장과 기업주 측 대리인 김도원의 집을 에워싸고 그들의 요구를 관철하기 위해 대규모 시위를 감행했다. 피복공노조 쟁의의 장기화를 막기 위해 대한노총대전시연합회에서는 29일 긴급 상임집행위원회를 소집하고 적극 지원할 방침을 결정했다.(『대전일보』 1960년 8월 31일자)

1960년 9월 10일 출판노조원들은 노조에 비협조적이며 부당노동행위를 감행한다고 우문당 인쇄소 김정수 규탄시위를 일으켰다. 결국 김정수는 지상공개사과와 단체협약 체결을 거부하지 않겠다는 약속과 아울러 노조에 적극 협조하기로 함으로써 원만하게 해결되었다.(『대전일보』 1960년 9월 12일자)

1960년 10월 15일 중앙연맹에서 단체협약체결과 인금인상을 내건 쟁의가 12일로 쟁의냉각기간이 만료됨에 따라 대전운수노조에서는 한국운수대전지점사무실에서 임시총회를 갖고 즉각 파업에 들어갈 것을 결의했다.(『대전일보』 1960년 10월 18일자)

임금 150% 인상을 요구하고 정부와 쟁의 중에 있는 체신노조에서 실력행사여부에 대한 조합원투표를 실시했다. 1960년 12월 1일 대전체신청지부 조합원들의 투표 결과 참가 조합원 769명 가운데 실력행사 찬성표가 688표로 압도적이었고 반대표는 2표에 지나지 않았다.(『대전일보』 1960년 12월 2일자) 이와 같이 대전지역의 체신노조원은 실력행사에 상당히 적극적인 의지를 가지고 있었음을 알 수 있다.

1961년 2월 미화노조에서 쟁의를 일으켜 충청남도 노동위원회가 이를 조정했지만(『중도일보』 1961년 2월 22일자) 임금인상, 단체협약체결, 부당해고 취소에 대한 요구조건을 기업주 측이 이행하지 않음으로써 쟁의가 계속되었다. 한편 중앙극장 기업주가 영사주임 서 모(某)씨를 단성사로 전근하게 해준다는 조건으로 노조탈퇴를 하게 하자 영사노조(映寫勞組)는 이러한 부당노동행위를 당국에 고발하고 실력행

사에 들어갈 것을 결의했다.(『대전일보』 1961년 3월 27일자)

이 시기에 일어난 대전지역의 노동운동은 대체로 노동자들의 경제적인 지위향상을 위한 경제투쟁이 중심을 이루고 있다. 이는 전국적인 노동운동의 양상과 비슷하다.(전기호, 1990) 또한 대전지역의 노동운동은 대부분 산발적으로 이루어졌기 때문에 노동자들의 전반적인 노동조건 개선에는 크게 기여하지 못한 한계를 지니고 있었다.

그런데 민주당정부가 이른바 2대악법(손병선, 1990, 138쪽)[14]을 제정하려 하자 이를 계기로 2대악법에 반대하는 정치투쟁으로 발전했다. 1961년 3월 25일 대전시노련은 보안법 개악반대투쟁위를 구성하고 적극적인 반대투쟁에 돌입했다.(『중도일보』 1961년 3월 27일자)[15] 이는 대전지역의 노동운동이 2대악법반대투쟁을 계기로 타운동과의 연대를 통해 노동운동의 질적 발전이 이루어질 가능성이 높아졌음을 의미하는 것이다.

이승만정권이 부정선거를 위해 노골적으로 교육과 학교라는 공간을 이용함에 따라 교사들은 남다른 부책의식을 지닐 수밖에 없었다. 이에 '4월혁명' 직후부터 전국 각지에서 교원노동조합이 결성되었다.(민주화운동기념사업회 편, 2008, 254쪽) 교원노조운동은 처음에 대구에서 시작된 뒤 점차 전국으로 확대되었다. 1960년 4월 29일 대구공사립고교 교원들은 교원 노조발기인 총회를 갖고 대한교육연합회의 어용성을 성토하고 학원의 자주화와 교원의 권익옹호를 위하여 자주적인 단체를 조직하자는 데에 의견을 같이했다.(이목, 1990)

---

14) 1961년 3월 8일과 9일 각 신문을 통해 "정부는 '집회와 시위운동에 관한 법률안'을 각의에 상정하기 위해 심의 중에 있으며, 내무부·법무부 장관이 '반공을 위한 특별법'을 별도로 구상 중에 있다"는 사실이 밝혀졌다.

15) 대전시노련에서는 정부에 의해 성안되고 있는 보안법개정초안이 국민으로부터 지지를 받고 있지 못할 뿐만 아니라 특히 「데모」 규제시안은 근로자로 하여금 정당한 권익쟁취를 위해 행해지는 시위자체를 제재한 데 대한 반대에 초점을 주고 있었다.

　대전지역의 노동운동이 대부분 경제투쟁에 치중했고 산발적으로 이루어진 것과는 달리 교원노조운동은 학원의 자주화와 교원의 권익 옹호를 위해 지속적으로 활동했다. 대전지역에서도 1960년 5월 30일 대전중고교 15개 학교 130여 명의 교원이 대전여중 강당에 회동하여 대전중고교교원조합을 결성했다. 먼저 각 학교에서 선발된 1명씩으로 임시집행부를 결성한 후 이들에 의해 회의를 한 뒤 전형위원을 선출해서 강령과 규약을 심의하여 통과시켰다. 각 학교에서 선출된 전형위원 15명이 무기명으로 투표하여 위원장에 서여자고등학교 서창선, 부위원장에 대전고등학교 신창범, 동중학교 정주상을 선임했다.(『중도일보』 1960년 6월 1일자)[16]

　1960년 6월 17일 대흥초등학교 강당에서 대전시내 각 초등학교 재직교원 430여 명(교장, 교감제외)을 회원으로 하는 대전시초등교원노동조합이 결성되었다. 준비경과보고에 이어 전문 44조로 된 규약을 심의한 뒤 수정 통과했다. 또 4개항의 결의문과 3개항의 강령을 채택하고 위원장에 대흥초등학교 강오규, 부위원장에 신흥초등학교 송기현, 원동초등학교 박재원을 선출했다. 규약심의에 있어 총칙 1조에 있는 명칭을 둘러싸고 '노동'의 2자를 삽입하자는 의견과 원안대로 하자는 의견이 대립되어 장시간 논란을 거듭한 끝에 '노동'의 2자를 삽입해야 떳떳한 명칭이 된다는 의견이 통과되었다. 결국 교원노조는 교원들의 권익을 보장하고 향상시킨다는 취지하에 발족한 것이다.(『대전일보』 1960년 6월 19일자)[17]

---

16) 결의문은 다음과 같다. "1. 우리조합은 대학교육연합회와 대전시교육회에서 탈퇴한다. 1. 우리교조는 여하한 정당 및 관권에서 간섭을 이루지 못하도록 절대 배척하는 동시에 학원의 자치제를 조속히 확립한다. 1. 우리교조는 교육행정의 부패관리와 학원내의 어영교육자를 배격한다. 1. 우리교조는 부당한 전직, 감봉 및 무단해고를 배격한다."

17) 당시 강령은 다음과 같다. "1. 우리는 학원의 중립과 완전한 자유민주화를 기함 1. 우리는 경제적, 사회적, 문화적 지위향상을 기함 1. 우리는 신분보장의 절대

이에 대해 대전시내 각 초등학교 사친회장단에서는 교원노조발족에 반발했다. 그들은 교원노조의 회원구성에서 교장과 교감이 제외된 점, 교련이 계속 존치하고 있고 그 회원이 학교장 등 간부로 구성된 점 때문에 노조와 교련이 갈등을 함으로써 아동교육에 지장이 발생할 것을 우려했다.(『대전일보』 1960년 6월 19일자)

당시 문교부장관은 공무원법 제37조와 교육공무원법 29조를 들어 교육공무원의 노동조합결성과 노동운동은 부당하다고 전제하고 교원노조의 해체를 지시했다. 그러나 대전시의 교원노조 측은 권익을 위해 계속 투쟁할 것을 결의했다.(『중도일보』 1960년 6월 27일자)

1960년 6월 27일 대전지역 초중고 교원노조상임위원회 및 대의원 연석회의가 열렸다. 이날 연석회의에서는 문교부장관의 '교원노조해체' 지시를 반대하고 문교부장관을 규탄했다. 교원노조 결성의 적법여부는 대법원과 헌법재판소에서 취급할 수 있는 문제이지 문교부장관이 단독으로 담화문을 발표할 수 있는 성질이 아니라고 하면서 이러한 발표는 어디까지나 월권행위라는 데 의견을 모았다.(『중도일보』 1960년 6월 29일자)

이러한 투쟁의 와중에서 교원노조는 오히려 조직을 확대강화하면서 조합원의 신뢰도를 높이게 되었고 조직 내의 모순과 갈등도 원만하게 극복했다. 교사들은 단체의 단결된 힘으로 막강한 정부권력을 상대로 한 투쟁을 효과적으로 이끌 수 있었다.

1960년 7월 27일에는 "교원의 자질향상을 위하여 적극적인 단결로 師道가 되어야한다"는 주장 아래 대전을 비롯하여 충남도내 15개시군 가운데, 8개시군 초중고 대표 50여 명이 참석하여 도교원노조연합회 결성대회를 개최했다. 이처럼 대전지역과 다른 시군과 연합회 결성은 교원노조운동이 보다 조직화되었음을 의미하는 것으로 이후 대전지

확정을 기함 1. 교육능률향상 및 아동의 건전한 발전옹호를 기함"

역의 교원노조는 교육민주화를 위한 활발한 활동을 전개할 수 있는 기반을 쌓게 되었다.

교원노조의 활동이 활발해지자 경북도지사는 교조간부들에 대한 집단 유배인사조치를 실시했다. 이를 발단으로 5천여 명의 교사들이 집단사표를 제출하는 상황에서 대구 달성공원에서 교원노조 전국대회가 소집되었다. 충남에서도 중앙대의원 20여 명이 동 대회에 참석하기 위해 대구로 갔다.(『대전일보』 1960년 8월 20일자)

1960년 9월 25일 국회에서 곽태진 의원 외 15명 의원이 교원노조를 불법화하는 노동조합법개정안을 제출하자 대전교원노조대회를 개최되어 교조불법화기도를 강력하게 규탄했다(『대전일보』 1960년 9월 26일자)

이와 같이 학원의 자주화와 교원의 권익옹호를 위해 지속적으로 활동했던 교원노조는 이른바 2대악법에 강력하게 저항했다. 강기철, 이종석, 이목은 대전에서 한국교원노동조합 총연합회 제7차 중앙투쟁위원회를 개최하여 2대악법 제정을 반대하기 위한 성명서와 동 법안 비판문을 작성 발표할 것을 결의했다.(일월서각 편집부, 1993, 367쪽)[18] 이에 호응하여 대전교원노조에서도 1961년 3월 27일 악법반대투쟁위원회를 구성했다.(『중도일보』 1961년 3월 27일자)

대전지역의 교원노조가 이 법안에 강한 반대입장을 보인 것은 자유당 치하에서 조성되었던 사회정치적 환경과 그로 말미암아 교육계를 내리누르던 공포분위기를 상기했기 때문이다. 또 이승만정권이 반공이데올로기와 그 장치인 국가보안법을 독재연장에 얼마나 악용했던

---

18) 성명서의 내용은 다음과 같다. 국가보안법 개정안도 반공임시특별법과 동일한 독소와 부당성이 내포되어 헌법에 보장된 근로삼권이 말살될 수 있게 되어 있다. 이미 교원노동조합은 2대악법에 대하여 투쟁을 계속하고 있는데 정부가 이 불순한 입법의도를 포기치 않고 추진시켜 망민법 강행을 획책한다면 교원노동조합은 존망을 걸고 정부에 항의할 것이다.

가를 잘 알고 있었기 때문이다. 이러한 교원조의 일련의 활동은 과거의 아픈 경험을 바탕으로 당시 지식인의 결집체였던 교사들이 행동하는 양심의 일변을 보여준 것이었다고 평가할 수 있다.

5. 혁신세력의 합법적 정치운동

자유당정권에서 탄압받던 혁신세력은 '4월혁명' 이후 의회진출을 위한 합법정치노선에 입각하여 '혁신정당'을 만들고 총선 참여에 몰두했다.(유재일, 1988) 혁신정당은 그 자체가 단일한 이념적 정체성을 표방하고 보수세력과 차별화를 선언하면서 능동적으로 결집된 집단은 아니었다. 이들은 국우반공 일색의 보수정치 장벽 밖으로 배제되는 과정에서 수동적으로 정치집단을 구성했기 때문에 다양한 이념집단을 포괄하고 있었다.(민주화운동기념사업회 편, 2008, 297쪽) 대전지역 혁신세력은 1960년 6월 4일 충남혁신동지회결성준비위원회 결성대회를 대전문화원에서 개최했다. 혁신동지회는 30대의 청년들을 규합하여 범국민운동에 의하여 비민주적 독선독재를 거부하고 민주적인 복지사회 건설에 헌신할 것을 표방했다.(『중도일보』 1960년 6월 4일자)

사회대중당은 7·29총선을 대비하기 위해 결성된 정당이었다. 사회대중당충남준비위원회(이하 사대당충남도당이라 약칭)는 1960년 5월 13일 발기대회를 갖고 6월 17일 창당준비대회를 열고 지방도당 결성을 위한 준비를 시작했다. 대전에서는 처음에는 송두재, 이훈구를 중심으로 사회대중당(이하 사대당이라 약칭) 결성을 준비했다. 그런데 송두재와 진보당 계열 인사들이 사대당 조직구성의 주도권을 장악하면서 이훈구는 준비발기인 명단에서 제외되기도 했으나(윤애리, 2010, 10~11쪽) 1960년 6월 26일 대전 시온회관에서 사대당충남도당 대표자

대회에서는 '대표총무'로 선출되었다.(『대전일보』 1960년 6월 28일자)

사대당충남도당 임원선출과정에서 내부갈등이 표출되었다. 혁신계 인사들은 사대당에 비혁신적 성격의 인물들이 포함되는 것을 탐탁하게 생각하지 않았다. 그런데 내부갈등은 중립적인 당 간부들의 만류로 표면상 봉합되면서 총선에 대비한 본격적인 활동을 시작했다.(윤애리, 2010, 12~13쪽) 대전지역에서는 7·29총선에서 사대당의 공천을 얻어 출마하기 위한 공천신청자가 상당수에 달했다. 충청남도 내 각 선거구에서는 사대당이 발족하기 전에 구두형식을 통해 공천을 신청해온 유력한 혁신정치인들의 수가 상당수에 달하고 있었다. 특히 대전 갑구의 경우는 공천경쟁률이 3:1 이상 될 것으로 예상되었다.(『중도일보』 1960년 6월 27일자)

대전지역의 혁신세력이 7·29총선에서 기대를 했던 이유는 1956년 대통령선거에서 혁신세력을 대표하는 조봉암이 대전에서 의외로 선전했기 때문이다. 당시 대통령선거득표수에서 이승만이 23,875표를 획득으로 1위를 차지했지만 조봉암도 23,194표를 획득하여 이승만과 거의 차이가 없었다.(대전직할시사편찬위원회, 1992, 83쪽) 당시 언동이 불온하다는 이유로 야당 운동원을 구속하는 등(『東亞日報』 1956년 5월 3일자) 노골적으로 부정선거가 자행되었던 상황을 고려하면 실질적으로 대전지역에서는 조봉암이 승리한 것이라고 평가할 수 있다.

'4월혁명'기 대전지역의 혁신세력은 정치세력화를 꾀하였고 7·29총선 직전에는 혁신세력에 대한 대전시민의 지지에 대한 기대로 공천경쟁이 치열하기도 했다. 그러나 혁신세력은 결국 7·29총선 민의원선거에는 단 하나의 의석도 얻지 못하는 참담한 패배를 경험해야했다.(윤애리, 2010, 16쪽)[19] 7·29총선에서 민의원의원 선거의 경우 대전시

---

19) 참의원 선거에서는 이훈구가 당선되었다. 그런데 이훈구는 한산 이씨로, 혁신세력의 지원보다는 지역 내종중의 도움을 많이 받았다고 한다.

갑구는 선거인수 33,071명이 투표하여 73.9%의 투표율을 나타낸 가운데 민주당의 유진영이 당선되었다. 을구도 38,819명이 투표하여 73.9%의 투표율을 나타난 가운데 민주당의 진형하가 당선되었다.(대전광역시사편찬위원회 편, 2002, 939~940쪽)

총선에서 참패 이후 사대당 중앙은 분열을 거듭하며 와해되었다. 사대당 창당과정부터 내재했던 성향차이와 주도권 다툼으로 진보당계와 비진보당계의 갈등이 증폭되었다. 결국 김달호를 중심으로 한 진보당계가 사대당의 주도권을 장악하자 비진보당계가 공식적으로 분당을 결정하면서 혁신세력은 4개 혁신정당으로 재편되었다. 혁신정당들은 통일정책을 중심으로 기존보수정당과 차별성이 있었다. 재편된 4개 혁신정당 중 가장 온건한 입장을 보인 것은 영세중립화통일론을 주장한 통일사회당(이하 통사당이라 약칭)이었다. 반면 가장 급진적인 성향을 보인 것은 남북협상론을 주장한 사회당이었다. 혁신당과 사대당은 통사당과 사회당 중간에 위치한 정당이라 할 수 있다.(민주화운동기념사업회 편, 2008, 297~302쪽)

사대당충남도당은 처음에는 분열을 수습하려고 노력했는데 중앙과의 연계를 담당했던 송두재가 그 중심에 있었다. 그의 노력으로 사대당충남도당 임원진을 개편할 때 대립관계에 있던 이훈구가 도당대표총무위원에 취임할 수 있었다.(윤애리, 2010, 18쪽) 그러나 이훈구는 결국 사대당을 탈당하고 통사당에 참여함으로써(『경향신문』1961년 1월 21일자) 이훈구를 잔류시키려는 송두재의 노력은 수포로 돌아갔다.

1961년 1월 3일 사대당 충남준비위는 상임위원회 확대회의를 개최하여 사대당 충남준비위를 해체하고 새롭게 혁신당을 결성하고자 했다. 1961년 1월 12일 혁신당준비소위원회는 총 15명으로 구성되어 1차 회합을 갖고 혁신당 충남도당결당준비위원회(이하 혁신당충남도당이라 약칭)로 조직을 확대하고 창당작업에 들어갔다. 한편 사대당충남도당 잔류인사들은 1961년 1월 19일 사대당 충남도당 결성촉진위원회(이하 사대당충남촉진위라 약칭)를 조직했다. 그리하여 대전지역의 혁신세력은 혁신당충남도당과 사대당충남촉진위로 양분되었다. 전국적으로는 혁신당의 활동이 통사당과 사회당에 비해 약한 편이었지만, 대전에서는 활발한 활동을 전개했다.(윤애리, 2010, 18~20쪽)

대전지역은 혁신정당 가운데 가장 온건한 입장을 보인 통사당이나 가장 급진적인 성향을 보인 사회당은 도당을 결성하지 못했다. 반면 중간 정도에 위치한 사대당과 혁신당은 도당을 결성했다.

장면정권은 '4월혁명' 직후 분출하는 각종 시위 및 사회운동에서 제기하는 요구들을 다시 억압하려 했는데 특히 통일운동이 분출되자 이를 탄압하려 철저하게 탄압하려 했다. 「반공임시특별법」(이하 반공법이라 약칭)과 「집회 및 시위에 관한 법률」, 이른바 '2대악법' 제정 기도는 이러한 맥락에서 이루어졌다. 혁신세력은 '2대악법' 반대를 위한 치열한 투쟁을 벌였다.(민주화운동기념사업회 편, 2008, 322~355쪽)

1961년 3월 24일 혁신당충남도당 사무실에서 김영수, 이현수, 김차경, 박용선, 유만우가 만나 악법반대충청남도공동투쟁위원회(이하 공동투쟁위원회라 약칭)를 조직했다. 대전의 혁신세력도 각계에 격문을 보내고 공동투쟁위원회를 결성하기 위해 대표자들 파견하여 달라는 호소문까지 발송했다. 교원노조는 즉각 적극적인 참여의사를 밝혔다.(『대전일보』 1961 3월 26일자) 5개 혁신계정당과 3개 사회단체가 27일에 참석하여 공동투쟁위원회를 결성했다.(『대전일보』 1961년 3월 30일자) 공동투쟁위원회는 각 정당 사회단체를 다수 참여시켜 궐기대회를 개최할 것 등을 결의했다.(한국혁명재판사편찬위원회, 1962, 81쪽) 1961년 3월 30일에는 악법반대성토대회가 공동투쟁위원회 주최로 이루어졌다. 이날 대회는 유만우의 개회사로 시작되어 장건상의 악법성토 강연으로 이어졌다. 이날 대회에는 2천여 명이 참석하여 악법반대에 대한 대전시민들의 열의를 보였다.(『중도일보』 1961년 3월 31일자) 주최자들은 처음에는 시위를 계획했지만 시위가 발생하면 소란이 일어날 것이라는 명목으로 시위를 취소했다. 이는 대전지역의 혁신세력들이 자신들의 주장을 합법적인 틀 내에서 관철하려 했음을 의미하는 것이다.

김영수는 1961년 4월 18일부터 사대·혁신양당 통합촉진위원회 통일문제연구소 위원장으로 활동하면서 사대당충남촉진위가 주최한 시국강연회에 연사로 참석하는 등 혁신당충남도당은 사대당충남촉진위와의 통합에 적극적이었다.(윤애리, 2010, 21쪽 ; 조현연, 2009, 37~38쪽)[20] 김영수는 민족자주통일협의회(이하 민자통이라 약칭) 충남지부를 조직하는데도 적극적인 역할을 했다.

민자통은 '4월혁명' 이후 활동했던 진보적 정당, 사회단체를 통일운동의 기치하에 통합한 연합체적 조직이었다.(민주화운동기념사업회 편, 2008, 307~317쪽) 대전에는 1961년 4월 21일 민자통 충청남도 협의회(이하 민자통충남협의회라 약칭) 준비위원회가 결성되었고 5월 12일 민자통충남협의회가 결성되었다.(윤애리, 2010, 26~26쪽) 당일 민자통충남협의회는 민간단체의 남북교류 제1단계로 학생들의 남북접촉을 적극 지지한다는 성명서를 발표했다.(『중도일보』 1961년 5월 13일자) 당시 이 지역에서 영향력을 발휘하고 있었던 인사들은 중립화통일론조차도 반공의 입장에서 반대의사를 표명하고 있었다.(곽노문, 1961년 4월 9~10일자 ; 박병배, 『대전일보』 1961년 5월 6일자) 이런 상황에서 남북학생회담 제의를 공식적으로 지지한 것은 상당히 급진적인 경향을 띠는 것으로 평가할 수 있다.(민주화운동기념사업회 편, 2008, 287~289쪽)[21]

---

20) 사회대중당, 사회당, 혁신당은 1961년 5월 17일 3당 대표자 합동 기자회견을 통한 합당발표를 하기로 결정했으나 5·16군사쿠데타에 의해 실효를 거두지 못했다.

1961년 5월 14일 대전천 백사장에서 민자통충남협의회 주최로 개최된 남북통일촉진시국강연회에도 2천여 명의 대전시민이 참여했다. 이는 대전시민들의 통일에 대한 열기가 증폭되었음을 반영하는 것이다. 민자통충남협의회 선전위원장 신승만의 사회로 시작된 강연회는 사대당 선전위원장 선우정, 사회당 선전위원장 유병묵, 통일민주청년동맹 간사장 김영화, 민자통 선전위원 박상순, 전국학생민주통일연맹 이수경의 연설로 대전 시내에 전례 없는 '혁신 붐'을 조성했다. 그들은 민주당정권이 통일의지를 용공으로 탄압하고 있다고 비난했을 뿐만 아니라 국민들이 생활고로 도탄에 빠진 현실을 지적하면서 남북을 통일함으로써 경제적으로 '유무상통'하여 살 수 있다고 주장했다. 특히 그들은 "이북에서는 소련놈을 몰아내고 이남에서는 미국놈을 몰아내야 된다"고 반미적인 언사를 표명했다. 강연회를 마친 뒤 처음에는 시위를 할 예정이었으나 시간상의 이유로 시위를 취소했다.(『대전일보』 1961년 5월 16일자)

이는 앞서 설명한 바와 혁신세력들은 자신들의 주장을 합법적인 틀 내에서 관철하려 했음을 의미하는 것으로 5·16군사쿠데타세력들이 쿠데타를 합리화하기 위해 내세웠던 논리인 혁신세력이 사회혼란을 조성했다는 것과 상당히 차이가 있음을 드러내는 것이다. 그럼에도 5·16군사쿠데타 이후 김영수, 김차경, 이현수는 '충청남도민족자주통일협의회사건'이라는 명목으로 고초를 겪었다.(한국혁명재판사편찬위원회, 1962, 79~97쪽) 대전지역의 혁신계의 정치운동은 '4월혁명' 직후의 낙관적 예상과는 달리 선거에서 참패하는 결과를 낳았으나 지속적인 활동을 통해 민주당정부의 반민주적 반통일적 정책에 대한 비판적 입장을 고수하고 꾸준히 활동했다.

---

21) 당시 민간 차원의 통일논의는 크게 중립화통일론과 남북협상론을 중심으로 이루어졌는데 남북협상론은 보다 급진적인 사람들에 의해 주장되었다.

6. 맺음말

대전지역에서 '4월혁명'기에 활발한 사회운동이 전개된 것은 전국지역에서 발생했던 사회운동의 영향과 열악한 경제상황으로 인한 시민들의 불만 때문이었다. 대전지역의 사회운동도 전체 사회운동에 규정을 받으면서도 대전지역의 특성이 드러나기도 했다. 이하 본문을 요약함으로써 맺음말을 대신하고자 한다.

대전은 일제하 '식민도시'라는 한계 속에서도 꾸준히 인구가 증가했고 해방 이후에도 지속적으로 인구가 유입되는 등 발전을 계속했던 도시였다. 그럼에도 당시 대전 경제는 상당히 열악한 상황에 처해있었다. 대전시내 중소기업은 절반 이상이 폐업과 도산상태에 빠져있었고 대전상공회의소는 휴면상태로 유명무실한 운영을 했다. 조업을 하고 있는 기업의 경우도 노동자들에게 임금을 지불하지 못했다. 이런 상황에서 1960년 호별세, 시세, 소방세, 동세, 교육세 등의 지방세액이 25%가 늘었고 이에 따라 미납세액이 급증하게 됨으로로써 시민들의 불만이 고조되었다.

대전지역의 학생운동은 대구의 학생시위에 자극받은 대전고 학생들이 대규모 시위를 감행함으로써 시작되었다. '4월혁명' 이후에도 학생들은 이승만독재체제를 분쇄하기 위해 대규모 시위를 감행했지만 학생대표들은 학생들과 대전시민들의 연합시위에 대해서는 부정적인 입장이었고 특히 반공체제가 흔들리는 것을 두려워했다. 따라서 대전지역의 학생운동은 이후 개량적인 성격을 띠는 계몽운동과 신생활운동만으로 한정되었다. 따라서 대전지역의 학생들은 통일운동이 적극적으로 전개되었던 시기에도 통일운동에 적극적으로 참여하지 않았다.

'4월혁명'로 자유당정권이 붕괴되자 노동자들은 자유당 독재정권 시대와는 다른 새로운 노사관계의 수립을 열망하게 되었고 이러한 열망은 대전피복공노동조합, 대전출판노동조합, 농업은행충남지구노동조합 등 새로운 노동조합설립으로 이어졌고 대전방직, 대전피복공노동조합, 대전출판노동조합, 대전운수노동조합, 대전체신청지부조합, 미화노조, 영사노조 등에서의 노동쟁의를 통하여 자신들의 권익을 지키려는 운동으로 이어졌다. 대전지역의 노동운동은 대부분 경제투쟁에 치중했고 산발적으로 이루어진 한계를 지니고 있었지만 2대악법반대투쟁을 계기로 질적으로 발전할 가능성이 있었다.

교원노조는 학원의 자주화와 교원의 권익옹호를 위하여 지속적인 활동을 했다. 교원노조는 정부의 탄압에 맞서 강력하게 투쟁하면서 조직을 확대강화하면서 조합원의 신뢰도를 높이게 되었고 조직 내의 모순과 갈등도 원만하게 극복했다. 그러면서 악법반대투쟁위를 구성하는 등 정치적 민주화를 위한 투쟁에도 혁신계와 협력하는 등 적극적으로 활동했다.

혁신세력의 정치운동은 7·29총선 이전에는 활발하게 진행되었지만 선거에서 패배한 이후 소강상태를 맞이했다. 그러나 악법반대투쟁과 이 시기 전국적으로 확산되고 있었던 통일운동을 적극적으로 지지했다. 특히 반공의식이 강했던 상황에서 통일운동을 지지했던 것은 이 시기 대전지역의 학생운동과 대비된다. 그런데 대전지역의 혁신세력들은 자신들의 주장을 합법적인 틀 내에서 관철하려 했다. 이는 5·16쿠데타세력들이 쿠데타를 합리화하기 위해 내세웠던 논리인 혁신세력이 사회혼란을 조성했다는 것과 상당히 차이가 있음을 드러내는 것이다.

이와 같이 대전지역 '4월혁명'의 전개과정은 다른 지역과 비교할 때 이승만이 사퇴하는 1960년 4월 26일을 제외하고는 평화적인 시위를 중심으로 한 합법적인 틀을 유지하고 있었다. 그런데 학생운동세력을 제외하고는 당시 민주당정권의 이른바 2대악법에 대하여 반대투쟁을 전개하고 있었기 때문에 사회운동세력의 결집이 이루어질 가능성이 높았다. 이는 사회운동의 후진지역이라는 기존의 인식이 강하게 지배하고 있는 대전지역에서도 '4월혁명'을 계기로 사회운동이 활발하게 전개되었고 각 사회운동세력이 한 단계 발전할 가능성이 높았다는 것을 의미하는 것이다.

결국 이러한 대전지역 사회운동의 발전에 찬물을 끼얹은 것은 5·16군사쿠데타다. 군사정부는 모든 정당·사회단체의 활동을 중단시킴으로써 교원노조를 해체시켰고, 합법적인 노동조합도 상당수 해체시켰다. 혁신세력의 퇴조는 말할 것도 없다.

▣ 참고문헌

3·8민주의거기념사업회, 대전·충남4·19혁명동지회, 2005 『三·八民主義擧』, 오름.

대전고등학교육십년사편찬위원회, 1977 『大田高六十年史』.

대전광역시사편찬위원회 편, 2002 『대전 100년사』 2.

대전상공회의소, 1992 『대전상공회의소 60년사』.

대전직할시사편찬위원회, 1992 『대전시사』 제2권.

대한상공회의소, 1958년판 『전국기업체총람』.

조선총독부, 1944 『인구조사결과』.

______, 1917년판 『조선총독부통계연보』.

충남대학교삼십년사편찬위원회, 1982 『충남대학교 30년사』.

한국혁명재판사편찬위원회, 1962 『한국혁명재판사』 4.

박선영, 2001 「4·19의거사에서 대전의거의 역할과 의의」 『3·8민주의거와 한국의 민주화』.

「대전지역 3·8, 3·10시위 주역들—32년만에 만나본 4·19세대의 현주소」 『청원회보』 19 1992.

민주화운동기념사업회 엮음, 2008 『한국민주화운동사』 1, 돌베개.

브루스커밍스(김주환 옮김), 1986 『한국전쟁의 기원』 하, 청사.

조현연, 2009 『한국진보정당운동사』, 후마니타스.

한국역사연구회 현대사연구반, 1991 「4월민중항쟁과 민족민주운동의 성장」 『한국현대사』 2, 풀빛.

고성국, 1990 「4월혁명의 이념」 『한국사회변혁운동과 4월혁명』 1, 한길사.

김경대, 1990 「4월혁명의 전개과정」 『한국사회변혁운동과 4월혁명』 2, 한길사.

김동춘, 1990 「4월혁명에 관한 기존 연구와 문제점」 『한국사회변혁운동과 4월혁명』 1, 한길사.

김형국, 1997 「1930년대 초 대전지역 사회운동」 『청계사학』 13.

손병선, 1990 「2대악법 반대운동」 『한국사회변혁운동과 4월혁명』 2, 한길사.

송규진, 2002 「4 · 19시기 대전지역의 사회운동 – 『대전일보』 · 『중도일보』를 중심으로」 『湖西史學』 第33輯.

______, 2002 「일제강점 초기 '식민도시' 대전의 형성과정에 관한 연구 : 일본인의 활동을 중심으로」 『아세아연구』 108.

윤애리, 2010 「4월혁명기 대전지역 혁신세력의 조직과 활동」, 충남대학교 석사학위논문.

전기호, 1990 「4월혁명과 노동운동」 『한국사회변혁운동과 4월혁명』 2, 한길사.

정기영, 1990 「4월혁명의 주도세력」 『한국사회변혁운동과 4월혁명』 1, 한길사.

조종섭, 1998 「일제하 대전지역의 사회운동」, 공주대학교 석사학위논문.

『대전일보』, 『중도일보』.

제6장 충북의 4월혁명과 특징

박만순

1. 머리말

1948년 수립된 대한민국 정부는 친일파 청산의 좌절과 불철저한 토지개혁으로 사회 불만이 고조되었다. 이승만정부는 극단적 반공주의로 일관했으며 종신집권을 위한 정치적 무리수를 두었다. 1960년 3·15선거는 이승만과 자유당 정부의 부정부패와 독재정치의 최고점을 보여준 것이다. 대구의 2·28시위와 마산의 부정선거 규탄투쟁은 전국에 들불처럼 번졌으며, 충북지역도 예외는 아니었다.

3월 10일 충주고의 시위로 시작된 충북지역의 4월혁명은 전국의 어느 지역 못지않게 활발하게 전개되었다. 특히 충북지역 시위의 특징은 3월 중순부터 4월 말까지 지속적이었고, 고교생을 중심으로 한 연합시위의 조직적인 준비와 전개가 있었다는 것이다. 또한 4월혁명 이후 열려진 정치사회적 공간에서 노동자, 농민을 비롯한 지역 주민들의 민주화 욕구가 다양한 형태로 표출되었다. 학도호국단 폐지와 학원민주화운동, 노조 설립과 임금인상, 수리조합 민주화운동과 엽연초 경작조합의 배상금 인상운동, 7·29선거에서의 반혁명세력에 대한 낙선운동 등이 전개되었다.

즉 청주를 중심으로 한 충북지역의 4월혁명은 혁명 당시의 부정선거 규탄투쟁뿐만 아니라, 2공화국 시기에서의 지역 주민들에 의한 다양한 민주화운동으로 연결된다. 지역에서는 4월혁명에 대한 본격적인 논의나 연구가 이루어지지 못했다. 4월혁명 참가자들이 각 학교별·개인별로 경험했던 활동에 대해 회고문, 공적개요, 신문사 기고 및 인터뷰 등을 통해 단편적으로 정리했을 뿐이다. 즉 충북지역 전체의 4월혁명 전개과정에 대한 정리가 이루어지지 않았고, 한발 나아가 4월혁명이 지역에서 어떤 정치·사회적 영향을 끼쳤는지 공론화되지 못하고 있다.

이러한 상황을 기초로 하여 본 글은 청주를 중심으로 한 충북지역 4월혁명의 배경과 전개과정, 4월혁명의 의의와 그 특징을 살펴보고자 한다.

2. 연구방법

자료조사는 당시 발간된 신문과 대학신문, 단행본에 대한 검색과 4월혁명 참가자들의 글을 참조했다. 중앙지 중 충북지역과 관련한 상황이 보다 구체적으로 기사화된 것은 한국일보였다. 한국일보는 사회면에 각 지역별 시위상황을 다른 신문에 비해 구체적으로 소개했다. 한국일보 기사는 기존에 전혀 알려지지 않았던 3월 14일 연합시위 기도와 4월 16일 청주공고 시위 존재를 확인해 주었다. 지역에 유일한 일간지1)였던 충북신보2)는 4월혁명 당시 지역의 구체적인 정치·사회

---

1) 미군정의 1도 1사(一道 一社) 원칙에 따라 충북에는 1946년 3월 1일 『국민일보』가 창간되었다. 1960년까지 충북에는 1개의 일간지만 있었는데, 1960년 7월 11일 『사회일보』가 창간되어 2종의 일간지체제로 변경되었다. 5·16 후에 『사회일보』가 폐간되어 다시 한 개의 일간지체제가 유지되었다.

2) 1946년 3월 1일 창간한 『국민일보』는 1953년 견통령(犬統領) 사건, 일―한회담

상황과 부정선거 관련자 재판기사를 통해 부정선거 양태를 보여 주었다. 충북신보와 〈청주대학보〉, 〈충북대학보〉에는 2공화국하에서의 다양한 민주화운동을 알 수 있는 기사가 실려 있었다. 동아일보 기사를 근거로 한 청주고등학교의 3월 12일 시위는 관련기사가 없음을 확인했으며, 3월 11일 세광고등학교의 관제데모3)를 새롭게 확인할 수 있었다. 4월혁명 참가자들의 글은 1961년 4·19 1주년 기념 기고문부터 2010년 지역 일간지에 수록된 기고문·인터뷰 글, 공적개요 등을 참조했다.

구술증언 수집은 4월혁명 주요 참가자들을 대상으로 했는데, 모든 학교의 주도자들을 대상으로 하지는 못했다. 구술자들은 다음과 같다.

<표 1> 구술자 개요

연번	이름	학교 / 학과	학년	직책(학도호국단 등)	비고
1	김현수	청주대 / 경제	4	총무부장	19일 도 경찰국서 탈출
2	박종희	청주대 / 정치	4	부위원장	부상 / 19일 연행
3	오세억	청주대 / 법학	4	규율부장	19일 연행
4	박영수	청주대 / 국문	4	학보사 편집국장	19일 시위 취재
5	이종현	청주대 / 영문	3	학보사 취재부장	19일 교내방송
6	박신평	청주대 / 경제	3	총무차장	시위 주도적 참가
7	오성섭	청주공고	3	공석회 멤버	18일 연행, 20일 석방
8	최무웅	청주공고	3	공석회 멤버	16일 연행
9	김연웅	청주공고	2		시위 주도적 참가
10	김영한	청주공고	2		시위 주도적 참가
11	김상현	청주농고	3	운영위원장	19일 농고 시위 주도

(日−韓會談) 사건을 겪으며 1953년 11월 28일 폐간조치 당했다. 1954년 3월 1일 『충북신보』로 이름을 바꿔 속간했다가 1960년 8월 15일 『충청일보』로 제호를 바꾸었다.

3) 1960년 3월 11일 세광고의 관제데모는 『충북신보』, 『조선일보』, 『동아일보』, 『한국일보』, 『서울신문』에 실렸는데 가장 구체적인 기사는 『한국일보』의 것이다.

12	김재길	청주농고	3	청소년 적십자 단장	19일 시위 준비
13	신광호	청주상고	3	운영위원장	18일 연행
14	우원기	청주고	3	규율부원	시위 주도적 참가
15	이래필	청주고	3	3반 반장	시위 주도적 참가
16	최정자	청주기고	2		18일 시위 참가
17	변자문	청주기고	2		18일 시위 참가

위의 구술자들을 대상으로 3·15부정선거 당시 자유당과 민주당의 선거운동, 부정 투·개표 현황과 각 학교별 시위준비 상황과 시위 전개과정, 선무반 활동과 사상자 모금운동 등에 대해 증언을 청취했다. 특히 연합시위는 4월 18일 한 번에 그쳤지만, 그 과정에서의 노력은 매우 다양하고 치밀했음을 알 수 있었다. 또한 충북대학교, 청주사범학교 등이 시위에 참여하지 않은 이유 등이 거론되었다. 구술자 중 적지 않은 수는 자신들이 집적 목격한 학교의 시위 이외에 대해서는 시위 사실을 부정하는 경우가 많았다. 이런 경우는 구술증언과 문헌자료를 비교하고, 증언에 대한 상호 교차과정을 통해 시위과정을 정리했다. 문헌자료와 구술증언이 일치하지 않는 경우에는 문헌자료를 우선으로 했음을 밝혀둔다.

3. 청주지역의 일반적 현황 : 인구, 교육현황

1960년 현재 충북인구는 1,369,313명(충청북도, 1960)이고, 이 중 청주시 인구는 92,342명으로 충북 전체 인구의 6.7%를 차지했다. 이는 도내 12개 시·군 중 단양군(66,253), 충주시(68,624), 진천군(79,811) 다음으로 적은 것이다. 그런데 2010년 7월 말 현재 충북인구 1,533,392명 중 청주시 인구는 647,920명으로 42.3%를 차지한다. 50년간 충북인구는 11% 증가한 반면, 청주시 인구는 600%나 증가됐다. 1960년 당시 청주의 도시규모가 충북에서 차지하는 비중이 현재와는 비교가 안 되지만 당시에도 충북의 도청소재지가가 청주였고, 행정·정치·교육·문화의 중심지가 청주였음은 분명하다. 그렇기에 4월혁명기 시위 역시 청주 중심으로 이루어질 수밖에 없었다. 청주시 인구변화는 다음과 같다.

〈표 2〉 청주시 인구변화(1949~2008) 단위 : 명

구 분	세 대	인 구			세대당 인구수	성비
		계	남	여		
1949		64,463	32,913	31,550		104.3
1960	16,084	92,342	46,552	45,790	5.7	101.6
1980	52,696	252,985	125,687	127,298	4.8	98.7
2008	237,556	644,223	320,783	323,440	2.7	99.1

출전 : 청주시, 2009.

청주시 각종 학교현황은 아래와 같다. 1961년 5월 31일 현재 기준은 1960년 4월혁명 당시 상황과 크게 다르지는 않을 것으로 보인다. 다만 고등학교 현황에서 학교 수가 총 11개 고교로 나와 있는데, 대성여자고등학교가 1960년 3월 19일 인가가 났기 때문에 당시에는 10개 학교로 보는 것이 정확할 것으로 보인다. 대학원은 청주대학교에만 설치되어 있었다. 4월혁명 당시 대성여상을 제외한 청주시내 10개 고교와 2개 대학 중 1개 대학이 청주시내에 위치해 있었고, 충북대학교는 청원군(사주면 신풍리 산 48번지)에 있었다. 충북대학교는 당시 청주시내와는 거리가 매우 멀었고, 이러한 지리적 요인이 시위에 참여하지 않은 한 요인으로 분석된다.

〈표 3〉 청주시 각종학교 현황(1961.5.31 현재)

학교	공·사립 公私立	학교 수	학급 수	교원 수	학생 수		
					남	여	계
국민학교	공	10	266	294	8,543	7,470	16,013
고등공민학교	사	2	5	12	67	77	144
중학교	공·사	9	137	193	5,510	2,755	8,265
고등학교	공·사	11	121	208	4,595	1,763	6,358
대학	공·사	2	72	95	1,719	74	1,793
대학원	사	1	6	10	6		6
계		35	607	812	20,434	12,065	32,573

출처 : 청주시, 1961.

〈표 4〉 청주시 고등학교 현황(1961.5.31 현재)

학교명	학급 수	교원 수	사무 원 수	학생 수			인가년월일
				남	여	계	
청주고등학교	21	34	4	1,270		1,270	1924.4.19
청주농고	14	26	4	514		514	1916.6.14
청주공고	21	34	4	986		986	1946.9. 1
청주상고	22	37	3	1,259	116	1,375	1935.3.26
세광고등학교	3	4	2	202		202	1950.2. 2
청주사범학교	12	28	4	364	259	623	1941.3.30
청주여고	17	25	3		958	958	1951.8.31
청주여자상고	3	8	2		167	167	1958.2. 4
청주여자기술고등학교	4	5			127	127	1952.4.10
간호기술고등학교	3	7	1		96	96	1953.7
대성여자고등학교	1		2		44	44	1960.3.19
계	121	208	29	4,595	1,767	6,362	

〈표 5〉 청주시 대학교 현황(1961.5.31 현재)

학교명	학급 수	교원 수	사무원 수	학생 수			인가 연월일
				남	여	계	
충북대학	20	46	12	677	23	700	1951.8. 31
청주대학	52	49	13	1,042	51	1,093	1946.11.18
계	72	95	25	1,719	74	1,793	

4. 4월혁명의 배경

1) 정치사회적 배경

1950년 5월 30일 제2대 국회의원선거 결과는 이승만 대통령의 연임을 불가능하게 했다. 이에 이승만은 재집권을 위해 대통령직선제와 상하양원제를 골격으로 하는 개헌안을 내놓고, 자신의 세력을 확대하기 위해 자유당을 창당했다. 그의 개헌안이 부결되자 대한청년단, 백골단, 땃벌대 등의 폭력조직이 동원되어 관제데모를 전개했다. 1952년 5월 25일 부산을 포함한 경상남도와 전라북도 일부지역에 비상계엄령을 선포했다. 일부 야당의원들을 감금한 상태에서 개헌안이 통과되었다. 일명 부산정치파동이 발생한 것이다.

충북도의회는 부산정치파동시기에 이승만과 자유당의 독재정치에 철저히 부응하는 정치적 태도를 취했다. 1952년 5월 29일 개회된 제1회 충북도의회에서 「국회해산 결의안」을 재석의원 28명 중 찬성 23, 반대 0으로 통과(김경, 1953)시킨 것이다. 충북지역에서는 지방의원과 국회의원들이 이승만과 자유당의 거수기 역할을 하는 것을 조롱하는 다음과 같은 정치용어가 유행했다고 한다. "시시하다 시의원, 도도하다 도의원, 국물 있다 국회의원"(홍원길, 1978, 286~288쪽) 발췌개헌안

으로 제2대 대통령에 당선된 이승만은 3대 대통령선거를 앞두고 종신
대통령을 꿈꾸었다. 1954년 9월 6일 자유당의 선거공약을 실천한다는
명분으로 개헌안을 제출했는데, 개헌안의 핵심은 초대대통령에 한하
여 중임제한을 철폐하는 것이었다. 사사오입개헌을 통해 종신대통령
의 제도적 틀을 마련한 이승만은 전 사회영역에서 반공주의와 전체주
의를 강화했다. 한국전쟁 당시 보도연맹사건으로 학살당한 유가족들
과 의용군으로 행방불명된 자, 인민군 점령시절 부역자 및 그 가족들
을 일상적으로 감시하고, 연좌제로 경제적·정신적 피해를 가했다. 일
선경찰서 단위에서는 '관찰보호자카드'를 작성(영동경찰서, 1970 ;『한
겨레 21』 2010년 6월 25일)[4]해 월 1~2회 대상자를 감시했는데, 가옥의
평면도를 작성하고 도주 예상도를 그리는 철저함까지 보여주었다. 또
한 여당 정치인조차 실언(失言)을 계기로 구속과 정치적 박해를 가한
일이 발생했다. 자유당 충북도당 부위원장 신형식은 1953년 6월 25일
무심천광장에서 개최된 '6·25기념행사'에서 실수로 "김일성 장군 만
세"라고 외쳐 2심에서 징역 10년 형을 선고받았다. 그의 실언과 징역
형은 족청계가 몰락하는 하나의 정치적 계기로 작용했다.

국민에 대한 감시체제는 야당과 정치적 반대세력에게만 적용된 것
이 아니라 전 국민을 대상으로 실시했다. 충북신보 1954년 3월 20일자
에 의하면, 충북도내에 설렁줄을 신설해 5호 1통을 단위로 상호감시
시스템을 구축했다.[5] 심지어는 가족들까지 사상을 검열하고 의심하

---

4) 영동경찰서의 관찰보호자카드는 진실화해위원회의 「충북지역 국민보도연맹사
   건 진실규명 결정서」에 그 내용이 있다. 관찰보호자카드는 충북의 영동경찰서
   에서만 작성된 것이 아니라 전국적으로 작성되었을 것으로 보인다.

5) 충북신보의 관련기사는 다음과 같다. "본도 경찰서에서는 빈발하는 강력범을 미
   연에 방지하며 또한 사건발생을 속히 인근 주민들에게 알리게 하여 단시간 내에
   범인을 체포하고자 하는 의도에서 방범 설렁줄 설치를 계획하여 일반도민에게
   보급시키게 되었다는데 동 설렁줄은 5호 1통을 단위로 하여 새끼나 끄나풀을 이
   집에서 저집으로 연결시켜놓고 유사시에는 이 설렁줄을 흔들어서 이웃집에서

도록 만들었다. 1950년대 중반의 방첩표어에는 다음과 같은 것이 있다. 「내 마을, 내 집에는 공산도배 없는가?」(『충북신보』 1954년 10월 28일자)

1950년대는 매년 3월 26일을 마치 국경일처럼 지냈는데, 그 이유는 이승만 생일이기 때문이었다. 청주에서는 청주공고나 무심천 광장에서 학생과 시민들을 동원하여 경축대회를 개최했다. 청주극장에서는 노인들을 대상으로 한 경로잔치를 벌였는데, 여경을 포함한 경찰들이 동원되어 노인들에게 술을 따라주기도 하고, 수건과 담배를 기념품으로 주었다. 심지어는 가가호호 국기게양을 하도록 강요하기도 했다.(『충북신보』 1955년 3월 26일자)

자유당과 이승만정권은 민족의 비극, 한국전쟁을 겪었음에도 불구하고 북진통일로 대변되는 극단적 반공주의를 1950년대 내내 유지했다. 휴전협정 반대운동, 미군철수 반대, 재일조선인 북송반대 데모 등으로 평화통일론은 설 땅이 없었다. 극단적 반공주의와 이승만을 우상화하고 정치적 반대세력을 인정하지 않는 전체주의에 민주주의와 인권은 실종될 수밖에 없었다.

2) 학원의 정치도구화

4·19 당시 충북지역 학생들이 내걸은 구호 중 가장 많았던 것은 "학원을 정치도구화하지 말라"는 것이었다. 그만큼 집권여당은 학생들을 각종 집회에 강제적으로 동원해, 자신들의 정치적 지지세력으로 과시한 것이다. 정부는 학생들을 반공주의로 무장하고 준군사조직으로 재편하기 위해 학도호국단[6]을 조직했다. 학도호국단은 각 학교별

연락을 하도록 마련~"

6) 1949년 1월 23일 문교부가 '학도호국단 조직 요강'을 공포해 중등학교는 같은 해

로 조직되었는데, 학생회의 기능을 갖는 운영위원회와 군사훈련 조직 체계(연대장 – 대대장 – 중대장)로 이원화된다. 운영위원회는 운영위원장을 학생들의 전체 직접투표로 선출하고 부위원장은 대의원들이 선출하고 각 부서장(청주대, 1959)[7]은 운영위원장이 임명하여 대의원대회에서 인준을 거치게 된다. 학도호국단은 학생들의 자치조직으로서의 기능을 수행하지 못하고 정부여당의 각종 집회에 동원되었다. 이승만 대통령의 생일행사에는 청주시내 전교생이 동원되었고, 청주여중생들은 〈대통령 찬가〉와 〈대통령의 노래〉(『충북신보』 1955년 3월 26일자)를 불렀다. 1955년 8월 16일에는 적성감시위원단 축출궐기대

2월에, 대학은 3~4월에 그 결성을 완료하고 4월 22일에 중앙학도호국단을 결성했으며, 문교부에 학도호국단사무국을 설치했다. 1949년 9월 28일 대통령령 제186호로 '대한민국학도호국단 규정'을 공포했다. 그 후 이 규정의 성격을 재검토하여 '학도호국단 운영 요강'을 제정했으며, 이에 따라 당초 중앙집권적인 학도호국단을 학교 중심의 학생활동으로 개편했다. 그러나 4·19혁명 후 학도호국단이 학생들의 사상통일을 목적으로 하는 하강식 관료체제라는 비판이 제기되면서 학생들 간에는 학생자치활동에 대한 요구가 점증되었다. 정부는 이러한 요구를 받아들여 1960년 5월 3일 국무회의에서 학도호국단 해체를 의결하고, 5월 10일 대통령령 제1573호로 '대한민국학도호국단 규정 폐지에 관한 건'을 공포하여 학도호국단을 폐지했다. 그러나 베트남 패망과 때를 같이하여 자주국방·총력안보라는 기치 아래 1975년 6월 7일 다시 대통령령 제7645호로 '학도호국단 설치령'을 공포하고, 6월 18일 문교부령 제363호로 '학도호국단 설치령 시행규칙'을 공포하여 고등학교 및 대학에 학도호국단을 설치·운영하게 되었다.

7) 1960년도 청주대학교 학교호국단의 체계와 임원을 보면 다음과 같다.
 - 위원장 : 연준희(상과 3년)
 - 부위원장 : 박종희(정치과 3년), 홍순근(상과 3년)
 - 총무부장 : 김현수(경제 3년), 총무차장 : 박신평(경제 2년)
 - 학예부장 : 연규덕(상과 3년), 학예차장 : 송재원(국문 2년), 박동찬(정치 2년)
 - 체육부장 : 김동산(상과 3년), 체육차장 : 이종현(영문 2년)
 - 규율부장 : 오세억(법학 3년), 규율차장 : 김용기(법학 2년), 김재형(정치 2년)
 - 훈련부장 : 김종국(정치 3년), 훈련차장 : 박승근(상과 2년)
 - 후생부장 : 박○○(상과 3년), 후생차장 : 이우종(상과 2년)
 - 구호실장 : 조영자(국문 3년)
 - 공작부장 : 황희주(물리 3년) 공작차장 : 김정기(법과 2년)
 - UN학협회장 : 왕창래(영문 3년), 부회장 : 박복규(경제 2년)

회에 〈8·15 감격으로 북진통일 이룩하자〉는 플래카드를 들고 동원되었으며, 1959년 2월 26일에는 재 한국 교포의 북송반대 시위에 청주시내 초·중·고생 1만여 명이 동원되어 중앙공원에서 집회를 갖고 시가행진을 했다.

충북도내 최초의 학생시위인 1960년 3월 10일 충주고의 학생시위도 학원을 집권여당의 정치도구화한 것이 계기가 되었다. 자유당 소속의 홍병각 의원이 3·15선거를 앞두고 여당 선거운동을 하기 위해 학교의 협조를 얻어, 전교 학생들을 대상으로 강당에서 강연한 것이 학생들의 분노를 자아낸 것이다. 더군다나 그날은 시험이 있던 날로 시험 1교시를 다음날로 연기하면서까지 여당 국회의원의 이승만·이기붕 지지연설에 학생들을 동원한 것이다.

정부여당의 각종 집회에 동원된 학생들은 야당의 정치행사에는 참석을 할 수 없었다. 1960년 3월 9일 장면 부통령 선거 유세장에는 경찰서 사찰계 형사와 학교 교직원들이 청주공고 교정 입구와 주변을 경계해 학생들의 참가를 막았다. 또한 학도호국단 간부들에게는 평상시 사찰과 형사들의 감시가 뒤따랐으며, 졸업 이후 취직을 미끼로 한 회유가 있었다.[8]

문교당국은 학도호국단 이외의 조직은 일절 허용하지 않았다.[9] 이런 조치로 학생들의 자치활동은 애초에 불가능했다. 정당활동은 고사하고 종교단체 활동도 금지하는 조치를 내렸다. 하지만 청주시내 일부 학생들은 '불교학우회'라는 단체를 만들어 활동을 했는데, 이들의 활동에 대해 문교당국과 치안당국은 활동정지 조치를 취했다.(『충북신보』 1954년 6월 3일자)

---

8) 청주대생 김현수의 증언.

9) 청주농고 김익제의 증언에 의하면 '청소년 적십자단'은 예외였다고 한다. 청소년 적십단은 명예단장이 교장이고 단비는 입학금과 수업료에 부과되었다 한다.

3) 3·15부정선거

3·15 정·부통령 선거는 조병옥 박사의 갑작스런 죽음으로 민주당 대통령 후보가 없는 상태에서 시작되었다. 자유당이 일찌감치 선거운동체제를 꾸린 반면, 민주당은 조병옥 박사 장례식을 2월 25일 마치고 청주에서는 2월 28일에서야 본격적인 선거운동을 시작했다. 이때부터 자유당과 경찰·우익단체의 민주당 선거운동 방해공작이 이루어졌다. 3월 1일 청주시내 골목에는 '구국철혈동지회' 명의의 장면 후보 인신공격성 벽보가 부착되었다. 충북도 문교사회국장 김한기는 3월 4일 기자회견을 열어 "학생들은 유권자가 아니므로 정치에 관여해서는 아니 된다"고 강조하고 선거유세에 참여하지 말 것을 지시했다.

당시 대통령 선거에 대한 지역민들의 관심은 대단했는데 3월 7일 자유당의 청주유세에는 3만여 명이, 8일 충주유세에는 2만여 명이 참여했다. 민주당의 3월 9일 유세도 여당과 경찰, 학교 당국의 방해에도 불구하고 1만여 명이 참여하였다. 민주당 유세방해는 전국적으로 이루어졌는데 청주 인접도시인 조치원에서도 방해가 심했다. 3월 9일 오전 장부통령 조치원 유세는 자유당의 고성능 마이크 방해로 인해 정상적인 진행이 되지 못했다. 같은 날 청주에서의 유세에는 사찰과 형사가 유세장인 청주공고 주변을 둘러싸 참여하는 시민들을 위협하고 감시했으며, 저녁에 있었던 충주에서의 강연 또한 경찰의 방해가 심했다. 특히 청주에서는 민주당 유세에 참여하지 못하도록 각 동장을 통해 주민들에게 청주시내 각 극장 무료상영권을 배부해 말썽을 빚기도 했다.(『충북신보』 1960년 3월 12일자)[10]

---

10) 민주당 이민우 국회의원은 3월 9일 민주당 부통령 후보 유세에서 "자유당은 장면 박사 강연을 방해하기 위해 각 동장을 통해 청주의 각 극장에서 무료상영"한다고 발언했다. 자유당은 이민우 의원을 허위사실 유포로 고발했다.

경찰·공무원·자유당·반공청년단 등은 3·15정부통령 선거에서 4할 사전투표, 3인조·9인조 공개투표,[11] 대리투표, 민주당 참관인 포섭 및 탄압, 완장 찬 자유당원의 투표장 감시 등의 불법 선거운동을 자행했다. 1959년 말경부터 전국적으로 준비된 부정선거운동은 충북의 행정기관과 경찰기관을 통해 동시적으로 진행되었다. 충북도지사, 내무국장, 경찰국장, 사찰과장의 부정선거운동은 다음과 같다.(『충북신보』 1960년 7월 13일자)

- 정인택 충북도지사는 2차에 걸쳐 시장·군수회의를 개최해 "3·15선거에 있어서 대한 반공지도자이며 애국자이신 이승만 박사를 대통령에, 양심적인 정치가이며 이 박사를 잘 보필할 수 있는 이기붕 씨를 부통령에 기필코 당선토록 하라"고 지시했다.

- 이기영 내무국장은 2월 14일 시장·군수회의를, 2월 17일에는 시장·군수·경찰서장 회의를 개최해 "여당 후보자 당선을 위해 적극 노력하라"라는 지시를 내렸다. 선거 직전 중앙정부로부터 내려온 2백만 환을 보도사례금, 선거담당자 위로 출장비, 선거종사원 야식비 등으로 썼다.

- 문학동 경찰국장은 상부의 지시에 의해 일선 경찰서에 구체적인 부정선거운동 방법을 지시했다. 즉 사전 4할 투입, 3인조·9인조 공개투표, 자유당 완장 착용, 투표 종료 후 민주당 참관인 축출, 개표 허위발표 등이다. 문국장은 상부의 지시대로 처음에는 대통령 91%, 부통령 89%를 투표하라고 일선 기관에 지시했다. 다음에는 1급지 70%, 2급지 80%, 득표를 지시했다. 마지막으로 3월 16일 오후 2시경에는 득표율이 너무 많으니 줄이라고 하여 1급지 55%, 2급지 70%로 하라는 지시를 했다. 치안국 독찰반장 전병두로부터 500만 환을 받아 김상기 사찰과장에게 사찰정보비로 줬다.

- 김상기 사찰과장은 1960년 1월 중순경, 2월 중순경에 2차에 걸쳐 지서, 파출소 주임, 사찰계장, 주임회의를 소집해, 부정선거에 대한 구체적

---

11) 3인조 투표란 3인이 1조가 되어 투표장에 입장한 후 각자 투표를 하고 투표용지를 조장에게 보여준 후 자유당 참관인에게 재차 보여주고, 투표함에 투표용지를 투입하는 방식을 말한다. 경우에 따라서는 조장이 투표용지 3장을 일괄적으로 받아 투표용지 3장에 모두 자유당 후보를 기표한 경우도 있었다.

인 지시를 했다. 2차 때에는 치안국장이 직접 참여해 지시를 했다. 김 사찰과장은 "만일 공무원이 반동하면 용서치 않는다"고 했는데, 이는 면직, 비행수사 등을 말하는 것이다. 독찰반으로부터 받은 500만 환은 부정투표 용지 인쇄에 사용했다.

위와 같이 행정기관과 경찰기관을 통한 부정선거운동 지시는 각 시군을 통해 말단 행정기관인 동·읍·면까지 하달되었다. 청주에서는 3월 9일 오후 7시를 기해 청주시내 36개 동의 부흥친목회(통반장 및 자유당 유지들로 구성된 단체)를 각 동별로 일제히 개최했다. 이 모임은 경찰관이 입회한 가운데 이루어졌는데 3인조 공개투표를 포함한 부정선거 실시방법에 대한 지시가 이루어졌다.(『동아일보』 1960년 3월 11일자) 그 내용은 다음과 같다.

- 조장은 선거 당일 오전 5시 30분까지 지정된 장소에 집합할 것
- 조원은 오전 6시 30분부터 전기 조장이 집합한 장소로 집결케 할 것
- 조장은 2명의 조원을 인솔하고 투표장에 임하여 3명의 번호표를 일괄 제시하고 투표용지의 교부를 받은 후 투표소에 입장할 것
- 투표장에 들어가서는 조장의 지시를 받을 것

부흥회는 동리별 부흥회 외에도 '공무원 부흥회', '경찰사찰요원 부흥회', '자유당원 부흥회' 등으로 구분하여 조직되고, 이의 총지휘는 경찰 사찰계에서 담당했다. 부흥회원들은 3인조 투표의 조장으로 임명되어 부정투표의 선두주자가 되었다. 또한 직장에는 직원 중에서 포섭한 사찰요원(『충북신보』 1960년 5월 3일자)이 자유당의 선전역을 도맡아 했으며 부정선거에도 개입했다. 경찰기관의 프락치 역할을 한 사찰요원은 직장과 공무원, 마을 단위로도 조직되었다. 사찰요원은 선거 당일 완장을 차고 투표소 주위에서 유권자들을 감시하고 공개투표를 종용했다. 즉 부흥회와 사찰요원이 경찰서 사찰계의 통제하에

부정선거운동의 일선집행을 맡은 것이다.

부정선거에는 반공청년단을 포함한 우익청년단도 깊숙이 개입되었다. 반공청년단 충북도단부[12])는 1959년 9월 16일 현대극장에서 결단식을 갖고 본격적인 활동에 들어갔다. 이들은 3월 7일 자유당 유세 때 이승만 박사·이기붕 의장을 지지하는 혈서를 쓰기도 하고, 자유당의 부정선거운동에 적극적으로 활동했다.

투표 당일에는 경찰들이 부정 투·개표현장에 동원되었고, 청주시내 교통정리를 헌병에게 맡겨 강압적인 선거분위기를 조성했다. 또한 충주에서 일부 군인들은 3월 15일 오전 12시경 트럭 4대에 분승해 군가를 부르며 관제시위를 하기도 했다.(『한국일보』 1960년 3월 16일자)

오전 7시부터 시작된 투표는 모든 투표구마다 자유당 운동원들이 완장을 차고 부정투표를 독려했으며, 민주당 참관인들은 대부분 투표소에 입장조차 하지 못했다. 3인조·9인조 공개투표가 강행되었으며, 일부는 대리투표도 이루어졌다. 괴산군 청안면 제4투표구 민주당 참관인 장석주는 오전 7시 반공청년단원 4~5인으로부터 구타당하고 투표소 입장을 거부당하여 마침내 참관을 포기하고 청주시내 병원에 입원했다.(『한국일보』 1960년 3월 16일자) 아침 8시경 청원군 오창면 제2투표소에서는 민주당 참관인 신근규 씨가 공개투표에 항의해, 투표용지 58매를 찢어버려 현장에서 경찰에 의해 긴급 구속되었다.(『조선일보』 1960년 3월 16일자) 오전 9시경 충주시 단월동 투표구에서는 민주당 선거운동원이 괴한으로부터 몰매를 맞았다. 도망가던 피해자는 2km 지점까지 뒤따라온 괴한에게 또다시 얻어맞았다. 청주시내의 선거풍경에 대해 『한국일보』 3월 16일자는 다음과 같이 전한다.

---

12) 반공청년단 충북도단부의 주요임원은 다음과 같다.
　　- 단장 : 송경섭 - 부단장 : 홍정흠, 박명섭 - 반공부장 : 최병준 - 조직부장 : 박학래
　　- 훈련부장 : 김종호 - 총무부장 : 유지덕 - 특정부장 : 박인석

투표날인 15일 청주시내에서는 새벽 5시 또는 5시 30분에 자유당이 각 동별로 유권자들을 각각 지정한 장소에 집합시켜 3인조, 9인조로 편성(공무원과 공무원 가족은 별도 조직)한 다음 투표가 시작된 7시 투표소문이 열리자마자 조별로 질서정연하게 투표소로 들어갔다. 시내 사직동 제1투표구에서 투표하고 나온 사람은 투표용지를 조장에게 보이고 넣었다고 말하였다. 특히 어떤 조장은 자기조의 번호표를 회수해서 투표용지를 받아 일괄해서 조장이 기표하여 집어넣기도 하였다. 이와 같은 3인조, 9인조의 공개 및 일괄투표가 강행되자 당지 민주당 선거사무장 이민우 의원은 "부득이 선거를 포기 해야겠다"고 개탄하였다. 한편 이날 각 투표소 입구에는 완장을 찬 자유당원들이 3인조, 9인조를 감시하면서 이탈자를 제지하고 있다.

4할 사전투표와 3인조 공개투표에 이어 개표 현장에도 불법이 판을 쳤다. 청주에서는 오후 5시에 투표를 마치고 청주중학교 강당에서 10시경부터 개표에 들어갔다. 일반인과 취재기자는 출입이 금해졌다. 청원군은 청원군청에서 개표를 했는데 충북신보와 조선일보 기자 2명만 출입이 허용되었다. 제천군에서도 개표장에 기자의 출입이 금해졌다. 출입이 허용된 사람은 반공청년단장을 비롯한 제천 군수, 경찰서장, 판사, 검사, 국민회장, 부인회장, 서울신문 지국장, 대한노총 지부장, 여자청년단 단장 등 10명뿐이다.(『한국일보』 1960년 3월 16일자) 전국적인 부정 투·개표는 민주당의 선거무효 선언을 야기했으며 청주에서도 16일 오전 1시 민주당 이민우 국회의원이 참관을 포기하고 퇴장을 했다.

부정투표 용지에 대한 소각도 이루어졌다. 청주농고 3학년 4반 담임이었던 이상록 교사는 3월 15일 숙직을 했다. 그는 다음날 새벽 1시경 공동묘지 쪽(현 청주여고 부근)에서 커다란 불기둥이 하늘로 치솟는 것을 보고, 날이 새기 전에 현장에 가 보았다. 그곳에서 큰 드럼통 19개와 함께 투표용지를 태운 흔적을 발견하였다.

사상 유래 없는 부정투표는 충북 총유권자 592,292명 중 576,437명이 투표하여 97.3%의 투표율을 보였다. 이승만은 510,369표를 얻어 88.5%를 득표했다. 부통령선거에서 이기붕은 437,889표(78%), 김준연 15,196표(2.7%), 임영신 5,165표(0.9%), 장면 98,587표(17.7%)를 득표했다. 청주시는 36개 투표구에서 선거인수 37,989명 중 95.9%인 36,456명이 투표하였다. 그중 이승만은 86.6%인 30,878표를 득표했다. 부통령선거에서 청주는 대통령선거와 같이 36,456명이 투표하여 그중 99.4%인 36,251표가 유효투표이다. 입후보자별 득표수는 이기붕 27,342표(75.4%), 김준연 182표, 임영신 93표, 장면 8,634표(23.8%)이다.

5. 4월혁명 전개과정

1) 충북지역의 4월혁명

1960년 2월 28일은 일요일이었다. 그런데 대구시내의 고등학생들은 일요일임에도 불구하고 등교해야 했다. 이날 민주당 장면 부통령 후보가 대구에서 유세를 하게 되어 있었다. 민주당 유세에 학생들의 참여를 막기 위해 급조된 명목으로 등교지시를 내린 것이다. 대구고는 토끼사냥을, 대구여고는 졸업생 송별회를 한다는 등의 명목이었다. 학생들은 학교당국이 내린 조치의 진의를 파악하고, 2월 28일 "학원의 자유를 달라", "학원을 정치도구화하지 말라" 등의 구호를 외치며 부정선거 규탄데모를 벌였다. 대구시내 1,200여 명의 고등학생들이 불법선거에 항거하는 횃불을 든 것이다.

대구의 2·28시위는 전국에 들불처럼 번졌으며 충북에서는 충주고에서 3월 10일 최초로 시위를 일으키게 된다. 충북은 충주고 시위를 시발로 4월 18일 대규모 연합시위까지 수차례의 시위를 전개했다. 4·26 이승만 대통령 사퇴성명 이후에는 선무반 활동을 하면서 지속적인 저항과 민주주의 회복을 위한 투쟁을 전개한다. 충북지역의 4월혁명 전개과정을 보면 다음과 같다.

<표 6> 충북지역 4월혁명의 전개과정[13]

일시	시위 주체	규모	장소	주장	비고
3.10	충주고 충주여고	300명	민주당 앞, 시내일원	· 민주주의 만세 · 학원을 정치도구로 삼지 말라	· 1차 25명 연행 · 2차 6명 연행
3.13	청주농고	50여 명	교문 앞, 우암산	· 학원의 관권 침투를 배격 한다	· 해산 당함
3.14	청주고교 등	50여 명	교동초 앞		· 연행 인원 미상
4.12	민주당 간부	57명	민주당사		· 가두시위 저지 당함
4.13	청주공고	50~60명[14]	청주역전		· 시위 기도
4.16	청주공고	200명	청주역전, 충북산업		· 30~40명 연행
4.18	공고, 상고, 청주고, 청여고, 청주기고 등	2,500명	중앙극장, 청여고 앞, 도청, 시내일원	· 학원에 자유를 달라 · 3·15선거 다시 하라 · 마산학생 살해 및 고문경관 처단하라	· 150명 연행 · 5명 구속 · 전국에서 두 번째 규모의 연합 시위
4.19	청주농고, 청주대, 세광고	1,000명	시내일원, 외덕교회 앞, 동공원	· 구속된 고교생을 즉각 석방하라 · 마산사건의 경찰관을 처단하라	· 120명 연행 · 다수 부상
4.26	제천고	100명	연초경작조합, 시내	· 선거 다시하자 · 악질경찰 물러가라	· 평화적 시위
4.27	청주고	100여 명	중앙공원, 도청	· 한희석, 최인규 처단 · 충북도지사 사퇴	· 충북도지사 사퇴수용 밝혀

---

13) 총 10회의 시위과정은 신문기사, 문헌자료, 증언을 참조했는데, 증언만 있는 것은 4월 13일의 청주공고 시위이다. 이날의 시위에 대한 증언은 2학년생 김연웅,

2) 3·15부정선거 이전의 시위

(1) 3월 10일 충주고와 충주여고 시위[15]

충북최초의 시위는 충주에서 3월 10일 오후 1시경 충주고 1차 시위에 이어 오후 5시부터 시도된 충주여고와 충주고의 2차 시위로 이어졌다. 3월 9일 저녁 적당한 유세장소를 허가받지 못한 민주당 부통령 후보 장면 박사와 박순천 여사는 충주시가지에서 선거 유세를 하고 있었다. 유세를 해산 시키려는 경찰과 이에 저항하는 학생들 사이에 마찰이 있었다. 충주고는 3월 10일 학기말 고사를 치르기로 되어 있었다. 그런데 갑자기 학교 측에서는 시험 1교시를 다음날로 연기하고 자유당 홍병각 의원의 강연회를 개최했다. 윤한상 학도호국단 운영위원장은 홍의원의 강연회가 정치강연으로 변질되면, 시위를 감행할 것을 사전에 동료 학생들과 결의했다. 강연은 예상대로 "이승만 대통령과 이기붕 부통령 후보의 위대성이 한참 강조"되었다.

윤한상의 주도하에 여러 명의 학생들이 홍의원에게 "집어 치워라"고 외치며 강당에서 퇴장했다. 300여 명의 학생들은 오후 1시경부터 교문을 나와 "학생을 정치도구로 사용하지 말라!", "학원의 자유를 달라", "민주주의를 쟁취하자!" 등의 구호를 외치며 시내 중심가를 향해 행진했다. 성서동에 있는 민주당 충주시당 앞으로 몰려가서 20분간

김영한이 해주었는데, 시위상황에 대한 증언이 구체적이다. 관련 자료와 추가증언을 확보하는 것이 이후 과제로 남는다.

14) 4월 13일 청주공고의 시위는 2학년이 주도한 시위로 김연웅은 약 50~60명, 김영한은 약 200명으로 상반된 증언을 한다. 비록 실패한 시위라 하더라도 200명 정도의 인원이 시위를 하기 위해 청주역전까지 집결했다면 당시 신문에 기사화됐을 것으로 보인다. 그런 연유로 김연웅의 증언을 참조했다. 물론 4월 13일의 시위에 대해서는 추가적인 조사와 증언이 필요하다.

15) 『충북신보』, 『동아일보』, 『조선일보』, 『서울신문』 1960년 3월 10~12일자.

구호를 외치며 시위를 했다. 그곳에서부터 버스정류장을 거쳐 한일 양조장 앞까지 약 1.5km의 코스를 행진했을 때, 경찰대와 마주쳤다. 학생들은 경찰의 곤봉세례를 받고 대열은 흐트러졌다. 이날은 충주 장날이었는데, 시위대가 도망치면서 장터의 채소와 물건들을 훼손시켰음에도 상인들은 학생들을 응원했다. 3시 반경 해산되었다. 약 25명이 경찰에 연행된 다음 주모자 4명만 남고 나머지는 석방되었다.

오후 5시경 충주여고생 다수가 역전동 도립병원 부근에서 삐라를 살포하며 데모하려다 사전에 발각되어 해산되었다. 2차 시위는 8시 30분경 시내 중심가를 집결지로 정하며 시작되었다. 아시아 극장 근처 충주 시외버스터미널 주차장에 충주고생 약 300여 명이 다시 모였다. 충주고 학생주임이 시위를 만류했지만 시위는 진행되었다. 삼엄한 경비망을 뚫고 50여 명의 남여고생들이 "학원의 자유를 달라"며, 아시아 극장 앞 로터리를 지나 중앙시장 앞에 도착했을 때 경찰의 기습을 받았다. 주모자 6명이 연행되었다가 몇 시간 후 석방됐다.

(2) 3월 13일 청주농고 시위[16]

3월 12일 청주시내 각 고등학교 학생 여러 명이 모의해, 13일 일제히 시위를 감행하기로 결정했으나 타 학교에선 사전에 제지되었다. 청주농고 3학년 2반 강병웅 군 외 여러 명이 주동이 되어 삐라를 등사하는 등 시위를 준비했다. 학생 50여 명은 조회를 마치고, "학원의 관권 침투를 배격 한다"등의 구호를 외치며 정문을 진출했다. 시내로 나오려 했으나, 정보를 입수한 경찰대의 출동으로 시위대는 분산되었다. 시위대는 우암산으로 발길을 돌렸다. 우암산에서 시위대원 수습을 마치고 시위행진을 감행하려고 할 때, 무장경관의 포위로 시위는

---

16) 4월혁명 청사편찬회, 1961, 「청주농고 편」, 『한국민주 4월혁명 청사』.

지속되지 못하고 무산되었다. 경찰에서는 주동자를 체포하려 했으나 학교 측에서 자체적으로 해결할 것을 요구하여, 연행자는 발생하지 않았다.

(3) 3월 14일 청주고 시위[17]

14일 오전 10시경 청주시내 교동초등학교 앞길에서 집결한 청주고교를 비롯한 일부 고교 1, 2년생 약 50여 명은 데모를 하려다 학교교사와 경찰의 경비강화로 좌절되고 말았다.

이날의 시위상황과 관련한 증언은 청주공고의 오성섭[18]과 청주고의 이래필[19]의 증언을 참조할 수 있다. 이래필은 시위를 3월 16일로 기억하지만 오성섭의 증언과 한국일보 기사를 비교했을 때 3월 14일일 것으로 보인다. 이후 추가적인 증언을 통해 3월 14일 시위상황을 보다 구체적으로 정리할 필요가 있다.

---

17) 『한국일보』 1960년 3월 15일자.

18) 오성섭 증언 내용은 다음과 같다. "~ 민주주의 수호의 한길에 동참할 동지가 없어 안타까워하던 차에 마침 청주고 학생을 비롯, 각 학교 학생대표 15명이 모일 수 있다. 13일 저녁 우리는 배고픔도 잊고 밤을 새워가며 호소문, 구호 등을 쓰기 시작했다. 이렇게 밤새워 쓴 것이 약 2천여 장 되어, 각 학교별로 나누어 가졌다. 도시락 속, 혹은 자신의 몸속 깊은 곳에 간직하고, 14일 9시 정각 시내에 각 학교가 모여 데모를 하려다, 이날 또한 미리 발각돼 뜻은 좌절되고 경찰에 연행되어 갖은 문초를 받고~"

19) 이래필 증언 내용은 다음과 같다. "본인 집 근처의 청주여고 2학년 곽승자 자취방에 3월 15일 6시경 모였다. 전단을 만들자고 해 밤새도록 이래필, 지훈택, 곽승자, 강병웅, 오성섭 등 7명이 1,200장 정도 만들었다. 내용은 "학원의 자유를 달라", "정치활동에 학생들을 이용하지 말라", "부정선거 다시 하라"였다. 당시에는 교장들이 자유당에 메여 있어 자유당의 정치집회나 장관들이 청주에 왔을 때 학생들을 동원하는 일이 다반사였다. 약 100여 장씩 나눠 갖고 각 학교에 배포할 것을 결의했다. 본인은 청주중학교 3학년 윤○○에게 맡겨 청주중·고에 배포할 것을 지시했다. 3월 16일 하교 후 집에서 경찰에게 연행되었고 여학생들도 연행되어 와 울고 있었다."

3) 3월 11일 세광고의 관제데모[20]

전국적으로 부정선거 항의시위가 확산되자 이승만정권은 관제데모를 사주해 맞불을 놓았다. 3월 13일 전국대학생 구국총연맹과 국정연구회는 학생들이 시청 앞, 미도파백화점 앞, 미국대사관 앞 등 도심에서 시위할 때 "자유당의 이박사와 이기붕 의장을 지지한다"는 플래카드를 두른 가두 선전차를 타고 "학생들은 자중하라"고 소리를 질렀다.(오유석, 2010)

충북에서는 세광고가 경찰의 사주를 받은 것으로 보이는[21] 관제데모를 전개했다. 3월 11일 오후 6시경부터 약 40분간 세광고생 100여 명[22]은 청주시내에서 "민주당은 학생을 정치도구화하지 말라", "학원에 자유를 달라"는 등의 삐라 살포와 함께 시위를 전개했다. 기독교계 학교인 세광고등학교 학생들은 남문로 1가 청주약방근처에서 데모를 감행했다. 이들은 "학도는 민주당의 앞잡이가 아니다", "학도는 배움에 힘쓰라"라는 구호를 외쳤다. 시위대는 출동한 경찰에 의해 연행된 후 석방되었다. 이날의 시위와 관련해 한국일보는 세광고등학교만이 아니라 청주공고를 비롯한 여러 개의 학교가 공동으로 집행한 것으로 보도했다. 기사 내용은 아래와 같다.

---

20) 『충북신보』, 『동아일보』, 『한국일보』 1960년 3월 13일자.

21) 세광고생들은 이날의 시위와 관련해 경찰이 개입되어 있다고 주장했다. 세광고 학생들은 4월혁명이 지난 1960년 5월 2일 충북도경찰국 김상기 사찰과장을 방문해 항의면담을 진행했다. 학생대표 8인은 관제데모를 경찰이 조종한 것이라고 주장하며, 당시 뿌려졌던 삐라가 "모측에서 제공되었다"고 주장했다.

22) 시위대의 규모와 관련해 『충북신보』는 20~30명, 『동아일보』는 150명, 『한국일보』는 100명으로 보도했다. 참고로 4월혁명을 전후해 『충북신보』는 보수적인 논조를 유지하며, 시위규모를 축소하거나 정치·사회적 분위기를 왜곡 보도한 경우가 많았다.

　　11일 밤 6시 5분부터 6시 40분 사이에 세광고등학교, 청주공업고등학교 등 청주시내 각 고등학교 학생 100여 명은 두 패로 나누어져서 청주역전과 청주극장에서, "민주당은 학생의 정치이용을 즉각 중지하라"고 쓴 플래카드를 들고 "민주당은 순진한 학도를 사주한 죄악을 반성하라", "학도는 민주당의 앞잡이가 아니다" 등등 쓰여진 삐라 수천 장을 살포하면서 "학도는 배움에 힘쓰라"고 시위하였는데, 데모는 경비 중인 사복형사들에 중지되고 30분 만에 출동한 40여 명의 무장경관에 의해 완전 진압되었으며, 청주경찰서에서는 주모자 정(정중부, 20, 세광고 2년) 군을 연행하고 조사 중이다.

4) 청주공고 시위와 연합시위 도모

(1) 민주당의 4 · 12농성[23]

　　민주당 청주시당부는 4월 12일 오후 4시경부터 선거무효를 주장하며, 평화적인 가두시위를 시도했다. 하지만 4월 11일부터 민주당사를 감시하던 경찰에 의해 가두시위는 좌절되었다. 경찰 측은 12일 오전 8시부터 사복경찰관 등 200여 명을 동원해 민주당사를 포위했고, 당사 주변에 일반인들의 출입을 통제했다. 민주당은 가두시위가 좌절되자 서문동 당사에서 간부 57명이 농성에 들어갔다. 선전부장 서병주, 김정은, 최광룡, 김동호 등이 당사에서 연좌농성을 벌였다. 민주당은 15일 오전 10시 농성을 중지했다.

(2) 청주공고의 4 · 13,[24] 4 · 16[25]시위

　　청주공고 2학년 김연웅과 김영한의 증언에 의하면, 공고생 1, 2학년

---

23) 『충북신보』, 『한국일보』 1960년 4월 14일자.

24) 청주공고 2학년 김연웅, 김영한의 증언.

25) 『한국일보』 1960년 4월 17일자.

들은 4월 초부터 시위를 준비26)했다고 한다. 4월 13일 오전 10시경 2학년 기계과 한 개 반과 1학년 일부학생 등 약 50~60여 명은 학교 정문을 나와 청주역전 앞에서 시위를 기도했으나 경찰의 제지로 실패했다.

4월 15일 교내 이발관에 오성섭, 최무웅과 7개 과대표 총 9명이 모였다. 이들은 이발관 옆 무심천 뚝으로 장소를 옮겨 4월 16일 청주역전 광장에서 시위를 할 것을 결의했다. 4월 16일로 정한 것은 청주시·청원군의 현역병이 징병 소집되는 날이라, 이들이 시위에 동참할 것으로 기대하고 정한 것이다. 4월 16일 12시 10분 공고생 약 200여 명은 3·15부정선거 규탄데모를 하기 위해 청주역전에 집결했다. 경찰차량이 들이닥치며 총과 방망이를 든 100여 명의 경찰 및 사복경찰들이 차에서 뛰어내려 시위대를 포위해오며 해산할 것을 명령하였다.

이때 학생위원장 오성섭이27) 소리쳤다. "모두들 흩어지지 말고 나를 따르라!" 이 말과 동시에 학생들은 함성을 지르며 6~7명씩 어깨를 끼고 뛰면서 시내 중심가를 향했다. 학생들은 조직적인 시위를 전개할 준비를 갖추고 있지 못했다. 시위대는 플래카드를 준비하지 못했고, 구호를 제대로 외치지 못했다. 이들은 역전에서 중앙시장 앞을 지나 북문로 2가 충북산업사 앞까지 2백 미터를 구보 행진했다. 갑자기 대형트럭이 앞을 막았고, 무장한 경찰들이 트럭에서 쏟아져 나왔다. 학교 교사들도 학생해산에 동원되었다. 대열은 삼삼오오 짝을 이루며

---

26) 4월 초부터의 시위 준비상황에 대해 김영한은 다음과 같이 증언했다. "4월 초부터 청주공고 기계과 2학년 김태형의 수동 자취방에 본인과 강건원, 이영일, 곽한소, 1학년 김택현, 김용길 등 여러 명이 수시로 모여 앉아 시국상황을 이야기하며, 학생들이 들고 일어나야 된다는 이야기에 뜻을 같이하고 삐라 작성, 살포, 여럿이 볼 수 있는 장소에 포스터 그림을 만들어 붙이는 일 등의 계획을~ (세워) 4월 13일 데모준비에 박차를 가하였다."

27) 공고 2년생 김연웅과 김영한은 4월 16일 시위에 3학년이 참석하지 않았다고 주장한다. 하지만 3년생 오성섭과 최무웅은 3학년이 주동이 되어 시위를 전개했다고 증언했다.

흩어지기 시작했고, 시내 곳곳에는 경찰들의 삼엄한 경비가 계속되었다. 30여 명의 학생들이 경찰서로 강제 연행되었다가 약 2시간 후 모두 석방되었다.

공고생들은 4월 17일 중앙공원에서 다시 시위를 하기로 약속했다. 청주장날인 4월 17일 청주공고생들이 시위를 하기 위해 중앙공원으로 갔으나 기마경찰대가 공원을 에워싸 시위를 포기할 수밖에 없었다.

(3) 연합시위 도모

청주에서는 고등학생을 중심으로 3월 중순부터 연합시위에 대한 논의와 실천이 있었다. 연합시위에 대한 논의는 몇 가지 방식을 통해 이루어졌다. 우선 학도호국단 운영위원장을 비롯한 몇몇 주요간부들이 모여 만든 공석회(公石會)에서의 논의과정이다. 공석회는 해공(海公) 신익희와 유석(維石) 조병옥의 호 중 한 글자씩을 따 이들의 정치사상을 따르는 학생들의 모임으로 출발한 단체다. 공석회[28]는 1960년 3월 5일 결성했고, 회원으로는 청주상고 신광호, 청주공고 오성섭·최무웅, 청주여고 조민자 등이었다.

이들은 임시회의를 소집하여 3월 9일 장면 부통령 후보 강연회 참여방안을 토의했다. 관련자들의 증언과 자료를 종합해보면 3월 13일과 14일, 4월 18일의 시위를 공동으로 집행할 것을 결의한 것으로 보인다. 하지만 13일[29]에는 농고생 50여 명만이 시위를 했고, 14일 역시 성공한 연합시위로는 보기 어렵다. 4월 18일의 시위는 성공적인 연합

---

28) 공석회에 관한 증언은 청주공고 오성섭·최무웅, 청주상고 신광호의 증언이 있었고, 청주고 이래필은 공석회라는 명칭은 쓰지 않았지만 공석회 멤버를 거명하며, 연합시위에 관한 준비모임이 있었다고 증언해 주었다.

29) 3월 12일 여러 학교 학생이 모여 13일 시위를 논의한 모임이 공석회인지는 명확하지 않다.

시위라 볼 수 있다. 물론 청주농고가 참여하지 않았고, 청주여고를 포함한 여고생들의 소수만이 참여한 한계는 있다. 하지만 18일 2,500여 명이 참여한 시위는 청주라는 중소도시에서의 시위로는 제법 대규모의 시위라 수 있다. 이들은 공석회 회원의 자취방에 모여 전단지와 삐라를 작성했으며 각 학교별로 선전물을 나눠 갖고 시위에 참여했다. 공석회는 청주지역 4월혁명에서 연합시위를 주도한 모임이다.

연합시위를 논의한 또 하나의 모임은 청주공고 2학년생이 중심이 된 의협단[30]이다. 주요 회원은 청주공고 2학년 김영한, 김연웅, 강건원, 박노경, 이영일, 곽한소 등이다. 이들은 각 고등학교 학생들과 연락하고 조직을 확대[31]해 갔다고 한다. 4월 18일 시위를 앞두고 청주고, 상고, 세고, 청주여고 학생들과 접촉을 해 연합시위를 할 것을 협의했다.

한편 대학 간에는 연합시위의 논의가 지지부진했다. 청주대생 김현수는 4월 18일 충북대학교에 가서 학도호국단 규율부장 정해열을 접촉했으나 연합시위는 이루어지지 않았다.

---

30) 의협단에 관한 증언은 청주공고 김연웅과 김영한의 증언이 있다.

31) 청주공고 김연웅은 4월 17일 미수에 그친 집회를 의협단에서 논의했다고 주장한다. 그의 증언내용은 다음과 같다. "청주시 수동 충북 도지사 관사 부근인 (내)자취방을 연락본부로 활용, 2학년 재학생 김영한, 강건원, 이영일, 정구희, 곽한소, 유길, 유도상, 윤길호 등과 1학년 김택연, 김용길, 한정교, 김무웅 등 수십 명이 시국상황을 걱정하며 뜻을 규합 각종 유인물을 제작 배포하고, 각 고등학교별 중학교 동창생들을 포섭하는 방식으로 각 학교에 거사 계획을 전파하여 4월 16일 청주시내의 모든 고등학교(공고, 여고, 청고, 농고, 상고, 세고) 학생 협의회 대표들이 참석 17일 청주 장날을 기해 중앙공원에 집결 총 궐기를 결의했으나 비밀이 누설되어 경찰의 원천봉쇄로 계획은 무산됐다."

5) 4 · 18연합시위와 4 · 19

(1) 4 · 18연합시위

4월혁명은 대구의 2 · 28시위로 시작되었고, 마산의 1, 2차 시위는 전국 각지의 시민들과 학생들을 시위대열에 합류하게끔 하는 주요한 계기가 되었다. 또한 4월 18일의 고려대생 시위사건은 4월 19일 전국 적인 민주항쟁을 있게 한 역사적 사건이었다. 4월 18일 고려대생 3,000여 명은 신입생환영회를 명분으로 교내에서 집회를 열고 일제히 가두로 진출했다. 이들은 서울시내에서 시위를 마치고 귀교 길에 올랐다. 학생들이 천일백화점 앞에 이르렀을 때 쇠갈고리와 곡괭이 및 쇠사슬 등으로 무장한 100여 명의 정치깡패들이 고려대생을 습격했다. 이들은 반공청년단(단장 신도환) 종로구단(단장 임화수) 특별단부 소속 깡패였다. 이들은 경무대 경무관 곽영주와 연결되어 있었다. 규모가 큰 최초의 대학생시위였던 4 · 18 고려대생 시위와 정치깡패들의 고려대생 습격사건은 4월혁명의 기폭제가 되었다.

같은 날 청주에서는 전국에서 두 번째 규모의 시위가 발생했다. 2,500명의 고등학생이 참여한 4 · 18연합시위가 발생한 것이다. 4월 18일은 전국에서 고려대, 청주의 연합시위와 부산 동래의 1,000여 명의 시위가 주요한 시위일 뿐이었다. 인천 · 광주 · 대구 · 대전 · 원주 · 목포 등 전국의 주요도시에서는 침묵을 지켰다.(『한국일보』 1960년 4월 19일자)

4월 18일 청주고생 이래필, 이한우, 우원기 등은 아침 교무조회 시간을 틈타 각 교실로 향했다. 전교생들을 운동장에 모이게 했다. 운동장에 모여 이한우, 이상규가 교단에 서서 "3 · 15부정선거 규탄한다"라고 구호를 외쳤다. 오전 9시경[32] 200명의 학생들은 "부정선거 규탄",

---

32) 『한국일보』에는 청주고가 4월 18일 오후에 청주공고 · 상고가 중심이 된 시위대

"학원자유 보장" 등을 외치며 행진하여 중앙시장 극장 앞까지 진출했다. 출동한 기마경찰대는 학생시위대를 휘저으며 해산시켰다. 이에 학생들은 뿔뿔이 흩어져 도망을 쳤다. 주동자급 3학년들은 당산으로 피신하여 숨었다.

청주공고는 아침조회 직전부터 정사복 경찰과 기마병들이 학교주변에 배치되었다. 1, 2학년생들은 3학년들에게 "선배님들 무엇 하는 거요. 학교 내에 경찰들이 들어와 공포분위기를 조성해도 되는 거요?" 하며 야유 섞인 불평과 볼멘소리를 하였다.[33] 선생들은 교실로 빨리 들어갈 것을 재촉했다. 3교시가 끝난 후 "궐기하러 나가자"는 소리와 함께 전교생이 운동장으로 나왔다. 12시경 학생들은 학도호국단의 노래를 부르며 "마산사건에 경찰은 책임져라"를 외치며 시위를 시작했다. 연락 조는 청주여고, 농고, 청주고 등으로 발 빠르게 움직였다. 1천 명에 가까운 시위대는 북문로를 지나 청주여고를 향했다. 이들은 자갈과 돌멩이를 주머니와 양손에 쥐고서 함성을 지르며 행진했다. 시위대가 교동초등학교를 경유해 주성중학교에 이르렀을 때, 기마대가 시위대의 후미를 갈라놓았다. 전방에 있던 대다수 학생들은 청주상고 쪽으로 향했다. 곤봉으로 얻어맞고 발길로 채이면서도 흩어지지 않고 5~6명씩 어깨를 낀 채 앞으로 나갔다. 전방과 갈라진 후방 150여 명은 뒤로 후퇴하며 문화동과 서운동일대 민가로 숨어들었다. 담을 뛰어넘다 담가놓은 장독에 빠지기도 했다.

청주상고에 도착한 시위대는 상고생들에게 "나오라"며 함성을 질렀다. 공고생이 왔다는 소식을 들은 청주상고 운영위원장 신광호는 방

열에 합류했다라고 되어 있다. 하지만 청주공고와 청주상고생들 대부분은 18일 청주고가 시위에 참여하지 않았다고 한다. 이는 청주고 이래필, 우원기의 증언대로 청주고가 오전에 시위를 마쳤기 때문인 것으로 보인다.

33) 청주공고 3년생 최무웅의 회고문.

송실로 갔다가 학생들에게 운동장으로 모이라고 방송했다. 1,400명에 가까운 학생들이 공고생 1,000명과 함께 운동장에 합류했을 때 경찰들이 포위를 했고, 기마대들이 사격자세로 운동장을 둘러쌌다. 문학동 경찰국장이 운동장 교단에 올라가 "학생들이 이렇게 경거망동해서는 안 된다"라며 시위 자제를 촉구했다. 시위대열에 합류할 것을 호소하기 위해 청주농고에 갔다 온 일부 시위대가 이때 동참했다. 청주농고 연락조와 일부 학생들이 문학동 경찰국장을 향해 돌을 던져, 경찰국장의 입술에 피가 흘렀다. 일부 학생들이 경찰국장을 보호하며 "평화적인 시위"를 촉구했다.

시위대는 오후 1시경 청주대 정문을 출발했다. 이들은 스크럼을 짜고, 통일행진곡을 부르면서 "경찰은 학원에 간섭하지 말라", "3·15선거 다시 하라"는 구호를 외쳤다. 또한 "마산학생 살해 및 교문경관 처단하라"는 내용의 삐라를 뿌렸다. 대열의 일부는 청주고로 가서 시위대열에 합류를 촉구했고, 다른 대열은 한국도자기를 경유해 청주여고로 갔는데 문이 굳게 닫혀 있었다. 선생들이 정문을 봉쇄한 것이다. 시위대는 청주여고 앞에서 함성을 지르며 수위실에 돌을 던졌다. 담을 뛰어넘은 청주여고생 20~30명이 시위대열에 합류했다. 청주여고생들은 공고생들의 합류소리에 약 60명이 운동장으로 나왔으나 선생들의 제지로 일부만이 교문을 나왔다. 이들 10명 내외는 서문대교를 건너지 못하고 무심천 돌다리를 건너 청주상고로 합류했다.[34]

시위대가 도청을 향해 가는 도중 상당공원 정문 앞에서 경찰병력과 맞부딪쳤다. 소방차가 물을 뿌려대기 시작했다. 순식간에 아수라장이 되었고, 대열이 흩어지기 시작했다. 무장한 경찰과 기마병들이 학생들을 연행하기 시작했다. 곤봉으로 머리를 내리쳐, 머리가 깨져 피투성이가 되는 참극이 벌어지기도 했다. 이러한 과정에서 무차별 체포

---

34) 청주기고 2년생 최정자, 변자문 증언.

를 당하여 경찰서로 연행된 인원이 150명에 이르렀다. 사방으로 흩어진 학생들은 주택가로 산으로 도망치기 시작했다. 시내 곳곳에는 경찰병력과 사복경찰이 쫙 깔려 있어 공포분위기와 긴장감이 휩싸였다. 도처에 숨어 있던 약 600여 명의 학생이 청주 동공원 와우산(우암산)에 집결했다. 경찰 측에서 '연행했던 학생을 즉시 석방하라'는 요구조건에 합의함으로써 3시 30분에 각 학교로 귀교하였다.(『한국일보』 1960년 4월 19일자)

연행자 150명은 4월 19일 새벽에 대부분 석방되었으며 구속자 5명은 구속적부심에 의해 20일 오후 10시경 석방되었다. 이들은 청주공고 오성섭(22)·이용희(19), 청주상고 임병준(18)·신광호(22)·이세현(20)이다. 한편 경찰의 진압으로 수많은 학생이 부상당했으며, 19일 오전 8시 현재 밝혀진 부상자 명단은 다음과 같다. 오성혁(청주공고 3년, 머리에 심한 타박상), 김태산(대성중 2년), 나처운(청주상고), 성명미상.(청주고생)

⑵ 청주농고·청주대의 4·19시위

청주농고생 약 500여 명은 오전 9시 조회를 마친 후 "학원에 자유를 달라"는 플래카드를 앞세우고 시위를 시작했다. 운동장에 집합한 학생 중 누군가가 "농기구 창고에 가서 농기구 1개씩 가지고 모여라" 하고 소리쳤다. 이들은 삽, 괭이 등의 농기구를 들고 운동장으로 모였다. 농기구를 놓고 가라는 선생들의 만류를 뿌리치고 교문을 진출했다. 전교생은 서쪽 샛길을 택하여 철로로 가서 신주머니와 호주머니에 돌을 가득 채웠다. 철로를 따라 내덕동 후미에 이르렀을 때 경찰이 막아섰다. 몇 명 되지 않는 경찰들은 뒤로 물러섰고, 일부 학생은 파출소 유리창과 초소에 돌을 던졌다. 선생의 만류에 대부분 농기구를 버렸다.

청주여고 앞에서 여고생들에게 "동참하라"고 외쳤지만 반응이 없었다. 이때 기마병이 나타나 물대포를 쏘며 대열을 막아섰다. 3학년 홍양일이 경찰봉으로 머리를 얻어맞아 병원으로 후송되었다.[35] 도청에 진입하려는 시위대에게 경찰은 무자비한 진압작전을 펼쳤다. 최루탄을 사정없이 퍼부어 댔고, 최루탄 파편에 부상자도 속출했으며 경찰과 학생 간에는 최루탄과 돌멩이가 난무했다.

시위대는 "부정선거 다시 하라", "대통령은 사퇴하라", "부정선거 원흉 처단하라" 등의 구호를 외쳤다. 도청 진입이 좌절되자 구 법원 사거리에서 세광고 방향으로 이동했다. 무장경찰이 가로막으려 시위대는 당산으로 쫓겼다. 무장경관은 사격자세를 취하며 시위대를 에워쌌다. 한참동안 대치한 후 경찰은 시위대를 중앙초등학교 강당으로 인솔해 갔다. 사찰과장 김상기는 쌍권총을 차고 단상으로 올라가 "너희들은 빨갱이들이니 전원 체포 한다"고 소리쳤다. 이때 서정일 교장이 김상기 사찰과장에게 "이 학생들은 잘못이 없으니 나를 체포하시오"라고 했다. 사찰과장은 "주동자는 앞으로 나와"라고 외쳤고, 운영위원장 김상현이 "제가 주동자입니다" 하면서 벌떡 일어났다. 이때 전체 학생이 일어서며 "내가 주동자요" 하고 외쳤다. 잠시 후 문학동 경찰국장이 단상에 올라 시위 자제를 부탁하며 전원 석방조치를 취했다. 청주농고 시위대는 5명이 부상당하고 도 경찰국에 29명이 연행되었는데, 연행자들은 오후 8시 30분에 석방되었다. 4월 20일 경찰서와 특무대는 학교 측에 주동자 명단제출을 요구하고 가정조사를 지시했다.

4월 19일 청주대학교는 휴강이 많아 등교한 학생이 적었다. 학도호국단 총무부장 김현수는 충북대와 연합시위를 시도했지만 시기적 급박성 때문에 이를 포기하고 청주대만의 시위를 시도했다. 이종현이 학생과로 가서 "전교생은 학교 강당으로 모이라는 방송"을 하고[36] 오

---

35) 청주농고 3년 김재길의 회고문.

세억, 박종희, 박상기 등이 학생들을 소집했다. 오전 11시경 350여 명의 학생들은 강당에 집결했다. 이들은 김현수와 박종희(부 운영위원장)의 연설을 듣고 12시경 정문으로 진출했다. 시위대는 "3·15부정선거 다시하자", "연행된 학생을 즉시 석방하라", "마산사건의 고문경찰관을 즉시 처단하라" 등 5개 슬로건을 내걸었다. 시위의 맨 앞 대열에는 오세억, 박종희, 박신평, 이종현, 권인식, 오세철, 심만보 등이 있었고 뒤따르는 학생들은 스크럼을 짜고 대오를 형성했다. 박영수 청주대 신문사 편집국장은 이정규 학장의 취재 격려로 시위대열을 따라 시위 전 좌정을 취재했다.

시위대는 철로로 가지 않고[37] 내덕파출소를 경유해 시내로 갔다. 시위대의 행진에 지나가는 시민들은 박수를 보내며 격려를 해주었다. 1차로 경찰과 대치한 곳은 구 청주방직(현 청주시 상당구청 자리) 앞이었는데, 규율부와 운동선수들이 중심이 된 선두그룹이 경찰 저지선을 뚫었다. 외덕교회(현 우암교회)에 이르렀을 때 경찰과 기마대가 앞을 가로 막았다. 경찰은 최루탄과 붉은 물이 섞인 물대포를 쏘고, 진압봉으로 학생들을 구타하며 진압작전에 들어갔다. 투석전이 전개되고 부상자가 발생했다. 근처에는 노천 석재공장이 있어 돌들이 많았다. 오후 2시경 90여 명이 경찰 트럭 2대에 실려 연행되었는데, 학생들은 트럭 위에서 전우가를 불렀다. 연행된 학생들은 도 경찰국과 청주경찰서에 분산되어 구금되었고, 김현수는 야간부 학생들을 조직해 제2의 시위를 도모하고자 탈출을 감행했다.[38]

오후 2시경 세광고 학생 약 200여 명은 수업 도중 교문을 박차고 시위를 시작했다. "학원의 자유를 간섭 말라"는 등의 구호를 외치면서

---

36) 청주대 3학년 이종현의 증언.

37) 청주대 4학년 오세억의 증언.

38) 이종현, 김현수의 증언.

학교를 출발했다. 공원 뒷산을 넘어, 도지사 관사 앞을 경유하여 북문로 3가로 향했다. 시위대가 상고에 이르렀을 때 경찰이 출동했다.(충북민주화운동계승사업회, 2010)

19일의 시위로 총 120명이 연행됐는데 이들은 오후 5시경 모두 석방됐다.(『충북신보』 1960년 4월 21일자)

6) 4·19 이후의 시위

4월 18~19일 양일간 시위를 벌인 청주지역은 20일부터 소강상태에 빠지게 된다. 이승만의 사퇴성명이 발표되는 날인 4월 26일에서야 침묵을 깨뜨렸다. 그러면 4월 20일부터 25일까지 충북지역에서 시위가 전무했던 이유는 무엇일까?

첫째, 경찰의 적극적인 탄압과 회유가 있었기 때문이다. 충북도 학무국은 중앙의 지시에 의해 19일 오후 5시 부로 도내 중·고·대학에 휴교령을 내렸다. 경찰들은 20일 아침부터 각 학교 정문에서 학생들의 출입을 통제했다. 또한 경찰들은 군복을 입고 시내 곳곳에서 경비태세를 갖추고 시위를 대비했다. 경찰서와 도청에는 기관총을 설치(『한국일보』 1960년 4월 25일자)하고 삼엄한 경계망을 갖추었다. 다른 한편으로 학도호국단 간부들을 대상으로 시위를 자제할 것을 회유하고 설득했다. 4월 20일 오전 11시 청주시내 중고등학교 훈육주임, 학도호국단 간부들이 모임을 가졌다. 이 자리에서 정인택 충북도지사, 김한기 문교사회국장, 문학동 경찰국장은 학생들에게 시위를 자제해 줄 것을 설득했다.(『충북신보』 1960년 4월 21일자) 이 외에도 학도호국단 간부들 개인을 상대로 한 설득과 회유가 병행됐다.[39]

---

39) 청주대 학도호국단 부 운영위원장 박종희 증언은 이를 뒷받침한다. 그의 증언은 다음과 같다. 〈4·19 석방 후 정치학과 1년 선배인 김광웅 씨를 집근처에서 만났

둘째, 학교에서의 적극적인 시위금지 노력이 있었다. 4월 20일부터 학교에서는 교사들을 정문에 배치하고 등교하는 학생들을 돌려보냈다. 각 학교에서는 학부모들에게 서신을 보내어 학생들이 시위에 참가하지 못하도록 했다. 또한 청주시내에 거주하거나 자취하는 학생들을 개별 방문해 시위 자제를 촉구하기도 했다. 학교 당국은 학생들에 대한 적극적인 선도대책뿐만 아니라 교직원들의 사생활에 대해서도 통제했다. 4월 23일 오전 11시 도청상황실에서 있었던 중·고교 교감 회의에서 나온 학생선도대책은 다음과 같다.(『충북신보』 1961년 4월 24일자)

1) 문교부장관의 등교령이 있을 때까지 학생들은 가정에서 자숙
2) 고교에서는 학부형들에게 서신을 보낼 것
3) 교직원들은 가정방문을 지속적으로 실시
4) 학생들의 무단외출, 무단여행, 무단집회, 음식점·극장 출입 등을 철저히 단속
5) 유언비어에 현혹되거나 유포를 금함
6) 외지에서 귀가한 학생들의 언동에 주의
7) 교직원은 근무태세를 일층 강화
   - 교직원의 근무태세 강화. 가정방문 및 교외 순찰지도
   - 교직원의 사사로운 여행금지, 무단외출, 요정출입, 오락 금지
   - 숙직원은 철야순찰
   - 교직원의 공무출장 금함

는데 그는 "우리 아버지가 내일 도청 비서실에서 보자"고 했다. 다음날 도청 임시직으로 근무하고 있던 김광웅 부친이 경찰국장실로 데리고 가더니 경찰국장에게 인사를 시켰다. 경찰국장은 "고생했다. 더 이상 데모하면 발포한다. 서울에서는 시위로 많은 사람들이 죽었다. 나가면 더 이상 데모를 할 필요 없으니, 더 이상 데모를 하지 말자는 데모를 해 달라"고 했다. 그는 미리 준비한 도지사 상장을 주었다. 데모를 더 이상 하지 않겠다는 각서를 써주고 나왔다. 상장을 갖고 나와 화장실에서 찢어버렸다〉.

셋째, 학도호국단 간부들의 방향전환이다. 4월혁명 기간 충북에서는 단 한명의 사망자가 없었다. 4월 18~19일 격렬한 투석전이 있었지만 경찰 측의 미발포로 사망자가 한 명도 발생하지 않은 것이다. 특히 경찰국장의 온건한 진압방식(상대적인 측면에서)과 일부 학교장의 시위지지 입장은 학생들의 시위가 격화되는 것을 일정정도 차단하는 작용을 했다. 4월 20일부터 시위가 발생하지 않은 것은 경찰과 학교당국의 탄압과 회유가 일차적인 이유였고, 부차적으로는 학생들이 4월 19일 이후로는 선무활동으로 방향전환을 한 것이다.

(1) 제천고 4 · 26시위

3 · 15부정선거를 규탄하는 학생데모가 제천에서 발생했다. 약 100명의 제천고생들은 4 · 19 희생자에 대한 모금운동을 시작했다. 이들은 26일 오전 9시 25분 제천 연초경작조합 앞을 출발해 "선거 다시하자", "악질경찰 물러가라", "평화데모 방해하지 말라"는 구호를 외쳤다. 시위대는 사거리를 경유하여 약 30분 동안 데모를 하고 귀교했다. 경찰은 데모대를 저지하지 않고 시민의 합세만을 저지했다.

(2) 청주고 · 제천농고 4 · 27시위

27일 오후 2시 청주고생 약 100여 명은 시내 중앙공원에 집결했다. 이들은 '4 · 19에 희생된 학생동지들의 원혼에 보답하기 위해' 시위를 진행했다. 시위대는 "부패공무원을 숙정하라", "한희석 · 최인규를 즉시 처단하라"고 외치면서 시장과 남문로 등을 거쳐, 도청으로 향했다. 도청현관 앞에서 정인택 충북도지사의 사퇴를 요구했다. 정인택 지사는 학생들의 요구에 "이미 마음에 다짐했다"는 요지의 말을 했고, 이에 학생들은 시발점인 중앙공원으로 돌아가 해산했다.

제천농고생 약 100여 명은 27일 오전 10시 20분부터 약 2시간 동안 시위를 전개했다. "나라 위해, 학원 위해"라고 쓴 머리띠를 하고, 앞에는 "아 이겼다! 젊은 백혈, 모든 것은 해결되었다"라고 쓴 플래카드를 앞세우고 행진을 했다.

(3) 4월 27일 청주대학 교수단 성명서 발표[40]

청주대학 교수단은 27일 '부정선거 책임자를 엄중 처단할 것' 등을 요구하는 성명서를 발표했다. 또한 "학생제군은 피로서 승리를 거두었으니 빨리 냉정으로 돌아가라"고 했다. 성명서에 실린 당면과제의 내용은 다음과 같다.

- 3·15부정선거의 책임 있는 자를 조속히 엄중 처단하며 이에 적극 협조한 자는 자숙하라.
- 학생총살과 고문을 자행한 잔악한 경찰관 및 이들을 사수한 자와 폭력배를 색출 엄벌하라.
- 공직을 이용하여 부정축재한 자는 고하를 막론하고 중형에 처하라
- 과도내각 조직에 있어서는 양심적이고 과감성 있는 재야인사를 널리 등용하라
- 학원의 자유를 주장하며 곡학아세하는 사이비학자를 학원으로부터 추방하라.
- 학생제군은 피로써 승리를 거두었으니 빨리 냉정으로 돌아가라

성명서의 핵심은 부정선거 책임자 처벌, 부정축재자 숙청, 재야인사 등용, 어용학자 추방, 학생의 학원복귀다. 이는 4·26 이승만 사퇴 직전에 충북지역의 시위에서 나타난 주장(구호 및 플래카드의 내용)과는 차별성을 보인다. 4·26 이전에는 재선거 실시, 부정선거 관련자

---

40) 『청주대학보』 제37호, 1960년 5월 6일.

처벌, 이승만 퇴진이 주 슬로건이었다. 하지만 청주대 교수단의 주장
은 부정선거 관련자 처벌을 뛰어넘어, 다가올 2공화국에서의 정치·
행정·교육의 운영시스템에 대한 초보적인 요구안을 제시하고 있는
것이다.

4월 27일 청주대학 교수단 성명서가 발표되기 이틀 전인 4월 25일
은 서울에서 전국 27개 대학 교수단의 가두시위가 있었다. 이 시위에
청주대 이정규 학장이 참여했다.(『청주대학보』, 1960년 5월 6일)[41] 즉
청주대학 교수단 성명서는 전국대학 교수단의 시위에 영향을 받은 것
이며, 특히 이정규 학장의 정치적 소신이 크게 작용했을 것으로 보인다.

7) 시국수습 대책과 선무반 활동

4월 26일 이승만 대통령의 사퇴성명은 새로운 국면을 조성했다. 이
는 새로운 시대를 예고하는 것으로 혁명세력은 제2공화국의 주체세력
으로 능동적으로 대처해야 했다. 하지만 4월혁명을 주도한 세력인 학
생과 시민들은 혁명을 지속시킬만한 정치적 비전과 조직을 갖추지 못
한 상태였다. 특히 지역일수록 그 정도가 심했던 것으로 충북지역도
예외가 아니다. 충북지역 4월혁명의 주체세력은 고교생을 중심으로
한 학생들이었는데, 이들은 대통령 사퇴성명을 전후로 해서 모금운동
과 선무반 활동에 돌입했다.

이승만 대통령이 사퇴한 직후 경찰과 행정 체계는 불안정했다. 27일
충북 정인택 지사는 사임의사를 표명했고, 청주시장 한정구도 사표를
정 지사에게 제출했다. 문학동 경찰국장·김상기 사찰과장·주봉관
청주경찰서장도 사의를 표명했다. 경찰 최고수뇌부의 잇따른 경질과
사퇴로, 일선 경찰들은 정상적인 업무를 수행하지 못했다. 충북지역

---

41) 이정규 학장은 이날의 시위참여로 4·19혁명 유공자로 선정되었다.

은 4월혁명기에 단 한 명의 사망자도 없었지만 치안 공백은 어쩔 수가 없었다. 반공청년단 충북도단부는 간부진의 총사퇴 결의를 추진했다.(『충북신보』 1960년 4월 28일자)[42]

이러한 상황에서 민주당과 학생, 교육계·사회인사 등 지역 유지들은 시국수습대책위원회를 구성했다. '충청북도 시국수습대책위원회'는 4월 30일 오후 2시에 결성되었다. 이종대 임시의장은 7인 위원회[43]를 설치하고, 이 위원회가 시·군 수습위원회 측[44]과 실제적인 사무를 담당키로 했다. 김현수의 증언에 의하면 학생 중 수습위원회에 참여한 이는 청주대의 김현수(총무부장)·박종희(부운영위원장), 충북대의 최원춘(운영위원장)·정해열(규율부장)이었다. 시국수습대책위원회의

---

42) 기사 내용은 다음과 같다. "반공청년단 충북도단 훈련부장 김종호 씨는 국민들이 증오의 눈으로 이 단체를 대하고 있음을 지적하고, 이 단체를 해산하는 것이 옳은 것이라고 27일 언명. 김 부단장은 이날 아침 일찍 도 단장 송경섭 씨 자택으로 방문해 위와 같은 의사를 전달. 충북도단 간부들은 총사퇴하고 중앙단부에 해체를 결의할 것을 제안하기도. 이날 오후 6시부터 시내 모처에서 부장급 이상의 간부회의를 소집해 토의할 예정"

43) 7인 위원회 구성은 다음과 같다. 위원장 이은식, 부위원장 홍원길·박노학, 총무위원 김정은, 선전위원 황종건, 조사위원 김창수, 섭외위원 김진성.

44) 시·군 수습위원들은 다음과 같다.
   - 청주시 수습위원회 : 송영달, 천종구, 김창기, 김창성, 이종대, 장덕진, 이희준, 이세근, 최병길, 곽동윤, 최병준, 고동수, 송재철, 이상호, 이용우, 서병주, 최광룡, 신성우, 홍○○, 민종식, 문석○, 김성기, 김두삼
   - 청원군 수습위원회 : 신정호, 김영각, 김옥균, 이기억, 민병두, 조시구, 박노○, 이영철, 손도균
   - 진천군 수습위원회 : 이인택, 이장범
   - 음성군 수습위원회 : 신이철, 이의상
   - 충주시 수습위원회 : 지정환, 이상준
   - 중원군 수습위원회 : 조대행, 홍우철
   - 제천군 수습위원회 : 원용철, 유호열
   - 단양군 수습위원회 : 지덕구, 오병식
   - 보은군 수습위원회 : 박기종, 장종무
   - 옥천군 수습위원회 : 이중무, 김중홍
   - 영동군 수습위원회 : 고래헌, 남상묵

주요활동은 치안을 회복하는 일이었다. 활동의 실례는 다음과 같다.

> - 5월 3일 밤 10시경 청주시내 모충동에서 학생복을 입은 청년 약 25명이 전 자유당 재정부장 최모 씨가 경영하는 기와공장에 나타 나 기와 50여장을 파괴하고 (중략) 경찰과 시국대책위에서 진상을 조사 중.
> - 청원군 옥산면에서는 주민 50여 명이 동군 출신 도의원 조모 씨댁(조수석)과 지서에 대하여 보복행위를 기도했으나 시국수습대책위에서 경찰과 학생 선무반을 파견 수습.

학생들은 선무반을 조직해 치안질서 확립에 참여했다. 청주학생연합 선무회(회장 최춘원)는 청주시내 중·고등학생·청주대·충북대생 180명이 참여했다. 선무반은 경찰차를 제공받아 치안유지·교통정리, "치안에 협조해 달라"는 선무방송과 거리청소를 했다.

선무반 활동과 더불어 4월혁명 희생자 돕기 모금운동이 전개되었다. 충북에서 최초의 모금활동은 4월 24일 청주여상과 충주고 학생들이 시작했다. 25일에는 청주시내에 7개조의 가두 모금반과 2개조의 순회 모금반이 구성되었다. 모금반은 청주시내 중·고·대학생이 참여했고, 시민들의 반응은 뜨거웠다. '사상학생 위문금 모금'이라는 완장을 차고 모금운동에 참여한 학생들도 열정적으로 활동했다. 모금에는 각계각층이 참여했는데, 청주의 친목통일계(대표 정노아)는 봄놀이 비용을 절약해 50,000환을 기탁했고, 공무원과 직장인들은 관공서와 회사별로 모금을 해 충북신보나 한국일보사 등에 기탁을 했다.[45] 심지어는 초등학교 학생들도 참여했는데, 5월 1일 청주시내 석교초등학교 전교생이 각 10환씩 모금을 했다.

---

45) 4월 28일 『충북신보』 충주지사에 기탁된 내역은 다음과 같다.
   "충주시 직원일동 15,000환, 중원군 직원 일동 10,000환, 충주경찰서 본서 직원일동 10,000환, 삼성임업사 최홍수 5,000환, 대양라사 3,000환, 충주전신전화 건설국 직원 일동 10,000환, 충주엽연초 경작조합 10,200환."

모금운동은 충북전역에서 이루어졌다. 보은군에서는 민주당원들이 모금을 했는데, 걸인(거지)도 참여해 26,280환이 모아졌다.(『충북신보』 1960년 4월 28일자) 진천에서는 귀향한 대학생들이 장날을 이용해 모금을 했고, 음성 중·고생 23명은 모금반을 구성해 4월 27~28일 장날을 이용해 125,655환을 모금했다. 이 중 25,000환은 음성군 출신으로 희생된 중앙대 3학년 김태연 군의 집에 조위금으로 전달했다.

5월 19일 오전 11시 20분부터 청주공고 운동장에서 충청북도학생연합회 주최로 '4·19의거 학생희생자 위령제'를 봉행했다. 청주시내 전중·고·대학생과 지방학교 대표들이 참석했다. 충북도 출신인 김태년(중앙대 약학과 3년)과 지영헌(중앙대 도서과 2년)을 비롯한 전국의 희생학도 186명의 명복을 빌었다.

6. 4월혁명의 의의와 영향

4월혁명은 12년간 유지해왔던 극우반공체제에 균열을 가져왔다. 자유당과 이승만정권하에서 억압되어 왔던 정치·사상·언론의 자유가 제 목소리를 내기 시작했다. 교사들의 교원노조설립과 학생들의 학원민주화투쟁, 학생·시민의 통일운동 등이 봇물 터지듯이 분출되었다. 즉 4월혁명은 해방 후 잠시 동안 누렸던 정치적 자유를 복권하는 사건이었다. 또한 민주주의와 인권을 회복하는 역사적 사건이었다. 충북지역에서도 4월혁명은 전 사회적 영역에서 변화와 혁신의 바람을 일으켰다. 부정선거 책임자 처벌을 통한 공직사회 개혁과, 노동·농민·학생의 민주화운동을 가속화 시켰으며, 언론의 자유와 주민들의 권리의식을 향상시켰다.

1) 부정선거 관련자 처벌

충북의 3·15부정선거 관련자들에 대한 사법처리도 중앙 및 각 시·도와 병행하여 진행되었다. 정인택 도지사는 5월 1일 정부로부터 해임발령을 받았다. 5월 13일 황종율 지사가 부임하자 10일 후에 12개 시장·군수 전원을 해임하고, 10개 경찰서장들도 면직시켰다. 각 시·군 총무·내무과장 전원을 교체시켰는데, 대부분이 각 시·군 교육청 서무과장으로 좌천 발령되었다. 충북 도정 역사상 전무후무한 인사 태풍이었다.(이승우, 1996)

청주지검은 6월 2일 정인택 도지사, 문학동 경찰국장, 김상기 사찰과장을 소환해 심문했다. 이들은 공무원 친목계를 통한 불법 선거운동, 4할 사전투표, 공개투표, 투표율 조작, 유권자 매수, 각 기관업체에서 부당 선거자금 염출의 혐의를 받았다. 6월 13일에는 선거법 위반으로 정인택, 문학동, 김상기가 구속되고 이기영 내무국장은 불구속 처리되었다. 7월 5일 오전 10시에 청주지법 제1호 법정에서 첫 공판이 개정되었는데 위의 4명과 이헌구(전 보안과장), 박흥용(전 교통안전협회 부회장)이 재판을 받았다.(『충북신보』 1960년 6월 13·15일자, 7월 5일자) 8월 13일 문학동은 병보석으로 석방된 후 일본으로 도피했다. 문학동 경찰국장은 일본으로 도피해 한일회담이 끝난 후 귀국해 형사처벌을 면했다. 하지만 이기영 충북도 내무국장은 비참한 최후를 맞게 된다. 그는 청주형무소 수감 중 정신질환이 발병하여 서울의 한 병원으로 옮겨진지 며칠 만에 "나는 결백하다"고 절규하며, 2층 입원실 창문에서 뛰어내려 자살했다.(이승우, 1996)

11월 5일 민의원은 '반민주행위자 공민권제한법안', '부정선거 관련자 처벌법안', '부정축재처리 특별법안', '특별재판소 및 특별검찰부 조직법안'을 마련했다. '반민주행위자 공민권제한법안'은 대상자 문제 때문에 우여곡절이 많았다. 민의원에서도 논란이 있었지만, 참의원에서는 의장인 백낙준을 위시해 대상자가 많았다. 연세대 총장으로 '자유당 정부통령 중앙선거대책위원회' 지도위원이었던 백낙준은 10월 8일 판결 전날에 국회 내 자유당계를 반혁명세력으로 규정하려고 하는 것에 "7·29선거에서 당선된 자유당 인사는 당당히 국민의 심판을 받은 것으로 안다"고 말한 바 있었다.(민주화운동기념사업회, 2008) 우여곡절 끝에 '반민주행위자 공민권 제한법안'은 1960년 12월 31일 민의원 안을 통과시켜 당일로 공포했다. 법무부는 1961년 2월 25일 7년 동안 공민권이 제한될 공민권 제한 자동케이스 제1차 대상자로 이승만과 자살한 이기붕 등 609명을 공포했다.

1961년 1월 19일 현재 충북에서 부정선거 관련해 특별재판을 받게 될 인물은 다음과 같다. 정인택, 이기영, 문학동(도피 중), 김상기, 이헌구(부정선거 자금 조달), 박흥용(부정선거 자금조달), 김종길, 이○주, 연창희, ○기풍, 이철규, 서풍두, 김윤배, 하창운, 장병석, 박래운으로 총 16명이다.(『충북신보』 1961년 1월 19일자)

반민주행위자 충북 조사위원회(위원장 김종승)는 1961년 1월 19일부터 활동을 시작했다. 조사위원회는 반민주행위자 조사 대상자를 다음과 같이 선정했다.

1. 당시 경찰서의 분실장
2. 당시 자유당 핵심 당부위원장
3. 당시 반공청년단 시군의 정부단장
4. 당시 반공청년단 도부단장, 각 부장
5. 당시 검사장, 차장검사, 지청장, 형무소장, 계호과장
6. 당시 도의 선거대책위원회 위원
7. 당시 대한노총의 도 정부 책임자

반민주행위자 공민권제한법에 의해 자동적으로 공민권이 제한되는 자(자동케이스)와 심사를 받게 되는 자(심사케이스)의 숫자가 밝혀졌다. 충북은 자동케이스가 37명,(『충북신보』 1961년 2월 1일자)[46] 심사케이스 495명이다.(『충북신보』 1961년 1월 31일자) 자동케이스 37명 중 7·29선거를 통해 충북에서 당선된 민의원은 중원군의 정상희와 단양군의 조종호 의원이다. 하지만 몇 달 후에 이루어진 5·16군사쿠데타에 의해 법적 실효를 거두지 못했다.

2) 4월혁명 이후 민주화운동

(1) 학원 민주화운동

4월혁명 직후인 5월 3일 학도호국단이 폐지되고 각 학교별로 학생자치회가 만들어졌다. 학생들은 정치적 자유가 보장된 국면에서 학원 민주화운동을 전개했다.

충북대생들은 학원민주화를 위해 폭넓은 요구사항[47]을 제기하며

---

46) 자동케이스 37명은 다음과 같다.
　　김륜회(진천서장), 정운갑(진천위원장), 윤길중(음성서장), 이기호(도 부위원장), 김주묵(음성위원장), 정상희(도당 및 중원위원장), 홍병각(충주위원장), 이동찬(충주서장), 노억중(제천위원), 김완식(제천서장), 김경록(단양서장), 조종호(단양군당 위원장), 김원태(괴산군당 위원장), 김성호(괴산서장), 정인택(지사), 이기영(내무국장), 박상진(지도과장), 문학동(경찰국장), 김상기(사찰과장), 양일모(사찰과 2계장), 주봉관(청주서장), 송종헌(사찰과 분실장), 오범수(청원갑 위원장 및 도당 부위원장), 김동벽(도당 부위원장), 박노태(청주시당 위원장), 곽의영(청원을 당위원장), 김선우(보은군 당위원장), 석대준(보은서장), 권복인(옥천군당 위원장), 김흥수(옥천서장), 정구중(영동군당 위원장), 오영균(영동서장), 송경섭(반공청년단 도지부 단장), 박흥용(반공청년단 도지부 부단장), 홍정흠(반공청년단 도지부 부단장), 이진원(사찰계 1주임), 박병세(사찰과 2계 2주임).

47) 충북대생이 학교 측에 요구한 15개 사항 중 밝혀진 14개 사항은 다음과 같다.
　　1. 독재학원 배격 건, 2. 인사의 불공평 건, 3. (학장이)자유당 고문으로 활동한 건, 4. 학생의 탄압 건, 5. 민주당 강연회 참석자명부를 사찰과에 제출한 건, 6. 자유당 입당강요 건, 7. B급 장학생 선정에 있어서 행사불참 이유로 해당자를

학장퇴진운동을 전개했다. 학생들은 자유당 정권 때 학교당국이 자유당의 시녀역할을 한 것에 대해 비판하며, 제도적 개선책을 요구했다. '학원의 정치도구화'를 거부한 것이다. 또한 인사의 불공정성과 학사운영의 비민주성을 시정할 것을 제기했다. 대학 측은 5월 5일 7인의 수습대책위원회를 구성했지만 활동자체가 미온적이었고, 이들은 학생들의 요구를 학장에게 제대로 전달하지 않은 것으로 알려졌다. 학생들은 5월 초부터 투쟁에 들어가 청주시내 문화동 소재 학장사택에서 11일부터 연좌농성에 들어갔다. 하지만 송재철 학장은 농성 직전 도피한 후 잠적해 버렸다. 송학장은 5월 11일 전화로 사퇴의사를 표명했지만 집행되지는 않았다. 학생들은 12일을 기해 송재철 학장의 사퇴를 요구하며 동맹휴학에 돌입했다. 6월 21일 송재철 학장이 사퇴하고 24일부터 부분적으로 정상수업이 진행되었다.

청주고생들도 교장퇴진운동을 전개했다. 안택수 교장이 이승만 사퇴 전 자유당과 이승만을 선전하는 연설을 했다는 것[48]이 주된 이유였다. 이 외에도 학생들은 교장이 낙후된 교육환경에 대한 관심이 부족하다는 이유를 제기했다. 하나는 사창동 신축원형교사로의 이전을 적극적으로 추진하지 않는다는 점이고, 다른 하나는 인문계고등학로서 대학진학에 소극적이라는 점이었다.(『충북신보』 1960년 5월 24일자) 청고생 1,300명은 5월 23일 10시 30분 결의문을 낭독하고 안택수 교장 및 이충헌 교사의 사퇴를 요구하며 수업을 거부했다.

청주대생들은 1961년 4월 26일 학생총회를 열고 등록금의 감액요구와 교수진의 쇄신강화를 재단 측에 요청했다. 특히 학부모들이 자발

제외한 건, 8. 학생위원회 개정원칙을 학생전원에게 분배하지 않은 건, 9. 청강생을 정규생으로 편입시키지 않은 건, 10. 자유당 선전 포스터를 게시판에 게시한 건, 11. 교수간의 알력 건, 12. 필요이상의 은단풍나무를 구입한 건, 13. 졸업생 조교채용 건, 14. 교과배정 불공평 건.

48) 청주고 3학년 이래필과 우원기의 증언.

적으로 내는 후원회비를 의무적으로 납부하게끔 하는 규정을 문제 삼아, 후원회비의 전액 감액을 요구했다. 이들은 5월 1일 후원회비 15,000환 감액과 무능교수 9인 사퇴를 요구하며 동맹휴학에 들어갔다.

또한 청주대와 충북대는 매년 시행하던 농촌계몽운동을 추진했다. (『청대학보』, 1960년 7월 11일자) 대학생들은 농촌계몽반을 구성해 농촌일손을 도우며 4월혁명 정신을 전파하고 생활개선 운동을 추진했다.

한편 4월혁명 이후 음성고교생과 교사들의 부정선거 규탄시위가 있었는데, 5월 3일 음성고교생 900명과 교사 20명이 벌인 시위였다. 이들은 "부정선거를 선동한 공무원은 물러가라"는 등의 구호를 외치며 약 3시간에 걸쳐 시위를 했다. 이들은 "피 흘린 학도들에게 국민은 동정의 손을 뻗쳐라", "남벌행위의 반국가적 행위는 각자가 자숙하라", "우리의 이러한 행위는 어떠한 정당에 선동이 아님을 밝힌다" 등의 구호를 외쳤다. 또한 음성경찰서장·군수·교육감 등을 찾아가 즉시 사퇴할 것을 요구했다.

(2) 노동운동의 활성화

자유당 정권하에서 노동3권이 철저하게 부정됐던 노동계는 4월혁명 직후 노조설립에 착수했다. 국내 유일의 기간산업체인 충주비료공장에서는 5월 14일 오후 1시부터 노동조합 결성식을 가졌다. 사측의 집요한 반대공작을 무릅 쓰고 출범한 노조(위원장 박율임)는 전체 종업원 700명 중 540명이 가입했다. 5월 28일에는 한국운수 주식회사 청주지점에서 사무직 노동자들이 노조(위원장 임승규)를 결성했다. 교사들이 노동자임을 선언하고 교육민주화에 앞장서기 위해 노동조합을 결성했다. 청주시 초등교원노동조합은 5월 30일 오후 6시 중앙초등학교 강당에서 100여 명의 회원이 모인 가운데 노조창립식을 가졌다. 이들은 "4월혁명 정신을 받들어, 교육의 자주성을 견지하고 교육자의 권익을 옹호하고, 사회적·경제적 지위향상"을 위해 노력할 것을 결의했다. 위원장에 박종복, 부위원장에 김영희, 김석제가 선출되었다. 하지만 교원노조는 오래가지 못했다. 6월 24일 청주시 초등교원노조와 중등교원노조는 자진 해산키로 결정했기 때문이다. 양 노조는 "교원단체연합이 민주주의적 운영을 모색"하게 되었다는 이유로 해산을 결의한 것이다. 자주적 교원노조운동은 싹도 피워보지 못한 채 좌절되고 만 것이다.

충북지역 노동계는 자유당 정권하에서의 부당해고와 부정선거운동에 대한 규탄투쟁을 전개했다. 청주전매공장 노동자 1,000여 명은 5월 10일 자유당 정권에서 부당 해고된 동료노동자 이문석의 복직을 요구하는 집회를 가졌다. 12일 300여 명의 노동자들은 재차 요구를 하였고, 20일 이문석은 복직되었다. 남전 청주지점 노조는 5월 12일 자유당과 유착됐던 현 간부진의 총사퇴를 요구했다. 충주비료공장 노조역시 3·15부정선거를 이유로 공장장을 제외한 간부진의 일괄사퇴를 요구했다. 이에 서울 본사에서는 6월 9일 노동자들을 선동했다는 이유로 5명을 해고했다. 노조는 10일 오후 4시 30분경 공장식당에서 긴급총회를 소집하고 해고자 5명의 복직과 간부진 사퇴 건의안을 관철시킬 것을 결의했다. 16일 오후 1시에 파업에 돌입했는데, 오정수 상공부장관이 노조의 요구조건을 모두 받아들임에 따라 6월 21일 파업을 마무리했다.

남한제사와 충주비료공장은 체불된 임금지급을 비롯한 단체협상을 진행했다. 남한제사 노조는 9월 9일 오전 충청북도 상황실에서 사측과 임금인상과 체불임금문제를 타결했다. 충북도 노동위원회의 조정으로 합의된 내용은 다음과 같다. 11개월 체불된 임금을 5개월 분납으로 해결하고, 9월부터 임금을 25% 인상한다는 것이다. 10월 22일 충주비료 공장 노조원 730명은 단체협약 체결, 임금인상, 부정불법인사 조치 철회 등의 요구조건을 내걸고 쟁의에 돌입했다.

⑶ 농민운동

4월혁명 이후 농민들은 도내 곳곳에서 수리조합 민주화를 요구했다. 충주 수리조합원 100여 명은 5월 10일 오전 10시부터 "수리조합 운영권을 농민에게 부여하라", "농민을 착취하는 조선 수리조합령을 폐지하라", "현 수리조합 직원들은 물러가라"는 플래카드를 내걸고 시위를 했다. 이들은 가두시위 후 충주 수리조합사무실에서 농성에 들어가 철야농성을 했다. 5월 25일 청원군 오창면 여천리·화산리·유리 지구 거주민 약 300여 명도 청주시내에서 시위를 했다. 이들은 "청미수리조합장, 이사 등은 기만정책을 쓰지 마라", "여천특설지구 철폐반대", "도당국은 책임을 지라"는 등의 플래카드를 들고 도청까지 가두시위를 벌였다. 10월 13일 충주수리조합원은 '조합원의 부담 경감 및 조합평의원과 전 직원 자진사퇴'를 요구하는 청원서를 관계당국에 제출했다. 청원서는 각 부락대표 58명이 연 서명했다.(『조선일보』 1960년 10월 18일자)

엽연초 경작조합원들의 배상금 인상운동도 광범위하게 진행되었다. 국내엽연초는 우량엽연초로, 해외수출을 개척해, 전매이익금이 연간 230억 환에 이르렀다. 하지만 경작 농민들에 대한 배상이 현실화되지 못했다. 전국의 농가에서는 생산비 앙등으로 극심한 애로와 궁핍을 면하지 못하게 되었다. 보은 엽연초 경작조합원 300여 명은 9월 13일 오후 4시에 "엽연초 배상금을 4할 인상하라", "수납반을 증설하여 조기수납을 기하라", "전매청은 농민의 공복이 되라"는 플래카드를 들고 가두시위를 했다. 이들은 약 1시간 동안 보은 시내를 일주하면서 평화적 시위를 전개했다. 산외면 거주 김재환은 앞서 상경해 충북출신 민의원들과 접촉하고 해당 각 부장관과 협의했으나 실패했다. 그는

"이제는 민중이 실질적인 여론과 행동으로 해결할 수밖에 없다. 대표단을 구성해 다시 상경하겠다"고 밝혔다.

진천·청원·음성 3개 군 경작자 대표 300여 명은 10월 4일 오전 11시부터 진천 미호천 백사장에서 시위를 했다. 이들은 12시부터 구호를 외치며 가두시위에 들어가 진천 경작조합마당에서 연좌농성을 벌였다. 구호내용은 "정부는 억울한 농촌실정을 살피라", "정부는 엽연초 배상가격을 최저생산비로 인상하라", "정부는 조기수납을 실시하라", "정부는 외상수납을 폐지하라" 등이었다. 단양군 2,000여 경작자들도 10월 18일 엽연초 배상가격 인상을 요구하는 데모를 벌였다. 이들은 "배상가격은 저렴한데, 각종 잡부금과 제조연초의 강매 등으로 농민만이 극심한 출혈을 당해 수입은 극소액으로 고리사채를 정리할 수 없다"며 울분을 토로했다.

충북 도내 농민들의 엽연초 배상금 인상 요구안은 40~50%였다. 전매당국은 애초에 7% 인상안을 제시했다. 충북지역 농민들을 포함한 전국 경작 농민들의 투쟁에 의해 정부는 11월 11일부터 23%를 인상했다.

(4) 한국전쟁기 민간인학살 진상규명운동

한국전쟁 기간에 충북지역에서는 수많은 민간인이 재판 등 적법한 절차 없이 군경과 미군에 의해 학살되었다. 이들 중 일부는 대한민국 정부 수립을 전후로 해 좌익활동을 한 활동가들이었다. 하지만 이들은 대부분 전향해 보도연맹에 가입했다. 보도연맹 가입 이후 이들은 정부의 시책에 의해 대한민국에 충성을 서약했으며, 반공운동의 대열에 합류했다. 또한 형무소 정치범의 경우 적법한 절차에 의해 1~2년의 수감생활을 하고 있었다. 전쟁이 발발하자 대한민국 정부는 이들이 북한군에게 협력할 수 있다는 가정에 의해 집단학살한 것이다. 피해자 대부분은 농민들이었으며, 이들은 실제로 사상과 이념과는 무관한 사람이 많았다. 피학살자의 유가족들은 가족을 잃었을 뿐 아니라, 정부로부터 '빨갱이 가족'으로 몰려 감시와 통제를 받았다. 이승만정권이 붕괴되자 이 문제는 사회적 쟁점으로 부각되었다.

하지만 충북에서는 노근리사건 유족들의 피해배상 청원운동만 있었을 뿐이다. 이는 대구 및 경남지역에서 피 학살자 유족회가 활발한 활동을 한 것과는 대비된다. 특히 경남지역에서는 유족회가 합동위령제를 지내고 유해발굴과 합동묘를 조성했다. 이들 지역은 대부분 미점령 지역이거나 북한군의 점령기간이 짧아, 북한군과 지방좌익에 의한 학살규모가 작았다는 특징을 갖는다. 하지만 충북은 개전초기 군경에 의한 집단학살과 북한군 점령기의 학살과 수복 이후의 부역혐의자 학살이 중첩된 지역이다. 이로 인해 피해자집단의 피해의식과 관련 주민들의 이념대립이나 감정대립이 극심할 수밖에 없었다. 결국 적극적인 진상규명운동이 이루어지지 못했다.

유일한 진상규명운동인 노근리사건 배상청구는 1960년 10월 시작되었다. 정은용은 1960년 신문에서 전쟁 당시 미군에 의해 피해를 본 사람들에 대한 배상을 하기 위해, 미국정부가 서울에 소청(訴請)사무소를 개설한다는 기사를 보았다. 그는 10월 중순경 유가족 여러 명의 서명날인을 받아 소청사무소에 손해배상을 요구하는 소청을 제출했다. 그러나 소청사무소는 11월 7일자의 회신을 통해 '법정기간이 만료'되어 '심의 권한이 없다'라고 회신을 통보했다. 이에 정은용은 12월 27일 사망가족 4명에 대한 손해배상 청구서를 다시 작성해 소청사무소의 법무대위인 폴이 백만을 경유해 미국정부 앞으로 보냈다. 청구서에는 정은용 가족 4명의 손해발생 일시·장소·피해상황·증거·주장 등을 일목요연하게 적시했다. 하지만 정은용과 노근리사건 유족들은 그 후 주한미군 소청사무소나 미국 정부로부터 아무런 연락을 받지 못했다.(정은용, 1994)

(5) 7·29선거와 반혁명세력 규탄운동

① 7·29선거 결과

국회는 1960년 6월 15일에 내각책임제에 입각한 개정헌법의 공포를 보게 되었으며, 이에 따른 "국회의원 선거법"을 6월 23일에 공포했다. 과도정부는 7월 29일에 민의원과 참의원 선거를 실시했다. 충북지역의 국회의원 선거 결과를 보면 다음과 같다.

<표 7> 충북지역 민의원 당선자 현황(1960.7.29)

선거구	정당명	이름	나이	주요경력
청주시	민주당	이민우	44	민의원
충주시	민주당	김기철	43	제2대 민의원, 민주당 중앙위원
청원군	민주당	신정호	45	충북경찰국 조사과장, 3대 민의원
청원군	민주당	김창수	37	변호사 개업 12년
보은군	민주당	박기종	49	신흥운수사장, 민주당 중앙위원
옥천군	민주당	신각휴	63	2·3대 민의원, 민주당 중앙노동부장
영동군	민주당	민장식	50	제4대 민의원
진천군	민주당	이충환	42	2·3대 민의원, 민주당 중앙 정책부위원장
괴산군	무소속	안동준	41	국방부 정훈부장(대령), 3대 민의원
음성군	무소속	이정석	42	치안국 통신과장
중원군	무소속	정상희	52	제4대 민의원, 자유당 중원군당 위원장
제천군	민주당	이태용	51	제3·4대 민의원
단양군	헌정동지회	조종호	38	민의원

민주당은 충북지역 13개 선거구 중 8석을 얻어 제5대 국회의원 선거에서 승리했다. 이는 전체 의석의 69.2%[49]를 얻은 것이다. 무소속이 3석, 헌정동지회가 1석인데 이들은 모두 자유당 계열이라고 볼 수 있다. 비민주당 계열의 이들은 선거운동 기간에 지역 주민들의 저항

---

49) 전국적인 민주당의 의석비율보다는 낮다. 민주당은 제5대 민의원 선거에서 233석 중 175석을 얻었다. 이는 전체 의석의 75%이다.

에 직면했다. 즉 반혁명세력으로 낙인이 찍혀 낙선운동의 대상이 되었기 때문이다. 또한 일부 후보들은 당선된 뒤에도 당선무효 투쟁에 시달려야 했다. 특히 중원군의 정상희와 단양군의 조종호는 당선된 뒤에도 반민주행위자 공민권제한법에 의해 자동케이스 대상자에 선정되었다.

<표 8> 충북지역 참의원 선거현황

선거구	기호	정당명	이름	나이	득표수	비고
충청북도	1	민주당	박기운	47	113,859	당선
	2	무	김진구	48	77,908	
	3	민주당	조대형	72	75,937	
	4	무	이 광	80	70,427	
	5	민주당	박찬희	63	106,783	당선
	6	국민당	이명구	67	45,052	
	7	무	연정희	46	61,148	
	8	무	권희준	54	37,254	
	9	무	성득환	61	55,849	
	10	무	최동선	55	30,490	
	11	민주당	송필만	69	109,729	당선
	12	자유당	오범수	40	105,346	당선

충북지역 4석의 참의원은 민주당 3석, 자유당 1석으로 민주당이 압승했다. 전국적으로는 참의원 총 58석 중 민주당이 31석을 차지했고, 무소속이 20석을 차지했다. 투표 방식은 충북에서 참의원이 4명이 할당되었기에, 한 유권자가 2표를 찍을 수 있었다. 후보자 대부분은 전직 국회의원이나 도의원을 역임했던 인물들이다. 4월혁명에 의해 정치적으로 가장 이득을 본 것은 민주당의 참의원 후보자들로, 충북에서는 4명이 출마해 3명이 당선의 기쁨을 누렸다.

<표 9> 충북지역 혁신계 후보 득표현황

선거구	정당명	이름	나이	이력	득표	득표율 (%)
청주시	사회대중당	김춘성	46	충북도 사회부 총무과장	5,652	16.9
옥천군	한국사회당	강병익	49	한국 부흥촉진회 부회장	847	2.1
	사회대중당	김범성	32	사회대중당 중앙 통제위원	1,637	4.2
영동군	사회대중당	여운복	34	진보당 추진위원	3,493	7.7
음성군	사회대중당	신창균	51	진보당 재정위원장	1,952	4.2
단양군	사회대중당	권태근	33	국대 경제과 졸. 운수업	403	1.4
	한국사회당	김화경	40	토건업 자영	1,551	5.6

제5대 국회의원 선거에서 충북지역은 혁신계 후보들이 총 7명 출마했다. 사회대중당이 5명이고 한국사회당이 2명이다. 청주에서 출마한 김춘성 후보만이 유의미한 득표(16.9%)를 얻었을 뿐이다. 혁신계의 참패라 할 수 있다. 특히 옥천군과 단양군에서는 사회대중당과 한국사회당의 후보가 나란히 출마해, 그나마 적은 표가 분산되었다. 이런 결과는 혁신계 세력이 지역의 대중적 정치기반이 부재했다는 것을 증명해 준다고 볼 수 있다. 또한 4월혁명 이후 고양된 대중운동과 혁신계 정치세력들의 정치적 융합이 부재했음을 보여주는 것이다. 4월혁명 당시 주도적인 역할을 한 학생지도부도 7·29선거 당시 자유당 계열의 후보에 대한 낙선운동을 하거나 민주당 후보 선거운동을 했다.[50] 즉 4월혁명 주체세력인 학생들이나 일반 시민들은 여전히 반공주의에서 크게 벗어나지 못했고, 사회변혁전인 전망을 세우지 못했다고 볼 수 있다.

---

50) 청주대학교 부 운영위원장 박종희는 7·29선거 때 청주시의 이민우, 청원군의 김창수 선거운동을 했다. 청주상고 운영위원장 신광호는 청원군의 김창수 후보 선거운동을 했다. 이상은 박종희와 신광호의 증언.

② 반혁명세력 규탄운동

7·29선거를 전후해 충북지역에서는 반혁명세력에 대한 규탄투쟁이 전개되었다. 단양 중·고등학생 600여 명은 7월 1일 조종호 의원 출마반대 시위를 벌였다. 학생들은 10시 20분경 교실을 뛰어나와, 쏟아지는 폭우를 무릅쓰고 시내 일원과 역전 등지에서 시위를 벌였다. 이들은 조종호의 재출마를 반대하고 있는 것이다. 이 시위로 단양공고의 이인우(20세, 3학년, 학생자치대 대장), 김태수(19세, 3학년, 학생자치회 회장), 김진긍(19세, 3학년, 학생 기율부장), 권영국(17세, 3학년, 학생부 실장)이 입건되었다. 청주지검 제천지청은 이들을 국회의원 선거법 위반으로 불구속 입건했다. 조종호는 4월혁명 당시 자유당 단양군당 위원장을 맡고 있었다. 7·29선거에서 헌정동지회로 출마해 당선됐다.

보은중학생 800여 명은 7월 19일 9시경부터 교문을 뛰어나와 가두시위를 전개했다. 학생들은 "공명한 선거를 이루어 4·19혁명을 완수하자"는 플래카드를 들고 "부정선거 원흉을 엄단하라", "2·4파동 시에 거수기51)를 엄단하라", "기성세력 물러가라"는 결의문을 채택했다. 시위대는 보은농고생들과 합세하려 했으나 농고생들은 이에 응하지 않았다. 김선우는 4월혁명 당시 자유당 보은군당 위원장을 맡았고, 7·29선거에서 자유당으로 출마해 낙선했다.

음성중·고생 약 800여 명은 7월 22일 정오에 반혁명세력 규탄데모에 돌입했다. 이들은 결의문을 작성하고, 약 1시간여 동안 시위를 했는데, 결의문의 내용은 다음과 같다.

　- 4월혁명 완수와 지난 자유당 정권에 아부하는 부정선거 원흉들은 물
　　러가라

---

51) 2·4파동시기에 보은군 국회의원은 자유당 소속의 김선우 의원이었다.

> - 이 시위는 어떤 정당이나 누구에 의한 사주가 아니다
> - 반혁명세력 물러가라
> - 기동경찰 필요 없다. 즉시 해산하라
> - 혁명정신 받들어 제2공화국 사수하자

7월 26일 오후 3시경 괴산군 증평읍에서는 학생들이 약 30분에 걸쳐 반공청년단의 잔재를 성토하는 시위를 벌였다. 이들은 "자유당의 잔재는 물러가라"는 플래카드를 들고 시내를 행진했다. 시위대는 "자유당의 잔재와 반공청년단의 잔재들은 국회의원의 자격이 없으니 물러가라"는 구호를 외치며, '학생공명선거 추진단'의 명의로 된 호소문과 삐라를 살포했다. 삐라내용은 '독재앞잡이 자유당계열이 무소속52)이라는 간판 속으로 여러분을 속였다'였다.

7 · 29선거 이전의 반혁명세력 규탄운동은 학생들이 관련자 입후보 반대운동을 하거나 낙선운동을 한 것이다. 7 · 29선거 이후에는 학생과 지역주민들이 당선무효 투쟁을 벌이거나 관련자들을 테러하는 극단적 경향으로 전환하게 된다.

88개 투표구를 가진 괴산군의 민의원 개표는 7월 30일 오후에 중단됐다. 반혁명세력을 규탄하는 데모대가 22개의 투표함을 소각함으로써 개표가 중단된 것이다. 시위대는 이번 선거에서 안동준 후보가 사전 불법선거운동을 했다고 주장했다. 이들은 군부재자 투표에 안동준 후보만 선거홍보물을 보냈다며, 이는 선거법 위반이라고 항의했다.(『충

---

52) 안동준은 제3대 국회의원 선거에서 자유당 소속으로 당선되었으며, 5대 국회의원 선거에서는 무소속으로 출마해 당선됐다. 또한 4월혁명 당시에는 반공청년단 조직2 처장을 맡았었다.
김원태는 제4대 국회의원 선거에서 자유당 소속으로 당선되었으며, 5대 국회의원 선거에서는 무소속으로 출마해 낙선했다. 또한 4월혁명 당시에는 자유당 괴산군당 위원장을 맡았었다.
괴산에서 학생들의 '반혁명 세력 입후보 반대운동'은 안동준과 김원태를 지칭하는 것이다.

북신보』 1960년 8월 1일자)[53] 시위대 10명은 4시 30분경 민의원 개표장에 들어가 22개의 투표함을 파괴하고, 군 선위원회 광장에서 1시간 30분 동안 시위를 벌였다. 또한 안동준 후보와 김원태 후보를 비난하는 구호를 외쳤다.[54] 도선관위와 검찰·경찰 기동대는 현지에 급파되었고, 황종률 충북도지사는 한때 출병(出兵) 여부까지 도·군 선거위원회에 협의했다. 이 사건으로 7월 31일 신인균 괴산경찰서장이 해임됐다.

7월 31일에는 증평에서 시위가 발생했는데, 오전 11시경 괴산군민 약 50명은 증평으로 몰려가 데모를 감행했다. 시위대는 11시 30분경 시위를 마치고 괴산으로 돌아가다 사리면 이곡초등학교 앞에서 경찰기동대와 대치했다. 시위대와 경찰 간에 몸싸움이 벌어졌다. 청주지검은 31일 오후 10시경 15명을 연행했다. 괴산사건은 1960년 12월 28일 청주지법에서 공판을 진행해, 피고 16명에게 최고 2년에서 1년을 언도했다. 중앙선관위는 8월 13일 22개 투표구에 한해 재선거를 실시했고, 그 결과 무소속 안동준이 당선자로 확정됐다.

중원군에서는 7월 30일 오후 5시경 동량면 제5투표구에서 개표가 중단됐는데, 개표 도중 34표가 부족해 문제가 된 것이다. 개표장 밖에 있던 일부 군중들이 항의하면서 개표가 중단되었는데, 31일 오전 1시 30분 개표를 재개했다. 8월 1일 오후 8시경 지역주민들은 당선자 정상

---

53) 관련된 기사내용은 다음과 같다. "데모대는 당지 선거에서 입후보한 안동준 씨는 원래 군인 출신인데 지난 7월 12일자로 부재자 일선군인 및 논산훈련소 생도 등에게 보내는 선거전용 인쇄물을 군선거위의 확인을 얻어 무료 선거우편으로 발송하게 되고, 다른 후보자는 선거법위반이라고 발송치 못하게 되고 군선거위는 부재자에게 선전인쇄물을 발송한 안동준에게 유리하게 하였음으로 부정이 개재된 것이라고 지적했다."

54) 관련기사 내용은 다음과 같다. "반혁명세력인 반공청년단 조직 2처장 안동준, 자유당의 김원태 물러가라. 고려대학생 데모대를 반공청년단이 깡패와 합세하여 학생유혈의 책임 및 국가보안법, 지자법 강행 등 책임을 질 반혁명세력을 우리 군의 대변인으로 국회에 보낼 수 없다"

희와 선거사무장 집 등을 습격해, 가옥을 파괴했다. 경찰은 시위에 참여한 90여 명을 연행했고, 1960년 12월 27일 청주지법에서는 피고 12명에게 2년 내지 1년을 언도했다. 정상희는 자유당 소속의 제4대 국회의원을 역임했고, 4월혁명 당시에는 자유당 중원군당 위원장을 맡았었다. 정상희는 5대 국회의원 선거에서 무속으로 당선되었는데, 민주당 후보 민영수와는 136표의 근소한 차이였다.

음성군에서는 7월 31일~8월 1일 양일에 걸쳐 대규모적인 테러행위가 발생했다. 7월 31일 오후 4시경 100여 명의 시위대는 "반혁명분자 이정석은 사퇴하라", "이정석을 옹호한 자는 민족반역자다"라는 등 11개에 달하는 구호를 외쳤다. 오후 9시 10분경 격앙한 군중 약 90명은 2대의 트럭에 분승해 대소면으로 가서 이씨 집과 그의 운동원 집 4채를 모조리 부쉈다. 이후 삼성·금왕·생극·감곡 각 면을 다니면서 이정석 선거운동원 집을 파괴했다. 이때는 각 면에서 주민들이 가세해 300명이나 되어, 7개의 트럭이 동원되었다. 시위대는 8월 1일 새벽 감곡으로 출발했다. 감곡면에서 파괴행위를 하고 오후 1시 소이면으로 향했다. 청주·진천·음성에서 출동한 경찰기동대는 수수방관하는 무기력한 모습을 보였고, 황종률 지사는 군(軍)에 출병 요청을 고려했다. 피해액은 약 천만 환이었고, 파괴 가옥 수는 삼성면 2호, 대소면 4호, 금왕면 1호, 음성읍 4호, 생극면 1호, 감곡면 5호로 총 17호이다.

7·29선거 후 괴산군·중원군·음성군에서 발생한 사건으로 228명이 연행되어, 구속된 인원은 총 50명에 이른다. 사건의 규모를 보면 7·29선거 당시 지역 주민들이 반혁명 세력에 대한 불만이 얼마나 팽배했는지를 알 수 있다. 특히 4월혁명 당시에 자유당 지역위원장을 맡았거나 반공청년단 간부를 맡았던 인물들에 대한 적대감이 매우 높았던 것이다. 반혁명세력에 대한 지역주민과 학생들의 규탄은 가옥 파괴 등 극단적 방식으로 표출됐다. 다른 한편으로 이들 시위대에게

는 4월혁명 정신을 처절하게 지키려는 노력이 있었다고 볼 수 있다. 자유당 정권하에서 독재권력의 중추기관 역할을 했던 자유당 핵심간부와 반공청년단 간부들이 철저한 자기반성과 내적 성찰 없이 7·29 선거에 출마한 것은 상당한 문제점이 있는 것이었다.

7. 맺음말 : 4월혁명의 지역적 특징

청주를 중심으로 한 충북지역의 4월혁명은 3월 중순부터 4월 말까지에 이르는 지속적인 투쟁이었다. 3월 9일 청주공고와 충주시내에서 있었던 민주당의 부통령 후보 유세는 지역의 고교·대학생들과 시민들에게 많은 영향을 끼쳤다. 자유당의 전횡정치에 신음하던 지역민들에게 숨통을 틔우는 정치적 공간이었다. 4월혁명을 주도했던 학생들은 이날의 유세를 계기로, 3·15부정선거에 대한 문제점을 더욱 깊게 인식했던 것이다. 3월 10일 충주고와 충주여고의 시위를 시작으로 3월 14일과 4월 18일의 연합시위, 19일의 청주농고·청주대의 시위가 이어졌다. 4월 20일부터 25일까지는 시위가 없었지만 24일부터 모금운동을 포함한 선무반 활동이 시작되었다. 4월 27일 청주대학교 교수단의 성명서 발표가 있었다.

4월혁명 기간에 시위가 지속적일 수 있었던 이유는 고등학생들을 중심으로 한 연대시위에 대한 끈질긴 노력이 있었기 때문이다. 연대시위 논의는 공석회와 청주공고 2학년을 중심으로 한 모임, 학도호국단 간부 차원에서 이루어졌다. 물론 성공적인 연합시위는 4월 18일 한 번뿐이었다. 여기에는 경찰의 탄압이 가장 크게 작용했지만, 학교 간 소통의 부재·학교별 시위 준비상황의 차이도 작용했다. 또한 다른 학교가 주도하는 시위에 참여하기보다는 독자적으로 시위를 하겠다는 일종의 자존심과 경쟁의식도 작용한 듯하다.

이러한 연합시위에 대한 노력은 4·18시위와 4월 말의 선무반 활동에 긍정적 영향으로 작용했다. 이런 경험과 전통은 1964년 한일회담 반대투쟁 때에 빛을 발휘했다. 1964년 3월 27일 청주에서는 시내 고등학교와 대학교 학생 6,000여 명이 한일회담 반대시위를 전개한 것이다.

각 학교의 시위참여율도 높았다. 4월 18일 2,500명이 참여한 시위는 청주시내 전체 고등학생 6,000여 명의 40%에 해당하는 숫자이다. 특히 청주공고와 청주상고 학생들은 거의 학생 전원이 참여했다. 4월 19일 시위에서도 청주농고는 학생 전원이 참여했고, 청주대는 강의가 있던 학생 대부분이 참여했다. 즉 4월 18~19일 시위에 주도적으로 참여했던 학교는 학생 전원이 참여한 것이다. 여기에는 시위주동자들의 사전준비와 역할분담과 학도호국단(특히 규율부)이 조직적으로 참여했기 때문이다. 또한 일부 학교 단체장의 시위에 대한 우호적인 입장도 크게 작용했다. 청주농고 서정일 교장과 청주대학교 이정규 학장은 시위학생들에게 격려를 해주어 정신적 지주역할을 했다.

하지만 시위에 전혀 참석하지 않은 학교도 있었다. 대표적으로는 충북대와 청주사범학교이다. 이 학교들은 지리적으로 청주시내와 원거리에 있었던 것이 가장 큰 원인이었다. 또한 청주사범학교는 교사들의 적극적인 시위금지 조치가 있었고, 학생들의 교사발령에 대한 압박55)이 작용했을 것으로 보인다. 충북대는 학교의 전통이 오래되지 않았고,56) 학도호국단 간부의 정치의식이 높지 않은 것이 그 요인으로 추정된다.

4월혁명 기간 충북지역에서는 학생을 제외한 시민과 노동자의 시위 참여가 전혀 없었다. 시민들 일부가 시위대를 환영하고 격려해 주기

---

55) 김현수 증언.

56) 박영수 증언.

는 했지만 직접적으로 시위대열에 참여한 흔적은 찾아볼 수 없다. 이는 충북지역의 4월혁명이 청주와 충주를 중심으로 한 도시지역에서의 학생봉기로 국한된 측면을 엿볼 수 있는 점이다. 이는 몇 가지 측면에서 그 원인을 찾을 수 있겠다. 첫째, 도시 지역의 학생들은 농촌지역의 학생들이나 일반 주민들에 비해 정보력이 높고, 자기 결속력이 높다는 점이다. 무엇보다 정치·사회의식이 선진적이다라는 측면이 크게 작용했다. 둘째, 학생 이외의 세력이 4월혁명에 참여하지 않은 이유는 한국전쟁이 남긴 정치적 유산의 문제일 것으로 보인다. 한국전쟁과 이 속에서의 민간인 집단학살사건은 정권에 대한 민중들의 저항의지를 분쇄시킨 결과를 낳았다. 정전 이후 반공주의의 강화와 각종 국가기구를 통한 국가폭력은 4월혁명기에 농촌지역 민중들뿐만 아니라 도시지역 노동자와 시민들이 시위대열에 참여를 주저하게 만든 요인이었을 것이다.

충북지역의 4월혁명은 지역에서 다양한 형태의 대중운동을 활성화하는 계기로 작용했다. 노조설립을 포함한 노동운동의 활성화, 농민들의 수리조합 민주화운동과 엽연초 배상금 인상운동, 학원의 민주화운동으로 이어졌다. 하지만 다른 지역에서 나타났던 통일운동과 혁신세력의 정치세력화가 거의 나타나지 않았다.[57] 한국전쟁기 민간인학살사건에 대한 진상규명운동은 노근리 사건에서만 나타났을 뿐이다. 이는 지역의 4월혁명 주체세력이 반공주의에서 크게 벗어나지 못한 것이 주요 요인이다. 또한 지역 단위에서 혁신세력의 부재와 피해자 집단의 미조직화가 그 원인으로 작용했다.

특히 한국전쟁이 남긴 반공주의와 국가폭력은 4월혁명에 주도적으

---

57) 필자가 1960년 3월부터 1961년 5월까지의 『충북신보』와 『충청일보』 기사를 전부 검색한 결과 통일운동은 전혀 찾을 수 없었고, 혁신계운동은 7·29총선을 포함한 일부 기사만 확인했을 뿐이다.

로 참여했던 학생들조차 반공주의의 틀을 벗어나지 못하는 자기한계를 노정했다. 민간인학살 진상규명운동이 본격적으로 나타나지 못한 이유는 피학살자 유족들의 피해의식이 크게 작용했다. 또한 북한군 점령기에 지방좌익과 인민군에 의한 우익인사와 일부 경찰 및 그 가족에 대한 학살은 개전 초기 한국군경에 의한 집단학살에 대한 보복적 측면이 강했다. 이러한 측면은 4월혁명 직후 열려진 정치·사회적 공간에서 한국군경에 의한 민간인학살 진상규명운동을 본격적으로 제기하는데 제약요인으로 작용했다.

7·29선거에 출마했던 사회대중당과 한국사회당 후보는 대부분 5% 미만대의 득표를 했으며, 12월 지방선거에는 아무런 대책이 없었다. 특히 지방선거를 앞두고 혁신계는 분열됐다. 사회대중당 충북도당 간사장 안철수[58]는 중앙당이 4개 분파로 분열됨에 따라, 1960년 12월 당 활동 중지선언과 12월 지방선거 불참 방침을 표명했다.(『충북신보』 1960년 12월 4일자)[59]

몇 가지의 한계에도 불구하고 충북지역의 4월혁명은 지역민들의 민권의식과 인권의식을 향상시켰다. 4월혁명 정신은 대중운동의 성장과 7·29선거에서 반혁명 세력에 대한 아래로부터의 투쟁을 촉발했다. 그리고 1964~1965년 한일협정 반대투쟁을 포함한 1960~1970년대 반독재 민주화투쟁의 정신적 자양분을 제공했다.

---

58) 안철수는 충북 건국준비위원회 공동대표였으며, 충북 민주주의민족전선 대의원과 선전부 활동을 했다.

59) 기사내용은 다음과 같다. "사회대중당 충북도당 간사장 안철수는 중앙당부가 사분오열되고 있기에 충북당부는 당분간 중앙의 어느 일파와도 공식적인 연계를 갖지 않을 것이며 동시에 사회대중당으로서의 공식적인 행동은 일체 정지할 것이라고 하여 12월 지방선거에도 관여치 않을 것이라고 밝혔다"

▣ 참고문헌

김경, 1953 『의정단상의 봉화』.
민주주의 민족전선 편, 1988 『해방조선 1, 2』, 과학과 사상.
민주화운동기념사업회, 2005 『지역민주화운동사 기초조사사업 최종보고서(충북
　　　편)』.
―――, 2008 『한국민주화운동사 1』, 돌베개.
오유석, 2010 「경인지역의 4월혁명―총론」『인천·경기 지역의 4월혁명과 민주주
　　　의 과제』.
이승우, 1996 『도정반세기』, 충청리뷰사.
정은용, 1994 『그대 우리의 아픔을 아는가』, 다리미디어.
청주시, 1961 『청주시 통계연보. 1961』.
―――, 2009 『통계로 보는 청주 60년사』.
충북학연구소, 2004 『충북 100년 연표』.
충북민주화운동계승사업회, 2010 『충북지역의 4·19혁명과 우리 민주주의의 미래』.
충청북도, 1960 『충청북도 통계연보. 1960』.
홍원길, 1978 『청곡회고록』, 태양출판사.
4월혁명 청사편찬회, 1961 「청주농고 편」『한국민주 4월혁명 청사』.

『동아일보』, 『서울신문』, 『조선일보』, 『청주대학보』, 『충북대학보』, 『충북신보』,
『충청일보』, 『한국일보』.

제7장 강원지역의 4월혁명과 사회운동

엄한진 · 신병식

1. 머리말

4 · 19에 대한 강원지역의 경험은 도시마다 그 양상이 크게 달라 전체적인 특징을 말하기 어렵다. 이러한 내적 다양성의 가장 큰 원인은 아마도 강원지역의 지리적 특성일 것이다. 인구는 적지만 면적이 넓은 강원도는 태백산맥을 경계로 하여 영동과 영서로 나뉘며 산지가 많아 같은 영동, 영서 내부에도 독자적인 생활권을 형성하고 있는 다수의 지역이 존재한다. 지리적 요인은 정치사회적인 측면에도 반영되어 강원도를 구성하는 4~5개의 소지역 간에 정치적 성향이나 사회운동의 양상에 상당한 차이가 존재한다. 따라서 강원도의 정치적 · 이념적 성향을 규정하는 것은 어려운 일이다.

이 글에서도 대표적인 사례로 소개되고 있는 춘천, 원주 두 지역의 경험이 상이하고 이는 집필에서 반영되어 서술이 비대칭적인 방식으로 이루어져 있다. 도청이 있는 춘천은 관의 도시, 공무원의 도시로서 시민사회에 비해 '정치사회'의 비중이 크다고 할 수 있다. 이와 대조적으로 원주는 시민사회의 역동적인 모습으로 특징지워진다. 전국적으로 보더라도 사회운동, 민주화운동이 일찍이 발달하였고 이를 바탕으로 협동조합운동의 메카로 자리잡고 있다.

이러한 강원지역 내부의 다양성에도 불구하고 전반적으로 강원지역에서 4·19혁명의 양상은 극히 미미했고 중앙이나 도내 다른 지역과의 연계 없이 고립적으로 전개되어 전국적인 차원의 의의를 도출하기란 쉽지 않다. 이러한 점을 고려해 이 장에서는 그간 사회운동의 측면에서 잘 알려지지 않았던 강원도의 사례를 소개하는 데에 초점을 두고자 한다.

이 장에서는 위에서 언급한 다양한 지역들 중 4·19에 관한 정보를 어느 정도 확인할 수 있는 춘천, 원주를 중심으로 강원지역의 상황을 소개하고, 양양 및 속초지역의 상황에 대한 단편적인 정보를 덧붙이는 식으로 서술하고자 한다. 4·19의 양상을 소개함과 동시에 이 경험이 지역의 시민사회 및 사회운동의 역사에서 차지했던 위상과 역할을 검토한다. 특히 강원도의 전반적인 정치적 후진성과 보수성, 그리고 그럼에도 불구하고 야당도시 원주의 예외적인 양상, 도청소재지로서 춘천의 독특한 경험을 문헌자료를 통해 확인하고자 한다.

이미 민주화운동의 역사 속에서 4·19를 조명한 글들이 발표된 바 있는 원주와 달리 춘천의 경우에는 4·19뿐만 아니라 그때 이후 1990년대 시민운동이 부상하기까지의 시민사회단체들의 활동에 대한 연구가 거의 공백상태인 것으로 보인다.(유팔무·김원동, 2000, 323~324쪽)[1] 새로이 발굴하는 과정인 춘천지역에 대해서는 강원일보 기사와 몇몇 기관의 연감에 언급된 단편적인 정보를 중심으로 4·19의 전개과정과 4·19 이후 관공서, 정당, 노조, 학교 등 지역사회의 분위기를 살펴본다. 그리고 맺음말 부분에서는 춘천, 원주 두 지역의 공통점과 차이에

---

1) 1980년대까지 춘천지역의 주요 시민사회단체로는 춘천YMCA, 춘천YWCA, 소비자연맹 춘천지회 등을 꼽을 수 있고 1990년대에 접어들어 본격화되기 시작한 춘천지역 시민운동의 성장을 전국의 경우와 유사한 양상을 보였다. 지방자치제의 도입과 그에 뒤이은 김영삼 문민정부의 출범 이후인 1993년부터 춘천지역에서도 새로운 형태의 시민운동단체들이 등장했던 것이다.

대한 언급을 덧붙이고자 한다.

2. 4월혁명의 전사

1) 강원도 및 춘천의 정치적 저발전과 보수성향에 대한 검토

관련 기록들을 살펴볼 때 춘천, 그리고 강원지역은 서울, 경기, 영남, 호남, 충청지역에 비해 3·15부정선거에 대한 저항운동이 미미했다. 이러한 양상은 흔히 얘기되는 강원지역의 정치적 저발전과 보수적 성향을 입증하는 또 다른 사례로 생각될 수 있다. 그러나 이러한 강원지역의 특수성도 특정 시기의 산물이며 시대에 따른 변화를 겪어 왔다.

4·19 이전의 대표적인 민중의 저항운동이었던 3·1운동의 경우도 4·19와 마찬가지로 다른 지역에 비해 늦게 일어났으며 활발하게 전개되지 못하였다. 3·1만세운동이 다른 지역에 비해 늦게 일어났다.『춘천백년사』에서는 이를 강원도 도청소재지로서 춘천에 관공서가 집중되어 있어 일제의 통제가 심했고 헌병대 본부, 보병 중대 등이 주둔하고 있었던 점으로 설명하고 있다.

강원도지방의 만세운동은 3월 7일 춘천농업학교 학생들에 의해 최초로 일어났다. 춘천농업학교는 한국에서 근대교육이 실시된 후 강원도에 설치된 최초의 중등교육기관이어서 당시 재학생들의 자부심이 대단했다. 그러나 거사 계획이 사전에 유출되어 교내에서의 시위와 수업거부에 그쳤다. 3·1운동 당시 강원 영서지역에서 민족의식 고취와 독립운동에 앞장섰던 천도교인들도 만세시위를 추진했으나 이 역시 사전에 발각되어 주동자였던 춘천 천도교회의 봉훈 윤도순이 체포되었다. 그러나 천도교의 다른 간부들이 3월 28일 춘천면 장터에서 대한독립만세를 외쳤다. 끝까지 만세를 부르던 이준용, 박순교, 허헌이 체포되어 감옥살이를 하였다. 기독교인들의 만세운동 계획도 일경에 발각되어 관련자들이 체포되었다. 『춘천백년사』에서는 이 밖에 근거가 확실하지는 않지만 수백 명이 참가한 만세운동이 3월과 4월에 있었다고 전하고 있다.(춘천백년사편찬위원회, 1996, 222~229쪽)

3 · 1운동 이후에는 일제의 소위 '문화정치'를 계기로 전국에서 수많은 단체가 결성되었고 가장 활발했던 분야는 청년단체였다.(춘천백년사편찬위원회, 1996, 229쪽) 춘천청년회 역시 수양과 계몽활동을 목적으로 내세우며 1925년 8월 15일 창립총회를 개최하였다. 창립취지의 1항이 '월례회와 독서회를 개최한다'였던 것에서 알 수 있듯이 이 단체의 주요 활동은 학습모임이었고 학습내용은 주로 사회주의 사상에 관한 것이었다.(춘천백년사편찬위원회, 1996, 229~231쪽) 그러나 1931년 춘천청년회가 해체되면서 지역의 사회주의 청년운동은 활발하지 못했다. 적색농민조합, 적색노동조합 등 농민운동과 노동운동 역시 산업기반의 부재, 지리적인 고립성 등으로 활발하지 못했다.(ibid., 235~236쪽)

이러한 상황에서 일제에 대한 저항운동은 중등학교 학생들의 자발적인 실천의 형태로 전개되었다. 6 · 10만세운동, 광주학생운동을 계기로 항일시위, 동맹휴학, 일본인교사 배척운동이 1910년에 설립된 춘천농업학교, 1924년 도내 유일의 5년제 인문계 중등학교로 설립된 춘천고등보통학교에서 일어났다. 1937년에는 춘천고등보통학교 5학년 학생 6명이 '상록회'라는 비밀결사를 조직하기도 하였다. 춘천농업학교에서도 같은 해 독서회가 조직되었고 상록회와 연관을 맺었던 것으로 보인다.(춘천백년사편찬위원회, 1996, 238~259쪽) 1923년 설립된 춘천사범학교 학생들도 전투모 거부운동 등 일반학교에 비해 엄격한 학사규정에 대한 저항운동의 형태로 항일운동이 전개되었다.

4·19 전후에 치러진 대선, 총선의 결과는 강원도의 정치적 보수성 향을 입증할 만큼 일관된 양상을 보이지는 않았다. 1956년 5월 직선으로 치러진 제3대 대통령선거의 경우 전국적으로는 이승만이 70%, 조봉암이 30%를 득표하였는데 춘천지역에서는 조봉암 후보가 4천여 표를 획득한데 비하여 이승만 후보는 1만 7천여 표를 획득함으로써 상대적으로 이승만의 득표율이 더욱 높았다. 이러한 결과는 당시 춘천시 유권자들의 강한 보수성향을 보여준다. 강원도 전체의 결과를 보면 이승만에 대한 지지가 더욱 압도적이었다. 이승만이 88% 이상 득표한데 비해 조봉암은 8%의 득표에 그쳤던 것이다. 다만 부통령 선거의 경우에는 원주와 함께 장면 후보에 많은 표를 주었고 같은 해 치러진 총선에서도 춘천에서는 민주당 후보가 당선되었다.

〈표 1〉 춘천지역 제3대 대통령선거 득표현황

	선거인수	유효	무효	계	투표율	조봉암	이승만
춘천시	33,074	21,571	8,768	30,339	91.7%	4,003	17,568
강원도	804,325	709,963	79,710	789,673	98.2%	65,270	709,963
전국						30%	70%

출처: 『춘천백년사』上, 365쪽.

1960년 3월 15일에 실시된 제4대 대통령선거는 투표함 바꿔치기 등 각종 부정이 자행되었다. 춘천시의 경우도 예외는 아니어서 이승만은 유효표의 100%를 획득하였다. 득표수가 유효표수인 32,735표였던 것이다. 강원지역 전체 역시 마찬가지여서 829,131 유효표 전부가 이승만의 표였다.

<표 2> 춘천지역 제3대 대통령선거 득표현황

	선거인수	유효	무효	계	투표율	이승만
춘천시	39,076	32,735	5,498	38,233	97.8%	32,735
강원도	881,698	829,131	44,665	873,795	99.1%	829,131

출처: 『춘천백년사』上, 366쪽.

한편 5·16 이후 치러진 대선에서는 1950년대 대선 및 국회의원 선거에서 나타난 친여성향과 달리 전국 차원의 투표 결과와 달리 윤보선(23,620표)이 박정희(12,280표)를 압도한다거나(1963년 5대 대선), 전국의 결과와 유사하게 박정희와 제1야당 후보가 박빙의 승부를 보였다(1967년 6대 대선, 1971년 7대 대선) 7대 대선의 경우에도 박정희와 김대중이 53% 대 45%를 보인 전국 결과와 달리 춘천에서는 두 후보가 각각 24,931표, 24,433표를 얻어 백중세를 보였다.(춘천백년사편찬위원회, 1996, 365~370쪽)

2) 4월혁명 이전 원주의 야당도시화

4월혁명 이전에 원주지역이 야당도시화한 것은 해방 직후 적어도 제헌의회 선거로까지 거슬러 올라가 그 연원을 살펴볼 수 있다. 제헌의회에서는 족청(조선민족청년단) 계열의 홍범희가 당선되었고, 더욱 강조되어야 할 사실은 1950년 선거에서 혁신계인 윤길중이 당선되었다는 점이다.(『강원일보』1958년 4월 5일자 ; 장영민, 1993, 203~204쪽)[2]

---

2) 1945년의 제헌의회 선거에서 홍범희의 당선과 2대 총선에서 윤길중의 당선 사실로 보아 원주지역에는 족청계와 혁신계의 조직이 상당한 정도 형성되었다고 볼 수 있다. 혁신계 세력의 존재와 그 힘에 대해서는 바로 뒷부분에서 살펴볼 1954년 초기 선거운동 상황뿐 아니라, 1958년 총선시기에 보도된 다음의 기사를 참고할 수 있다. 당시 선거 초기에 "자유, 민주, 진보 3대당의 3파전이 전개될 것으

야당도시로서의 원주에 있어서 예외적인 경우는 1954년의 국회의원 선거였다. 이승만의 재선을 위해 대통령중임제한이라는 헌법 내용의 개정을 위해 개헌선을 확보하고자 전국적으로 유례없는 탄압이 가중되는 속에서, 원주지역에서도 야당 후보들은 경찰과 우익청년단의 탄압 아래 선거운동조차 할 수 없는 상황에 이르렀다.(장영민, 2004, 249~255쪽)[3] 그러나 1958년 총선 당시 원주에서는 춘천과 더불어 야당인

로"라는 기사를 볼 수 있는데, 이는 진보당 세력, 즉 혁신세력의 힘이 상당한 정도에 이르렀음을 보여주는 기사이다.(이후 진보당이 불법화되어 자유, 민주 간의 2파전 결과 민주당의 박충모가 당선되었다)

족청계 역시 원주에서 가장 강력한 우익 청년단체였다. 장영민에 따르면, "이범석이 이승만에 의해 정치적으로 몰락할 때까지 족청은 원주에서는 어느 정당과 단체보다 큰 힘을 지녔던 세력이었다. 단장 이범석이 원주에 내려와 봉산국민학교 교정에서 군복을 차려 입은 단원들을 사열하기도 하였다. 해방 직후 원주에서는 한동안 독촉이 강세였으나, 족청 원주군 단부가 결성된 다음부터는 족청의 세력이 막강하였다." 그렇기 때문에 제헌의회 선거에서 홍범희는 족청의 강력한 후원에 힘입어 다른 후보를 쉽게 따돌리고 2만 4천 1백표를 얻어 당선되었다. 그러나 족청계와 혁신계는 모두 이승만정권에 의해 철저한 탄압을 받는다. 이승만은 자유당을 결성할 때 이범석 등 족청계의 절대적 지원을 받았고, 자유당 조직 자체가 과거 족청 조직을 기반으로 하였다. 또 이승만이 부산정치파동을 통해 대통령 직선제로 개헌할 당시에도 파동 직전 이범석을 내무장관에 홍범희를 내무차관에 임명하여 자신의 불법적 직선제 개헌에 이용한 바 있다. 그러나 이승만은 이후 이범석을 경계하여 그가 자유당 부통령 후보로 공천되었음에도 불구하고, 별도의 부통령 후보로 함태영을 내세워 관권을 동원하여 당선되도록 하였을 뿐 아니라, 자신이 재선된 이후에는 자유당 조직에서 족청계 세력을 철저히 숙청하고 자신의 충복인 이기붕이 당을 장악토록 하였다.

혁신계의 경우에 있어서도 이승만은 정부수립 초기 조봉암을 농림부장관으로 임명하여 한국민주당(후에 민주국민당)의 반대를 무릅쓰고 농지개혁을 성사토록 이용하였다가, 이후 1956년 대통령선거에서 자신을 위협할 정도의 득표를 하게 되자 간첩혐의를 뒤집어씌워 사형에 처하고 진보당을 불법화했다.

이러한 정황과 원주지역을 연결할 때, 지역 내에 상당한 비중을 차지하고 있었던 홍범희 중심의 족청계와 윤길중 중심의 혁신계 인물들이 정권에 비판적 세력을 형성하였으리라는 추측을 가능케 한다.

3) 당시 원주에서 선거과정을 관측한 미국대사관 직원에 따르면, 초기에 당선이 확실하게 보였던 윤길중 측의 선거운동원들과 지지자들은 경찰과 공무원, 백혈당·반공결사대 등의 단체에 의해 투옥, 구타, 협박에 시달려 더 이상 선거운동이 가능하지 않았고, 윤 후보는 자신의 집에 피신해 있을 수밖에 없었다. 공무원의 지시에 따라 매일 열렸던 마을회의에서 주민들은 1952년 정부통령 선거 당시

민주당 후보가 다시 당선되었다. 또 1956년의 정부통령 선거 당시 야당의 부통령 후보인 장면에게 원주는 강원도지역에서 춘천과 더불어 여당 후보 이기붕보다 더 많은 표를 몰아주었다.(중앙선거관리위원회, 1964) 이를 당시 투표성향에서 나타난 '여촌야도' 현상으로 볼 수도 있지만, 그 배후에는 원주지역의 혁신계, 가톨릭 교계, 족청계 등 이승만체제에 저항하는 세력들의 흐름이 작용하고 있었다고 보아야 할 것이다.

이를 보다 자세히 살펴보기로 한다. 제2대 국회의원 선거(1950.5.30)에서 조봉암계의 혁신계열인 윤길중이 근소한 차이로 족청계의 홍범희를 누르고 당선되었다. 또 제2대 정부통령 선거(1952.8.5) 중 부통령 선거에서는, 이승만의 지지 아래 관권이 동원되어 당선된 여당 후보 함태영이 원주지역에서는 족청을 창설한 이범석 후보에게 엄청난 표 차이로 참패하였다.(5,107표 대 30,522표) 제3대 부통령 선거(1956.5.15)에서도 원주는 여당인 이기붕보다 야당인 장면에게 더 많은 표를 주었다.(중앙선거관리위원회, 1964 ; 원주시, 2000)

다시 더 거슬러 올라간다면 제헌의회 선거부터 이승만정권하의 역대 선거를 살펴볼 때, 다소 미묘한 의미의 차이는 있지만 원주지역이 정권의 요구와는 비켜가고 있었음을 알 수 있다. 제헌의회 선거(1948.5.10)에서 당시 강원도 다른 지역에서는 친이승만계의 국민회(독립촉성국민회) 등의 인물들이 당선된 것과는 달리, 원주지역에서는 국민회 계열 후보를 누르고 족청 계열의 홍범희가 당선되었다.

윤길중은 조봉암의 선거운동을 맡았기 때문에 '반역죄'를 지어 감옥에 가야한다고 단죄되었다. 윤 후보를 지지하는 사람은 공산주의자이기 때문에 징용이나 북한으로 보내질 것이라는 협박을 받았으며, 실제로 공산주의자라는 명목으로 체포된 윤 후보의 운동원은 50명에 이르렀다. 또 윤 후보의 운동원으로 가장한 사람들이 윤후보를 지지하는 사람이 누구인지 떠보기 위해 돌아다닐 정도였으며, 지역 내 유지들은 여러 구실로 경찰에게 잡혀가 하루 이틀 구류를 살다가 경고를 받고 풀려 나왔다.

여기서 주목할 부분은 원주의 야당도시화와 가톨릭 간의 관계이다. 사사오입 개헌 이후 범야당 결집운동의 결과, 1955년 민주당이 결성(9·18)된 이후, 원주에서는 1955년 11월 3일 이래 원주지구당 창당을 준비하였지만, 공개적으로 활동하지 못하고 지하조직으로 시작되었다. 그 결과 박충모 등 겨우 5명의 당원만이 확보된 상태로 11월 23일 강원도 최초의 창당대회를 가졌다. 그러나 이날 대회를 방해하려는 일부 측의 움직임으로 인하여 이에 반발한 민심이 노도처럼 일어나 대회장은 초만원이 되었고, 극장 밖에도 인산인해를 이루었다. 이때 신익희, 조병옥, 장면, 박순천, 김상돈 등 중앙당 최고위원들이 모두 참석하여 군중은 이들의 말을 들어보기 위한 것이 하나의 이유였고, 이를 계기로 인심은 민주당으로 기울어지기 시작했다.(원주문화원, 1976, 247쪽)

1956년 부통령 선거에서 민주당 후보인 장면이 당선된 이후, 가톨릭에 대한 이승만정권의 탄압이 시작된다. 야당인물 장면이 부통령이 된 것은 자유당에게 커다란 위기감을 불러일으켰는데 그 이유는 이승만이 고령의 나이로 유고가 발생하게 될 때 정권이 그대로 야당에게 승계된다는 점 때문이었다.(원동 100년사 편찬위원회, 1999, 130~131쪽)[4]

이후 1956년 8월 31일 조병옥 대표최고위원이 참석한 가운데 민주당 강원도당 결성대회가 춘천에서 개최되어 박충모가 도당위원장에 선출 되었다. 강원도에서 최초로 창당한 민주당 원주지구당은 계속

---

4) 『원동 100년사』에는 다음과 같이 기록되어 있다. "민주당 부통령이 되자, 자유당 정권은 은연중 천주교 교우들을 야당으로 몰아 공직에 있는 교우들을 감시하였고, 또한 일반 교우들도 사회활동에 많은 제약을 받았다. 1959년, 자유당 정권 말기에는 성당에 나오는 공직자들을 노골적으로 탄압하기 시작하여 한직이나 벽촌으로 좌천하였으며, 심한 경우 사표를 강요하였다. 그래도 열심인 교우들은 직장에서 불이익을 당하면서도 신앙생활을 계속했으나 새로 영세한 가정이나 신앙심이 깊지 못한 가정에서는 냉담자가 늘기 시작하였다. 1960년 3월 15일, 정부통령 선거를 앞두고는 탄압이 심해져 공직자 외의 일반 가정에도 통반장을 시켜 성당에 다니지 말도록 강요하기에 이르렀다"고 쓰고 있다.

조직을 확장하였으나 지하 조직뿐으로, 표면으로는 조직이 마비상태였다. 그러나 1958년 4대 민의원 선거에서 박충모가 당선됨으로써 원주를 야당도시라고까지 말하기에 이르렀다.(원주문화원, 1976, 247쪽)

1958년 가톨릭계 신문인 경향신문이 이승만정권에 의해 폐간된 것 역시 이러한 요인이 작용했다. 거기다가 원주지역은 강원도의 다른 지역에 비해 상대적으로 장면에게 많은 표를 안겨주었고, 1958년의 민의원선거에서 야당인물인 민주당의 박충모를 당선시킨 지역이다. 따라서 이 시기 원주지역의 가톨릭신자들 역시 정권으로부터 집중적 탄압을 받게 된다.

이러한 정황을 살펴볼 때, 당시 원주지역은 이승만정권으로부터 탄압받은 족청계, 혁신계, 가톨릭계 등의 세력이 상당한 정도 형성되었고, 이러한 요인들이 종합적으로 작용하여 당시 원주지역이 야당도시화 되었다고 할 수 있다.

한편 2009년 10월 19일자 기사에서 『설악신문』 프리랜서 기자 엄경선은 4월혁명 이전 양양·속초지역의 상황을 4·19를 다음과 같이 기록하고 있다. "수복지역이라 기본적인 민주주의조차 부정되는 정치현실을 숨죽이고 지켜보던 양양과 속초에서도 1950년대 말부터 민주주의를 지키려는 움직임이 시작되었다. 그 시작은 1958년 보안법 개악 반대 데모였다. 1958년 12월 24일 자유당 단독으로 정부에 대한 비판세력을 통제하기 위해 국회에서 신국가보안법을 경위권을 발동하여 단독 처리하였다. 이 처리에 앞서 11월 30일부터 속초지역에서 자유당이 부락 서기 및 반장을 동원하여 신국가보안법을 국회에서 통과시켜달라고 강제날인을 받았다는 기사가 보도되었다. 그리고 [1959년 1월 15일자 『동아일보』 보도에 따르면] 보안법이 통과된 1959년 1월 14일 속초지역에서 최초의 반정부 데모가 있었다."(『동아일보』 1959년 1월 15일자)

3. 3·15에서 4·26까지

1) 춘천의 3·15부정선거와 학생 주도의 시위

3월 15일 선거 당일 민주당이 발표한 선언문 "3·15선거는 불법무효임을 선언한다"에 따르면 당시 선거에는 가능한 거의 모든 불법적인 방법이 동원되었다. "① 헌법에 위배되는 조기선거, ② 야당계 인사 입후보 등록의 폭력방해, ③ 무수한 유령유권자의 조작, ④ 야당 선거운동원의 살상 자행, ⑤ 대다수 참관인 신고의 접수 거부, ⑥ 신고된 소수 참관인의 입장거부 또는 축출, ⑦ 헌병·경찰폭한에 의한 공포분위기의 조성, ⑧ 기권 강요, ⑨ 투표 개시 전의 사전 무더기표 투입, ⑩ 투표함 검사거부, ⑪ 내통식 기표소 설치, ⑫ 3인조 강제편성 투표, ⑬ 4할 공개투표의 강요, ⑭ 공개투표 불응자에 대한 상해, ⑮ 집단 대리투표"(학민사 편집실, 1984, 60쪽) 『강원일보』에 보도된 강원지역의 선거결과는 다른 지역과 유사한 양상을 보이는 가운데 부통령선거의 경우 시군에 따라 차이가 나타난다. 하지만 부정선거의 결과에서 의미있는 분석을 이끌어내기는 어렵다.

〈표 1〉 정부통령득표표

區別 道別	대 통 령			부 통 령					
	이승만	기권	무효	이기붕	김준연	임영신	장 면	기권	무효
서울	684,146	88,680	263,440	509,693	20,154	12,700	378,390	7,695	27,367
경기	1,139,927			955,804	20,372	8,770	278,680		
충북	510,369			437,889	15,196	5,165	98,587		
충남	988,180			1,089,887	12,488	6,327	140,567		
전북	919,529			851,848	31,376	24,790	90,840		
전남	1,278,304			1,101,805	77,722	13,178	140,168		
경북	1,403,461			1,166,341	27,759	11,286	340,214		

경남	1,632,159			1,398,637	34,869	15,284	311,320		
강원	829,181			786,595	5,468	1,543	64,743		
제주	127,587			127,125	122	42	736		
계	9,633,376			8,337,029	240,995	97,533	1,844,759		

출처 : 『강원일보』 1960년 3월 18일자.

〈표 2〉 개표구별 후보자 득표현황

| 구분 | 대 통 령 | | | 부 통 령 | | | | | |
시군별	이승만	무효	계	이기붕	김준연	임영신	장 면	무효	투표수
춘천시	32,935	5,449	38,384	25,587	559	146	11,326	614	38,232
원주시	32,149	4,752	36,901	28,209	547	193	7,028	798	36,775
강릉시	22,639	1,968	24,607	19,683	107	74	3,691	1,048	24,603
춘성군	39,826	2,510	42,336	38,211	421	111	3,114	474	42,341
홍천군	64,874	1,821	66,695	64,066	219	54	2,168	188	66,695
횡성군	38,248	526	38,774	36,819	135	65	1,493	265	38,774
원성군	42,978	3,359	46,532	40,765	151	33	5,195	195	46,311
영월군	43,938	897	44,835	42,053	87	53	2,067	357	44,617
평창군	35,889	356	36,245	35,527	27	8	689	44	36,201
정선군	29,481	149	29,630	29,334	47	21	159	70	29,631
철원군	49,389	3,047	44,835	47,766	14	15	324	4,317	52,436
김화군	20,918	1,492	22,112	19,902	35	9	275	1,891	22,110
화천군	67,979	3,370	71,051	68,976	30	55	814	1,175	71,050
양구군	33,678	3,009	36,687	32,247	92	36	4,002	310	36,687
인제군	39,186	1,401	40,587	37,99_	163	61	2,194	175	40,410
고성군	15,543	27	15,570	15,518	5	4	37	8	15,572
양양군	40,897	2,132	43,029	37,770	340	108	2,757	2,054	40,975
명주군	56,471	3,604	60,175	53,877	12	3	6,008	118	60,018
삼척군	77,790	4,201	81,991	74,555	668	206	5,929	633	81,991
울진군	45,123	546	45,669	42,587	592	15	2,371	108	45,673
계	829,131	44,665	873,796	786,595	5,468	1,547	64,743	15,240	873,599

출처 : 『강원일보』 1960년 3월 18일자.

1960년 3, 4월의 시위는 학생 중심으로 전개되었다. 처음에는 고등학생들이 대부분이었고, 대학생들이 집단적으로 시위에 참여하기 시작한 것은 4월 18일부터였다.(4월혁명연구소, 1990, 123~124쪽 ; 민주화운동기념사업회 연구소, 2008, 155쪽)5) 시위는 자연발생적이었고 구호도 통일되지 않았었다. 『4월혁명자료집』에 실린 당시 구호와 플래카드, 격문 등을 분석해 보면 먼저 선거가 치러진 3월 15일 이전에는 '학생의 인권을 옹호하자', '민주주의를 살리고 학원 내에 마치는 정치세력을 배제하라', '일요일에 학생을 등교시키는 사실을 사회에 폭로하자', '학원의 자유를 달라', '부정선거를 묵인하는 자는 자유로운 조국에의 삶을 포기한 자다', '공명선거 이룩하자', '우리 선배는 썩었다' 등 학원의 자유 수호가 주를 이루었다. 그러다가 3월 15일 이후에는 '민주주의는 죽었다', '공명선거를 다시하라', '공개투표는 선거가 아니다', '정부는 마산학생 7명을 죽인 책임을 져라', '마산동포 구출하라', '왜놈들의 총칼에 선열들이 쓰러진 자리에 우리 학생들은 우리 경찰의 손에 죽었다', '비겁한 자여 너의 이름은 방관자니라'. '평화로운 시위는 우리의 권리다' 등으로 3·15 이후의 사태전개에 대한 직접적인 대응의 양상을 띠었고 4월이 되면서 구호는 이승만을 겨냥한 보다 정치적인 것이 되었다. '이승만정부는 물러가라', '이기붕 죽여라', '민주역적 몰아내자', '경찰국가 반대한다', '파시즘의 독재자는 물러가라', '우리는 세계의 여론에 호소한다. 자유가 아니면 죽음을 달라'. 4·19 이후에는 '각지에서 무참히 쓰러진 학도들을 정부는 책임져라', '학생의 피에 보답하자'와 같이 희생자들에 대한 책임문제가 본격적으로 제기되었다.(학민사 편집실, 1984, 42~47쪽)

　김성태의 분석 역시 유사한 결과를 보여준다. 그는 1960년 2월 28일

---

5) 4월혁명은 초기부터 5·16쿠데타 발생 때까지 학생세력이 주도해 나갔다. 1950년대 전반에 걸쳐 침체되었던 학생운동이 4·19에서 중심적인 위치를 차지할 수 있었던 원인 중 하나는 비록 학도호국단체제 등을 통해 정권이 학원 통제를 시도했지만 상대적으로 자유로웠던 상황 때문이었다. 박현채(1983)에 따르면 민중은 3·15부정선거에 의해 부패와 부정 및 빈곤 해결 가능성이 상실됨에 따라 분노가 고조되었지만 민중의 분노가 바로 변혁을 위한 힘으로 될 수 없는 상황에서 ① 민족의 장래에 대한 사명의식에 불타고, ② 민중의 요구를 인식할 수 있는 지적 능력을 갖추었으며, ③ 조직된 거의 유일한 집단이었던 학생들에 의해 4월혁명이 일어났다고 설명한다.

부터 4월 19일까지 『동아일보』, 『한국일보』, 『조선일보』, 『서울신문』, 『연합신문』 등 5개 신문에 보도된 것을 종합하여 각각의 사건에서 나타난 구호, 호소문, '삐라', 벽보 등을 몇몇 유형으로 나누어 분석하였는데 학원의 자유와 학원의 정치 도구화 반대가 22%로 가장 빈도수가 높은 것으로 나타났다. 그 다음은 3·15부정선거를 미리 규탄하거나 반대하는 것이고(17%), 정치의 부채와 독재를 규탄하고 있는 것이 그 다음을 차지하였다.(15%)(김성태, 1983 ; 민주화운동기념사업회 연구소, 2008, 152~153쪽에서 재인용)

문헌자료에서 확인할 수 있는 춘천지역에서의 구호 역시 대동소이하였고 지방이라서 부정선거의 책임을 물어 도지사의 사퇴를 요구하는 것이 발견된다. 당시 3월 20일 시위를 주도하였던 춘천고 운영위원장 정병호 씨의 증언에 따르면 거사 전날 밤 춘천 각지에 붙였던 격문의 문구는 "1) 춘천 학도들이여, 우리의 지성은 부정선거를 묵과할 수 없다, 2) 조국의 민주위기를 바로잡자!"였다. 4월 25일 춘천고 학생들의 데모에 사용된 구호는 '구속학생 석방하라', '고문경관의 처단', '홍창섭 도지사는 물러나라'(학민사 편집실, 1984, 46쪽) '학원에 정치적으로 간섭 말라', '수업을 조속히 실시하라', '학교문을 즉시 열어라', '학생에게 공부를 시키라', '대학입학률을 제고시켜라', '학원에 정치적으로 개입치말라'(『강원일보』 1960년 4월 26일자), '3·15부정선거를 규탄한다', '학원의 자유를 달라'(학민사 편집실, 1984, 136~137쪽) 등이었다.

강원도내 학생들의 시위는 원주와 춘천에서 대규모로 전개되었고 시위양상은 대체로 평화적인 행진이 주를 이루었다. 경찰은 시대적 상황과 여론을 파악하여 시위대의 행진을 제지하지 않았고, 단지 주요 기관의 경비에 치중하였다. 4·19혁명 직후 전국적으로 학생시위가 거세지자 강원도에서는 4월 21일 도내 중고등학교에 휴교령을 내렸다. 도 문교당국에서는 문교부장관의 지시에 따라 도내 전중고등학교와 대학에 문교부장관의 별도 지시가 있을 때까지 휴교토록 18일 밤 긴급 지시했고 초등학교만은 평상시와 같이 계속 수업을 하도록 지시했다. 도 경찰국에서는 도내 치안의 확보를 위해 야간 통행금지 시간을 22시부터 5시까지 연장하도록 전 경찰서에 시달하였고 야간통금자 위반 단속을 강력히 실시하도록 지시하였다. 휴교령으로 학생들의 집단행동이 처음에는 약했지만 점점 커져갔고 도내 전역에서 학생들의 시위가 계속 되었다. 이승만 대통령의 사퇴와 더불어 4월 27일 중학교 29일 고등학교에서 각각 휴교령이 해제되었다.(『강원경찰발전사』, 87쪽) 휴교령이 내려진 가운데 춘천고 학생들의 시위 계획이 있었다. 날짜별로 당시 상황을 정리해보자.

1960년 3월 19일 춘천고 학생들이 다음 날인 3월 20일 시위를 계획하였으나 발각되어 주동자들이 경찰에 연행되었다.(학민사 편집실, 1984, 136~137쪽)6) 4월 9일 민주당 강원도당 역시 경찰의 방해로 시위가 좌절되었

---

6) 당시 시위를 준비했던 춘천고 운영위원장이었던 정병호 씨의 회고담을 통해 당시 상황을 알아보자. "3월 19일, 부운영위원장 설정일 군 외 수명이 춘천시를 굽어보는 봉의산 한 기슭에 모여 학생들의 분기를 자극시킬 것을 목적으로 다음과 같은 벽보를 작성했다. "춘천학도들이여 ! 우리의 지성은 부정선거를 묵과할 수 없다" "조국의 민주 위기를 바로 잡자." 이런 내용의 벽보를 만들어 가지고 면밀 주도한 계획하에 춘고 정문 앞, 성수상고 입구, 도청으로 행하는 로터리 게시판, 춘여고, 춘중, 그리고 춘농대 어귀에 각각 밤 한시를 기해 일제히 붙였다. 3월 19일, 춘고 옥상에서 운영위원장 외 간부 및 뜻이 같은 학우 십여 명이 남의 눈을 피해가며 잠시 모여서 오후 4시에 소양로 소재 박건의 집에서 구체적인 모의를 갖기로 하고 일단 해산하였다. 약속대로 운영위원장, 부운영위원장 설정일 군 외 12명이 참석한 가운데 3·15 불법선거 및 학원의 자유에 관하여 토론한 후에 일대 학생의거를 계책하기에 합의를 보았다. 때마침 21일은 '사방의 날' 행사로 시내 전 고등학교 학생들이 춘고 운동장에 모이게 되므로 이 기회를 포착하기로 하고 구체적인 제반 준비사항을 논의하였다. 즉 시내 전 고등학교 대표들과의 접촉 및 연락과 조직망을 짜고, 데모 코스와 이 투쟁 후에 생길 일에 대비책을 강구하였다. 3월 20일, 어제에 이어 오전 9시경에 운영위원장 외 2명이 '데모 결의문' 초안을 작성하였다. 한편 부위원장 설정일 군과 춘농고 대표 등 십여 명이 어제 그 장소에서 어제의 계획안을 재검토하던 중 돌연 춘천경찰서 사찰계 형사들의 급습을 받고 경찰서로 연행되었다."

다.(민주화운동기념사업회 연구소 편, 2006, 63)

4월 25일 춘천에서 일어났던 시위는 3월 20일 시위계획이 무산된 춘천고 학생들이 개교기념일을 이용해 봉기하기로 함에 따라 시작되었다.『강원일보』는 당시 상황을 이렇게 전한다.(『강원일보』1960년 4월 26일자)

4·19사건에 충격을 받은 춘천시내 500명에 달하는 춘고학생을 비롯한 춘여고, 성수중·고등학교, 춘농대, 보인기술고등학교 학생 포함 700여 명에 달하는 학생들은 25일 상오 정각 10시 데모로써 정당한 의사를 관철한다는 결의 아래 데모를 감행하였다.

500명을 헤아리는 춘고 데모대는 교정을 출발, 소양로 4가를 거쳐 중앙로터리를 지나 춘천서 앞에 이르러 만세와 구호를 외치기 시작하였다. 이들 데모대가 계속 구호를 부르면서 일로 도청에 이르려는 도중 춘여고 학생 30여 명이 합류하여 홍창섭 지사의 면접을 요청하는 동시에 굳게 잠긴 정문을 열고 현관 앞에 모였다. 대표를 뽑아 두 명의 학생들은 홍지사를 만났으나 데모대 앞에 나타난 홍지사에 대하여 학생들은 '학원에 정치적으로 간섭 말라', '수업을 조속히 실시하라'고 요청했다.

홍지사의 답변을 들은 데모대는 이날 오전 11시 15분 학도호국단 노래를 부르면서 귀교 도중 춘천서에 진입하여 요구조건을 제시했다. 이때 성수중·고등학교 학생 50여 명, 보인기술고등학교 학생약간명이 합세하여 다소 흥분된 데모 학생들은 경찰 경비차에 투석하여 경비경찰들은 아무런 대항 없이 피신했다. 이어 데모대는 시청으로 발길을 돌렸으며 동데모대와 행동을 같이 하던 춘여고 학생 데모대는 200여 명으로 증원되어 중앙로터리를 지나 시가데모에 들어갔다. 약 700명으로 증원된 4개 고등학교 학생 데모대는 시가에 도열한 뭇시민들이 주시하는 가운데 데모를 계속하였으며 경찰들이 자취를 감춘 사이에 춘천시 및 시청 그리고 본사 및 자유당지당 등에 투석하여 유리창을 파괴했다.

한편 낮 12시 반 춘농대생 50여 명도 플래카드를 들고 도청 정면 좌편도로를 돌아 시가지를 지나 시청 광장에서 춘고 데모대와 합세하여 도공관에 진입 농성타가 춘고 데모대는 오후 2시 10분 김병로(金秉魯) 교장의 설유로 '대한민국 만세'를 부르고 해산하였다. 이 날의 데모는 오후 2시 30분 완전히 끝났다.

그러나 성수중고 학생을 중심으로 저녁에 데모는 재개되었고『강원경찰발전사』는 이를 다음과 같이 전하고 있다.

춘고생들은 14시 10분 교장의 설득으로 해산하였고 다른 학생들은 15시 20분에 해산 하였지만, 이날 시위는 19시에 봉의국민학교에 집결한 성수중고등학교 학생들에 의해 다시 전개되었다. 성수중고생들 150여 명은 횃불을 들고 출발하여 약사동 고개를 넘어 중아로터리에서 10분 동안 머무르며 '학생에게 공부를 시키라' 등의 구호를 외친 후 경찰서 앞을 지나 도청 앞에 이르렀다. 일부 학생들의 강제로 진입하려 하자 간부급 학생들이 평화적인 시위를 하자며 제지하였다.

20시 20분 춘천경찰서 앞에 이르러 대열을 정비한 시위대는 구호를 외치며 경찰관과 대치하였다. 이때 경찰관은 경찰서 자체경비에 진력하였고 도청, 시청을 비롯한 중요 정부기관에 경비 경력을 배치하고 경비를 하였다. 경찰은 시위대와의 충돌을 가능한 자제하였으며 발포는 일체 엄금하였고 단지 중요 기관의 경비에 치중하면서 시내 가두에 배치한 사복경찰로 하여금 수시로 시위대의 동향을 파악하였다.

이날 횃불시위행진은 낙원동 미군유도탄 기지 사령부를 지나 소양로 2가를 거쳐 사창고개를 넘어 춘천방송국 앞까지 진행되었으며 22시 10분 평온리에 해산하였다.(『강원경찰발전사』, 87~88쪽)

『강원일보』1960년 4월 27일자 신문에서도「밤까지 번진 학생데모, 성수, 봉화들고 질서있게」라는 제목하에 이를 확인해주고 있다.

25일 상호 10시부터 돌연 시작된 춘천시내의 중·고등학교, 대학생들의 데모는 이날 밤 7시 45분에 이르러 성수중고등학교 학생 150여 명에 의해 횃불 데모로 변하여 "학생에게 공부를 시켜라" 등의 구호를 웨치며 시내 중심지역을 일주하는 시위가 계속되었다.

이날 하오 7시경부터 시내 봉의국민학교 교정에 모이기 시작한 성수중고등학교생은 7시 40분까지 백여 명이 집결되어 선생들의 "데모는 해도 파괴, 폭행 등 불법행위는 절대 하지 말라"는 간곡한 부탁을 받아드린 후

십여 개의 횃불을 든 학생을 대오의 전후 중간에 배치하고 구호를 절규하며 출발, 약사동 고개를 넘어 중앙로 파출소 앞에 이르러 동교 데모대는 백 오십여 명으로 증원되었다.

이들 데모대는 중앙 로타리에서 약 십분 동안 머무르며 구호 십여 가지를 웨친 후 서서히 경찰서 앞을 지나 도청 앞에 이르러 일부 학생들이 청내로 강제침입하려는 것을 간부급 학생이 제지하며 "밤이니 도지사를 비롯한 기관장을 만날 수 없을 것이니 평화적인 데모"만을 하자고 타일러 계속 구호를 절규.

8시 20분 다시 춘천 경찰서 앞에 이르러 대오를 정열한 데모대는 "평화적인 데모는 우리의 자유이다" 등의 구호를 절규하였는데 경찰관들은 경찰서 경내에 물샐틈없이 배티되어 있으니 데모대에 대하여는 오불관언격으로 자체 경비만 하고 있었다. 이날 밤 경찰은 도청, 시청을 비롯한 중요 정부기관에 배치 경치를 하고 있었으나 발포는 일체 엄금하고 있었으며 시내 가두에는 사복경찰관 약간 명이 데모대의 동향을 보기 위하여 산재하고 있을 뿐 정복경찰관은 한명도 배치되어 있지 않아 데모는 자유롭게 진행되었다.

경찰서 앞에서 구호를 웨친 데모대는 계속하여 낙원동 미 제4 유도탄기지 사령부 앞을 거쳐 소양로 2가를 지나 사창고개를 넘어 춘천방송국앞까지 연도에 늘어선 수많은 시민의 주시를 받으며 데모를 감행 후 9시 10분 평온리에 해산하였다.(『강원일보』 4월 27일자, 2면 기사)

4월 26일에는 재경 유학생을 비롯해 춘천사대, 춘천농대, 춘천중학교 학생들이 시위를 계획했으나 이승만 대통령의 사퇴성명 발표로 4·19 희생자에 대한 위령제 개최로 계획이 변경되었다.(『강원일보』 1960년 4월 26일자) 원주에서는 이날 위령제가 열렸고 가두행진이 이어졌다.(『강원경찰발전사』, 88쪽)

한편 이승만의 정계은퇴 선언이 있은 다음 날 홍창섭 도지사는 춘천농대 시위대에게 사의를 표명하였다. 이날 춘천농대학생들이 강원도의 부정선거에 대한 책임을 추궁하자 홍지사는 "지사자리에서 물러나겠다"고 선언하였다. 심헌구 춘천시장도 이날 행정적 책임을 지고 사의를 표명하였다. 춘천경찰서장 황인섭 씨 역시 사의를 표명하였다. 심헌구 춘천시장은 26일 아침 도 당국에 사표를 제출하였다.(『강원일보』 1960년 4월 26일자)

4월 29일에는 4·19, 4·26희생동지위령추도식이 학생, 시민 등 7천여 명이 모인 가운데 11시 춘천고등학교 운동장에서 거행되었다. 이와 함께 〈4·19 희생자에 보답하자〉는 구호 아래 강원도 여러 지역에서 모금운동이 성황리에 전개되었다.(『강원일보』 1960년 4월 29일자)

같은 날 강원일보 기사는 강릉, 양양 등지에서도 부정선거규탄데모나 학원자유화운동이 있었음을 전하고 있다. "양양중고등학교 학생 8백여 명은 29일 오전 9시부터 2시간여 걸쳐 질서정연한 시위를 실시하였다. 학생들은 '군수와 경찰서장은 물러가라', '도망쳤다는 사찰경찰관 박○○을 내놓으라'를 외치면서 시위를 감행하였다. 시위 도중에는 양양여자중고등학교학생 300여 명도 합류하였다."(『강원일보』 1960년 4월 29일자)

2) 원주의 4월혁명

4월혁명 당시 원주에서는 원주농업고등학교(현 영서고)를 중심으로 원주의 고등학교 학생들은 이승만 독재와 3·15부정선거를 규탄하는 시위를 격렬하게 벌였다. 이는 강원도지역뿐 아니라 전국 중소도시의 차원에서도 다소 예외적인 현상이었다.

먼저 여야당의 부통령 선거유세 상황을 살펴보기로 한다. 1960년 3월 8일 원주공설운동장에서 자유당 강연회가 열렸는데, 이때 3만 명의 시민(경찰 추산 3만 5천 명, 원주 총유권자 3만 8,830명)이 모였다. 이는 일제의 애국반 제도와 유사한 행정조직으로서 만들어진 방(坊)의

방장 인솔로 동원된 인원이었다. 반면 민주당은 3월 2일 현재 선거대책위원회 사무실조차 마련하지 못하고, 겨우 이날부터 부통령 선전벽보와 찝차에 설치한 마이크로 시민들에게 동정표를 얻는데 힘쓰는 등 극히 미온적인 선거 태도를 보일 수 있었을 뿐이며, 민주당 강연회에 참석한 시민은 5천여 명에 이르렀다.(장영민, 1993, 257~261쪽)

1960년 3월 15일 정부통령선거를 앞두고 자행된 각종 선거부정에 대해 원주의 최초의 규탄·저항 운동은 3월 14일에 발생하였다. 그 주체는 다른 지역과 마찬가지로 고등학생이 중심이 되었다. 원주농고 학생들은 학생회장 장춘길과 부회장 김영길의 주동 아래 3월 14일 오후 4시 하교길을 이용하여 당시 원주군청 앞에 집결하여 선거부정을 규탄하는 시위행진을 하였다. 그 구호는 "민주주의는 살아있다"라는 펼침막과 "실시하자 공명선거", "취소하라 3인조", "수호하라 민권" 등의 내용이 담긴 500여 장의 유인물에 잘 나와 있다.(장영민, 1993, 262쪽)[7]

이 시위행진은 군인극장 앞에서 경찰과 충돌하여 많은 학생들이 부상하고 연행되었고, 원주고·대성고 학생들의 호응으로 남산에 재집결하여 시내 진입을 시도하였으나 경찰의 저지로 실패하였다.(원주시, 2000, 789쪽)

이 시위의 배경을 살펴보면, 3월 13일 학교 수업시간에 자유당 선거운동차가 교정에 들어와 밑에 있는 마을을 향해 고성능 스피커로 선거 방송을 하였는데, 이것이 학생들을 자극하였다. 이튿날 등교한 3학년 학생들 사이에 규탄의 소리가 높여지자, 학생회장과 부회장이 시위를 하자고 결정하고, 학생회 간부들의 협조도 얻어 부서를 정하고 자금 6백 환도 거두었다. 시내에서 시위를 지작하자 많은 시민들이 박수를 보내 격려하였고, 군인극장 앞에서 경찰과의 몸싸움 끝에 1백여 명의 학생들이 경찰에 연행

---

7) 『원주시사』는 당시 학생회 부회장 김영길의 증언에 기초하여 "정의는 살아있다"로 기록하고 있는데, 원주농업고등학교 동창회에서 펴낸 『麥香半世紀』에는 "민주주의는 살아있다"로 기록하고 있다.

되었고, 이후 주동자들은 무기정학에 처해졌다. 그러나 4·19가 일어나자 학생들은 압수된 플래카드와 사진 등을 찾아와 당당히 게시하였다.(원주농업고등학교, 1991 ; 장영민, 1993, 262쪽에서 재인용)

4월 19일 이래 전국적 시위가 벌어지자 원주에서도 시내 중고등학생회 연합의 부정선거 규탄 시위를 위해 원주공설운동장에 2,000여 명의 학생들이 집결하였다. 이 집회는 3월 14일의 규탄 시위와 달리, 시내 고등학교 학생회 간부들을 중심으로 자금 조달 및 학생 동원이 이루어진 조직적인 시위였다.(원주시, 2000, 800쪽)

이들은 식이 끝난 후 시가행진을 하였는데 이때 나온 구호는 "이기붕을 국외로 축출하라", "최인규와 한희석을 처단하라", "고문경찰을 처단하라", "학원의 자유를 달라", "국회의원은 전원 사퇴하라" 등이었다. 이 시위대가 원주시청에 이르렀을 무렵에는 일반 시민 등 참가자들이 8백여 명으로 늘어났고 시위는 저녁 늦게까지 평온하게 진행되었다.(원주농업고등학교, 1991 ; 장영민, 1993, 262~263쪽에서 재인용)

4·19 당시 서울에서 발생한 의거에 참여했다가 장영옥이라는 원주 출신 학생이 희생되었다는 소식이 들리자, 원주시내 각 고등학생 대표들은 협의회를 구성하고 장례식을 학생장으로 치를 것을 결의하였다. 그 결과 5월 9일 원주초등학교 교정에서 추모대회를 가졌다. 이 추모대회 위원장 및 위원은 원주농고, 대성고, 원주고, 육민관고, 원주여상 학생회의 회장 및 부회장으로 구성되었다(원주시, 2000, 800쪽 ; 장영민, 1993, 263쪽)[8]

원주의 4·19시위에 관해 가장 주목을 끄는 점은 3월 14일이라는 이른 시점에 시위의 봉화가 올랐다는 점이다. 3월 14일 원주 시위는 다른 지역과 비교할 때 시기적으로 대단히 빨랐고, 부정선거의 핵심적 내용인 '3인조' 공개투표 비난이 구호에 포함되었다는 점에서 부정선

---

8) 나중에 장영옥은 학생이 아니라 택시기사였던 것으로 밝혀졌다.

거 계획에 대한 인식에서도 그 내용의 정확성이 두드러진다.

4·19 전후 전국적 시위를 일지별로 기록한『4월혁명자료집』의 3월 14일 항목을 보면 "원주농고생 백여 명은 원주시내 원성군청 앞에서 스크럼을 짜고 원주 군인극장·중앙시장까지 약 30분 동안 시위하였다"(학민사 편집실, 1984, 21쪽)라고 기록되어 있다. 이 기록을 보면 같은 날 부산, 인천, 포항의 고교생 시위가 동시에 발생하고 있다.

이 자료집에는 2월 28일의 대구 경북고 학생들의 시위를 시작으로 4월 26일 이승만 사퇴성명 무렵까지의 시위기록들이 일자별로 자세히 기재되어 있다. 이 기록에 의거하여 4월 19일 이전까지로 시기를 국한하여 전국에 걸쳐 발생한 시위들을 분석해보면, 대체로 3월 12일을 기점으로 시위의 성격이 바뀌고 있음을 알 수 있다. 즉 3월 12일 이전의 시위가 선거유세와 관련되어 발생한 시위였다면, 3월 12일부터는 시위의 내용이 정부와 자유당의 부정선거 획책에 대한 성토로 바뀌고 있다.

3월 12일 이전의 시위들을 살펴보면 민주당 부통령 후보인 장면의 선거유세를 방해하는 데 대한 고교생들의 항의 시위(대구, 전주), 그와는 반대로 자유당 후보의 선거유세에 대한 동원을 항의하는 고교생의 시위(충주), 야당 후보의 선거유세 후 지지자들의 시위(서울) 등이 주를 이룬다. 그러나 3월 12일의 부산 시위부터 선거유세와는 무관하게 '공명선거'를 구호로 내건 독자적 시위 형태가 나타나고 있으며, 이어진 3월 13의 서울시위, 3월 14일 원주를 포함한 서울, 부산, 인천의 시위 역시 그러하다.

다시 말해 3월 12일 이전까지의 시위는 선거유세에 대응하는 상대적으로 자연발생적인 시위였다면, 3월 12일부터의 시위는 선거유세와는 독립적으로 부정선거 획책을 규탄하는 내용을 갖고 있으며, 따라서 시위의 성격 자체도 주도세력이 분명하고 그들에 의해 자기의식적으로 조직된 독자적 시위로 바뀌었다는 것이다. 2월 28일부터 4월 19

일까지 동아, 조선 등 서울의 5개 일간지에 보도된 구호를 분석한 연구에 따르면, 학원의 자유와 정치도구화 반대가 22%로 가장 많았고, 그 다음이 3 · 15부정선거 혹은 그 획책을 규탄하는 것이 17%였고, 정치의 부패와 독재를 규탄하는 것이 15%, 전 국민 특히 학생이 동참하여 궐기해야 한다는 주장이 11%, 평화적 시위의 권리 주장이 8%, 정부공직자의 인책 사퇴가 5%의 순이었다.(김성태, 1983 ; 민주화운동기념사업회 연구소, 2008, 152~153쪽에서 재인용) 가장 많은 비율을 차지하는 구호는 학원의 정치도구화 반대에 관한 것으로서 이는 3월 12일 이전에 이루어진 시위, 즉 상대적으로 자연발생적 시위에서 주로 제기된 것이었다고 볼 수 있다. 다음으로 많은 구호가 부정선거 혹은 그것을 규탄하는 구호로서 이는 3월 12일 이후부터 시작된 시위, 즉 사전준비 아래 이루어진 조직적 시위에서 제기된 구호였다고 할 수 있다. 원주의 경우는 바로 이 두 번째 유형에 해당된다.

이러한 관찰을 토대로 하여 3월 14일 원주 시위의 성격을 분석한다면 다음과 같이 정리해볼 수 있다. 첫째 전국적인 시위 전개 양상의 측면에서 부정선거 획책에 대한 저항의 시위로서는 시기적으로 대단히 빨랐다는 시기적 조숙성과 내용의 상대적 급진성을 지적할 수 있다. 둘째 선거유세에 대응하는 자연발생적 시위의 성격이 아니라 주도 학생들이 존재하고 이들의 문제의식 아래 독자적으로 조직된 시위였다는 점이다. 셋째 그러한 성격의 시위가 대체로 대도시를 중심으로 발생했다면 원주의 경우 그러한 대도시가 아닌 중소도시에서 발생했다는 특성을 갖는다. 특히 김주열 사건을 통해 4 · 19혁명의 도화선을 만들었던 마산의 시위가 3월 15일이었음을 생각할 때 그러했고, 민주당이 정부여당의 부정선거 계획 폭로가 3월 3일이었음을 볼 때도 그러한 특징은 두드러진다고 할 만하다.

이후 원주에서 발생한 4월 26일의 시위와 5월 9일의 시위와 함께 원주지역에서 발생한 시위들을 종합적으로 살펴본다면 다음과 같은 결론을 도출할 수 있다. 첫째 최초에 개별 학교별로 이루어진 시위가 학생회 연합이라는 저항주체로서의 공식조직으로 발전하였다. 그 결과 4월 26일에는 2,000여 명에 이르는 대규모 시위를 조직할 수 있었고, 그를 통해 학생회 연합이라는 조직을 중심으로 자금 및 학생 동원 등 체계적 시위의 경험을 축적할 수 있었다.[9]

둘째 5월 9일의 시위에서 알 수 있듯이, 이러한 경험을 토대로 4월혁명의 성공 이후 일정한 계기가 주어질 때 학생운동이 지속적으로 이어질 수 있는 토대를 마련하였다. 이 점은 5·16쿠데타와 제3공화국 수립 이후 발생한 최대의 저항운동인 한일회담반대투쟁 당시 원주지역에서 발생한 전국 최초의 고등학생들의 반대 시위를 설명해줄 수 있다. 셋째 4월혁명의 전국적 특성이 원주에서 반복되는 것으로서 시종일관 학생들(원주에서는 고등학생)을 중심으로 시위가 이루어졌다는 점이다.

4월혁명이 학생들에 의해 일어난 배경에 대해 학생들이 갖는 민족적 사명의식, 민중의 요구를 인식할 수 있는 지적 능력, 상대적으로 조직된 유일한 집단 등으로 제시되기도 하며, 그렇기 때문에 학생들이 민중을 대리한 일종의 '대리 혁명'으로 보기도 한다.(박현채, 1983) 민중적 요구에 기초했지만 민중 자신에 의해 이루어진 혁명은 아니라는 것이며, 민중이 역사의 주체로서 전면에 나서지 못한 것은 해방 이후 지속적으로 탄압과 좌절을 겪어왔던 역사적 경험이 그 배경에 작용한 것으로 볼 수 있다.

---

9) 3월 14일 시위 이후, 원주에서의 대규모 시위가 부재했던 점은 때 이른 시위로 인해 학생 간부층의 대규모 검거와 탄압이라는 요인이 작용하지 않았을까라는 추측을 제기할 수 있다.

3) 4 · 19와 지역언론

당시 도내 유일의 일간지였던 『강원일보』의 보도를 살펴보자. 1960년 3월 18일자 사설 제목「선거에 패배한 민주당의 자포자기적 무효선언과 폭동사주를 규탄함」, 그리고「3 · 15 정부통령선거는 예정대로 그리고 또 예정대로 질서정연한 속에 종료되었다」 사설 본문의 내용에서 우리는 이미 마산사태 등 선거에 대한 국민의 분노가 표명된 이후에도 지역언론은 4 · 19 이후 춘천, 원주 등지에서 시위가 일어날 때까지 비판적 입장을 제시하지 못하였음을 알 수 있다.

그러나 『강원일보』는 1960년 4월 11일 밤 마산에서 부정선거에 항거하는 학생들에 의한 제2 마산데모사건을 4월 13일자 1면 머릿기사로 다루었는데 이는 보도 관제가 심했고 본사가 처한 여건으로는 파격적인 편집이었다. 또한 정부가 '한때의 소요사건'으로 규정하면서 신문방송에서도 '소요(騷擾)'라는 표제를 쓰도록 종용하고 있었으므로 표제의 내용에 '데모'란 용어를 쓴 것은 대담한 일이었다. 이후 4 · 19까지의 신문보도는 상당한 제약을 받다가 4월 26일 이 대통령의 사퇴와 함께 활기 있게 보도할 수 있었다.(『강원일보 60년사』, 127~ 129쪽)

이승만 대통령의 사퇴 소식과 이기붕 가족의 자살소식이 전해진 후 춘천은 전반적으로 사태수습의 분위기가 강했다. 『강원일보』는 재춘 언론인이 비공식모임을 통해 초당적 입장에서 사태수습에 기여하겠다는 소식, 학생들이 "「추럭」을 타고「농민은 농사터로」학생은 학원으로 정치인은 정국수습으로 돌아가라고" 홍보활동을 하는 한편 희생자들을 위한 성금모금에 앞장서고 있다는 소식을 전했다. 이러한 소식을 전하면서 『강원일보』는 외부필진의 입을 빌어 보복행위가 일어나지 않아야 한다는 온건한 입장을 보였다.(『강원일보』 1960년 4월 29일자)

한편 다른 지역도 마찬가지였지만 5·16 이후 강원일보 기사에서 새로운 집권세력에 대한 비판적인 논조는 찾아볼 수 없고 정권의 홍보물을 연상케 하는 기사들이 정치, 사회 관련 기사의 주종을 이루었다. 이와 함께 정치 위주의 기사 구성 역시 두드러진 특징이다. 4·26 이후 5·16에 이르는 기간 동안의 강원일보 기사를 보면 가십거리를 제외하면 도 및 경찰에서의 공무원 숙청과 물갈이에 관한 것, 그리고 선거 관련 기사가 주종을 이룬다. 매우 드물게 학생데모나 파업 소식이 실려 있다.

4. 4·19 이후의 변화

4월혁명이 준비된 조직적인 운동이 아니었고 혁명의 산물로 등장한 민주당 정권 역시 준비되지 않은 정권이었고 이념적으로도 자유당 정권과 크게 다르지 않아 혁명적인 변화를 기대하기는 어려웠다. 이러한 한계에도 불구하고 국가보안법 개정, 언론, 출판, 집회, 결사의 자유 보장 등 민주적인 변화가 있었다. 시민사회의 경우, 4월혁명은 양민학살사건 등 해방 이후 발생한 각종 의혹사건에 대한 규명운동, 한국교원노동조합총연합회 결성 등 노동운동 활성화, 그리고 무엇보다도 중립화통일론을 둘러싼 통일논의, 남북학생회담 추진과 같은 통일운동의 전개와 같은 성과들이 나타났다.(민주화운동기념사업회 연구소, 2008, 21~22쪽)

1) 지자체와 경찰의 민주화

먼저 지방자치단체의 변화를 보면 허정 과도정부하에서 실시된 제5

대 민의원 선거(1960년 7월 29일)에서 강원도는 민주당이 도내 20개 선거구에서 12명이 당선되는 성공을 거두었다. 춘천에서는 계광순 후보가 무난히 당선되었다.(춘천백년사편찬위원회, 1996, 394쪽) 3·15부정선거 직전 선거 승리를 위해 임명제로 바뀌었었던 지방자치단체장 선거법이 개정되었다. 이에 따라 도지사도 직선제로 바뀌었고 강원도에서는 30대의 민주당 박영록 씨가 지사로 선출되었다.

정치권의 민주화와 더불어 경찰 내부의 정화사업도 진행되었다. 혁명입법의 일환으로 제정된 공민권제한법에 따라 경찰은 선거 입후보자 등과 함께 자동케이스 또는 심사대상자로 공민권제한 대상이 되었다. 이 법에 의하여 경찰간부와 사찰경찰의 대다수가 숙청(肅淸)되어 1960년 11월 말까지 경무관 18명, 총경 106명, 경감 258명, 경위 634명, 경사 1,135명, 순경 1,798명, 계 3,949명이 정리되었고 총경 9명, 경감 7명, 경위 44명, 경사 141명, 순경 370명, 계 571명이 징계 면직되어 총 4,520명이 정리되었다. 특히 사찰경찰은 경위급 이상의 90%가 면직되었고 그 이하 경사, 순경 역시 심사 또는 감시하에 두었다. 당시 강원도경찰국 내에도 총 160명이 면직당하는 대규모 경찰관 정리가 실시되었다. 정리된 경찰관을 계급별로 보면 경감 4명, 경위 34명, 경사 89명, 순경 33명인데 이들은 모두 심사케이스에 올랐던 경찰관으로서 그중에는 경무대 경찰 및 무술 경위 외에 3·15부정선거 당시의 민권경찰이 상당수 포함되어 있었다.(『강원경찰발전사』, 89~90쪽)

결과적으로는 경찰의 정치적 중립화를 위한 시도가 이후 집권한 민주당의 소극적 태도 등의 이유로 무산되고 말았다. 강원도경찰국에서도 중립화를 위한 노력을 하였다. 다음은 4·19혁명 직후 1960년 4월 27일자 『강원일보』에 실린 「경찰중립화입법, 도경 중견간부경찰관들 건의」 제하의 기사가 당시 분위기를 잘 보여준다.

도경찰국 중견간부경찰관들은 25일 경찰은 정치에서 분리되어 경찰본연의 체제로 돌아가야 하며 민의에 따른 경찰이 될 수 있도록 입법제도화할 것을 요청하여 중앙당국에 건의문을 제출하고 경찰의 중립화가 이루어지지 못하면 관하 3찬 경찰관……민중의 경찰이 될 수 있게 해달라는 것이며 이것을 실현하기 위하여서는 경찰완전중립화를 위한 입법조치와 현경찰관의 신분보장을 강력히 요구하고 있는 것이라고 한다.(『강원일보』 1960년 4월 26일자)

2) 학생운동

강원지역에서 4·19 전후에 전개된 학생운동은 2월 14일의 원주농업고등학교 학생 데모에서 시작해 5월 초까지 9개 중고등학교, 대학에서 3·15 부정선거를 규탄하는 데모를 하였고 3개교에서 교장을 비판하는 학원정화운동을 하였고 여기에 참여한 학생의 수가 12,900명으로 집계되었다. 당시 부정선거규탄 데모를 한 학교는 원농고, 춘고, 춘농대, 성수중고교, 춘여중고, 춘농, 양양중고교, 양양여자중고교, 고성중고교, 학원정화 차원의 '스트라이크'를 한 학교는 강상, 속여중, 양여중고교였다.(『강원일보』 5월 10일자, 2면)

춘천농과대학(현 강원대학교의 전신)의 사례를 보자. 다른 대학과 마찬가지로 4·19 이전부터 학원의 정치적 자유와 학내 민주화를 염원해 온 춘천농과대학 학생들도 4·19 이후 이러한 자신들의 요구를 실현하기 위해 노력하였다. 자율적인 학생의 조직, 어용교수 퇴진운동, 학교행정체계의 민주화운동 등을 목표로 삼았는데 첫 번째 목표는 1960년 5월 3일 학도호국단의 해체로 달성되었다.(『강원대학교 50년사』, 60쪽) 그리고 학장 선출을 계기로 학내 민주화운동이 폭발하였다. 그 배경에는 예산비리가 있었다. 당시 『강원일보』 기사를 보자.

동교 학생들이 신임 정계완 학장을 포함한 9명의 교수를 배척하게 된 도화선은 4월혁명 직후 일천만환에 달하는 농학과 소관 실습비가 실험실습에 쓰여 지지 않고 학교 사정에 비추어 할 수 없이 시설비에 소비된 사실이 드러났기 때문이며, 문제의 실습비 전용에 동의한 전기 9명의 교수들은 당시 정계완교수의 학장 인준동의가 가결됨으로써 일부 학생들은 정학장의 배척투쟁을 적극적으로 하기 시작했던 것이다. 방학 중임에도 불구하고 일부 학생대표가 긴급회의를 열고 결의문과 진정서를 채택하는 즉시 과정을 찾아 정학장의 신규발령을 반대한다는 의사를 전달한 바 있는데, 제2공화국 수립 직후의 지난 8월 27일 정학장의 발령이 알려지자 제2학기 개학과 더불어 표면화된 정학장의 부임 반대투쟁에 들어갔던 것이다.(『강원일보』 1960년 9월 3일자)

춘천농대 분규는 정 학장 측 교수와 반대파 교수가 극한 대립의 양상을 빚고, 학생들이 단식투쟁을 하는 상황에까지 이르렀다. 결국 문교부가 중재에 나서고 학생들 일부가 사태 정상화 방안을 제시함으로서 종결되었다.(『강원대학교농업생명과학대학 55년사』, 109~110쪽) 춘천교대에서도 당시 교장의 편입학 및 재정 비리문제를 제기하면서 동맹휴학을 결의하게 된다. 결국 3일 만에 정상화되고 새로운 교장이 부임함으로써 일단락된다.(춘천교육대학50년사편찬위원회, 1989, 329쪽)

양양 및 속초지역의 경우에도 중학교 학생들의 동맹휴학이라는 유사한 양상이 전개되었다. 『동아일보』 1960년 5월 7일자 보도에 따르면, 1960년 5월 5일 속초여자중학교 학생 4백 명은 아침 조회 때 전교생이 교문을 박차고 동맹휴학에 돌입하였다. 과도한 잡부금에 신축교사를 짓는다고 전교생에게 다시 5천 환의 기성회비를 부과한데 반발한 것으로 보인다고 보도했다. 아울러 『조선일보』 1960년 12월 7일자 보도에 따르면, 12월 2일 아침부터 속초중학교 학생 전원이 동맹휴학에 들어갔다. 학생들은 작년과 금년도 각종 경리내용을 공개하라고 요구했는데, 그날 오후 2시경 3학년생 박 모 군 등 30여 명의 학생대표들과 교장, 교감, 행정담당과 학부모형이 연석하여 수습책을 모색했는데 우선 학생들의 요구대로 경리관계를 프린트해서 3일 정오까지

학생에게 나눠주기로 하고 학생들도 등교한다는데 합의했다고 보도했다.

3) 정당과 노조

4월혁명 이후 노동자들의 조직화와 집합행동이 활성화되었다. 1959년 말 558개였던 노동조합이 1960년 914개로 증가하였다. 노동쟁의 건수와 참여인원도 1957년을 100으로 할 때 1960년 각각 504와 685로 급격히 상승하였다. 쟁의방식도 동맹파업과 같은 급진적인 방법이 늘었다.(4월혁명연구소 편, 1990, 125쪽) 교원노조운동도 활발하게 전개되어 전국 차원의 연합체인 한국교원노동조합총연합회가 결성되었다. 4·19 이후 교원노조 운동의 내용은 자연발생적으로 결성된 교원노조를 과도정부가 불법으로 규정하는 등 해체시키고자 하는 시도들에 대한 반대투쟁, 부단인사 철회투쟁, 노동조합법 개악, 교직단체법 제정 등 관련 입법 반대투쟁 등이었다.(4월혁명연구소 편, 1990, 114~120쪽)

강원도는 한국교원노동조합총연합회 도 연합회가 구성되지 못하는 등 눈에 띄는 활동은 나타나지 않았다. 1960년 8월 3일 춘천운수노조 산하 4백여 노동자가 단체협약체결 실패로 인한 총파업을 거행하여 버스, 택시, 트럭 등 2백여 대가 멈춰선 사건 정도가 보고되었을 뿐이다.(『강원일보』 1960년 8월 4일자, 2면)

수복지구였던 양양 및 속초지역의 경우 수복지구에는 적용되지 않았던 자치제 실시를 요구하는 움직임이 있었다. 1960년 12월 5일 서울 태평로 국회 앞에서 수복지구 7개 군민들이 데모를 벌였다. 양양과 고성 등 7개 수복지구 주민대표 35명이 모여 수복지구 자치제 미시행에 항의하여 '수복지구도 우리의 강토, 우리에게도 자치할 권리를 달라'고 외치면서 유인물을 뿌리고 시위를 했던 것이다.(『설악신문』

2009년 10월 19일자)

한편 앞서 언급한 박영록 지사의 당선을 비롯해 민주당은 혁명의 최대의 수혜자였다. 민주당은 1955년 9월 18일 민주국민당계와 재야세력이 결집하여 창당되었다. 자유당이 힘이 강했던 강원도는 1956년 8월 31일 춘천에서 도당이 결성되었다. 민주당은 1958년 5월 2일에 실시된 제4대 민의원 선거에서 13명을 공천해 2명을 당선시켰다. 춘천에서는 민주당에 입당한 계광순 후보가 자유당의 홍창섭 후보를 누르고 당선되었다.(춘천백년사편찬위원회, 1996, 393~394쪽)

1960년 7월 29일 실시된 제5대 민의원 선거에서 민주당은 도내 20개 선거구에 전부 후보를 내어 12명을 당선시켰다. 나머지 8개 선거구는 사회대중당 1명, 자유당 1명, 무소속 6명이 당선되었다. 동시에 실시된 사상 최초의 참의원 선거에서는 민주당 3명, 무소속 1명이 당선되었다.(춘천백년사편찬위원회, 1996, 294~295쪽)

그러나 선거에 뒤이어 나타난 민주당 구파의 분당선언은 지방에도 영향을 마쳤다. 강원도의 경우 민주당 신파와 구파 간의 갈등은 1959년 제4대 대통령후보와 제5대 부통령후보를 뽑는 정부통령지명대회때부터 표면화되어 7·29민의원선거에서 절정에 달했다. 신구양파 후보자가 모두 출마한 도내 13개 선거구에서 당연히 구파는 구파계 입후보자를 신파는 신파계 입후보자를 지지했지만 한쪽만 출마한 경우에 구파는 신파 입후보자가 아니라 다른 유력한 무소속 입후보자를 지원하는 일까지 있었다.(『강원일보』 1960년 8월 7일자, 1면)

1960년 12월에 실시된 지방선거에서 강원도는 도지사, 시·읍 면장 80여 명, 도의원 28명 시읍면의원 1,003명이 선출되었는데 소속정당별로 보면 무소속이 단연 많았으며 집권당인 민주당은 지사선거에서 힘겹게 당선되었고 시장선거에서는 원주에서만 자당 공천자를 당선시켰을 뿐 다른 지방선거에서는 무소속에게 참패하고 말았다. 신민당 역시 춘천시장을 제외하고는 무소속 후보들에게 참패를 당하였는데 이러한 민주·신민 양당의 패배는 민주당 신·구파 싸움, 그리고 신생 민주당 정부의 실정 등으로 인해 시민들이 정당에 대한 환멸을 느꼈기 때문이었다.(『강원일보』 1961년 1월 6일자, 1면)

가장 관심을 끈 것은 사상 최초로 실시된 도지사 선거였다. 민주당은 현직지사였던 이창근 대신 박영록을 공천했고(『강원일보』 1960년 12월 12일자, 1면)[10] 차점자였던 황호현 후보를 698표 앞선 62,174표를 얻어 힘겹게 당선되었다. 춘천의 경우를 보면 시장선거에서는 4명이 출마한 가운데 민주당 분열로 생긴 신민당의 박학주 후보가 당선되었다. 한편 도의원 당선자를 보면 춘천 제1 오운호(민주), 춘천 제2 손두종(민주), 춘성 제1 김희중(무소속), 춘성 제2 박종만(무소속)이었다. (ibid., 294~295쪽)

4·19 이후에는 사회대중당, 한국사회당, 민권수호총연맹 등 혁신을 내건 많은 정당들이 생겨났다. 강원도에서는 사회대중당이 가장 활발하게 활동했다. 사회대중당은 1960년 7월 총선에서 춘천 지역구의 김충극 등 3개 선거구에 공천후보를 내세워 1명(원성군의 윤길중 후보)을 당선시켰다.(춘천백년사편찬위원회, 1996, 393~394쪽)

7·29총선은 원성군을 제외하면 보수 대 보수의 대결구도를 띠었다. 전통적으로 보수적인 성향이 강했던 강원도에서 20개 선거구 중

---

10) "민주당도당은 처음으로 실시되는 도지사선거를 앞두고 당세규합에 중대한 시련을 겪고 있다. 민심의 향배를 저울질하는 바로메타가 될 지방선거를 앞두고 도당내의 심각한 갈등이 생겨난 것은 지사공천후보인선에서 발단되었는데 현지사공천을 주장한 이찰근 씨 지지파가 11표 대 8표로 뜻이 거절되고 박영록 씨가 중앙선거대책위에 추천되자 추천대회 자체에 불법성이 있다고 지적한 이의서가 제출되고 이에 반해 박영록 씨 지지파는 도당위원장이 주재한 회의가 불법으로 볼 수 없다고 대회의 합법성과 다수결원칙을 들고 나옴으로써 야기된 것이다. 지난 29일 중앙당선거대책위는 이와 같은 도당의 상반된 견해를 놓고 논의되었으나 공천자에의 당세규합과 양자택일 이후의 반발을 고려하여 결정을 내리지 못하고 말았다."

혁신세력이 출마한 곳은 춘천, 원주, 원성 등을 비롯한 4~5개 지구에 불과했다. 혁신계의 붐이 일어난 다른 지역들과 달리 강원도에서 혁신세력의 부상은 몇몇 도시 지역에 국한된 현상이었는데 이는 조직적인 열세나 자금난과 더불어 혁신계의 정강정책을 불온시하는 일반 시민의 인식과 이를 선거에 적극 활용한 보수세력의 전략에 기인한 것이었다.(『강원일보』 1960년 8월 7일자) 정강정책에 있어서 보수정당과 혁신정당의 가장 큰 차이는 국방과 통일방안에 관한 것이었다. 민주당이 UN 감시하의 남북한총선거를 주장한 반면에 혁신계 정당에서는 감군과 평화통일, 남북한통상 등 상대적으로 급진적인 방안을 제시하였다. 사회대중당 후보가 당선된 원성군의 경우에도 이 정당이 지향하는 정치노선에 동조한 결과라기보다 윤길중 씨 개인에 대한 호감이 크게 좌우한 것이라고 평가되었다.(『강원일보』 1960년 8월 1일자, 1면)

4) 5·16의 영향

강원도에서 5·16군사쿠데타는 다른 지역과 마찬가지로 4·19를 계기로 활성화된 민주주의와 자유를 제약하는 다양한 조치들로 나타났다. 정치계에서는 혁신계 인사들에 대한 검거가 이루어져 춘천,(『강원일보』 1961년 5월 21일자)[11] 원주 등지에서 검거와 구속이 이어졌다. 혁신계를 포함해 반국가행위자라는 명목으로 수십 명이 검거되었다.(『강원일보』 1961년 5월 24일자, 2면) 정당 및 사회단체의 활동이 금지되어 민주, 신민 양당 지부도 활동을 중지하였다.(『강원일보』

---

11) "강원지구 계엄당국은 19일 하오 6시를 기해 군 기관과 경찰 합동으로 도내 각 혁신계 인사들을 구속하기 시작했다. 이날 하오 6시 춘천경찰서에서는 군기관과 합동으로 시내 혁신계 인사로 지목되는 6명의 인사를 긴급 구속하였다.…… 탐문된 바에 의하면 이번 관계당은 보다 철저한 반공체제를 확립하기 위한 예비조치인 것으로 알려지고 있다."

1961년 5월 25일자)

사도를 짓밟은 교사들의 자진사임을 주장한 전 춘천고 학생자치회 회장 김 모 학생과 모 모 학생이 장기 2년에 단기 1년의 징역형을 받았고 공갈기자라는 명목으로 3명이 3년에서 6년형을 언도받았다.

정당 및 사회단체뿐 아니라 일반 시민들도 계엄당국에 의한 강한 통제의 대상이 되었다. 부랑아에 대한 실태조사와 대책이 마련되었고 (『강원일보』 1961년 6월 3일자) 간첩을 신고하지 않았다는 이유로 양양군 속초읍 거주 장 모 씨 등 5명이 국가보안법위반 등으로 무기징역 등을 선고받았다.(『강원일보』 1961년 6월 7일자)

5) 1960, 1970년대 원주지역의 민주화운동

원주지역은 5·16군사쿠데타 이후 박정희정권이 들어선 이후에도 야당도시의 성격을 지속적으로 유지하였다. 5·16쿠데타 이후 1963년의 대통령 선거에서도 박정희보다는 윤보선에게 더 많은 표를 안겨주었고, 1963, 1967년의 제6, 7대 국회의원 선거에서도 여당 후보를 누르고 야당 후보인 박영록이 당선된 바 있다.(원주시, 2000)

그러나 여기서 주목해야 할 사실은 1965년 한일회담을 반대하는 전국 최초의 고등학교 시위가 원주에서 벌어졌다는 점이다. 즉 1965년 4월 2일 대성고등학교 학생들 400여 명은 학생회장 등의 주도 아래 사전에 치밀하게 준비하여 "한일굴욕외교 반대", "배고픈 우리살림 6억 엔으로 잘 살 수 없다"등의 구호가 적힌 펼침막을 들고 시내까지 진출하는 등 조직적인 시위를 전개한 바 있고, 이 사실은 동아·조선일보에 대대적으로 보도되었다.(원주시, 2000, 791~793쪽) 한일협정 반대투쟁은 3월 24일 야당에 의해 시작되었지만, 대학생들이 중심에 서서 5월 20일의 '민족적 민주주의 장례식', 6월 3일의 '6·3항쟁'으로 전개되었음을 고려할 때, 원주에서 고등학생들의 시위는 전국적으로도 예외적이라 할 수 있다.

원주의 민주화투쟁은 1971년 '부정부패 추방운동'으로부터 다시 점화되는데, 이 운동은 원주의 가톨릭교계의 지학순과 장일순이라는 두 인물을 중심으로 전개되었다. 이 운동의 중심 주장은 노동자, 농민의 가난이 자신의 게으름, 무능력에서 비롯된 것이 아니라 정권과 그와 결탁한 기업주 등의 부정부패에 원인이 있다는 것이었다. 지학순 주교는 1965년 원주교구의 설정과 함께 주교로 부임한 이후, 장일순과 더불어 교구 내의 광산 노동자, 농민들의 참상에 주목하고 이들의 생활 개선을 위하여, 신협운동·수재민구호활동 등을 열정적으로 전개하고 있었고, 이것이 1970년대 원주의 민주화투쟁으로 나아가는 밑거름이 되었다고 할 수 있다.(신병식, 2002)

이어서 1974년 지학순 주교의 양심선언은 유신체제의 엄혹한 탄압 속에서 박정희정권에 정면으로 도전하여 한국가톨릭 전체가 민주화투쟁으로 나아가게 하고, 더 나아가 유신체제에 대한 전국적 저항을 불러일으켰다.(지학순정의평화기금, 2000, 154~178쪽) 당시 지학순 주교의 양심선언은 두 가지 의미를 가졌다. 그 하나는 민청학련 사건의 중심인물 중 한 사람이었던 김지하에게 자신이 운동자금을 제공하였다고 공개적으로 밝힘으로써 정부로 하여금 사건을 다른 방향으로 확대하지 못하게 하려는 시도였다.(지학순정의평화기금, 2000, 156쪽 ; 김지하, 1999, 47~48쪽) 다른 하나는 유신정권의 폭압성, 기만성을 정면으로 비판함으로써 유신체제의 정당성을 근본적으로 부정한 것이었다.

이후 원주의 가톨릭계는 그러한 저항의 중심에 서게 되었고, 탄압받는 재야인물·반체제세력의 은신처·보호처의 역할을 하였다. 그 핵심 조직은 가톨릭 정의구현사제단이었고, 그로 인해 그 중심인물인 신현봉 신부, 최기식 신부 역시 정권에 의해 구속되는 사건으로 이어진다.

이렇게 볼 때 원주가톨릭을 중심으로 전개된 당시의 운동은 빈민구제활동으로 출발하여 부정부패추방운동, 지학순 주교의 양심선언, 이후 전면적 민주화투쟁으로 단계적으로 변화·전개되어 나갔다고 할 수 있다. 빈민구제활동이 종교단체의 사회구제활동, 즉 노동자·농민의 빈곤 퇴치 차원에서 전개된 것이라면, 부정부패추방운동은 바로 그 사회구제를 위해 정치적 개혁이 불가피하다는 인식상의 전환에 근거하여 정치운동의 차원으로 변화된 것이다.(한국가톨릭농민회, 1999, 26쪽)[12] 전자가 정부와 협조 속에서 이루어질 수 있는 것이었다면, 후자는 오히려 정부에 대한 비판과 전면적 개혁을 요구하는 것이었다. 이러한 전환 속에서 '독재에 대한 선전포고'(지학순정의평화기금, 2000, 154쪽) 즉 1974년의 양심선언이 나오게 된 것이다.(신병식, 2002)

1960~1970년대 원주지역 민주화투쟁을 살펴볼 때, 우리의 주목을 끄는 점은 당시 원주지역이 강원도에서 유일하게 야당도시였다는 점, 또 민주화투쟁의 중심에 가톨릭 교계가 서 있었다는 점 등이다. 이 두 가지 특성은 어떠한 면에서 상호 관련을 갖고 있기도 하다. 즉 1950년대 중반 이래 당시 야당인 민주당과 연계된 가톨릭은 이승만정권의 상당한 탄압을 받았고, 원주의 경우 역시 그러하다. 원주가 야당도시화한 배경에는 이 이외에 이승만정권으로부터 탄압을 받았던 혁신계, 족청계가 상대적으로 강력하였다는 측면도 작용하였다.(신병식, 2002)[13]

그러나 보다 멀리 바라본다면, 원주지역은 근현대를 통틀어 외부에

---

12) 당시 가톨릭농촌청년회 역시 1970년 전국가톨릭농민회의 결과 "농촌문제의 정치·경제·사회와의 구조적 관련성이 인식되었"고 이러한 인식의 기반 위에서 같은 해에 한국가톨릭농민회로 전환하게 된다.

13) 이 시기에 있어서 장일순 선생의 경우에서 알 수 있듯이, 정치적으로 활동을 제한받던 혁신계 등의 세력은 가톨릭의 종교적 외피 아래 종교활동 속에서 민주화운동을 수행하지 않았나 추측해 볼 수 있다.

대한 억압에 대해 강렬하게 저항해 왔다는 역사적 흐름을 발견할 수 있다.(신병식, 2000b) 구한말에는 원주지역 의병운동, 특히 일본의 제국주의적 침략에 저항하였다는 역사적 경험을 갖고 있다. 해방 이후 역대 선거를 살펴볼 때에도 중앙 정부의 의도가 번번이 좌절되었다.(신병식, 2002, 131~132쪽)

그 이후 원주지역의 사회운동을 간략히 살펴보면 1960~1970년대의 격렬했던 민주화운동의 파고, 1980년대 중반 이후 생명운동으로의 본격적 전환이라는 지역적 특성이 이해의 지평에 떠오르게 된다. 전국적 차원에서 1960~1970년대 민주화운동이 1980년대의 민중운동으로 1990년대의 시민운동으로 그 활동의 영역이 분화·확장되었다면, 원주지역은 1980년대의 민중운동이 상대적으로 생략된 채로, 때 이르게 생명운동으로 전환된 특성을 갖는다. 한국 시민운동이 1960년대 이래 유혈적 산업화과정에서 억압되었던 인권, 참여 민주주의, 경제정의, 환경오염 등의 과제를 합법적 차원에서 대안 제시 중심의 활동을 통해 해결하고자 하였다는 점에서 그 이전 민중운동과 다른 성격을 가졌다고 본다면, 1980년대 원주의 생명운동은 이미 그러한 운동적 특성을 가지면서 1990년대 시민운동을 예기하고 있었다고 할 것이다. 원주의 생명운동은 1990년대 이래 원주 시민운동의 중요한 한 축을 형성한 환경운동, 생협운동의 밑바탕이 되었고, 환경·생협운동은 그 연장선상에서 이해될 수 있다.(신병식, 2002)

그렇게 볼 때 1960, 1970년대 원주는 장일순과 지학순이라는 두 지도적 인물을 중심으로 형성된 '제3의 길'이 꽃피웠던 지역이다. 그것은 박정희 체제 아래에서 부정되었던 제3의 길이라 할 수 있다. 그것은 4월혁명 당시 거리로 뛰쳐나왔던 학생들의 의거가 열었던 길이다. 그것은 이승만 체제에 대한 저항의 배경, 혁신계와 천주교를 중심으로 한 야당도시로서의 원주라는 배경이 있어서 가능했다. 또 그 배경

속에서 박정희 체제에 균열을 일으키는 저항운동이 가능했던 것을 이해할 수 있다.

5. 맺음말

강원지역은 그 내부의 소지역 간의 차이가 두드러지는 지역이다. 본문에서는 춘천과 원주의 차이를 볼 수 있었지만 강원도 전체를 보면 원주와 춘천 간의 차이보다는 여촌야도 현상이 더 두드러진다. 강원도에 대해 일반적으로 가지고 있는 정치적 보수성이라는 이미지가 선거에서는 일관된 방식으로 확인되지는 않았고 지역에 따라 편차가 컸다. 특히 우리는 시민사회의 저발전이라는 강원도에 대한 일반적 인식이 적어도 원주의 경우에는 부합하지 않는다는 점을 확인할 수 있었다.

원주는 춘천과 달리 4·19 이전부터 야당도시로서의 전통이 있었다. 부정선거 규탄시위가 매우 이른 시기에 일어난 점, 조직적인 시위 준비와 구호의 급진성, 7·29총선에서의 혁신계 인사의 당선 등 원주의 양상은 이러한 전통에서 설명될 수 있겠다. 원주지역 4월혁명의 특징은 고등학생 중심의 시위로서 시기적 조숙성과 내용상의 급진성, 조직적 운동경험의 축적성 등으로 요약할 수 있다. 원주 역시 해방 이후 좌우의 갈등, 한국전쟁 당시 보도연맹 학살, 장일순 등 혁신세력에 대한 탄압의 경험 등이 작용하여 고등학생 중심의 시위 형태로 4월혁명이 표출된 것이라 할 수 있다. 다른 한편 그럼에도 불구하고 또 그렇기 때문에 원주는 공식 선거에서 야당 지지라는 합법적 형식으로나마 독재를 반대하여왔던 야당도시로서의 역사적 흐름이 이어져왔고, 그것이 고등학생들의 시위 속에 반영된 것이라 할 수 있으며, 그러한 흐름이 원주지역 시위가 갖는 조숙성과 급진성·조직성을 설명해준다고 하겠다.

또한 춘천의 경우 4월혁명은 4월 25일을 제외하고는 별다른 양상을 보이지 않았고 현재로서는 4·19를 전후해 노동운동이나 시민사회단체의 활동이 미약했고 관련 기록이 발굴되지 않고 있다. 이에 반해 원주는 독재라는 어려운 상황에서도 한일회담 반대운동과 1970년대 반부패운동 등으로 이어져 원주지역 사회운동의 역사에서 4·19는 야당성향에서 민주화투쟁으로 넘어가는 징검다리의 역할을 했다고 할 수 있다. 그 변화는 '내적 성향'에서 '능동적 투쟁'으로 변화되었다는 의미, 기존 정당체계를 통해 정권에 반대하는 소극적 형식에서 민주화라는 적극적 가치 내용을 추구한다는 의미 두 가지의 의미를 갖는다. 4월혁명 당시 고등학생들이 그때까지 형성된 원주지역 야당성향을 시위라는 적극적 형태로 대리 표출하였다면, 그러한 학생들의 움직임은 적극적으로 행동화하지 못한 기성세대에게 혁명의 가능성과 더불어 부채감을 주었고 그것이 이후 민주화투쟁으로 연결되는 동인이 되었다고 할 수 있다.

▣ 참고문헌

강원경찰청, 2002 『강원경찰발전사 상권 : 역사, 구국, 활동, 자료편』.

강원대학교50년사편찬위원회, 1997 『강원대학교 50년사(1947~1997)』.

강원대학교농업생명과학대학 50년사 편찬위원회, 2002 『강원대학교농업생명과학대학 50년사』 1947~2002.

강원일보사, 2005 『강원일보 60년사(1945~2005)』.

김동춘, 1991 「4·19혁명의 역사적 성격과 그 한계」 『1950년대 한국사회와 4·19혁명』(이종오 외), 태암.

김성태, 1983 「4·19 학생봉기의 동인」『4·19혁명론』(한완상 외), 일월서각.

김종표, 2000 「선거」『원주시사, 현대편』, 원주시.

김지하, 1999 『사상기행 2』, 실천문학사.

민주화운동기념사업회 연구소 엮음, 2008 『한국민주화운동사 1 : 제1공화국에서 제3공화국까지』, 돌베개.

민주화운동기념사업회 연구소 편, 2006 『한국민주화운동사 연표』, 민주화운동기 념사업회.

박동철, 1991 「5·16정권과 1960년대 자본축적과정」『한국자본주의 분석』(양우 진·홍장표 외), 일빛.

박현채, 1983 「4월민주혁명과 민족사의 방향」『4월혁명론』(강만길 편), 한길사.

4월혁명연구소 편, 1990 『한국사회변혁운동과 4월혁명 ①』, 한길사.

「4·19 전후로 속초 양양서도 데모-그 시절 설악에는 무슨 일이 신문기사로 읽 는 우리 지역이야기 24」,『설악신문』 2009.10.19[928호].

서병조, 1963 『주권자의 증언 : 한국대의정치사』, 모음출판사.

신병식, 2000a 「한국현대사와 제3의 길 : 여운형, 김구, 조봉암의 노선을 중심으로」 『한국정치학회보』 34집 3호.

______, 2000b 「20세기 원주 100년 : 압제에 대한 저항의 도시」『평론원주』 3호.

______, 2002 「원주지역 시민운동의 역사 : 민주화운동, 생명운동, 시민운동」『지 역개발연구』 제10집(상지영서대학 지역개발연구소).

여진천, 2000 「민주화운동」『원주시사, 현대편』, 원주시.

원동 100년사 편찬위원회, 1999 『원동 100년사』, 천주교 원주교구 천주교 원동교회.

원주농업고등학교 동창회, 1991 『麥香半世紀』.

원주문화원, 1976, 『원주·원성 향토지』.

원주시, 2000 『원주시사, 현대편』, 원주시.

유팔무·김원동, 2000 「춘천지역의 시민운동과 지방자치」『한국행정학회 2000년 도 기획세미나 발표논문집』.

장영민, 1993 『원주의 역사를 찾아서』, 경인문화사.

장일순, 1997 『나락 한알 속의 우주』, 녹색평론사.

중앙선거관리위원회, 1964 『대한민국선거사』.

지젝, 슬라보예, 1989 『이데올로기라는 숭고한 대상』 2002(이수련 역), 인간사랑.

______, 1992 『당신의 징후를 즐겨라! 할리우드의 정신분석』 1997(주은우 역), 한 나래.

지학순정의평화기금 엮음, 2000『지학순주교의 삶과 사랑 : 그이는 나무를 심었다』,
　　　공동선.
춘천교육대학50년사편찬위원회, 1989『춘천교육대학 50년사 1939~1989』.
춘천백년사편찬위원회, 1996『춘천100년사 上』.
학민사 편집실 편, 1984『사월혁명자료집 四·一九의 民衆史』, 학민사.
한국가톨릭농민회, 1999『한국가톨릭농민회 30년사 : 생명과 해방의 공동체를 위
　　　하여』.
한국정치연구회 정치사분과, 1993『한국현대사 이야기주머니 2』, 녹두.

『강원일보』,『동아일보』.

제8장 전북의 4월혁명

이성호

1. 논의의 목적 및 내용

4월혁명은 해방 이후 민족국가의 수립과정에서 해결되지 못하고 응축되어 있던 제 모순이 일시에 폭발한 사건이었다. 즉 4·19혁명은 자주적 통일국가 수립, 자립경제의 실현, 민주주의 사회의 건설 등 해방 이후 우리 사회의 민중운동이 지향해야 할 구체적 목표를 실현하고자 하는 구체적 움직임으로 이해될 수 있다.(김일영, 1991, 155쪽) 그러나 박현채(1983)의 지적대로 4월혁명은 미완의 민중혁명이었으며, 당시 우리사회가 안고 있었던 해결과제들 중 상당 부분은 혁명 60주년을 맞이하는 현재까지도 여전히 사회운동의 과제로 남겨져 있다.

4월혁명 50주년을 맞아 지역사회의 맥락에서 4월혁명의 특성을 조명한다는 것은 당시의 혁명 주도세력이 지향했던 변혁의 과제들이 지역사회의 조건에서 어떻게 발현되었는지를 구체적 수준에서 살펴보는 작업을 의미한다. 즉 지역이 처한 사회적 조건 속에서 4월혁명이 어떻게 전개되었으며, 혁명의 주체가 어떻게 구성되었는지, 혁명의 전개과정에서 지역의 주체들이 제시한 목표는 무엇이었고, 그것은 또 전국적 상황과 어떻게 달랐는지를 밝혀 보아야 한다.(민주화운동기념사업회, 2008)[1]

4월혁명은 학생시위로 시작되었다. 1960년 3월의 정·부통령 선거를 앞두고 한층 억압통치가 강화되고 노골적인 부정선거가 자행되었음에도 불구하고 시민사회의 저항은 조직되지 못했다. 1956년의 정·부통령 선거와 1958년의 총선을 통해서 민심은 이미 이승만과 자유당 정권으로부터 등을 돌렸음에도 불구하고, 이반된 민심이 사회 모순의 해결과 새로운 사회의 건설을 위한 전망으로 조직되지는 못했다. 때묻지 않은 순수함과 민주주의 교육을 받은 학생들이 저항의 전면에 나선 것은 당시의 상황으로서는 당연한 일이었다.

4월혁명은 해방 이후 분단국가의 수립과 전쟁, 그리고 폭력적 국가체제의 형성을 배경으로 하는 것이지만, 좁게 보면 정·부통령 선거의 조기 실시가 결정되고, 광범한 선거부정이 자행된 1960년 2월부터 1961년 5·16군사쿠데타가 일어나기 전까지의 시기로 한정될 수 있다. 특히 선거를 불과 보름 앞둔 2월 28일 대구의 고등학생시위는 자유당 정권의 반민주적 억압에 대한 학생들의 저항의 시작이었다. 야당의 선거 유세일에 맞추어 일요일 등교를 지시한 데 대한 불만으로 촉발된 고등학생들의 시위였지만, 1960년 4월에 폭발한 학생시위의 출발점이 되었다.

4월혁명은 2월 28일 대구 고등학생시위에서 출발하여 선거 당일인 3월 15일의 마산시위와 김주열의 참혹한 시신이 발견된 4월 11일에서 13일까지의 제2차 마산시위를 계기로 폭발하여, 4월 18일부터 분출된 서울을 비롯한 전국 각 지역에서의 학생시위와 4월 25일부터 지식인들이 참여하는 시위로 발전하였다. 그리고 5월 이후 학생운동은

---

1) 4월혁명의 배경, 원인, 과제, 내용 등에 대한 평가와 연구는 그동안 다양하게 진행되어 왔다. 이 글에서는 4월혁명이 해방과 분단으로 형성된 새로운 민족국가의 건설과 민주주의 실현이라는 과제를 당시의 계급적 조건과 한국전쟁으로 만들어진 극심한 이데올로기적 제약 속에서 실현하고자 한 것이라는 점을 지적해 두고 논의를 진행하기로 한다.

학원민주화와 계몽운동으로 전환하는 양상을 보이기 시작하였다. 한편 4월혁명 이후 폭력적 국가권력의 와해로 열려진 공간에서 사회 각 부문의 민중운동이 활성화되기 시작하였다. 특히 교원노조와 노동운동의 확산이 두드러졌다. 그리고 1960년 하반기부터는 반미자주화와 통일운동이 등장하였다.

이 글의 목적은 전라북도지역에서 전개된 4월혁명의 과정과 특성을 살펴보고자 하는 것이다. 앞에서 잠깐 언급한 바와 같이 4월혁명의 지역적 특성은 지역의 사회적 조건을 배경으로 혁명의 주체, 시위의 규모 및 양상, 그리고 혁명의 목표가 제시되는 방식 등을 살펴봄으로써 어느 정도 설명될 수 있다. 즉 4월혁명에 대한 역사적 평가는 해방 이후 한국의 사회구성과 지배구조의 변화 속에서 이루어져야 한다는 지적(김동춘, 1991, 231쪽)은 지역운동에서도 적용된다. 따라서 이 글에서는 먼저 1960년 선거 정국이 전라북도에서 어떻게 전개되었는가를 살피면서, 혁명을 촉발시킨 학생시위의 양상을 정리한다. 그리고 4월 이후 지역 민중운동 부문의 동향과 통일운동의 전개 여부, 그리고 학생운동의 전개과정을 검토하면서 전라북도에서의 4월혁명의 특성을 시론적 수준에서나마 논의해 보고자 한다.

그동안 지역사회 단위에서의 4월혁명 연구가 미진했던 결과 당시의 사건을 파악할 수 있는 자료는 거의 남아있지 않다. 따라서 대부분의 사건에 대한 기록은 당시 유일한 지역신문이었던 『전북일보』의 기사에 의존하지 않을 수 없었다. 1960년 1월부터 1961년 5월까지 발행된 『전북일보』 기사를 중심으로 4월혁명의 전라북도에서의 전개과정을 재구성하였다.2) 1960년 2월 말부터 4월까지의 학생시위에 대해서는

---

2) 이러한 방식이 한계를 지니고 있음은 틀림없다. 당시 신문들은 강력한 언론통제 하에 놓여있었기 때문에 사건을 객관적으로 서술하지 못하고 있다. 더욱이 『전북일보』는 1960년 4월 한 달 동안 발행된 신문이 보관되어 있지 않았다. 또한 1960년의 기간 동안 신문의 일부 기사가 오려져 있어, 기사를 확인할 수 없었다.

당시 시위에 주도적으로 참여했던 당사자들의 구술을 통해 사건의 구체적인 내용을 확인하였다. 민주화운동기념사업회가 주관하는 '4월혁명 참여자 구술조사 사업'의 지원으로 전라북도에서 4월혁명 기간 동안 활동한 참여자 7명의 구술을 녹취하였다. 이들의 증언을 통해 2월 말부터 시작된 전라북도 내 학생들의 활동을 정리할 수 있었다.[3)

2. 4월혁명 이전 전라북도지역 상황

1960년 당시 전라북도는 전형적 농업지역으로 주민의 85% 이상이 농촌에 거주하고 있었다.[4] 일제 지배하에서 지역농민의 삶을 규정했던 토지문제는 어느 정도 해소되었으나, 농민층의 대다수는 영세 소농으로 사회변화를 주도할 사회세력으로 성장하지는 못하고 있었다. 농민층은 이승만정권 아래에서 최대의 피수탈 계층이었으나 국가의 억압 속에서 조직화·집단화의 가능성은 완전히 차단되어 있었다. 반면 지역 내에 근대산업의 성장은 미미한 수준이어서 자본－노동관계

이러한 사정은 당시의 언론통제 상황을 극명하게 보여주는 것이지만, 기사에 의존한 지역상황의 서술에 어려움을 가중시켰다.

3) 7명의 제보자는 고등학생시위 참여자 1명(강혜자, 당시 전주여고 3년), 전북대학교 4월 4일 시위 참여자 2명(전대열, 황춘택, 당시 전북대학교 법정대학 3년), 4월 20일 전주시위 참여자 2명(김용화, 공석종, 당시 전북대학교 문리과대학 4년, 전북대학교 총학생위원회 간부), 그리고 4월 20일 이리(현 익산) 시위 참여자 2명(김호영, 채수업, 당시 전북대학교 농과대학 4년)이다. 이들은 4월의 학생시위를 주도하거나 주도적으로 참여한 인물들이어서 고등학생과 대학생시위의 내용과 전개과정에 대해서는 구체적으로 진술해 주었다. 그러나 이들에게서 민중운동 부문의 상황에 대해서는 들을 수 없었다. 따라서 이에 관한 정리는 전적으로 『전북일보』의 기사에 의존하였다.

4) 1960년 현재 전북의 도시화율은 14.4%로 전국의 27.9%에 비해 크게 낮은 수준이었다.(통계청, 1960)

를 축으로 하는 근대적 사회관계도 아직 형성되어 있지 못했다.[5]

전라북도 정치권에서는 1960년 2월 초부터 3월 15일의 정·부통령 선거 준비가 본격화되기 시작하였다. 특히 자유당은 도내 각 지역, 마을별 주민조직을 재정비하고 각 직능단체를 동원하면서 선거 준비를 진행하였다. 2월 들어 전라북도의 각 노동조합, 농민회 등에서 이승만 지지 선언에 동원되기 시작하였는데, 각 직능단체들의 이승만, 이기붕 지지선언은 3월까지도 계속되었다.(『전북일보』 1960년 3월 2일자)[6] 또한 마을 주민은 3인조, 9인조 등으로 조직되어 투표부정을 준비했고, 각 군별 리별, 마을별 조직을 정비하여 이장·방장(坊長)대회를 열고 이장·방장회의를 정례화하였다.(『전북일보』 1960년 2월 24일자)

자유당의 선거를 위한 주민동원은 지역 민심의 동요를 가져왔다. 특히 2월 15일 민주당 대통령후보였던 조병옥 박사가 사망하고, 2월 25일 국민장이 거행되면서 전라북도에서도 민심의 동요가 심각하였다. 조병옥 박사의 국민장을 계기로 도내에도 "추모투표설"이 유포되기 시작하였고, 야당인 민주당은 이러한 동정론에 어느 정도 의존하기도 하였다. 전라북도 행정조직과 경찰은 민심 수습을 위해 조직을 총동원했으나 쉽지는 않았던 것으로 보인다. 그러나 일부 도시지역에서 주민들의 불만이 표출된 데 비해, 당시 전라북도 인구의 80% 이상을 차지하고 있었던 농촌지역의 주민들은 대부분 침묵하였다.[7]

---

5) 1960년대 초반 전라북도의 산업별 취업자 인구구성을 보면 1963년 현재 농림어업 종사자가 전체의 81.4%, 그리고 광공업부문 종사자는 1.0%에 불과한 수준이다. 이는 전국의 농림어업 종사자 63%와 광공업부문 종사자 8.7%와 비교해 볼 때 현저한 차이를 지니고 있다.(경제기획원, 1963)

6) 3월에는 전라북도 여객·화물업자 조직에서의 지지 선언 등이 이어졌다.

7) 선거를 앞두고 자유당 정권에 의해 극심한 통제와 동원이 자행되는데도 농촌 주민들은 불만을 표출하지 못하고 침묵하였다. 그 원인으로는 여러 가지 사회문화적 요인들이 지적될 수 있겠으나, 한국전쟁을 통해 반공국가가 형성되는 과정에서 농촌사회에 가해진 국가 폭력을 빼놓을 수 없을 것이다. 즉 한국전쟁 이후

　3월 들어 선거운동이 본격화되면서 선거방해가 노골화되기 시작하였다. 민주당 도당 사무실에 투석사건이 발생하고, 고등학생들에 의한 선거 벽보 파손 사건이 발생하기도 하였다.(『전북일보』1960년 3월 3일자)8) 그리고 3월 2일 장면 민주당 부통령후보의 전주 유세가 있었는데, 유세장인 전주 공설운동장에서는 경찰이 청중들의 입장을 방해하고, 사진촬영을 하는 등의 선거 방해를 자행했다.(『전북일보』1960년 3월 3일자) 이에 대하여 민주당 전북도당이 항의하고 주민들의 저항이 있었으나, 경찰은 당시 전주시 민의원이었던 민주당 소속 이철승을 공무집행 방해 혐의로 입건하였다. 그리고 당시 전라북도 경찰국장 최찬택(崔讚澤)은 기자회견을 통해 유세장에 형사를 배치하고 사진 촬영을 한 것은 장면 후보의 신변보호를 위한 것이었다고 주장했다.(『전북일보』1960년 3월 4일자)

　1959년 1월 조직된 대한반공청년단은 지방조직을 확대하여 지방에서도 테러를 자행하였다.9) 그리고 1959년 3월 선거조직으로 결성된 '반공예술인단' 전주 공연이 3월 11일에 공설운동장에서 있었다. 이들은 공연에 앞서 공공연히 이승만·이기붕 지지를 선언하였다. 지역사회 내에서는 언론의 보도 제한이 심각했던 것으로 보이며, 지역 언론의 태도도 노골적으로 자유당 지지에 기울어 있었다.10)

　1950년대의 짧은 기간 동안 반공국가가 성립·공고화되는 과정에서 농촌사회가 겪은 공포의 경험은 농촌 주민들을 국가권력에 순응하는 집단으로 만들어 놓았을 것이다.

8) 이 사건이 자유당에서 조직적으로 저지른 구국철혈동지회 벽보사건과 관련되어 있는지 여부에 대해서는 확인되지 않는다. 구국철혈동지회 벽보사건은 장면 민주당 부통령후보에 대하여 친일파 운운하는 비난 내용을 담은 벽보 게재 사건을 말한다.

9) 3월 7일에는 민주당 거제군당 선거사무장이 집단 폭행을 당해 중상을 입었고, 3월 9일 여수에서는 민주당 여수시당 선전부장이 구타를 당해 사망하는 사건이 발생하였다. 이와 같은 지역에서의 선거테러는, 전북의 선거에도 적지 않은 영향을 미쳤다.

민심의 동요를 억압하고 야당의 선거운동을 방해하기 위하여 고등학생들에 대한 통제도 강화되었다. 전주고등학교 등에서는 학년말 시험을 점심시간 이후에 치러서 시내 고등학생들이 선거 유세장에 참가하는 것을 방해했다. 또한 2월 28일 치러진 고등학교 졸업식이 평온하게 끝날 것인지는 경찰의 주요 관심사였다.(『전북일보』 1960년 3월 4일자) 고등학생들에 대한 관의 관심과 우려는 2월 28일 발생한 대구학생 시위 때문이었다. 장면 후보의 대구 유세가 있었던 2월 28일 대구 시내 고등학생들의 일요일 등교를 지시하자 학생들이 거부하면서 시위가 발생하였다. 이 영향으로 전라북도에서도 고등학생들의 동향에 관심이 집중되었던 것이다. 이처럼 전국적으로 진행된 노골적인 선거부정과 관의 조직적인 선거 개입은 지역사회의 민심을 자극하였다.

3. 1960년 4월 25일까지의 전라북도 학생시위

1) 고등학생 3·15부정선거 반대 시위 계획과 활동

선거 국면이 시작되면서 이미 고등학생들에 대한 관의 감시와 통제가 진행되었다. 특히 학생들 사이에 영향력을 지니고 있는 리더들에 대한 감시와 야당 활동을 하는 활동자의 자녀들에 대한 감시는 학교 내외에서 철저하게 진행되었던 것으로 보인다. 이들의 행적에 대해서는 교사의 감시가 심했고, 학교 외부에서의 활동에 대해서도 학교로 일일이 보고되고 있었다.

학년말 시험과 졸업식을 조용히 넘긴 전주시내 고등학생들은 은밀

---

10) 당시 『전북일보』의 보도 태도는 이를 분명하게 보여주고 있다.

히 선거반대투쟁을 조직하기 시작하였다. 전주고, 전주여고, 신흥고, 성심여고, 전주여상, 전주간호여고 등 각 고등학교 대표들이 은밀히 연락을 하여, 3월 13일에 당시 민주당 전북도당 간부였던 송 모 씨의 다가동 집에서 모였다. 송씨는 당시 전주고등학교 3학년으로 이 모임에 주도적으로 참여한 송광우(宋光佑)의 부친이었다.

이날 시내 각 고등학교의 약 20여 명의 학생이 모였는데, 비밀을 유지하기 위해 가마솥 속에 신발을 모두 숨기고, 3월 15일 투표일에 한 장소에서 모여 투표장에 가서 투표함을 때려 부수고 선거를 못하게 하자는 모의를 했다. 그러나 어찌된 일인지 말이 새나가 다음날인 3월 14일 저녁에 모임에 참여했던 학생들이 전주경찰서에 연행되었다. 연행된 학생들은 그날 밤 경찰에 의해 취조를 당했는데, 남학생들은 취조 과정에서 두들겨 맞기도 하였다. 경찰서에서 하루 밤을 보내고, 강혜자를 포함한 전주여고 여학생 2명은 전주여고 교장선생 댁에서 약 4, 5일을 구금되어 있다가 선거 이후 풀려났다.

풀려난 이후 이들은 서로 연락을 계속했으며, 4월 20일 전주시내에서 시위가 벌어졌을 때 주도적으로 참여하였다. 4월 20일의 전주시위는 각 고등학교뿐 아니라 전북대학교 학생들과 일반 시민까지 참여한 전주지역 최초의 대규모 시위였다. 그리고 4월 20일 이후 전주에서는 연일 시위가 계속되었으며, 시위의 열기는 도내 각 지역으로 확산되었다. 이날 이리(현 익산)에서도 이리여고, 남성여고 등의 고등학생들이 대학생들과 함께 시위를 벌였고 일부 여학생들은 혈서를 쓰기도 하였으며, 4월 22일에는 군산에서 군산고등학교생 등 고교생 5백여 명이 시위를 벌였다.(전주여자고등학교 총동창회, 2006, 270쪽)

4월 24일 오후 2시 전주공설운동장에서 '4·19사건 희생학생 합동추도식'이 거행되었는데, 이에 앞서 오전부터 고등학생들이 전주시내를 돌며 시위를 벌이다 낮 12시경 도청앞 광장에 모여 박정근(朴定根) 전라북도지사와의 면담을 요구하며 구호를 외쳤다. 추도식 이후 전주시 내 각 학교 대표들이 모여 4·19 사상자를 위한 '구급모금단'을 결성하고 25일부터 27일까지 가두 모금활동을 하였다.(전주여고총동창회, 2006, 270쪽)[11]

이승만의 사퇴 이후에는 질서 수습이 논의되기 시작하였는데, 4월 28일 이후 결성된 '수습대책위'에도 고등학생들이 일정하게 참여했던 것으로 확인된다. 또한 4월혁명에 참여했던 고등학생들은 여명동지회 (黎明同志會)를 조직하여 시내 청소, 모금활동, 그리고 봉사활동 등을 벌이고 4·19학생혁명 추모 문학행사, 시화전 등을 개최하였다. 한편 으로 각 학교별로 학내 민주화투쟁을 전개하였다. 전주여고의 경우 부정선거 과정에서 자유당에 협조한 교사들과 교장 선생에 대한 퇴진 을 요구하며 학생들이 강당에 모여 시위를 벌었다. 이에 대해서는 학 생들 사이에서 어쩔 수 없이 정권에 협력한 교사들의 퇴진 요구는 지 나치다는 의견도 있어 의견충돌이 있기도 했는데, 결국 교장선생은 다른 학교로 옮겨갔다.

강혜자(당시 전주여고 3년)의 진술에 의하면 당시 전라북도뿐 아니 라 전국의 학생시위는 고등학생들이 주도적으로 전개한 것이었다. 고 등학생들에게 일요일 등교를 강요한 대구와 마찬가지로 전주의 고등 학교에서도 시험을 오후에 치르는 등 학생들의 정치적 욕구를 억누르 는 조치가 있었고, 이에 대한 불만이 고등학생들의 모임을 자극했을 것이다. 고등학생들은 4월혁명 이후 질서 수습 과정에도 독자적인 모 임을 꾸려 적극적으로 참여하였다. 그러나 고등학생들 중 상당수가 학교를 졸업하고 대학 진학, 취업을 위해 서울 등지로 떠났기 때문에

---

11) '구급모금단'은 단장 전대열(전북대 정치학과), 남학생 총무 이승재(전주고), 여 학생 총무 강혜자(전주여고) 등으로 구성되었으며, 사흘간의 모금활동을 통해 40만 5천 환을 모금하였다고 한다.

이들의 조직적 활동은 지속되지 못했다.

2) 전북대학교 4월 4일 시위

3월 15일 마산에서 발생한 시위 소식이 전해지고 전북대학교에서는 법정대학 정치학과 학생들을 중심으로 부정선거에 저항해야 한다는 논의가 전개되기 시작하였다. 특히 마산시위 과정에서 행방불명된 남원 출신 김주열 군을 찾아 헤매는 김주열 군의 어머니 권찬주 여사의 소식은 전라북도지역의 학생들에게 커다란 반향을 일으켰다. 그때는 전국의 모든 대학이 방학 중이어서 학생들 사이에 논의가 모아지기에는 어려움이 있었다. 당시 전북대학교 정치학과 3학년이던 전대열을 중심으로 이성경, 오광묵, 한문수, 이현기 등 8명의 정치학과 재학생들이 전대열의 집에 모였다. 이들은 개학일인 4월 4일 학교에서 봉기하기로 뜻을 모으고, 다른 학부 간부와 학생들을 설득·동원하기로 역할분담을 하였다.[12] 4월 2, 3일경 전대열이 전북대 교보사(현 학보사)에 들어가 민주선언문을 철필 인쇄하였다.[13]

개강일인 4월 4일 오전 전대열이 종을 치는 것을 신호로 시위를 시

---

12) 당시 전북대학교 전주 캠퍼스에는 법정대학, 문리과대학, 상과대학 등 3개 단과대학이 있었다. 그 외에 농과대학과 공과대학 캠퍼스는 이리에 있었다. 황춘택이 그려준 당시 전북대학교 전주 캠퍼스는 현재의 전북대 박물관과 현재 신축 중인 새로운 박물관 건물 자리에 위치해있던 붉은 벽돌 건물 미술대학, 그리고 전 대학원 건물(당시 대학본부) 등 4개 건물로 둘러싸여 있고, 그 가운데 광장이 있었다. 그리고 대학본부 건물 쪽에 수업시작과 끝을 알리는 커다란 종이 걸려 있었다.

13) 황춘택의 증언에 의하면 당시 민주선언문은 약 50장가량 인쇄했던 것으로 기억한다고 한다. 그러나 민주선언문의 내용은 남아있지 않다. 민주선언문 작성을 주도한 전대열의 기억으로 "동학혁명, 항일운동의 정신을 본받아 독재정권에 대항해서 투쟁을 전개해야 한다. 그것이 3·15부정선거에 대한 궐기다."는 내용이었다고 한다.

작하기로 하였다. 타종과 함께 상과대학 앞 광장에 학생들이 모여들고 황춘택, 하청민, 이종운, 김해룡 등 정치학과 학생들이 유인물을 뿌렸다. 그리고 학생들이 스크럼을 짜고 '부정선거 다시하라', '기성세대 물러가라' 등의 구호를 외치면서 교문을 향해서 진출하기 시작했다.14) 그러나 교문과 후문은 이미 경찰에 의해 봉쇄되어 있었다. 시내 중심가까지 약 4킬로미터 떨어진 전북대학교에서 시위 학생들은 교문 밖으로 진출할 방법을 찾지 못하고, 교내에서 약 한두 시간가량 시위를 한 후 해산하였다.

시위대가 해산한 이후 시위 주도자들인 정치학과 학생들은 경찰에 연행되었다. 앞서 언급한 3학년 학생 이외에도 원용인, 허용욱, 박용호, 황비룡 등 2학년 학생들도 연행되어 전부 합쳐 약 20명가량 되었다. 이들은 다음날 학교 측(총장 고형곤)의 보증으로 석방되었으나, 그날 이후 경찰에 의한 일대일 밀착 감시를 받아야 했다. 학교에 왔다가 다시 집으로 돌아가서 밤 열시가 넘을 때까지 경찰과 늘 같이 다니다시피 했다.

전북대학교 4·4시위는 방학 중이었던 대학생들이 개강일에 맞추어 부정선거 규탄시위를 계획·시도한 것으로, 대학교로서는 전국 최초의 시위 시도였다는 의미를 지니고 있다. 4·4시위에 참여했던 당사자들은 이점에 대한 커다란 자부심을 지니고 있다.

한편 4월 14일 점심시간 무렵 민주당 전북도당 앞에서 민주당원 수십 명이 "부정선거 다시 하라"는 구호를 외치며 시위를 벌였다.15) 전

---

14) 전대열의 증언에 의하면 그날 시위에서 정권타도나 '이승만정권 물러나라'는 등의 구호는 없었던 것으로 기억한다 하였다. 이 구호는 적어도 4월 25일 교수 시위 전까지는 없었던 것으로 전대열은 기억하고 있다.

15) 전대열은 4월 15일로 기억하고 있으며, 시위 장소는 전주시 중앙동 부근 민주당 전북도당으로 기억하고 있다. 전주 우체국사거리에서 다가동 파출소 쪽으로 올라가는 길이다.

북대학교 4·4시위를 주도했던 정치학과 학생 등 2~30명의 대학생이 당시 전주시의원이었던 민주당 노승환 씨의 연락을 받고, 당일 그 집회에 참여하였다. 이 시위는 경찰이 와서 참가자들을 연행하면서 별다른 성과를 거두지 못하고 끝났다.

3) 4월 20일 전주시위

1959년 11월 3일 광주에서 전국 165개 대학 학생대표들이 모여 광주학생의거 30주년 기념식을 거행하였다. 그 자리에 전북대학교 총학생위원장 김용화 등이 참가했다. 그 자리에서 자유당 정권에 대한 논의가 있었고, 서울 지역 대학생들의 분위기를 감지할 수 있었다. 그 후에 전북대학교와 서울 지역 대학교 학생회와의 교류와 연락이 지속되면서 '학생운동자협의회' 조직이 만들어졌고, 그로부터 3·15부정선거를 전후한 서울 및 전국의 상황에 대해 들을 수 있었다.

전북대학교에서 4월 4일 시위가 있고난 후 전북대학교 학생회 간부들은 경찰이 집 근처를 감시하는 것을 느낄 수 있었다. 시간이 지나면서 뭔가 터질 것 같다는 느낌과 전북대학교에서도 준비해야 한다는 생각이 굳어지게 되었는데, 경찰과 도청의 감시가 점차 심해져서, 학생회 간부들 중 일부는 감시와 제재로 움직일 수 없다는 연락을 해 오기도 했다.

4월 17일경 서울의 대학 간부들과 연락이 되어 대규모 시위계획을 듣고 전북대학교에서도 구체적인 준비를 시작했다.[16] 오후 5시가 좀 넘은 시간에 전주 우체국 사거리에 있던 중국음식점 태화관에서 총학

---

16) 당시 서울 지역의 대학 간부들과 연락을 하던 장소는 서울 종로 부근의 「왕실다방」이었다 한다. 당시 왕실다방은 각 대학 간부들이 모여 각 학교들의 계획에 대해 논의하고, 지방의 대학들과 연락을 주고받던 장소로 사용되었다.

생회 간부들이 비밀리에 모였는데, 총학생위원장 김용화를 중심으로 문리과대학의 임동환, 공석종, 백영선, 상과대학 김현태, 김주석, 손관준, 김덕곤, 신호균, 법과대학 소필영, 김용대 등이 참여했다. 그 자리에서 자유당의 독재와 부정선거에 대항해서 선거를 다시 실시하라는 궐기가 필요하다는데 뜻을 같이하고 해산했다.

4월 20일 오전 9시 반경 학교 학생들이 모였다. 그러나 학교 교문은 잠겨있고, 교문 앞에는 휴교 공고문이 붙어 있었다. 학생들이 순식간에 6, 7백 명가량 모여들고 휴교령을 보면서 웅성거리기 시작하자, 학교 안에 본부 건물 뒤에 숨어있던 경찰들이 학교 밖으로 몰려나오기 시작했다. 학생들은 스크럼을 짜고 '학원의 자유를 달라', '부정선거 다시 하라'는 구호를 외치면서 금암동을 거쳐 시내로 진출하기 시작했다.[17] 금암동 사거리에서 바리케이트를 치고 있던 경찰과 충돌하면서 학생들이 다치고 연행되기도 하였다. 도로가 막히자 학생들은 철길을 택해서 시내로 달려 나갔다. 철길을 따라 가면서 전주공고 학생들과 합류하고, 전주역에서는 전주농고 학생들이 밀려나와 합류하였다. 시청 앞에 이르자 다가동 쪽에서 신흥고등학교 학생들이 나오고 노송동 쪽에서는 전주고등학교 학생들이 몰려나와 합류하였다. 시청 앞에는 전북대학교 학생들과 각 고등학교 학생, 그리고 합세한 시민까지 합쳐 약 6, 7천 명 정도가 모였다. 경찰은 물대포를 준비하고 폭력을 휘두르면서 마구잡이로 연행하였다. 그날 전주경찰서로 연행된 학생과 시민들은 약 350명가량 되었다.[18]

---

17) 당시 전북대학교에서 시내로 진출할 수 있는 길은 금암동을 통하는 길밖에는 없었다. 그 외에는 철길을 따라 시내로 나가는 방법이 있었다.

18) 고등학생대표들과 대학생 대표들 사이에 조직적 연결망은 없었던 것으로 확인된다. 이들 사이의 연계는 시위 과정과 시위 이후의 활동 과정에서 마련되었다고 할 수 있다. 그러나 고향 선후배, 학교 선후배 관계, 종교단체 활동 등을 통한 안면과 인연 등 사적 관계가 시위 장소, 날짜 등을 연락하는데 활용되었다.

시위 학생들은 경찰서 앞으로 몰려가 '학원의 자유를 달라', '구속학생 석방하라'는 등의 구호를 외치며 시위를 벌인 끝에, 경찰서장과 학생 대표 사이의 면담이 이루어졌다. 그리고 오후 다섯 시쯤 약 30여 명의 핵심 학생들을 제외하고 대부분의 학생들이 석방되었다.[19] 풀려난 학생들은 버스 또는 도보로 학교로 돌아와 '내일 또 만나자'고 약속하고 해산하였다.

다음날인 4월 21일부터 24일까지 전주시내에서의 시위는 연일 계속되었다. 4월 24일에는 오후 2시에 전주공설운동장에서 거행될 예정이던 「4·19사건 희생학생 합동 추도식」에 앞서 오전 9시부터 시위가 시작되었다. 전북대학교 학생들과 각 고등학교 학생들 그리고 시민들의 호응으로 전주 풍남문-남부배차장-고사동 KBS-오거리-오스카극장 앞을 거쳐 시위행렬이 도청 앞으로 모여들었다. 이들은 도청 앞에 연좌하여 지사와의 면담을 요구하면서 '도지사 퇴진'을 요구하였다.(전주고등학교·전주북중학교 총동창회, 1999, 327쪽)[20] 전대열의 증언에 의하면 당시 경찰은 도청 건물 옥상에서 시위대를 향해 총을 겨누고 있었으나 총을 쏘지는 않았다.[21] 4월 20일부터 시작된 전라북도의 학생시위는 4월 24일 합동 추도식을 정점으로 잦아들었다.

4) 4월 20일 이리시위

1960년 당시 이리에는 전북대학교 농과대학과 공과대학 캠퍼스가

---

19) 이날 석방되지 않은 30여 명의 학생은 다음날 석방되었다.

20) 이외에 이날 시위대가 내놓은 요구 사항은 '계엄령 해제', '휴교령 철폐, 학교의 개교', '데모대를 폭행한 경관 처벌', '4·19희생학생 동상건립' 등이었다.

21) 이것은 전주시위가 다른 지역에 비해서 덜 격렬하였거나 규모가 작아서가 아니라 지역에서 발포를 결정할 수 있는 명령권자의 결정 때문이었을 것이라고 전대열은 추측하고 있었다.

있었다. 그리고 원광대학교와 중앙대학교 이리캠퍼스가 자리하고 있었다. 이리는 호남선과 전라선, 그리고 군산선이 만나는 철도교통의 요충지로 많은 대학생들이 인근에서 철도를 이용해 통학하고 있었다. 학생들은 통학열차 안에서 이런 저런 얘기도 나누고 정보도 교환하였다. 대구 고등학생시위, 마산시위 등에 자극받은 농과대학 학생위원장 김호영은 농과대학 학생회 간부였던 김동락, 김인택, 채수업 등과 공과대학의 이희호, 안정엽, 김기옥, 원용신 등과 함께 이리시위를 계획했다.[22]

4월 20일 오전 9시 반경 휴교공고문이 붙어 있는 정문 앞에서 학생들이 모여 스크럼을 짜고 '부정선거 다시 해라', '학원의 자유를 달라', '구속자 석방하라' 등의 구호를 외치며 이리역 광장을 향해 나아갔다. 이리역으로 가려면 경찰서 앞을 지나야 하는데 거기에서 경찰들이 총을 겨누고 있었지만, 쏘지는 않았다. 소방호스로 물을 뿌려서 물벼락을 맞으며 전진하는데 시내에 위치해 있던 중앙대학교 학생들이 합류하고, 원광대학교 학생들이 시내로 진출하여 합류하였다. 가는 길목에 있던 이리여고, 이리여상, 원광여상, 남성고, 남성여고, 이리상고에서 학생들이 몰려나와 약 3천여 명이 되었으며, 시민들도 열렬히 환호해 주었다.[23] 이리역 건물 2층 국기게양대에서 김호영이 미리 준비한 선언문을 낭독하고, 약 7, 8명의 학생들은 혈서를 쓰기도 했다. 그리고 구호를 외치며 오후 3, 4시경까지 시위를 계속했다.[24]

---

22) 4월 20일 이리시위를 증언해 준 김호영, 채수업은 당시 각각 원불교와 기독학생 연합의 회장 맡고 있었다. 이러한 종교조직 활동이 학내외의 시위 조직에 상당한 힘이 되었을 것으로 보인다.

23) 김호영은 당시 원광대학교 학생위원장 이홍식, 그리고 중앙대학교에서는 김완기 등이 참여한 것으로 기억하고 있다. 그리고 이리여상에는 원불교 학생회 활동을 하던 이혜자가 있었다. 채수업은 기독학생회 활동을 열심히 한 이리여고 학생회장 이종금과 많은 대화를 나누었으며, 중앙대학교에서도 서석자, 김조자 등 기독학생회 회원들이 참여했던 것으로 기억하고 있다.

시위 이후 학생회 간부들이 모여 21일 아침 통학열차가 도착하는 시간에 다시 집결하여 시위를 계속하기로 결정하고 해산하였다. 그러나 다음날은 시위가 이루어지지 못했다. 휴교 중이어서 학생들이 많이 오지 않았고, 첫날과 달리 미리 시위를 예측한 경찰병력이 이리역 광장을 완전히 차단해버렸기 때문이었다. 그날 이후 경찰에 의해 학생회 간부들이 추적을 당했으나 연행당한 사람은 없었다. 김호영, 채수업 등은 학생회 간부들이 미리 피해버렸기 때문이기도 하지만 경찰이나 시청에서 그다지 강경한 태도를 보이지 않았던 것 같고, 경찰들도 학생회 간부들을 잡아들일 여력도 없었을 것으로 생각하고 있다. 4월 20일 이리시위에 참여했던 전북대학교 농과대학, 공과대학, 원광대학교, 중앙대학교의 학생회 간부들과 이리 시내 고등학교 학생대표들은 4월혁명 이후 수습위원회 활동을 하면서 다시 결합하게 되었다.

4. 5월 이후 전라북도 민주화운동의 확산

1) 전라북도 민중운동의 확산

5월에 들어서면서 노동계에서 노총의 민주화 추진하는 움직임이 시작되었다. 4월 29일 군산에서는 부두노조 간부들의 총사퇴를 요구하는 시위가 발생하였다. 5월 7일에는 부두노조를 폭력으로 침해하려는 전 군산지구 노총위원장 박길동과 그의 일파를 배격하는 1,500여 명의 노동자 시위가 있었다.(한국노총, 2002, 315쪽) 한편 4월 말에는 전

---

24) 김호영 역시 당시 작성한 선언문을 보관하고 있지 않았다. 선언문 내용은 대체로 부정선거 규탄, 민주주의 실현, 학원의 자유 등을 담고 있었던 것으로 기억하고 있다.

주 전매청에서 3·15부정선거 전에 감원시켰던 54명의 노동자를 다시 복직시키기로 결정했다. 이는 감원대상자의 선정이 정치적 압력에 의한 것으로 노동자들의 성분을 기준으로 골라낸 것이었다는 이유 때문이었다.(이상은 『전북일보』 1960년 5월 1일자 ; 5월 2일자 ; 5월 8일자) 5월 7일에는 전주지구 노동조합 총연합회에서 각 노조조합장 및 상집 연석회의를 개최하여, 그동안 노동조합이 자유당의 어용단체에 불과하였다고 선언하고 앞으로 노동조합은 노동자의 권익 보장에만 힘을 기울이고 정당의 이용물이 되지 않을 것이라고 결의하였다.

단위 노동조합의 민주화운동도 시작되었다. 군산의 고려제지는 어용노조간부 퇴진, 종업원에게 회사주권 배당, 어용노조 시절 해고된 노동자의 전원 복직을 요구하며 5월 18일부터 농성에 돌입하였으며, 한운 전주지점의 노조원들은 체불노임 지불, 어용노조 간부 사퇴를 요구하며 시내에서 시위를 벌였다.

이와 같은 노동계의 민주화 요구는 1961년 초까지 계속되었다. 5월에는 이외에도 남전노조, 남부시장 상인들의 시위가 있었고, 7월에는 전주노조연합회의 임원 개편이 있었다. 그리고 8월에는 전주 양조장 종업원 노조 분규가 발생했고, 11월에는 동양제지, 전매청, 동양제사에서 분규가 잇따랐다. 1961년 초에도 전매청, 전화공사 등에서 분규가 발생하였다.(『전북일보』 1960년 2월 7일자에서 1961년 2월 15일자까지) 1960년 5월 현재 전라북도에는 4개 노동조합연합회와 72개의 단위 노조가 있었는데, 대부분의 노조간부들은 자유당에 협력해왔고, 대부분의 노조가 반공체제의 강화와 부정선거에 동원되어 왔다. 4월혁명 이후 노조원들에 의한 노조간부 퇴진, 노조 민주화 등의 요구가 표출되는 것은 당연한 일이었다.

5월 5일에는 전주고등학교에서 도내 최초로 교원노조가 결성되었다. 이 자리에서 전주고등학교 교사들은 교원의 정치적 중립, 학원의 완전한 민주화, 교육행정의 부패 일소, 교육악법 일소 등을 결의하였다.(『전북일보』 1960년 5월 7일자 ; 5월 12일자)[25] 5월 21일에는 전주시 12개 중·고등학교 대표가 참가하여 전주시 교원노조 결성추진위를 결성하였다.(『전북일보』 1960년 5월 24일자)[26] 7월 9일에는 전주시 초등학교 교사들이 노조를 결성하고 교련 탈퇴를 결의하였다. 이를 기반으로 7월 14일에는 전라북도 교원노조가 결성되었다. 9월 17일에는 교원노조 합헌을 촉구하는 전북궐기대회가 열렸고, 9월 27일에는 전주시내 초·중·고교 조합원 700여 명이 전주고등학교에 투쟁본부를 두고 교원노조 불법화 반대 단식투쟁에 돌입하였다. 또한 9월 28일 서울 파고다공원에서 열린 교원노조 전국대회에 약 150명이 전북대표를 파견하여 단식농성에 참여하기도 하였다.(전주시, 1997, 653쪽) 전북 교원노조는 1961년 4월경까지 교원노조 합법화, 임시교사 해임반대 등 교육민주화를 추진하면서 2대악법반대투쟁 등을 벌이며 사회민주화투쟁에도 참여하였다.(이상은 『전북일보』 1960년 5월 24일자에서 1961년 4월 14일자까지)

농민들도 자신들의 권익을 위해 나섰다. 일례로 김제군 봉남면의 농민 약 400여 명은 5월 26일 공사가 소홀히 된 금평수조의 수문공사와 제방 공사를 다시 해줄 것을 요구하는 연좌시위를 벌였다. 또한 주민 대표는 전라북도를 방문하여 재공사를 요청했다. 한편 전라북도 언론계에서도 민주화의 요구가 나타나고 있었다. 5월 9일에는 전북 언론인 20여 명이 발기하여 전북언론인대회 개최를 합의하고, 5월 11일 대회를 개최하였다. 여기에서는 헌법기초위에서 마련한 개헌헌법

---

25) 전주고등학교 교원노조는 5월 12일 1차 총회를 열고 천건, 이현중(?), 오치구, 강석태, 김형철, 신석정 등을 평의원으로 선출하였다.

26) 여기에 참여한 교사들은 전주고, 전주공고, 전주농고, 전주여고, 전주상고, 전주사범, 전주동중, 서중, 남중, 북중, 중앙여중, 전주여중 등 12개교 45명이었다. 이들 12개교는 전주에 있는 공립 중고등학교 모두를 포괄한 것이다.

중 제28조 2항의 언론자유 제약조항을 삭제할 것을 요구하고, 삼남일보의 문동리, 민주공론사의 신동길, 그리고 이철수 등 의장단을 선출하였다.

이와 같이 1960년 5월 이후 노동계에서는 어용노조간부 퇴진과 노조민주화운동이 확산되었다.(한국노동조합총연맹, 2002, 301쪽)[27] 교원노조운동이 활기를 띠면서 교육민주화와 악법반대투쟁을 전개하였다. 언론계에서도 언론자유를 지키기 위한 모임이 결성되었다. 낮은 정치의식, 여당의 지지기반으로 인식되던 농민들도 자신들의 권익을 위해 집단행동에 나서기 시작하였다. 산업화·도시화 수준이 낮은 탓에 전라북도에서는 민중운동의 성장이 매우 지체되어 있었다. 그러나 4월혁명 이후 자유당 정권이 붕괴를 바탕으로 전라북도에서도 민중운동을 위한 공간이 마련될 수 있었다.

2) 학생운동의 활동과 지향

(1) 학내 민주화투쟁

4월 학생시위 이후 학생들은 학원 민주화투쟁을 시작하였다. 전북대학교에서는 5월 초 총학생위원장이 문리대 영문과의 이민수로 교체되었다. 이후 전북대학교의 새로운 학생회는 교내 민주화투쟁을 주도하였다. 황춘택은 어용교수 퇴진 및 총장퇴진운동이 1960년 5월 말, 6월 초쯤에 있었던 것으로 기억하는데, 약 5, 60명가량의 학생들이 총장실

---

27) 대한노총은 1946년 3월 10일 전평의 약화·해체를 목적으로 조직되었다. 이후 미군정하에서 좌익세력의 토벌과 함께 세력을 확장하였고, 한국전쟁 이후에는 자유당의 기간단체가 되었다. 1959년에는 대한노총회관에서 이승만과 이기붕의 정부통령 당선을 위한 선거추진위원회의 간판을 내걸고 직접 부정선거에 참여하였다. 4·19혁명 이후 노동계에서 어용노총 퇴진투쟁이 거세게 전개된 것은 (노동자층의 계급적 역량과 관계없이) 당연한 결과였다.

을 점거하고 어용교수 퇴진, 어용총장 퇴진을 요구했다고 한다. 채수업은 농과대학에서 투쟁위원회[28]를 조직한 이는 농과대학 화학과의 김처중이었던 것으로 기억하고 있다. 이들은 이리 캠퍼스에서 결의문을 선포하고 동맹 휴학에 돌입하기도 하였다.(『전북일보』 1960년 5월 6일자)

'학원정화론'을 내걸고 전개된 학내 민주화투쟁은 그동안 자유당 정권에 협력한 교사들의 퇴진, 학원의 자율 보장, 수업권 보장 등을 요구하며 5월 말 이후까지 계속되었다. 5월 18일부터는 법정대학과 상과대학 학생들이 총장실을 점거하고 단식에 돌입하였는데, 8일 이상 계속된 단식농성으로 탈진한 학생들이 병원으로 실려가는 사태가 벌어지기도 하였다. 결국 전북대학교 총동창회가 중재에 나서고, 교수들이 찬반투표를 제안하기도 했으나 학생들에게 받아들여지지 않았다.(『전북일보』 1960년 5월 24일자)

그러나 전북대 4·4시위와 4·20시위를 주도한 학생시위세력 중 상당수는 총장퇴진운동에 찬성하지 않았다.[29] 진술자들은 모두 당시 총장실 점거와 총장퇴진운동이 있었던 것을 기억하고 있으나, 이를 주도한 새로운 학생회 간부들은 4월혁명에 참여한 전북대학교 학생회 및 시위주도세력과는 무관하다고 진술하고 있다. 당시 학내에서는 학내 민주화투쟁의 전개를 둘러싸고 의견대립이 있었던 것으로 보인다.[30] 5월 18일부터 시작된 농성에서는 법정대학 학생 일부와 상과대학 학

---

28) 정확히 투쟁위원회였는지는 분명하지 않다고 한다.

29) 양 시위를 주도했던 구술자 대부분이 총장퇴진운동에 대해서 진술했지만, 당시 학생회와는 무관하다고 진술하고 있다.

30) 이는 신-구 학생회 간의 대립인 동시에 4월혁명을 주도한 세력과 학내민주화투쟁 세력 사이의 대립이었다. 4·4시위를 주도했던 전북대학교 법과대학 학생들은 이 시기에 학내 민주화투쟁보다는 오히려 수습대책위, 4월혁명 희생자를 위한 모금활동, 선거계몽단 활동에 주력하고 있었다.

생들은 농성을 풀고 수업을 받기로 결정하는 등 내부에서도 이견이 발생하였다. 또한 문리과대학 영문과 학생들 내부에서도 어용교수 퇴진에 대한 의견의 대립이 발생하기도 하였다.[31]

한편 고등학교에서도 3·15부정선거 과정에서 정부에 협조적이었던 교사와 교장에 대한 학생들의 퇴진 요구가 전개되었다. 앞에서 이미 소개한 바와 같이 전주여고에서는 강당에 학생들이 모여 어용교사와 교장의 퇴진을 요구하며 농성을 벌였고, 이는 5월이 지나면서 전라북도 전체의 중고등학교로 확산되었다. 그러나 중고등학교에서도 내부의 이견이 점차 확대되어, 퇴진운동과 퇴진반대운동이 번갈아가면서 나타나기도 하였다.

(2) 계몽운동의 조직
: 모금단, 질서수습, 선거 계몽단, 고교생 봉사활동(여명동지회)

1960년 4월 24일 시위를 주도한 대학생 및 고등학생들은 '4·19사건 희생자 합동추도식'을 거행하면서 '4·19 사상자들을 위한 모금위원회'(단장 전대열)를 조직하였다. 모금위원회는 4·19 사상자 지원과 전라북도 희생자를 기리는 기념탑 건립을 목표로 모금활동에 들어갔다. (『전북일보』 1960년 4월 26일자) 모금위원회는 거리모금뿐 아니라 4·19 희생자 추모 문학의 밤, 시화전 등을 개최하면서 모금활동을 전개하였다.

한편 1960년 4월 26일 이승만의 사퇴성명이 발표되면서 도내에서는 질서 회복을 위한 움직임이 빠르게 추진되었다. 4월 28일 밤 9시 전라북도청 회의실에서는 전라북도 내무국장, 문교사회국장, 경찰국장, 35사단 부사단장 등과 전북대학교를 비롯한 도내 각 고등학교 학생대표 등

---

31) 그러나 구술자 중에는 당시 학내민주화투쟁을 주도했던 인물이 하나도 없다. 그래서 양측 사이의 의견 차이가 정확이 무엇이었는지는 확인되지 않는다.

50여 명이 모여 연석회의를 열고 사태수습과 질서회복, 사회안정 등에 관한 의견을 나누었다.(전주여자고등학교 총동창회, 2006, 271쪽) 이를 계기로 전주에서는 학생들을 중심으로 '학생질서유지반' 구성되었다. 학생대표들은 35사단, 전라북도, 전라북도 경찰국 등과 협의하여 질서유지반 구성에 합의하고, 전라북도로부터 지프차 14대를 지원받아 3개 시 11개군에 각각 3~5명의 학생들을 배치하였다. 질서유지반은 차에 확성기를 달고 돌아다니며 주민들을 대상으로 자유당 정권이 축출되었음을 홍보하고, 안심하고 생업에 종사해 달라는 방송을 하였다.

또한 6월 1일에는 약 50여 명의 전북대학교 학생이 모여 '대학생 공명선거 추진계몽단'을 조직하였다(『전북일보』 1960년 6월 2일자 ; 1960년 6월 4일)[32] 공명선거 추진계몽단은 전라북도 내 각 시군에 학생들을 파견하여 7월 29일의 5대 국회의원선거에 대비하여 민주적 선거를 위한 계몽활동을 전개하였다. 한편 전북대 이리캠퍼스의 농과대학에서는 별도로 농촌계몽활동을 추진하였다. 4월 시위에 참여했던 전주시내 고등학생들은 4·19 정신과 복지사회 구현을 목표로 한 봉사단체 '여명동지회(黎明同志會)'를 결성하였다. 이들은 시내 조기청소, 고아원 방문 등의 봉사활동을 수행하였다.

이와 같이 4월혁명 이후 전라북도의 학생세력은 빠르게 계몽운동으로 전환했던 것으로 보인다. 5·16쿠데타 직전까지 학생세력의 조직과 활동이 계속되었는데, 그 활동을 살펴보면 당시 전라북도 학생세력의 지향을 어느 정도 확인할 수 있다. 먼저 1961년 2월 17일 전주에서 도내 대학생 및 고등학생들로 구성된 '4월학생동지회'(회장 박형철, 전북대)가 결성되었다. 결성대회에서 이들은 '일체의 정치성을 배격하

---

32) '공명선거 추진계몽단'은 성명서에서 헌법에 보장된 국민의 참정권이 과거와 같이 독재의 마수에 짓밟히지 않고 떳떳한 민주국민으로서의 권리를 자유스럽게 행사할 수 있는 분위기 조성에 일익이 되고자 대학생공명선거추진계몽단을 결성한다고 밝히고 있다.

고, 순수한 학생운동으로 복지사회 건설에 이바지 한다'고 선언하였
다.(『전북일보』 1961년 2월 20일자) 한편 2월 27일에는 도내 전 대학교
와 재경 학생대표가 모여 '민주혁명전북학생동지회'(회장 정옥동, 전
북대)를 결성하였다. '민주혁명학생동지회'는 조금 더 구체적인 학생
운동의 조직과 목표를 제시하고 있다. 즉 이 단체는 학생도의앙양회,
신생활계몽연구회, 남북통일연구회, 농촌계몽연구회, 봉사회 등 5개
분위를 설치하여 활동하겠다는 계획을 밝혔다.(『전북일보』 1961년 3월
4일자)33) '민주혁명학생동지회'의 분위 조직에서 나타나는 바와 같이
학생운동은 계몽운동의 지향을 분명하게 지니고 있었다.

　비슷한 시기에 전라북도에서 두 개의 학생 단체가 조직된 것은 4월
혁명 이후 전라북도 학생세력이 일정한 입장 차이를 지니고 있었음을
보여준다.34) 1961년 4월 11일 양 단체를 통합하여 '4월전북총학생단'
(단장 전대열, 전북대)을 출범하였다.35) '4월전북총학생단'은 결성 총
회에서 '무지와 빈곤으로 황폐한 국민계몽, 멸공정신의 앙양' 등을 결
의하였다. 이는 당시 전라북도 학생운동의 계몽운동으로서의 지향을
보여주는 동시에, 학생세력이 반공이데올로기로부터 자유롭지 못했
다는 점을 확인시켜준다.36) 이 단체는 보릿고개를 맞은 농가 지원을

---

33) 4월혁명 이후 전라북도에서 통일에 관한 언급은 여기에서 최초로 등장하고 있
　　다. 그러나 이 단체가 실질적이 활동은 거의 없었다는 점에서 전라북도에서 통
　　일운동이 구체적으로 전개되지는 않은 것 같다.

34) 그러나 그 구체적인 내용은 파악되지 않는다. 민주혁명전북학생동지회에서 간
　　부를 맡았고, 이후 양 단체의 통합을 목표로 출범한 '4월전북총학생단'의 단장을
　　지냈던 전대열은 이전의 두 단체가 별 활동을 하지 않았다고 기억한다. 또한 어
　　떠한 입장 차이가 있었는지도 분명하게 기억하지 못하고 있다.

35) 그러나 통합이 원만히 진행된 것은 아니다. 통합단체의 출범에 대하여 '4월학생
　　동지회'의 반발이 있었다.

36) 이로 미루어 당시 전라북도에서 학생운동으로부터 통일운동이 발전하지 않았다
　　는 점은 틀림없는 것 같다. 한편 4월혁명 이후 1년여 동안 전라북도에서 통일운
　　동을 지향하는 조직이 나타난 것도 확인되지 않는다.

위한 자선음악회 등을 개최하기도 하였으나, 곧 5·16쿠데타가 발발하면서 활동이 중단되었다.[37]

4월 20일 전주와 이리에서 시위를 주도했던 전북대학교 학생회 간부들은 대부분 4학년이었기 때문에 혁명 이후 활동을 지속하지 못했다. 이들은 졸업과 군 입대 등을 이유로 활동을 중지하였다. 마찬가지로 고등학생시위를 주도했던 학생대표들도 곧 학교로 돌아갔고, 졸업 이후 대학 진학, 취업 등을 이유로 대부분 전주를 떠났다. 따라서 이들이 조직했던 '여명동지회'의 활동도 중단되었다. 일부 학생세력이 1961년까지 학생단체를 결성하여 활동을 계속했으나, 군사쿠데타로 인하여 활동을 중단하지 않을 수 없었다. 군사쿠데타가 일어나자 학생세력 중 일부는 서둘러 군에 입대하고, 일부는 헌병대에 연행되어 불법 구금되어 있다가 풀려나기도 했다. 결국 5·16쿠데타로 인해 4월혁명 기간 동안 폭발했던 전라북도의 학생운동은 긴 휴면기에 들어서게 되었다.

5. 전라북도에서의 4월혁명, 의의와 한계

3월 15일 선거를 위한 주민동원과 관권 개입이 자행되던 1960년 2월부터 점차 끓어오르던 전라북도 주민의 불만은 학생들의 시위를 시작으로 폭발하였다. 도내 고등학생들의 집단행동과 전북대학교 전주 및 이리 캠퍼스의 학생들이 중심이 되어 전라북도의 4월혁명은 출발하였다. 4월 4일과 4월 20일부터 25일까지 계속된 도내의 시위는 학생들과 동조한 시민들이 함께 어울려 민주주의의 열망을 드러낸 것이었다.

---

37) 이 단체의 단장 전대열은 5·16쿠데타 직후인 5월 18일 연행되어 약 100일간 구금되어 있었다.

4월 26일 이후 전체 도민이 함께 분출하는 대규모 시위는 잦아들었다. 대신 학생세력에 의한 4월혁명 희생자 추모행사가 진행되었고, 여기에 많은 시민들이 동참하였다. 한편 관과 군의 협조 아래 학생들이 질서수습에 나서고, 전라북도지역은 빠르게 진정되어갔다.

5월에 들어서면서 그동안 억눌려 있던 민심이 분야별·영역별로 분출되기 시작하여, 각 민중 부문에서의 민주화투쟁이 확산되었다. 노동계에서는 정권의 하수인 역할에 충실했던 어용노조의 민주화투쟁이 본격화되었고, 교육민주화운동을 목표로 교원노조운동이 전개되었다. 한편 이승만정권의 지지기반이었던 농민들의 권익투쟁이 나타나기도 하였다.

이 기간 동안 학생운동은 계몽운동으로 전환하였다. 선거계몽단을 조직하여 농촌 곳곳을 방문하면서 민주주의 사회에서의 선거의 의미를 설명하고 설득하는 한편, 대학생들로 조직된 농촌계몽단은 농촌의 빈곤과 무지의 해소를 위해 활동하였다. 한편으로 학생들의 학원민주화투쟁은 도내 전역으로, 대학과 고등학교에서 중학교까지 확산되었다. 그러나 이 과정에서 학생세력 간에는 이견과 분열 양상이 드러나기도 하였다. 당시 학생운동의 활동을 통해서 보면, 학생운동이 계몽운동의 지향을 분명하게 지니고 있었다는 점과 반공이데올로기의 부담으로부터 여전히 벗어나지 못하고 있음이 확인된다.

7월 29일 치러진 제5대 국회의원 선거 결과 전라북도에서는 의원정원 24명에 136명이 입후보하여 민주당 18명, 무소속 5명, 사회대중당 1명이 당선되었다.[38] 정당별 득표율을 보면 무소속이 45.7%를 득

---

38) 민주당은 전주의 유청, 이철승을 비롯하여 김판술(군산), 이춘기(이리), 이정원(완주갑), 배성기(완주을), 유진산(금산), 신현돈(무주), 윤정구(남원갑), 홍영기(순창), 나용균(정읍갑), 류진(고창갑), 송을상(부안), 조한백(김제갑), 윤제술(김제을), 양일동(옥구), 조규완(익산갑), 윤택중(익산을) 등 18명을 당선시켰고, 무소속으로 전휴상(진안), 송영준(장수), 한상준, 송능운(정읍을), 김상흠(고창을)

표하여 가장 높았고, 민주당 42.8%, 자유당 4.7%, 사회대중당 4.2%의 순으로 나타났다. 1958년의 4대 국회의원 선거에서 자유당이 전라북도 전체 투표수의 41.0%를 득표한 것에 비하면, 4월혁명을 통한 자유당 정권의 몰락은 분명해졌다. 그러나 혁신계인 사회대중당은 남원의 박환생만을 당선시키는 데 그쳤고, 득표율도 전국의 6.0%에 비해 훨씬 낮은 4.2%에 머물렀다.

1961년 4월경까지 4월혁명으로 고양된 지역사회운동은 지속되었다. 자유당정권의 조직 장악으로부터 벗어난 노동계에서는 노조 설립과 노동쟁의가 증가하였다. 교원노조는 교육민주화로부터 2대악법반대투쟁 등 사회투쟁으로 활동범위를 확장하였다. 학생·청년을 중심으로 2대악법반대투쟁이 전개되기도 하였다.[39]

이와 같이 4월혁명으로 불붙은 전라북도의 민주화운동은, 지역에 따른 규모와 속도의 차이에도 불구하고, 전국적인 추세와 함께 빠르게 성장하고 있었다. 학생세력은 4월혁명을 촉발시킨 주요한 주체세력이었음에도 불구하고, 조직적인 혁명세력을 형성하기에 아직 미흡한 점이 많았다. 그리고 전라북도의 산업화 수준은 미약하여 노동자계급은 전체 취업자의 1% 수준에 머무르는 소수에 불과했다. 농민층은 자신들의 권리를 점차 인식해가고 있었지만, 여전히 비조직화된 대중에 불과했다. 이러한 지역적 한계에도 불구하고, 학생과 교사 등 지식인층의 조직이 빠르게 확산되고 있었고, 이들의 사회 민주화투쟁에 대한 참여도 확산되고 있었다. 그리고 학생들의 계몽활동은 지역주민들의 근대적 권리와 민주주의에 대한 인식을 심화시킬 수 있는

이 당선되었다. 그리고 사회대중당에서는 남원에서 박환생이 당선되었다.(전주시, 1997, 651~652쪽)

39) 다만 몇몇 지역에서 나타난 통일운동, 반미자주화운동의 정황이 전라북도에서는 발견되지 않는다.

주요한 조건이었다.

그러나 1961년 5·16군사쿠데타가 일어나면서 성장하고 있었던 전라북도의 민주화투쟁은 일시에 중단당하고 말았다. 학생 조직을 결성하여 활동하던 학생 중심세력은 서둘러 군대로 도피하거나 연행·구금되었다. 정치권의 하수인이 되지 않겠다고 선언했던 노동조합 조직들은 대한노총의 해체와 박정희정권에 의한 한국노총의 설립과정에 제대로 저항해보지도 못하고 흡수되었다. 1961년 9월 한국노총 산하 자동차노조 전북지부가 설립되고, 12월에는 섬유노조와 방직사노조 지부가 설립되었다. 그리고 그 해 10월 전라북도의 노동자들과 교사들은 군사정권에 의해 노동자단합 궐기대회(1961년 10월 15일)와 교육공무원단합궐기대회(1961년 10월 17일)에 동원되었다.(이상은『전북일보』1961년 9~12월까지) 반민주적 억압과 정치권력의 동원으로부터 벗어나 스스로 주체가 되어 민주주의를 확립하고자 했던 전라북도 주민의 4월혁명 정신은 이렇게 군사쿠데타에 의해 좌절되고 말았다. 그리고 다시 지역의 농민과 노동자들의 조직적 활동이 회복되기까지는 긴 세월이 걸렸다.

▣ 참고문헌

강만길, 1983 「4월혁명의 민족사적 맥락」『4월혁명론』(강만길 외), 한길사.
경제기획원, 1963 「인구주택국세조사보고」.
김동춘, 1991 「4·19혁명의 역사적 성격과 그 한계」『1950년대 한국사회와 4·19혁명』(고성국 외), 태암.
김정남, 2004 『4·19혁명』, 민주화운동기념사업회.
김삼웅, 1994 『해방 후 정치사 100장면』, 가람기획.
김일영, 1991 「4·19혁명의 정치사적 의미」『1950년대 한국사회와 4·19혁명』(고성국 외), 태암.

김지형, 1996「4·19 직후 민족자주통일협의회의 조직화과정」『역사와현실』21호,
        역사비평사
김현우 외, 2006『지역사회운동과 노동운동의 개입전략』한국노동사회연구소
민주화운동기념사업회 연구소, 2008『한국민주화운동사 1』, 돌베개.
민주화운동기념사회, 2005『지역민주화운동사 편찬을 위한 기초조사사업 최종보
        고서 – 전라북도』.
박현채, 1983「4월 민주혁명과 민족사적 맥락」『4월혁명론』(강만길 편), 한길사.
______, 1988「4·19시기 노동운동의 전개와 양상」『역사비평』1988년 봄호.
전라북도, 1991『전라북도지』.
통계청, 1960『한국통계연보』.
전북대학교, 2007『전북대학교 60년사』.
전주고등학교·전주북중학교 총동창회, 1999『전고·북중 80년사』.
전주시, 1997『전주시사』.
전주여자고등학교 동창회, 2006『전주여자고등학교 80년사』.
한국노동조합총연맹, 2002『한국노총 50년사』.

『전북일보』.
전주KBS,「무허가」, 2006년 4월 14일.

제9장 광주전남의 4월혁명

오승용

1. 머리말

광주·전남지역에서 4·19는 잊혀진 혁명이다.[1] 그래서 4·19에 대한 기억과 자료를 발굴하는 작업이 쉽지 않다. 애초에 광주·전남지역 4·19와 관련된 자료가 많지 않고, 자료의 부족을 대신하여 4·19를 기억하고 진술해줄 이들의 수도 갈수록 줄어들고 있다. 기존 역사서에서 "서울과 기타 지역"의 형태로 서술되어온 방식도 지역 차원의 4·19에 대한 관심을 이완시키고, 기록의 보존을 어렵게 했던 요인 중의 하나다. 이러한 이유들로 인해 이 글은 광주·전남지역 4·19에 대한 체계적이고, 종합적인 고찰로서는 미흡하다. 이 글의 작성과정에서 활용한 자료가 제한되어 있고, 채록한 구술도 한정되어 있기 때문에 논리적 허점과 사실의 누락 가능성도 열려 있다. 그렇지만 지금까지 공개 혹은 미공개된 광주·전남지역의 4·19에 대한 자료들을 동원하여 4·19의 실상에 최대한 가까이 다가가고자 노력했음을 밝혀두

---

1) 4월혁명 당시의 행정구역 편제로 보면 전남지역이라고 표현하는 것이 맞다. 그렇지만 4월혁명이 주로 광주지역을 중심으로 전개되었고, 현재의 전남지역에서는 매우 제한적으로 발생했기 때문에 광주·전남지역을 구분한다. 단, 4월혁명 관련 1차 자료나 관련자 구술 인용에서 전남지역으로 표기한 부분은 별도의 언급이 없는 한 광주지역을 포함한다.

고자 한다.

광주·전남지역 4·19의 전개과정과 의미를 파악하기 위해서는 우선 두 가지 문제를 짚고 넘어가야 한다. 하나는 4·19의 명칭 문제이고, 다른 하나는 4·19의 시종(始終) 문제다. 사건의 발생일을 사건명으로 정하는 관행에 따라 일반적으로 4·19라고 부르지만, 4·19에 따르는 명칭은 의거(義擧)에서부터 항쟁(抗爭), 봉기(蜂起), 혁명(革命) 등에 이르기까지 4·19를 바라보는 주체들의 '시선'과 '이념'에 따라 다양하다. 5·16쿠데타로 집권한 군부세력은 불법적인 쿠데타를 혁명으로 격상시키기 위해 4·19를 의거로 격하시켰다고 알려져 있다. 그러나 4·19의거라는 표현은 이미 사건이 발생했던 당시 언론과 제도권 정치인들(주로 야당)이 선호하던 명칭이었음은 여러 자료를 통해 확인할 수 있다. 5·16쿠데타 세력이 4·19를 의거로 격하했기 때문만은 아니더라도 4·19를 '의거'로 부르기에는 한국현대 정치에서 차지하는 비중이 너무 크고, 이후 한국사회의 변화에 미친 영향이 지대하다. 부정선거에 대한 국민적 저항, 이승만정권의 사퇴라는 정치적 승리뿐만 아니라 철저한 사회개혁 요구, 자립적 경제구조의 건설, 종속적 자본주의 위기 극복, 분단체제하에서 억눌려 있던 민족통일운동 전개 등 보다 근본적인 사회변화의 흐름이 존재했기 때문에 우리는 4·19를 의거가 아니라 혁명의 시각으로 바라보아야 한다. 다만, 여기서는 4·19혁명이라는 명칭이 혁명의 발생일 만을 부각시키는 경향이 있고, 혁명의 외연을 조금이라도 확장하기 위해 4월혁명이라는 명칭을 사용하고자 한다.

다음으로 살펴볼 문제는 4월혁명의 시종(始終) 문제다. 4월혁명을 "1960년 4월 대한민국에서 이승만의 자유당 정권이 저지른 부정선거에 항의하는 학생을 중심으로 시작한 시위가 이루어낸 혁명" 등으로 규정할 경우 4월혁명은 4월 19일에 시작되어 이승만이 사퇴성명을 발표한 4월 26일에 끝난 사건이 된다. 그렇지만 위에서 언급한 것처럼 4월혁명을 이승만의 사퇴를 초래한 학생 및 시민들의 봉기와 더불어 제2공화국 시기에 전개된 학생·민중·혁신정치세력들의 사회변혁운동으로 보다 폭넓게 정의할 경우 4월혁명은 1960년 2·28민주항쟁에서부터 1961년 5·16쿠데타 직전까지의 시기로 확장된다. 즉 4월혁명은 4월 19일 피의 화요일부터 4월 26일 승리의 화요일까지의 일주일이 아니라, 이승만의 사퇴가 발표된 바로 그 순간부터 본격적으로 시작된 혁명이라고 할 수 있다. 박태순의 용법을 따른다면, 의거로서의 4·19는 역사적 소임을 완수한 것이 되고, 혁명으로서의 4·19는 그로부터 새롭게 그리고 끈질기게 진행되어나가야 했던 하나의 원점 역할을 했다.(박태순, 1983) 이렇게 4월혁명을 접근할 경우 4월혁명의 성공적 측면(이승만 사퇴와 새 정부의 출범)보다는 실패의 측면(5·16쿠데타로 사회민주화 요구 좌절)만을 부각시킬 수 있다는 문제점에도 불구하고, 4월혁명을 통해 창출된 이른바 '4·19공간'(박태순의 표현임)의 역사적 의미를 보다 정확히 이해할 수 있도록 한다는 장점이 있다. 이 글에서는 후자의 시각을 채택하여 광주·전남지역의 4월혁명 전개과정을 살펴보고자 한다.

4월혁명의 전개과정을 보다 체계적으로 이해하기 위해서는 4월혁명을 2단계로 나누어 살펴볼 필요가 있다. 1단계는 3·15부정선거에 대한 대중적 저항이 본격적으로 시작된 1960년 2월 28일부터 이승만의 사퇴성명이 발표된 4월 26일까지의 시기가 해당된다. 이 시기는 반독재민주화투쟁의 시기라고 할 수 있다. 학생과 시민들이 4월혁명의 주체로 부상하고, 반독재민주화투쟁이 혁명의 이념으로 정립된다. 제2단계는 이승만 사퇴 이후부터 5·16군사쿠데타 직전까지의 시기로서 혁명의 주체가 분화하고, 혁명의 과제가 심화된다. 진보세력을 중심으로 제기되었던 사회민주화 요구와 한미경제협정반대투쟁, 2대악법

반대투쟁, 조국통일운동 등이 광범위하게 전개되었다. 물론 이 기간 동안 4월혁명이 모든 지역에서 동일한 규모로 전개되었던 것은 아니다. 광주·전남지역도 마찬가지였는데, 주로 광주지역을 중심으로 4월혁명이 발생했고, 목포와 여수, 순천, 그리고 나주(영산포)에서 제한적인 규모의 저항이 표출되었다.

이 글의 목적은 크게 두 가지인데, 하나는 위의 시기구분에 따라 광주·전남지역의 4월혁명의 전개과정을 서술하는 것이고, 다른 하나는 광주·전남지역에서 전개된 4월혁명의 지역적 특징을 살펴보는 것이다. 특히 전국적으로 전개된 4월혁명과 지역에서 전개된 4월혁명의 공통점과 차이점, 4월혁명이 광주·전남지역에 미친 영향을 개략적으로 살펴보고자 한다.

2. 제1단계 반독재민주화투쟁의 시기

1) 4월 19일 이전의 상황

적어도 4월 19일 이전까지 광주·전남지역은 다른 지역에 비해 조용했다. 4월 19일 시위에서 "광주학생은 살아 있다", "광주학생만세" 등의 구호가 나왔던 이유는 대구, 마산, 서울 등지에서 이미 학생들의 시위가 발생했을 때 광주지역의 학생들이 동참하지 못한 것에 대한 마음의 빚이 표출되었던 것이다. 비록 4월 19일 이전까지 광주·전남지역에서 3·15부정선거와 이승만정권에 대한 저항의 빈도와 강도는 다른 지역에 비해 약했던 것이 사실이지만, 의미 있는 저항활동이 없었던 것은 아니다. 대표적인 사건이 3월 15일 광주에서 발생한 '민주주의 장송 데모'였다.

 3월 15일 정부통령선거는 이승만정권이 국가권력을 총동원하여 기획한 유례없는 폭력과 부정선거였다. 광주·전남지역에서도 대리투표, 사전투표, 3인조 투표 등이 실시되었고, 민주당 참관인이 곳곳에서 내쫓겼다. 광주·전남지역 4월혁명 과정에서 민주당이 독자적으로 수행했던 역할은 '부정선거 감시운동'이었다. 전남대학교와 조선대학교의 학생들을 조직하여 부정선거감시단을 조직했고, 이들이 광주지역 각 투표소에 배치되어 자유당과 정부의 관권부정선거를 감시하는 역할을 담당했으나 이러한 소극적인 활동도 이승만정권은 용인하지 않았다.(김시현 구술, 2007년 7월 19일) 이에 민주당 전남도당은 투표소에 배치했던 부정선거감시단 및 참관인을 철수시켰다. 민주당 전남도당 사무실에 모인 민주당원들은 오전까지의 부정선거실태로 보건대 이미 선거결과는 명약관화하다고 판단하여, 오후에는 폭력·부정선거에 대한 항의시위에 나설 것을 결의했다.[2] 민주당 전남도당 사무실에 모인 사람들은 시위 전개 방법을 논의한 결과 부정선거 규탄 거리시위를 하자는데 의견이 모아졌고, 오후 12시 50분경 "곡 민주주의(哭民主主義)"라고 쓴 만장을 앞세우고 거리시위에 나섰다.(민주화운동기념사업회 편, 2005, 11~12쪽)[3] 광주에서 발생한 민주주의 장송 데모는 마산에 이어 전국에서 두 번째로 발생한 부정선거 규탄시위였다. 이날 민주당 마산시당은 오전 10시 30분경에 선거무효를 선언했고, 민주당 중앙당사에서는 오후 4시 30분에 선거 무효를 선언했다.(민주화운동기념사업회 연구소, 2008, 112쪽)

 "곡 민주주의"라고 쓴 만장을 든 민주당원들이 민주당 전남도당 사무실을 나와 금남로로 진출하자 경찰은 즉각 제지에 나섰고, 경찰과 민주당원 및 시민들 간에 공방전이 전개되었다. 경찰은 곤봉을 들고

---

 2) 이런 상황은 '3·15사태'로 불렸던 제1차 마산시위와 비슷하다.

 3) 이 때문에 이날 시위를 '민주주의 장송 데모'라고 부른다.

시위대를 무차별 구타했는데, 당시 경찰들은 선거질서 유지를 위해 카빈총을 소지하고 있었고, 시위 진압과정에서 카빈소총 개머리판으로 시위대를 폭행하기도 했다.

당시 전남일보는 이 시위를 다음과 같이 보도하고 있다.

> 15일 민주당 전남도당부에서는 각종 부정 사실을 지적, 투표소 참관인의 철수를 지시한 후, 이날 상오 열두시 오십 분경 '곡 민주주의'라는 만장을 선두로 흰 두건을 쓴 약 오십여 당원들이 찝차와 트럭 그리고 일부는 도보로 이필호의원이 앞장서서 금남로 소재 당부통령 선거사무소를 출발 도청 쪽으로 '데모'하였다. '민주주의는 죽었다'고 소리 높이 외치며 눈물을 흘리면서 곡성을 울린 이들이 법원 앞을 조금 지나자 경찰관과 백차가 출동 제지하였으나 이들은 억세게 '데모'를 계속 경찰국장 관사 앞에 이르렀다. 이때 두 대의 소방차도 출동 물세례를 퍼붓기에 이르렀는데, 경찰과 민주당원이 한동안 옥신각신 끝에 부상자도 냈었다. 무저항으로 '데모'를 계속했던 이들은 물세례로 다시 금남로로 길을 되돌아 출발지점인 사무소에 해산되었으나 그곳에도 잠시 동안 옥신각신이 벌어졌다.(『전남일보』 1960년 3월 16일자)

3월 15일 부정선거 규탄 시위 이후 광주·전남지역에서 후속 규탄시위가 있었다는 기록을 찾기는 어렵다. 일부 구술을 통해 도청을 중심으로 소규모의 시위를 계속했다는 진술은 있지만,(김시현 구술 ; 이문규 구술) 이를 확인할 수 있는 언론보도나 관련 기록은 찾기 어렵다.(호남 4·19 30년사 편찬위원회, 1995, 152쪽) 다만, 광주시내 고등학생들이 4월 16일 정오를 기해 시위에 나설 계획이었으나 경찰과 학교 측의 감시로 무산되었다는 기록은 있다.(『전남일보』 1960년 4월 16일자)

4월 18일, 광주고의 "상록회", "하이 Y"와 같은 서클이 시위를 준비하고 있었다. 특히 이공범(당시 광주고 졸업생), 문순태(광주고 3학년), 이홍길(광주고 3학년) 등은 4월 초부터 시내에 〈정의의 투사 학생들은 모두 궐기하자〉 제하의 벽보를 밤에 몰래 붙이곤 했다. 또 광주시내에서 4월 들어 학생시위가 발발할 것이라든가, 발발했다는 소문이 돌았다. 당시에는 반정부적 성향을 대표하는 조직이 광주지역의 대학이나 고등학교 등에 조직되어 있지 않았기 때문에 학생들은 학급단위로 모여서 시위를 계획했는데, 그것도 학급 전체가 아니라 학급에서 친한 친구들을 중심으로 소수의 학생들이 모여 시위를 계획했다고 한다.(호남 4·19 30년사 편찬위원회, 1995, 157쪽)

2) 반독재민주화투쟁의 폭발(4월 19~26일)

(1) 광주지역

광주의 4·19시위는 광주고에서 시작했고, 참여자도 가장 많았다. 이홍길의 증언에 따르면, "광주고생은 농촌 출신이 많아 자취·하숙생이 많았고, 그래서 친구들끼리 모여 시국과 시위에 관한 토론이 활발했다"고 한다.(호남 4·19 30년사 편찬위원회, 1995, 157쪽) 당시 광주에는 전남대학교, 조선대학교, 사범대(광주교대 전신)가 있었지만, 고등학교는 광주고, 광주공고, 조대부고, 광주상고, 광주농고, 수피아여고, 숭일고, 광주사범학교, 광주일고, 전남여고, 광주여고 등 11개의 학교가 있었다. 고등학생의 수적 우위와 조직적 동원이 용이한 학급구조, 일제시대 광주학생독립운동부터 이어진 운동역량의 축적이 고등학생 주도의 4월혁명을 초래했던 원인이 되었던 것으로 보인다.

4월혁명의 폭발은 4월 19일 시위에서부터다. 4월 18일 밤 이홍길, 김신담, 김병욱, 홍갑기 등은 19일을 기해 시위를 벌이고자 결의하고, 그 구호는 "3·15부정선거를 다시 하라, 마산의 발포 경찰을 처단하라, 서울 등지의 구속 학생을 석방하라, 경찰은 학원에 간섭하지 말라"의 4가지로 정했다.(민주화운동기념사업회 편, 2005, 12쪽)

당시 상황에 대해 이홍길은 다음과 같이 증언한다.

18일 밤 홍갑기, 김병욱 등과 함께 하숙방에 모였는데, 10명이었다. 우리는 19일 1교시가 시작하는 데로 운동장에 집결하기로 약속하였다. 부서를 정하여 1, 2, 3학년 각반에 난타의 종소리가 들리면 전부 운동장에 집결할 것이며, 이를 미리 학우들에게 알려두라고 했다. 몸집이 큰 신강식, 조병수가 타종수를 맡았다.[4] 이날 밤 모임에는 조선대 부속고등학교의 전만길이 참여하여 광주고가 시내에 진출했다는 소식을 들으면 부고생을 이끌고 나오겠다고 약속했다. 19일 아침 어떻게 알았는지 교장선생님이 우리들의 모의 사실을 알고 모의 학생과 학교의 대표학생 전체를 교장실로 불러들였다. 교장선생님은 자중하고 대학입시에 전념하라는 훈화말씀을 하였다. 우리들은 우리들끼리 협의할 기회를 달라고 부탁하여 시간을 얻어 회의를 진행한 끝에 데모할 것을 결의하였다. 교장실에서 회의가 진행되고 있는 사이에 난타의 종소리가 들렸고, 전교생들은 속속 운동장에 집결했다. 그들은 우리들, 그러니까 대표 학생들이 교장실에서 나오기를 기다리고 있었다. 우리는 더 이상 교장에게 제지만 받고 있을 수가 없어서 창문을 넘어 밖으로 나갔다. 1960년 4월 19일 10시 조금 못되어서였다.(호남 4·19 30년사 편찬위원회, 1995, 158~159쪽)

광주고생들은 운동장에 집결했으나 정문은 이미 경찰에 의해 봉쇄되었다. 정문이 막히자 광주고생들은 김선담, 조병수 등이 앞장서서 후문으로 진출했다. 당시 시내로 진출한 학생은 1백 50명 정도였다. 후문을 통해서 계림동 광고 앞길로 나오자 경찰은 이들 학생들을 곤봉으로 구타했고, 경찰의 곤봉세례에 광주고생들은 두 갈래로 나뉘어졌다. 시위대의 주력이 되는 한 대열은 계림동 파출소 쪽으로, 다른 한 대열은 경양방죽 쪽으로 향했다. 계림파출소 앞에 이른 시위대는 대기하고 있던 경찰 백차에 저지당하면서 수십 명이 파출소로 연행되었다. 이때 연행된 학생은 총 48명이었다. 경찰이 사위학생들을 무차별적으로 연행하자 학생들은 10명 단위로 흩어졌는데 이들은 인근 학

---

4) 이홍길의 진술과는 다르게 신강식은 타종하지 않았다고 회고했다.(호남 4·19 30년사 편찬위원회, 1995, 159쪽)

교를 돌며 시위 참가를 호소했다.(김효중, 1960)

이들 시위대가 가장 먼저 찾은 학교는 전남여고였다. 전남여고 앞에서 시위 학생들은 전남여고생들에게 밖으로 나오라고 외쳤으나 반응이 없자 광주여고로 향했다. 광주여고에는 이미 경찰이 배치돼 있어서 시위대는 광주공고(지금의 광주시 동구청 자리)로 향했고, 이 과정에서 학생 일부가 경찰에 연행되었다. 광주여고생 1백 50명 정도는 운동장에 집결하여 학교 밖으로 나가려고 했으나 교사들의 제지와 교문 밖을 지키고 있던 경찰의 봉쇄와 엄포로 다시 교실로 들어갔다.(호남 4·19 30년사 편찬위원회, 1995, 159쪽)

한편 경양방죽 쪽으로 향한 광주고생들은 광주일고로 향했다. 이들은 "일고생 나와"라고 외쳤으나 당시 광주일고는 편입시험이 있어서 1, 2학년은 이미 하교했고, 3학년은 교사의 감시와 제지로 움직이지 않았다. 광주일고생과의 합류에 실패한 시위대는 금남로를 지나 광주세무서 앞에 이르렀고, 여기서 광주여고와 광주공고생을 불러내던 또 다른 광주고 시위행렬과 합류했지만, 합류한 시위대는 그 규모가 20여 명에 불과했다. 광주고생들은 다시 광주농고로 갔다. 광주농고 교사들이 학생들을 제지했으나 이미 광주고생의 시위 소속이 알려져 술렁이고 있던 광주농고생들은 누군가가 친 타종을 신호로 거리로 나서게 된다.(호남 4·19 30년사 편찬위원회, 1995, 161쪽) 경찰의 제지 속에 농고생들은 대열이 흩어졌고, 시위대열의 일부는 도청으로 향했다.

19일 오전 시내로 진출한 광주고생 일부는 광주상고에 와서 시위 동참을 외쳤다. 이들은 상고에서 반응이 없자 물러갔으나 오후 2시경에 다시 찾아왔고, 시위대가 던진 돌에 광주상고 교실 유리창이 깨지는 순간 광주상고생들은 교문을 나와 금남로를 향했다. 금남로로 향하는 와중에 광주상고 시위대는 광주고생들과 합류한다. 금남로 성결

교회 앞에서 경찰이 제지했으나 학생들은 경찰의 제지를 뚫고 도청을 향했다. 시위대에 포위된 경찰은 도망가고, 학생들은 쓰리쿼터[5]와 백차[6] 등 진압 차량들을 부숴버렸다.(호남 4·19 30년사 편찬위원회, 1995, 162쪽)

광주공고생들은 3월 15일에 부정선거 규탄시위를 계획한 바 있었다.4월 19일 광주공고생들도 전날의 고대 4·18시위 소식과 정치깡패에 의한 고대생 테러 소식을 듣고 들떠 있는 상태였고, 광주시내 일원의 시위 분위기도 알고 있었다고 한다. 광주고생들의 일부가 광주공고로 가서 시위 동참을 호소했고, 광주공고생들 역시 나설 기회를 엿보고 있었다. 그러나 교문은 교사와 경찰이 지키고 있어서 나설 수가 없었다. 광주공고 3학년이었던 정방섭은 당시 상황을 다음과 같이 증언한다.

> 계속 교사들이 제지하자 우리는 정문 아닌 다른 돌파구를 찾았어요. 서석국민학교와의 경계가 판자울타리였는데, 이걸 밀어 넘어뜨렸어요. 막상 모두 힘을 합쳐 밀고 나니 금방 넘어져버리더군요. 우리는 서석국민학교로 쏟아져 들어갔다가 광주여고 후문 쪽으로 나갔어요. 거기에서 금남로는 지척 아닙니까?(호남 4·19 30년사 편찬위원회, 1995, 163쪽)

광주 4·19 당시 집단적으로 시위에 참여한 유일한 여고였던 광주여고는 4·19시위에 적극적이었다. 계림파출소를 거쳐 광주고생 일부가 시위 동참을 요구하며 나타났고, 이들을 추적하는 경찰 백차가 광주여고 후문 쪽에 등장하자 광주여고생들은 돌을 던지며 맞섰다. 학

---

5) 미군이 사용하던 군용트럭을 민간용으로 개조한 소형 트럭으로 적재량이 Three Quarters 즉, 3/4톤이라는 데서 명칭이 유래했다.

6) 군용 지프차를 개조하여 경찰에서 순찰용으로 사용하던 차량으로서 차량 색깔이 흰색이었던 탓에 백차로 불렸다.

생 일부는 거리로 나서려고 했으나 교사들이 제지하자 여고생들은 후문 판자울타리를 밀어 넘어뜨리고 시내로 진출했다. 거리로 나간 광주여고생들은 노동청 사거리에 모였다. 경찰은 소방차를 동원해 노란색 물감을 탄 물을 뿌려댔다. 여학생들은 구호를 외치다가 일부는 물러섰고, 일부는 흩어졌다. 경찰이 강력하게 막고 나서자 많은 여학생들은 학교로 돌아갔다. 그 후 점심 때부터 광주여고생들은 다시 학교 밖으로 나가 시위에 참여한다. 광주여고생들은 거리에 나서면서 시내로 진출하는 광주공고생들과 합류했다.

조대부고는 전만길 등이 광주고의 이홍길, 홍갑기 등과 18일 밤에 연합 시위 모의를 가질 정도로 조직적이었고, 광주시내에서 발생했던 4·19시위의 전 과정에 가장 적극적으로 참여했다.(김효중, 1960)[7] 조대부고생들이 거리에 나설 때 숭일고생들도 금남로로 향했다. 19일 오후 2시경 금남로는 고교생들이 운집했다. 광주고생, 조대부고생, 광주공고생, 광주농고생, 광주상고생 그리고 광주여고생이 학교별로 시위대를 형성했다. 광주일고, 살레시오고, 수피아여고, 광주사범학교 학생들도 개인적으로 거리에 나섰다. 이 무렵부터 경찰의 최루탄 발포가 시작되었다.(호남 4·19 30년사 편찬위원회, 1995, 164쪽)

19일 오후에 이르도록 시위 학생은 대부분 고교생들이었다. 그렇다고 1960년 4월 19일 오후 충장로, 금남로 시위에 고등학생만 참여하고 있지는 않았다. 당시 전남일보는 '학생들은 시위를 벌였고, 시민들도 연도에서 이따금 박수를 쳐대며 응원했다'는 식의 시위보도를 계속했다.(『전남일보』 1960년 4월 20일자) 즉 주역은 학생이었고, 시민들은 조연이었다는 것을 암시한다. 그러나 이러한 보도와는 다르게 볼 수

---

7) 당시 전남일보 김효중 기자의 「광주학생 4·19의 발자취」 연재기사(「어느 부고생」)에는 조대부고생들이 4월 19일 시위 내내 가장 열정적으로 참여했다고 기록하고 있다.

있는 부분도 있다. 19일 밤 광주에서는 8명이 사망했는데, 시위대가 7명 사망했고, 경찰이 1명 사망했다. 8명을 직업별로 분류해보면 공원(노동자) 2명(김준호, 김순희), 취업준비 중인 속성학원생 2명(이귀봉, 장기수), 경찰관 1명(최금동), 3명 무직, 학생은 단 1명도 없었다. 분명 19일 오전은 고등학생들만의 시위라고 볼 수 있지만, 오후 들어 시내로 시위대가 진출하면서 시민들이 시위에 참여했음을 추정할 수 있는 근거다. 1960년 4월 당시 이발소에 근무했고, 19일 밤 경찰 곤봉에 중상을 입었던 정동채의 증언에 따르면,(호남 4·19 30년사 편찬위원회, 1995, 167쪽) 많은 시민들이 19일 오후부터 시내를 중심으로 시위가 본격화되자 시위에 참여했다. 고교생들이 주축이 되고 시민들도 다수 참석한 가운데 시위대는 도청 앞에 집결한다. 곧 시위대는 1천 명을 넘어서는 대규모로 발전했다. 시위대 중 일부가 충장로로 향하자 경찰이 제지했고, 이때 시위대는 경찰에 돌을 던지며 맞섰다.

오후 2시 10분경 충장파출소(충파)는 시위대의 투석으로 인해 유리창이 깨졌다. 충파 투석 이후 시위대는 파출소가 보이면 공격해서 유리창을 부수곤 했다. 시내 쪽 파출소(충장로, 계림동, 대인동, 학동 등)는 모두 시위대의 공격을 받았다. 충파를 투석한 시위대의 주력은 충장로를 타고 내려가 광주 서중의 광주학생독립운동기념탑에 이른다. 여기서 광주학생만세를 3창했다. 시위대는 기념탑 앞에서 잠시 머문 후 시위대열은 광주소방서 앞에 이르렀다. 소방서 앞에 도착하자 시위대는 살수차와 소방서에 돌을 던졌다. 시위대가 소방서를 공격한 이유는 당시 경찰이 시위 진압을 위해 소방차를 동원했기 때문이었다. 마산시위 때는 소방차의 물에 빨간 잉크를 타서 시위대에 뿌림으로써 시위자 색출을 용이하게 했는데, 이런 진압방식이 광주에서도 사용되었다. 또 소방차를 동원해 시위대에 물을 뿌림으로써 기세를 꺾는 효과도 노렸던 것으로 보인다.(김효중, 1960) 시위대의 소방서 습격으로 소방서 대원 1명이 부상을 입었다. 이에 조광범 경비과장의 지시로 최루탄이 발사됐다. 최루탄이 발사되자 소방서 주위의 시위대는 퇴각했다. 이때가 오후 3시경이었고, 이때부터 비가 내리기 시작했다. 경찰의 계속되는 최루탄 발사로 시위대의 대응도 더 격렬해졌다.(김효중, 1960) 자유당사와 서울신문사 전남지사를 파괴한 시위대는 충장로를 타고 내려갔고, 여기서 금남로 3가의 시위대와 합류했다. 합류지점은 충장로 파출소 앞이었다. 소방서에서 퇴각했던 광주고생 중심의 시위대는 동명동으로 향해 김일도 전 광주시장 관사에 돈을 던진 후 금남로로 진입했다. 충장로, 금남로는 시위대로 가득 찼고 시민, 대학생들이 고교생 중심의 시위대에 속속 합류함으로써 시위는 광주시민이 나선 시민투쟁 양상으로 바뀌었다. 이때가 오후 5시였다. 서울을 비롯한 전국 5대 도시에 비상계엄령이 선포된 시간이었다.(김효중, 1960)

5시 20분경, 경찰이 공포탄을 쏘기 시작했다. 공포탄과 함께 최루탄도 발사했다. 시위대는 도청으로 서서히 전진해 나갔고, 도청 쪽에서는 소방차 2대가 진격해왔다. 소방차는 붉은 소화수를 뿌리면서 시위대의 전진을 저지시키려 했다. 시위대와 소방차가 맞붙는 곳은 경찰국장 관사 앞이었다. 경찰국장 관사 앞쪽에는 경찰의 바리케이드가 설치돼 있었다. 시위대와 경찰 간에 투석전이 전개되었고, 인근의 경찰국장 관사, 호남신문사의 유리창이 깨져나가고 쏟아지는 돌멩이에 경찰바리케이트가 파손되기 시작했다.(김효중, 1960)

시위대는 도청 앞에서 금남로 1가 쪽에 포진하고 있었다. 경찰은 광주경찰서 쪽에 집결해 있었다. 경찰은 계속 공포탄과 최루탄을 쏘아댔고 시위대는 투석전을 전개했다. 시위대는 더 늘어났을 뿐만 아니라 밤이 되자 더욱 격렬하게 투석전을 전개했다. 이럴 즈음 남광주역 주변에 있었던 시위대는 학동파출소 앞으로 모여들었다.(호남 4 · 19

30년사 편찬위원회, 1995, 173쪽) 학동파출소 습격 중 강정섭은 총탄에 맞고 사망했다. 8시 30분경 학동파출소를 습격한 시위대는 8시 40분경 양림동 파출소로 향했다. 양림파출소가 장악되자 시위대는 도청 앞을 거쳐 광주경찰서 앞으로 갔다. 이때가 밤 9시가 넘은 시각이었다.

금남로 1가에서 경찰과 대치하고 있던 시위대는 충장로, 금남로 일원에서 산발적인 시위를 계속하다 점차 광주경찰서 쪽으로 다가갔다. 당시 시위대는 "폭력 경찰 때려죽여라, 민주 역적의 소굴 경찰서를 쳐부수자." 등의 구호를 외치며 광주경찰서를 향해 행진했다. 시위대는 경찰서 주변에 모여들었고, 경찰은 최루탄과 공포탄 발사로 저지하고 있었다. 후퇴와 진격을 되풀이하던 와중에 경찰의 실탄사격이 시작되었다. 경찰은 시위대의 머리 위로 실탄을 발사하며 위협사격을 가했다. 시각은 밤 9시를 넘어서고 있었다.(김효중, 1960)

당시 시위대는 "광주 학생의 피는 끓고 있다. 몽둥이 경찰 죽여라. 선량한 민주의 사도, 연행 학생을 즉시 석방하라." 등의 구호를 외치고 있었다. 19일 밤 9시 25분, 40명으로 구성된 경찰 돌격대는 시위대를 향해 돌격을 감행했다. 그러나 시위대는 물러서지 않았다. 경찰을 지휘하던 구서칠 도경 보안과장, 조광범 도경 경비과장 등은 최후의 방법을 쓰기로 했다. 실탄사격이었다. 광주발포사건 재판기록(1960년 광주지검 형 제2031호)에 따르면, 사격은 9시 40분에 이뤄졌다. 4월 19일 밤, 경찰의 무차별 사격으로 8명이 사망했다.(호남 4·19 30년사 편찬위원회, 1995, 176~178쪽) 이날 발포책임자에 대한 재판기록에는 당시 상황이 자세히 언급되어 있다.

오후 9시 30분경부터 동 10시경까지 사이에 경찰서 앞에 밀려온 약 1천 명가량의 학생 데모 대원을 해산시킴에 있어서 실탄을 발사하여 동 데모 대원에 대한 살상이 있을 것을 예견하였음에도 불구하고 무장경찰부대에게 실탄 발사를 명령하여 동 경찰부대로 하여금 경찰서 앞으로부터

YMCA 앞, 고등법원 앞 4거리 505특무대 앞을 거쳐 광주 충장로 2가 화인 약방 근처까지 진격하면서 칼빈 실탄 86발을 무차별 발사케 함(광주지방 검찰청 공소장, 1960년 6월 3일)

1960년 4월 20일 광주는 무장한 계엄군에 의해 장악되었다. 광주시 내 모든 학교는 휴교상태였으며, 19일 밤에 다친 사람들은 응급처치를 하고 몸을 숨겨야 했다. 20일 오전 10시 전남대 입구(태봉산이 있던 자리로 지금의 광주 신안동)에서 대학생을 중심으로 한 시위대가 형성됐다. 19일 시위를 주도했던 고교생들과는 달리 조직적으로 움직이지 않았던 이들은 계엄령 속에서 전남대 정문 근처에 모인 것이다. 전대생들이 모이자 농고생들이 여기에 합세했다. 학생들은 플래카드를 펼쳐놓고 "협잡선거 다시 하여 민주 대한 이룩하자"라고 혈서를 썼다. 시위대는 스크럼을 짜고 광주역(지금의 구역 사거리)으로 갔다. 이 시위에는 4월 19일 시위에 참가하지 않았던 많은 대학생들이 참여했다.(호남 4·19 30년사 편찬위원회, 1995, 182쪽)[8]

시위대는 구역 사거리에서 충장로 4가 입구로 갔다. 이때 최초로 장갑차(GMC)[9] 10대가 등장했다. 시위대는 금남로로 전진하지 못하고 흩어졌고, 재집결을 시도했으나 장갑차의 돌격에 흩어지고 말았다. 장갑차의 공격으로 시위대는 대열을 형성하지 못한 채 일부는 충장로 1가로, 다른 일부는 금남로 1가 쪽으로 향했다가 지산동으로 쫓겨 갔다.(호남 4·19 30년사 편찬위원회, 1995, 183쪽)[10] 충장로 1가에 이른

---

8) 당시 대학생시위는 전남대에서 김시현, 정환담, 김충룡, 김규룡, 송성우, 윤재차, 임세택, 조선대에서는 김수용, 김주호 등이 참여했다.

9) 정확한 명칭은 M40 Gun Motor Carriage로서 2차 대전 당시 미군이 사용하던 105mm포를 장착한 장갑차다.

10) 이 당시 유인학(당시 전남대 법대 3학년)은 계엄군에 연행되어 6일 동안 감금당했다고 한다.

시위대는 광주우체국 옆에서 군대와 잠시 충돌했다. 시위대중 몇 명이 벽돌과 기와를 군인에게 던졌으나 무장 군인에 의해 진압 당했다. 일부 학생이 군인들에게 벽돌을 던지자 즉각 위협사격이 개시되었다. 시위대는 광주공원 쪽으로 쫓기다가 흩어지고 말았다. 시위대가 흩어진 뒤 시내는 무장군인들이 완전히 장악했다.

4월 24일에는 '4·19희생자 합동위령제'가 열렸다. 오후 3시부터 진행된 합동위령제는 4·19 당시 산화한 김재복, 이귀봉, 박순희, 구중석, 장기수, 김주호를 대상으로 열렸는데, 이 합동위령제는 자유당 산하 기관인 국민회가 주최했기 때문에 시민적 호응을 얻지 못했다. 이날 위령제는 오후 4시에 끝났는데, 국민회 전남도 본부회장 김철주가 제주를 맡아 제문을 읽은 것이 전부였다.(『전남일보』 1960년 4월 25일자)[11] 학생대표의 조사는 없었고, 헌화만 있어서 더욱 4·19 주체들로부터 비난을 샀다.(『전남일보』 1960년 4월 25일자)

이날 오후에는 민주당원들이 노인환 광주시장의 사퇴를 권고했다. 25일 새벽 5시 계엄사령부 광주지구 계엄사무소(소장, 박현수 육군소장)는 국무원 훈령 제85호에 의거 비상계엄을 경비계엄으로 전환한다고 발표했다. 경비계엄에 의해 광주지구 계엄사무소는 포고문 제8호를 통해 언론출판의 사전 검열 폐지, 야간 통행금지 시간의 계엄선포 이전 복귀를 발표했다. 오후 2시 이하영 전남도지사는 부상 치료자에게 위문편지를 발송했다. 광주경찰서에는 광주시위의 주동자로 구속했던 이현주, 강동기, 김영갑, 김숙, 박정용 등 5명을 전원 석방했다. 26일에 전남도경찰국 간부 일동은 경찰 중립화를 결의했다. 도경 경감 급이 주동이 된 이 결의에서 일당 일파의 사병이 되지 않겠다고 밝혔다.(『전남일보』 1960년 4월 27일자) 이날 11시경 전남일보는 호외

---

11) 제문(祭文)은 "재천의 영령들이여, 자연계의 모순으로 동지들의 가슴은 꽃피는 이 나라 민주주의의 거름이 될지어다"라고 되어 있다.

제2호를 배포했는데, 이승만의 사퇴 발표가 알려져 시민들은 크게 고무됐다. 오후 6시 광주지검 조희채 검사는 민주당 전남도당 피습사건과 관련하여 광주경찰서 사찰계 이송학, 김재수 순경을 구속했다.(호남 4 · 19 30년사 편찬위원회, 1995, 184쪽)

4월 27일 12시 30분경 광주에서는 광주상고 2 · 3학년 학생 50명이 주축이 돼 시위를 벌였다. 많은 시민들이 동참했던 이 시위대는 도청 앞에서 "3 · 15부정선거 앞잡이 이하영 도지사는 물러나라. 살인경찰의 책임자 경찰국장을 처단하라. 살인경찰의 지휘자 광주시장을 즉각 처단하라" 등의 구호를 외쳤다. 상고생이 주축이 된 시위대에 50여 명의 전남대 시위대가 합세했다. 이들은 광주경찰서로 가서 경찰서장에게 사과를 요구했다. 그러자 광주경찰서장은 이미 4월 20일 사표를 제출했다면서 시위대에게 사과했다. 학생들은 계속 구호를 외치다가 1시 50분경에 해산했다. 이 시위는 규모는 크지 않았으나 책임자 처벌을 강력히 요구함으로써 향후 책임자들의 재판에 많은 영향을 주었다. (호남 4 · 19 30년사 편찬위원회, 1995, 184쪽)

이날 오전 11시 조선대학교 학도호국단 대표들은 박현수 계엄사 광주사무소장을 방문해 요구사항을 제시했다.(호남 4 · 19 30년사 편찬위원회, 1995, 180~181쪽)[12] 조선대학교 학도호국단 대표들은 요구사항이 관철되지 않을 시 시위를 계속하겠다고 말했다. 사퇴가 권고됐던 노인환 광주시장이 이날 사표를 제출했으며, 전라남도에서는 부상자를 돕기 위해 문교사회국장실에 구호 본부를 설치했다.(『전남일보』 1960년 4월 28일자)

4월 21일 이후 광주지역 시위는 대체로 사태추이를 주시하는 형태

---

12) 요구사항의 골자는 다음과 같다. "경찰의 학원 간섭을 반대한다. 경찰 발포자는 처단해야 한다. 여수, 광산지역 민주당원 피살범인은 엄단해야 한다. 해당 지역의 경찰서장을 파면하고 지역의 재선거 일정을 공고하라."

로 바뀌었다. 광주경찰서 앞의 19일 밤 발포가 널리 알려지면서 시민들은 분노했으나, 이미 학교는 휴교령이 내려진 상태였고, 야당을 비롯한 반정부단체는 조직적인 저항을 지도할 만한 역량을 지니고 있지 못했다.

(2) 전남지역13)

4월 18일부터 민주당 목포시당에서는 농성투쟁이 시작되었다. 원래 목포시당은 3·15부정선거 규탄시위 계획을 목포경찰서에 제출해 공식적으로 시위를 벌이려 했으나, 이 시위가 불허되자 목포시당사에서 농성에 들어갔다. 김상태 목포시의원이 3·15부정선거를 규탄하는 데모가 공식 허가될 때까지 농성하겠다는 선언서를 낭독하고 농성을 시작했는데, 19일에도 계속됐다. 4월 19일 새벽 1시 백여 명의 경찰은 '민주당원의 집회는 불법으로 행해진 것'이라면서 민주당사로 난입했으나, 1시간에 걸친 밀고 당기는 몸싸움 끝에 물러나고 말았다. 이때 민주당원 8명이 부상당했다. 19일 아침 이 소식을 전해들은 학생들이 찾아왔고, 여러 장의 혈서를 써서 민주당사 창문에 붙여놓기도 했다. 19일 오전에는 이재용 전남도의원이 참가했고 농성자 수는 50여 명으로 불어나 4월혁명 기간 중 농성투쟁을 지속했으며, 4월 26일 목포시위를 일으키는 기폭제가 되었다.

4월 26일에는 목포와 여수에서 대규모 시위가 전개되었다. 목포시위는 4월 26일 오전 10시 달성국민학교에서 고교생 연합 시위대 5백여 명이 집결함으로써 시작됐다. 시위대는 목포경찰서 앞으로 가서 연좌데모를 벌였다. "학원을 간섭하지 말라. 우리는 민주주의를 위해 끝까지 싸우겠다." 10여 분 동안 연좌데모를 벌인 시위대는 경찰 기동

---

13) 전남지역의 4월혁명 전개과정은 호남 4·19 30년사 편찬위원회(1995, 187~190쪽)의 내용을 요약했다.

대 소속 백차 2대의 선도에 맞춰 평화극장 앞 도로를 행진한다. 이 와중에 계속 민주주의 만세를 외쳤다.

1시 20분 서울발 목포행 열차에 김부련 군의 시체가 도착했다. 김부련은 무안군 흑산면 가거도 출신으로 서울 서라벌 예술고교 재학생이었는데, 4·19 당시 서울에서 경찰의 총격으로 사망했다. 시민들은 시신이 도착한 목포역으로 몰려들었고, 시신 인도를 놓고 경찰과 민주당 목포시당원들 사이에 설전이 벌어지기도 했다. 목포역에 모인 군중들은 김부련의 시체 이송을 목격한 후 목포 시내를 행진했는데, 목포경찰서, 자유당 목포시당, 역전파출소, 자유당 시당 위원장 유정도의 집 등을 공격한다. 시위는 격렬했으나 경찰은 정면으로 대응하지 않았다. 시위대가 목포경찰서 최중옥 서장과 면담하여 "경찰은 모든 간섭과 불법을 행하지 않는다"는 약속을 받아냈고, 경찰을 이를 끝까지 지켰다.

여수에서도 4월 26일 시위가 전개되었다. 12시를 기해 민주당 여수시당에서 당원과 시민들을 규합해 시위를 벌였다. 시위가담자는 2백여 명이었고 대다수의 시민들은 연도에서 박수를 치며 시위대를 지지했다. 시위대는 여수 중심가를 행진하며 구호를 외쳤다. "이승만 대통령은 부정선거를 책임지고 즉시 물러나라. 고 김용호 동지의 살인 공범자와 사주자를 즉시 체포하라" 등이 여수 시위에서 시위대가 외친 구호였다. 여수의 시위대는 여수시 중앙로터리에 이르러 민주당 여수시당 부위원장의 만세 삼창을 끝으로 해산했다. 여수 시위는 경찰과의 충돌은 없었으며, 격렬한 시위로 발전하지도 않았다. 학생이 아닌 민주당원 중심의 시위여서 시민들의 참여가 적었기 때문이다.

순천에서는 27일 대규모의 학생시위가 벌어졌다. 시위대의 규모는 1천 5백여 명 규모였다고 한다. 시위대는 순천시 중앙로에서 집결해 11시에 대오를 갖췄다. 시위대 일부는 순천경찰서 앞에서 연좌 농성을 했고, 일부는 자유당원 집에 돌을 던지기도 했다. 시민들이 참여한 시위는 밤까지 이어졌고, 학생들이 마련한 횃불을 들고 행진하며 민주주의 만세를 외쳤다. 경찰은 별다른 저지를 하지 않았기 때문에 양측이 크게 다치지는 않았다.

4월 29일에는 전라남도 영산포에서 시위가 벌어졌다. 밤 9시경 학생과 읍민 약 150명이 평화적인 시위를 벌였고, 영산포 지서장이 나와서 만세를 선창했다. 30일에도 영산포에서는 남녀중학생 5백 명이 오전 10시경 역전에 모였다. 여기서는 지역에서 지탄받는 인사가 퇴진해야 한다는 구호가 나왔다. 이사형 자유당 소속 민의원, 이씨의 숙부였던 영산포 읍장, 선거대책위원장 이상만 등이 영산포 주민들의 지탄대상이었다. 학생대표들은 읍장과 회동하여 거론된 인사들의 퇴진을 요구한 후 해산했다.

3. 제2단계 사회민주화 및 민족통일운동의 시기

1) 진보세력과 7·29선거

4월혁명의 본격적인 전개는 이승만의 사퇴 이후부터다. 4월 19일부터 4월 26일까지의 시기가 이승만정권의 독재와 부정부패에 맞선 정권반대투쟁이었다면, 이승만의 사퇴를 기점으로 정권교체 이후 전개되는 사회민주화투쟁과 통일운동은 4월혁명의 주체와 과제를 확장했다. 이러한 과정의 중심에는 혁신세력이 존재하고 있었다. 혁신세력은 4월혁명의 제1단계에서는 혁명의 주체 세력으로 부상할 수 없었지만, 이승만 사퇴 이후 4월혁명 주체세력의 분화과정에서 자연스럽게 4월혁명의 주체세력 중의 하나로 부상했다. 이승만 사퇴 춘천백년사

편찬위원회, 1996, 이후 민주당은 이미 사회혁명의 대상으로 변질되었고, 학생세력도 분화를 거듭했다. 이를 이해하기 위해서는 4·19 직후 결성된 혁신정당의 분화과정을 이해할 필요가 있다.(오승용, 2008, 122~133쪽)

〈표 1〉 혁신정당의 분화과정

4·19 이전	4·19 당시	5·16군사쿠데타 직전
■ 건준(여운형)→인민당→사로당→근로인민당(5당 캄파계) ■ 민족자주연맹(김규식)→진보당(조봉암)	사회대중당 창당준비위	■ 사회당(5당 캄파계, 최근우) ■ 혁신당(진보당계 일부, 장건상) ■ 사회대중당(진보당계 일부, 김달호) ■ 통사당(진보당계 일부, 민주혁신당, 한국사회당, 민족자주연맹, 민사당, 사회혁신당
한국전쟁 이후 지하화 진보당 해산(조봉암 법살)	7·29선거에 대비하기 위한 선거정당 결성	이념·계보에 따른 분화와 대중운동과의 결합 시도
혁신세력 침체·잠복기	범혁신세력 통합기	분열과 재통합 모색기

* 자료 : 정태영, 1995, 538쪽 재구성.

위의 표에서 알 수 있듯이, 혁신정당은 4·19를 기준으로 침체·잠복기를 거쳐 범혁신세력 통합모색기, 분열과 재통합 모색기를 거쳤다. 우리가 여기서 살펴보려는 것은 4·19 직후부터 5·16군사쿠데타 직전까지의 기간 동안 전남지역에서 결성되었던 혁신정당들이다.

1960년 5월 12일 발기한 사회대중당은 이승만정권이 퇴진한 후 4월혁명의 열기가 고조되던 시점에서 결성준비가 자생적으로 이루어진 정당이다.(정태영, 1995, 539쪽)[14] 사회대중당은 경상남도, 경상북도, 전라남도의 순으로 도당 창당준비위원회가 결성되었고, 이어 전라북

---

14) 사회대중당 발기인으로는 최근우(근민당), 김달호(진보당), 김성숙(근민당, 민혁당), 유병묵(근민당), 유한종(한독당, 근민당), 이동화(민혁당), 이훈구(민족주의 민주사회당), 박기출(진보당), 서상일(민혁당), 윤길중(진보당), 윤우현(부산혁신 세력총집결) 등이다.

도와 충청남도에서도 우여곡절 끝에 도당창당준비위원회가 결성되었다. 각 지역에서 도당창당준비위 결성대회를 마치자 1960년 6월 17일 삼일당(구 진명여고 강당)에서 범혁신세력의 집결체인 사회대중당 창당준비위 결성대회가 치러졌다.

사회대중당 전남도당의 결성에 참여한 인사들은 크게 보면 진보당계와 비진보당계로 나눌 수 있다. 진보당계열로는 임춘호, 조중환, 박세원 등이 참여했고, 비진보당계열로는 조선공산당 간부로 이정윤계인 강석봉, 한길상, 조극한, 이기홍 등 반박헌영계 인사들, 건국준비위원회 전라남도 부위원장을 지낸 국기열, 김철 등 28명이 발기인이 되어 사회대중당 전남도당결성준비위가 구성되었다.(김세원, 1993a, 328쪽) 전남도당 결성준비위를 통해 사회대중당 전남도당의 지도부가 선출되었는데, 도당위원장 국기열, 총무부장 조중환, 조직부장 박세원, 선전부장 임춘호였으며, 그밖에 강석봉, 한길상, 이기홍, 서동열, 김철중, 정균형, 김주섭, 임무창 등이 임원으로 참여했다. 7·29총선에 입후보할 후보자들에 대한 공천심사는 박세원, 조중환, 임춘호가 주로 담당했다고 한다.(김세원, 1993a, 330쪽)

사회대중당 전남도당의 활동은 크게 두 가지 측면에서 평가할 수 있는데, 하나는 1960년 7·29선거에서의 성공 여부, 다른 하나는 혁신4당으로 분열된 이후의 활동이다. 우선, 제5대 민의원선거에서의 성공 여부를 살펴보자.

제5대 민의원 선거에서 민주당은 민의원 43명, 참의원 8명을 공천했고, 혁신세력의 통일전선체였던 사회대중당은 전남지역 32개 선거구 중 22개 선거구에 23명의 후보자를 공천했다.[15]

---

15) 7·29총선 당시 전남지역의 각 선거구에서 출마한 후보자들의 득표현황은 중앙선거관리위원회 역대선거정보시스템(http://www.nec.go.kr/sinfo/index.html)을 참조하라.

<표 2> 전남지역 정당·단체별 입후보자 수

	입후보 자수	민주당	자유당	무소속	사회 대중당	통일당	헌정 동지회	혁신 동지연맹
민의원	163	43	6	88	23	1	1	1
참의원	25	8	3	13	1			

* 자료 : 연합연감, 1961, 139·141쪽.

제5대 민의원 선거에서의 당선자를 보면 전남지역 32개 선거구 중에서 민주당은 29개 선거구에서 당선자를 배출했으며, 무소속 후보가 2개 선거구에서, 통일당 후보가 1개 선거구에서 당선되었다. 사회대중당은 22개 선거구에 후보자를 공천했지만 단 1명의 후보도 당선시키지 못했을 뿐만 아니라 득표율도 민주당이나 자유당, 통일당에 뒤졌다.

전남지역 32개 선거구 중에서 비(非)민주당 후보가 당선된 경우는 제22선거구(영암)에서 통일당의 김준연 후보가 무소속 박종오 후보를 누르고 당선된 사례와 제15선거구(고흥)에서 무소속 서민호 후보가 역시 무소속인 지영춘 후보를 누르고 당선된 사례가 있는데, 이 지역은 전남 32개 선거구 중 민주당이 유일하게 공천을 하지 않았던 선거구였다. 또한 제20선거구(해남)에서는 무소속 홍광표 후보가 당선되었다. 이들 비민주당 소속으로 당선된 3인의 당선자 중 통일당의 김준연은 1928년 동아일보 편집국장 재직 시 '제3차 공산당사건(ML당사건)'에 관련되어 7년간의 옥고를 치른 경력이 있지만, 해방 이후 한민당에 입당하여 제3대와 제4대 민의원을 역임하는 등 더 이상 혁신계 정치인으로 볼 수 없었다. 서민호 역시 1967년 대중당 소속으로 대통령후보로 출마하는 등 혁신세력과 일정한 연관이 있었던 것은 사실이지만, 반공주의자였고, 보수적인 이념을 포지했던 인사였다. 해남에서 당선된 무소속 홍광표 당선자는 혁신세력과는 무관한 정치인이었다.

　　결국 전남지역 32개 선거구에서 범혁신세력의 통합정당인 사회대
중당은 단 1명의 당선자도 배출하지 못했으며, 득표율 역시 민주당이
나 무소속 후보의 합계와 비교할 때 뒤진다. 7·29총선에서 사회대중
당은 전국적으로 541,021표를 득표해 5.96%를 득표했고, 이는 민주당
의 41.71%, 무소속 합계 46.80%보다 크게 낮고,[16] 전남지역만 보더라
도 민주당 46.01%, 무소속 합계 40.82%보다 낮은 8.16%의 득표율에 그
치고 있다. 22개 선거구에 후보자를 공천한 정당의 득표율치고는 너
무 낮은 득표율이다.

　　7·29총선 당시 전남지역 선거구의 각 정당별 득표현황은 아래와
같다.

〈표 3〉 정당별 득표현황

	합계	민주당	자유당	사대당	한사당	통일당	한독당	기타	무소속
전국 (득표율)	9,077,835	3,786,401 (41.71%)	249,960 (2.75%)	541,021 (5.96%)	57,965 (0.63%)	17,293 (0.19%)	26,649 (0.29%)	149,366 (1.65%)	4,249,180 (46.81%)
전남 (득표율)	1,271,405	585,030 (46.01%)	41,109 (3.23%)	103,731 (8.16%)		14,878 (1.17%)		7,630 (0.60%)	519,027 (40.82%)

* 출처 : 중앙선거관리위원회 역대선거정보시스템(http://www.nec.go.kr/sinfo/index.html)

　　7·29총선에서 사회대중당의 실패는 당의 분열을 예고하는 것이었
다. 7·29총선을 앞두고 범혁신세력이 선거참여를 위해 급조한 성격
이 강했던 사회대중당은 선거 실패로 당을 유지·결속시킬 구심점을
상실했고, 이에 덧붙여 사회대중당으로의 범혁신세력 결집 및 통합의
과정에서 잠복해 있던 당 지도부의 이념 및 노선, 계파 간의 갈등이
총선 실패를 계기로 노골화되면서 당은 결국 분열했다. 사회대중당

---

16) 7·29총선이 4·19 직후 치러진 관계로 상당수 자유당 출신 내지 자유당 성향의
　　후보가 무소속 후보로 출마한 것을 고려할 때 실제 사회대중당은 자유당의 득표
　　율보다 낮았을 수 있다는 추론도 가능하다.

중앙의 분열과정과 마찬가지로 사회대중당 전남도당의 분열과정 역시 그 출발점은 구 진보당 계열의 이탈로부터 시작된다. 총무부장 조중환, 조직부장 박세원, 선전부장 임춘호, 전남도당 준비위원이었던 노응상, 이명하 등 구 진보당 계열의 인사들이 사회대중당을 이탈했는데, 이들은 후에 통일사회당 전남도당을 결성한다.(김세원, 1993a, 337쪽)[17] 구 진보당계열이 사회대중당 전남도당에서 이탈하자 도당위원장 국기열을 중심으로 김철, 강석봉, 조극환, 이기홍, 서동열, 이호면, 임무창, 김규남, 홍정희, 조규선, 염동호, 임우택, 김철중 등이 향후 사회대중당 전남도당의 진로와 관련한 문제를 논의했으나,(김세원, 1993a, 337쪽) 결국 김철중 등 김달호 계열의 인사들을 제외하고 다수는 사회당 전남도당 창당준비위원회로 합류한다.

끝까지 사회대중당을 지켰던 김철중은 1960년 5월 20일 사회대중당 전남준비위원회를 조직한 후 총무위원으로 활동하다가 사회대중당 결성과 함께 중앙위원에 피선되었다. 7·29총선 당시 사회대중당 공천으로 전라남도 제25선거구(무안군)에 출마했으나 2,225표에 그쳐 낙선한 뒤 사회대중당의 분열과정에서 통일사회당이나 사회당으로 합류하지 않고 끝까지 사회대중당에 남아서 활동한다. 특히 장면정부가 정권반대세력에 대한 탄압을 노골화하기 위해 2대 법안을 발의하자 '2대악법반대 전남공동투쟁위원회'의 지도위원으로 활동하다 5·16군사쿠데타 이후 '전라남도사회대중당사건'으로 징역 10년형을 선고받는다.(한국혁명재판사편집위원회, 1962b, 783~791쪽)

사회대중당 전남도당의 결당은 몇 가지 의미를 갖는다. 사회대중당은 4·19 직후에야 정치활동을 개시한 혁신세력이 제5대 민의원선거를 맞이하여 선거에 참여하기 위해 결성한 선거정당이었다. 사회대중

---

17) 당시 사회대중당 전남도당의 분열은 선거실패 외에도 당 공천기탁금의 착복 시비도 한몫 했었다고 한다.

당을 선거정당으로 규정할 경우 사회대중당의 성과와 한계는 보다 분명해진다. 결당준비위 출범에서 총선까지 1달여의 짧은 시간밖에 주어지지 않은 상황에서 범혁신세력 최초의 통합을 성사시켰다는 점에서 긍정적 의미를 부여할 수 있다. 1948년 단정 수립 이후 지하화 되었던 건국준비위원회, 인민위원회, 남로당, 빨치산 참여 인사들과 진보당사건으로 정치활동의 제약을 받았던 김규식과 조봉암계열의 민족주의적 인사들에 이르기까지 범혁신세력이 4·19라는 특수정세에서 합법적으로 결성한 정당으로서 제도정치권 내부의 권력경쟁에 대규모로 참여했다는 사실은 가벼이 넘겨서는 안 된다.

다만 이념적 지향이 강했던 사회대중당이 무소속으로 대거 출마한 구(舊)자유당 계열의 후보자들이나 민주당 후보와의 차별성 제시에 실패했고, 특히 민주당의 색깔공세에 무기력하게 대응하는 등 급조된 선거정당으로서 지도력의 한계도 그대로 노정하고 말았다. 이러한 한계들은 결국 7·29총선에서 사회대중당이 실패하게 되는 이유이기도 했다. 특히 선거 실패 이후 당 내부의 리더십 갈등이 재현되고, 내부 파벌들 간의 이념적·정책적 차이와 거리감을 극복하지 못하고 최초의 통합정당이 최후의 통합정당이 되어버린 점은 사회대중당의 역사적 한계라고 할 수 있다.

통일사회당은 1961년 3월 24일 19시경 광주시 남동에 위치한 통사당 전남도당 인권옹호위원장인 박세원의 집에서 통사당 당무위원회 부위원장이자 통사당 전남지역 임시 조직책 이명하의 주도로 최운기, 정해룡, 조중환, 임춘호, 박세원, 노응상, 정길문 등 통일사회당 전남도당 결성준비위원 18명이 회동하여 전남도당 결성준비위원회를 개최했다. 해당 모임에서는 우선 통사당 전남도당 준비위원회의 임원을 선출하고 부서를 결정했다. 통일사회당 전남도당결당준비위의 임원은 아래와 같다.

전남도당 위원장 최운기
부위원장　정해룡(정치위원 겸임), 조중환
조직국장　노응상
당무위원장　임춘호
인권옹호위원장　박세원
이하 미상

　통일사회당 전남도당의 활동은 크게 2대악법반대투쟁과 관련한 정치 강연회 개최와 중립화 통일 전남도연맹 결성과 관련되어 있다.[18] 1961년 3월 24일 개최한 통사당 전남도당 준비위원회 모임은 중앙당의 지방유세 개최를 위한 준비모임의 성격도 동시에 띠고 있었는데, 바로 다음날인 3월 25일 14시에 광주공원 앞 광장에서 통사당 주최의 정치 강연회가 예정되어 있었다. 정치 강연회 행사준비와 관련해서는 지역 조직책 이명하가 행사의 취지와 주요 내용을 설명하고, 행사개최를 위한 도당준비위의 임무를 분담하는 논의가 이루어졌다고 한다.[19]

　이날 모임에서는 이명하가 전달한 "동서냉전의 희생에서 해방되고 미소양국의 세력전에서 벗어나는 정치적·군사적 완충지대, 즉 영세중립화통일조국을 수립하는 중립화만이 통일독립을 가능케 한다"는 취지의 영세중립화조국통일총연맹 발기선언문 100여 부를 참가자들이 분배·회람한 후 동시에 영세중립화조국통일총연맹 전남도맹 결성을 합의하여 최운기를 전남도맹 위원장으로 선임했다. 이명하가 전달한 유인물은 정해룡을 통해 같은 해 4월과 5월경 통사당원인 정길

---

18) 통일사회당 전남도당의 활동내용은 정해룡의 4남 정길상이 제공한 통일사회당 사건 재판기록을 통해 정리한 내용이다.

19) 통사당 전남도당준비위는 3월 25일 광주공원에서 개최예정이던 정치 강연회 행사를 위해 일체의 준비를 분담했는데 정해룡은 사회를 담당하기로 결정됐고, 박세원은 행사장의 설비책임을, 조중환은 자동차와 마이크 준비 책임을 각각 분담했다.

문과 손성훈 등을 통해 보성군 지역에 배포하는 것을 비롯하여 결당 준비위원들이 동 유인물을 배포하여 한국 영세중립화 통일론의 확산을 모색했다.

1961년 3월 25일 14시경 광주공원 앞 광장에서 개최된 통사당의 정치 강연회에서는 통사당(중앙당) 정치위원장인 이동화가 연사로 나서 「민주사회주의 노선의 역사적 임무」 제하의 연설을 하고, 통사당 특별위원회인 통일촉진위원회 위원장인 김기철이 「중립화 통일에 대하여」 제하의 연설을 했으며, 통사당 조직국장이자 민의원인 박권희가 「2대법(반공법과 데모규제법)을 반대한다」 제하의 연설을, 선전국장 고정훈이 「국내의 정세보고」 제하의 연설을, 전남 조직책이자 당무위원회 부위원장 이명하가 「우리는 어떻게 하면 살 것인가」 제하의 연설을 했다. 통사당 주최의 이 정치 강연회에는 10,000여 명의 시민이 참석했다고 하는데, 행사 참석자들에게 영세중립화조국통일총연맹 발기선언문을 배포했다. 이 정치강연회에서 연설한 연사들은 집권당인 민주당의 무능과 장면정권의 비민주성, 2대악법이 혁신정당을 탄압하고 보수정책의 도구화하려는 시도라는 점, 한국의 영세중립화 통일안이 한국의 정치적 특수성과 국내정세의 제반사정에 비춰 대한민국의 진정하고 유일한 통일방안임을 천명하기도 했다.

이밖에도 통사당 전남도당은 통민청이 주최한 '4·19혁명 1주년 기념식'에도 참여했는데, 통사당 부위원장인 조중환은 1961년 4월 18일 13시경 통일사회당 전남도당 당사에서 통일민주청년동맹 전남도맹 위원장 김시현 등과 만나 통민청 주최로 4월혁명 1주년 기념행사시에 별도로 '2대악법 반대 성토대회' 및 시위를 진행할 계획을 전달받고 김시현 등에게 행사 준비를 위해 통사당 전남도당 사무실을 사용케 하고, 통사당 전남도당 사무실에서 4·19혁명 1주년 기념행사에 사용할 피켓(구호판) 및 플래카드 등에 "학원의 자유를 달라, 데모가 이적이냐 악법이 이적이냐", "배고픈 백성에게 악법보다 빵을 달라"는 등의 구호 등을 기재한 후 다음날인 4월 19일 광주공원 앞 광장에서 거행된 '2대 악법 반대 성토대회' 및 시가행진에 동참했다.

통사당 전남도당준비위는 준비위 단계로 활동하다 5·16군사쿠데타로 도당준비위 임원들이 구속되면서 조직이 와해되었는데, 5·16군사쿠데타 직후 '특수범죄처벌에 관한 특별법' 위반으로 구속된 통사당 간부들은 정해룡, 조중환, 임춘호, 박세원, 노응상 등 5명이었다. 이들은 재판과정에서 혁명검찰부의 기소내용과 같이 정치 강연회를 개최한 것은 사실이고, 김기철이 중립화 통일에 대한 연설을 한 것도 사실이나 그 내용이 1954년 제네바 유엔총회 때 한국대표 변영태가 제안했던 14개 조항을 기초로 한 유엔 감시하 인구비례제의 총선거와 미국 상원의원 맨스필드의 의견이 한국중립화 통일에 대한 전망을 종합하여 설명하고 국민의 여론에 묻고자 한다는 요지의 연설이었음을 항변했다. 또한 정치 강연회가 합법적인 절차를 수속한 정당활동임을 강조했으나 혁명재판부는 이러한 주장을 받아들이지 않았다.

통사당 전남도당준비위원회는 수적 열세에도 불구하고 다른 혁신정당들과 비교할 때 재정적으로는 가장 안정된 기반을 갖추고 있었던 것으로 보인다. 이러한 이점을 활용하여 통사당 전남도당준비위는 독자적인 사업을 전개하기보다는 통민청 등 청년운동조직과의 연계를 통해 공동투쟁 및 연대활동을 전개하는 방식을 택했다.(김시현 구술, 2007년 7월 19일 ; 이문교 구술, 2007년 10월 16일) 전남지역에서 전개되었던 '2대악법 반대 공동투쟁'이 대표적이다. 그러나 통일운동에 있어서는 통사당(중앙당)이 민자통에서 이탈 중통련을 결성하며 독자적인 통일운동을 전개했던 관계로 민자통 전라남도협의회에 참여하지 않았고, 이와 관련된 행사에도 민자통 전남협의회와는 별개로 독자적인 행사를 모색했지만 실행에 옮기지는 못했다고 한다.(김시현 구술,

2007년 7월 19일 ; 이문교 구술, 2007년 10월 16일)

사회당 창당 준비위원회의 핵심간부는 주로 조선공산당, 남로당, 근로인민당계 인사들이었다. 전남지역에서 사회당 창당준비위에 참여한 인사로는 김철(70세, 3·1운동 주도, 45년 인민당 전남도당위원장, 건준 전라남도 부위원장), 강석봉(1926년 제3차 조선공산당 전남도당책, 45년 건준 전라남도 부위원장), 한길상(3·1운동 참가 투옥, 제3차 조선공산당 중앙위원, 45년 건준 전라남도 산업부장), 이기홍(1929년 광주학생운동 참가 제적, 1934년 적색 농민운동사건 투옥, 45년 건준 광주시 노동부장, 조공 남로당원, 49년 남북로동당 합당시 탈루), 성시백(특수공작선 멤버, 53년 구국투쟁동맹 '노장환'사건 투옥), 서동열(만주 공청에서 항일운동, 45년 남로당, 53년 구국투쟁동맹), 최백근(항일운동, 1932년 투옥, 45년 근로인민당, 1948년 해주에서 개최된 남북협상회의에 근민당 대표로 참가, 1949년 4월 월북, 근민당 재북 당무부장에 취임하여 체류하다가 6·25 당시 조국통일민족전선 정치공작원으로 남하, 9·28 월북, 1952년 9월 대남공작원으로 남파, 1952년 12월 피검 투옥, 1955년 만기출옥), 국기열(동아일보 정치부장, 45년 건준 전남부위원장), 이호면(구국투쟁동맹사건으로 투옥), 그리고 김세원 등이었다.(김세원, 1993a, 338~339쪽)

사회당의 강령은 민주사회주의에 입각한 새 역사의 창조, 독재세력을 타도하여 자유를 수호, 계획적 경제체제와 현대적인 복지국가 건설, 인간의 지능과 창조력을 배양 개발, 우방 제국과의 긴밀한 제휴로서 민주적 조국통일의 주체가 된다는 내용의 5개항으로 구성되어 있으며(권희경, 1989, 93쪽 ; 김세원, 1993a, 339~340쪽)[20] 정치운영(4개

---

20) 사회당 결성 당시 당헌 기초소위원으로 최백근, 유병묵, 김진한, 김세원 등이, 당 강령 규약은 최백근, 김진한, 김세원이, 선언문은 유병묵이 작성했다고 하는데 아직까지 공인된 주장은 아니다. 실제 김세원의 비트(1993a)에 언급된 사회당의 강령내용은 자료로 전해지는 사회당의 강령내용과 많이 다르다.

조)·경제정책(13개조)·사회문제(5개조)·국방정책(2개조)·현대화(6 개조) 등 각 부문별 정책을 제시했다.(권희경, 1989, 93~97쪽)

사회당 전남도당 결성준비위원회의 임원구성을 보면, 위원장은 국기열, 당무위원장 이호면, 조직위원장 서동열(실질적인 조직위원장은 이기홍), 선전위원장 김세원(청년학생 지도책), 도당 부위원장 겸 재정위원장 강석봉, 부위원장 한길상, 도당 고문 김철, 선거대책위원장 임무창, 총무부장 이영복, 부녀부장 김주 등이었다. 사회당 전남도당은 독립운동과 공산주의 운동의 원로들로 구성되었는데, 이기홍이 실질적으로 조직을 맡아 조직화를 담당했고, 이기홍이 지역적 연고가 없는 지역 혹은 빨치산활동 경력자와의 연계가 없던 지역이었던 화순군과 장흥군, 보성군의 경우에는 김세원이 조직을 담당했다.(김세원, 1993a, 344쪽)

중앙 사회당과 마찬가지로 결성준비위원회 출범 직후 사회당 전남도당은 크게 세 가지 활동에 주력한다. 하나는 2·8한미경제협정체결 반대공동투쟁위원회 활동이며, 다른 하나는 2대악법 반대공동투쟁위원회 참여, 마지막으로 민자통 결성이다. 물론 사회당 전남도당이 이러한 투쟁을 독자적으로 추진해 나갔던 것은 아니다. 사회당의 외곽조직이라고 할 수 있는 통민청 전남도맹과 긴밀히 연계하여 조직화와 대중투쟁을 전개해 나갔다. 사회당 전남도당 역시 다른 정당에 비해 수적 다수를 차지하고 있었던 것은 사실이지만, 실제 대중투쟁을 독자적으로 주도해 나갈 정도로 광범위한 대중적 기반을 가지고 있었던 것은 아니었다. 당시 대중투쟁의 중심은 사회당을 비롯한 혁신정당이었다기보다는 학생운동 혹은 청년운동이었기 때문이다. 사회당의 역할은 실제 대중투쟁을 기획하며 대중시위를 주도하기보다는 의제를 설정하고 청년운동이 나아가야할 방향을 제시하는 수준이었던 것으로 보인다. 특히 통민청에 대해서는 사회당의 원로급 인사들이 직접

지도를 담당했다.

당시 사회당 전남도당이 주도했던 대표적인 정치활동은 2·8한미경제협정반대투쟁이었다. 통민청 출범 직후 첫 번째 정치활동도 광주공원에서 개최한 2·8한미경제협정반대성토대회였다. 당시 성토대회는 전남지역의 혁신계 정당들이 분열된 후 처음으로 '2·8한미경제협정반대 전라남도공동투쟁위'를 결성하여 연대를 모색했던 행사였다.

당시 전남지역의 혁신정당들과 통민청 사이에는 일종의 역할 분담이 이루어졌는데, 혁신정당들은 자금동원, 인력지원 등을 전담하고 통민청은 전면에 나서 대중행사를 주관했다고 한다. 통민청을 가장 적극적으로 지원했던 단체는 사회당과 민자통이었고, 이들 중 상당수 인사들은 공안기관의 감시로 공개 활동이 자유스럽지 못한 인사들이었기 때문에 통민청이 전면에 나설 수밖에 없었다고 한다.(김시현 구술, 2007년 11월 3일 ; 박익수 구술, 2007년 11월 2일) 결국 사회당 전남도당결성준비위는 통민청을 후방에서 지원하는 형태로 당면한 이슈에 대응했는데, 2대악법반대투쟁도 마찬가지였다.[21]

사회당은 4·19 이후 나타났던 혁신정당들 중에서 가장 급진적인 정당이다. 사회당에 참여했던 인사들은 과거 조선공산당, 남로당, 근로인민당계 인사들이 상당수를 차지하고 있었다. 특히 전남지방은 사회당 참여자가 많을 수밖에 없는 역사적 배경을 갖고 있고,[22] 한국전쟁 당시 입산자, 즉 빨치산 참가자가 많았던 지역이었다. 대구와는 달리 인민군의 완전 점령 지역이었던 관계로 좌익운동 관계자들이 완전

---

21) 이 부분은 아래 통민청 활동을 기술하면서 상세하게 다루고자 한다.

22) 일제 때 광주학생운동을 비롯하여 무수한 저항운동이 발생했던 지역이며, 많은 독립 운동가를 배출했던 지역이기도 하다. 또한 박헌영이 일제 경찰의 검거를 피해 해방되던 시점까지 광주 백운동의 한 벽돌공장에서 은거하면서 인근 화순탄광 등을 거점으로 비밀리에 조직화를 전개했던 지역이기도 하다. 8·15해방 직후에도 미군정과 민중들과의 대립이 매우 치열했던 지역 중의 하나이며, 그 과정에서 곳곳에서 양민들이 학살당하는 피해를 당하기도 했다.

히 노출되었고, 인민군과 국군의 점령이 거듭되면서 과거 독립운동에 참가했던 인사들이나 좌익운동 관계자들은 대부분 정치활동을 억압당했다. 4 · 19는 이들에게 합법적인 공간에서 활동할 수 있는 기회를 마련해주었다. 사회대중당은 이들이 최초로 활동을 개시한 정당이었고, 7 · 29총선 실패 이후 대중운동을 통한 조직화를 실현하기 위해 사회당이 결성되었고 이들 세력이 결집한 사회당이 다른 혁신정당에 비해 이념적으로나 정책방향에 있어 가장 급진적인 것은 당연했다.

또한 사회당은 통민청과의 연계를 통해 당의 활동능력을 배가시켰다. 다른 혁신정당들이 선언문이나 성명서 발표 수준에서 활동을 전개할 때 사회당은 통민청이라는 청년운동단체에 대한 지도와 민자통이라는 대중적 통일운동조직의 건설을 통해 대중들과의 접촉면을 넓혀가고 있었다. 물론 이러한 사회당의 활동이 미처 정상궤도에 오르기도 전에 5 · 16군사쿠데타가 발생하면서 사회당의 모든 활동은 정지당하고 말았으며 사회당에 참여했던 인사들은 옥고(獄苦)를 치러야만 했다.

2) 청년운동 : 통일민주청년동맹 전남도맹[23)과 전남대 민통련

통일민주청년동맹(통민청)은 민주민족청년동맹(민민청)에 비해 결성 시점도 늦을 뿐만 아니라 조직의 강령, 통일방안, 변혁노선, 조직원 등에 대한 자료가 거의 남아있지 않다. 그러나 통민청은 민민청과 함께 청년운동의 중심축을 담당했던 조직으로서 이후 학생운동은 물론 진보운동의 발전에 지대한 영향을 끼쳤다.

---

23) 이하의 기술은 통민청 전남도맹 위원장 서리 김시현과 선전국장 이문교, 그리고 통민청 맹원이었던 이규영과 박익수와의 구술내용에 크게 의존했는데, 이는 통민청 전남도맹 관련 자료나 연구가 거의 전무하기 때문이다.

통민청 전남도맹은 1961년 2월 14일 결성회의가 개최된다. 2월 14일은 여러 가지 정치적 행사가 개최되었던 날이다. 서울에서는 사회대중당 당사에서 2·8한미경제협정반대공동투쟁위원회가 결성되던 날이었고, 전남에서는 민자통 전남도협의회 결성을 위한 준비회의가 최종적으로 개최되었다. 통민청 전남도맹의 결성은 전남대학교 김시현이 주도했는데, 최초 결성 모임에 참석한 인원은 9명이다.[24] 통민청 전남도맹 결성을 지원했던 중앙통민청 전남조직책 박익수, 김시현, 이문교, 김수영, 박복규, 박명서, 최준섭과 사회당의 김세원, 그리고 한길상 등 총 9명이 결성회의에 참석했다. 이들 중 최준섭은 당시 학생이 아니었고, 나머지 5명은 전남대학교와 조선대학교 학생들이었다.(김시현 구술, 2007년 7월 19일)[25]

이들이 통민청을 결성하게 된 1차적 계기는 민주당 정권에 대한 실망과 불신에 있었던 것으로 보인다. 이들은 대개 4·19혁명 당시 시위에 참가했던 경력이 있던 학생들이었다. 당시에도 서울을 제외하고 운동역량과 조직이 가장 강력했던 지역 중의 하나였고, 특히나 남로당 출신과 구 빨치산 경력자들이 많이 생존해 있던 전남지역에서 민민청이 조직되지 않았던 이유는 의외로 단순했다. 전남지역의 학생운동 및 청년운동세력들은 7·29총선 실패의 가장 큰 원인을 혁신세력의 분열에서 찾고 있었다. 따라서 청년운동만은 지역에서 비슷한 성격의 조직들을 만들어 투쟁역량을 분열시킬 필요가 없고, 그래야만 통일운동에 더욱 적극적으로 매진할 수 있다고 판단했기 때문이라고 한다.(김시현 구술, 2007년 7월 19일 ; 이문교 구술, 2007년 10월 16일)[26]

---

24) 재판자료나 다른 논문 등에는 10여 명으로 나온다.

25) 김시현은 "조직을 하는데 장소가 어디 대외적으로 해서는 안 되겠다 싶어서 사회당 의원 한길상 씨 댁에서 우리가 통민청을 조직했"다고 증언하고 있다.

26) 이문교는 "우리가 수차례 모임을 거듭하고 전남에서 청년학생조직의 중심세력

통민청의 조직목표는 크게 두 가지였는데 하나는 통일세력의 결집이었고, 다른 하나는 기존 정치세력을 대체하는 새로운 정치세력, 보다 구체적으로 청년운동이 중심이 된 새로운 집권세력의 구축이었다. 이들은 기존 정당과 기존 정치세력들을 전부 배제하고 청년학생들이 앞장을 서서 새로운 통일세력과 집권세력을 구축하자는 결성취지문에 찬동했기 때문에 통민청에 가입했고 이러한 조직목표를 실현하기 위해 열성적으로 활동했었다고 한다.

따라서 당시 통민청을 단순히 사회당의 하부조직만으로 보는 견해도 있지만,(김동춘, 1991, 123쪽) 통민청의 조직목표나 활동수준을 볼 때 사회당과 긴밀히 연계된 것은 사실이지만, 사회당의 하부조직이나 사회당이 조직한 청년운동조직이라는 평가는 정확하지 않은 것으로 보인다. 왜냐하면 통민청의 역할이 자체의 조직화와 학생운동 지원, 민자통의 운영을 담당하는 수준을 넘어 기존의 정치세력을 대체하는 대안세력의 중심, 새로운 정치조직을 지향하고 있었기 때문이다.

중앙통민청과 통민청 전남도맹과의 연계는 중앙통민청의 박익수, 박현채와 통민청 전남도맹의 김시현을 통해 이루어졌다. 김시현의 증언에 따르면,(김시현 구술, 2007년 7월 19일) "박현채는 가끔 한 번씩 들르면 전화통화, 서신 일체 안 해. 실제 만나서 가지고 있는 자료, 우리가 했던 것, 유인물이라든지 포스터라든지 실질적으로 논의를 해 가지고 또 거기서 내용을 우리한테 알려주는" 형태로 전남통민청과 중앙통민청과의 유기적 연계를 모색했다고 한다.

통민청 전남도맹의 조직구성을 보면, 위원장 서리 겸 동원국장에 김시현, 사무국장에 김수영, 선전국장에 이문교, 교양국장 박복규, 투

___

으로 모든 역량을 여기에 집결 통일시키기로 하고 전남 통민청을 결성했습니다. 말하자면 전남에서는 통민청 외의 다른 청년조직을 허용하지 않겠다는 뜻이고, 전남에서 청년학생들은 전부 통민청으로 하나의 조직 속에 묶어서 집결시키자는 그런 취지의 우리 결의가 여기 있었(다)"고 증언한다.

쟁국장에 박명서 그 외에 최준섭, 박동희, 오택명, 김상태, 안태순, 나기주 등 전남대학교와 조선대학교 학생들이 운영에 중추적으로 참여했다. 통민청 전남도맹은 중앙통민청의 조직화방식과 마찬가지로 군 단위 지방조직의 결성을 시도했다. 비록 5·16군사쿠데타가 발발하면서 전체 군 단위로 확산되지는 못했지만, 이문교가 우선적으로 자신의 고향인 완도지역을 중심으로 계몽활동 당시 교류하던 청년학생들을 접촉한 후 통민청의 취지와 유인물 등을 전달하고 그 필요성에 대해 동의를 받은 후 완도읍의 정기탁을 책임자로 정해 인근 해남군과 강진군을 하나로 묶는 조직결성을 추진했었다고 한다.(이문교 구술, 2007년 10월 16일) 그러나 5·16군사쿠데타 직후 이문교가 통민청 활동을 이유로 경찰에 검거되면서 통민청 전남도맹의 군 단위 조직화가 무산되었다.

통민청은 원래 서울과 전남 중심의 조직이었는데, 이는 사회당의 세력권과도 대체로 일치한다. 통민청 전남도맹의 회원은 증언자에 따라 조금씩 차이가 나는데, 이문교는 "내 기억으로는 140~150명이었지 않나 하는 생각이 들어가는데, 5·16이 터지자 (회원명부를) 모두 없애버렸어요. 김시현이가 그걸 보관했어요. 아마 김시현이가 가장 잘 알거예요"라고 증언하고 있고, 김시현은 "꽤 많았어. 대략 내가 명부를 가지고 있던 사람이 백여 명이 넘었으니까. 민통련은 사실 별로 얼마 안됐어.……통민청은 (구속이 된 사람만) 80~90명 가까이 됐으니까.……150명은 넘고, 전체 규모라면……한 160~170명쯤 될 것 같아. (김시현 구술, 2007년 7월 9일)"

회원구성을 보면, 전남대학교 학생을 주축으로 조선대학교, 광주사범학교(현 광주교육대학교), 광주여고, 전대사대부고, 청년부의 기세문, 안태순, 오택명과 박동환 등 종연방직(현 전남방직) 노조원까지 통민청 전남도맹의 활동에 직간접적으로 관여하고 있었다.(기세문 구

술, 2007년 10월 19일 ; 박동환 구술, 2007년 10월 19일) 기세문의 증언
에 따르면, 사회당 선전부장이자 청년부 조직책이었던 김세원이 자신
에게 통민청 위원장을 권유했지만, 자신은 국가보안법으로 옥고를 치
르고 비전향으로 출소한 상태에다가 병역기피문제까지 걸려 있었기
때문에 외부에 노출되는 활동을 할 수 있는 처지가 아니어서 전면에
나서지 않고 측면에서 협조하기로 했다고 한다.[27] 이 부분은 김세원의
수기『비트』에서도 확인된다.(김세원, 1993a)

당시 통민청은 통민청발기인이자 중앙위원이었던 이규영이 통민청
의 기관지격인『신세대』라는 잡지를 발간했는데, 이규영이 직접 가지
고 내려온 적도 있고,(이문교의 증언) 박익수나 박현채를 통해 전달되
기도 했다고 한다.(김시현 구술, 2007년 11월 3일 ; 이문교 구술, 2007년
10월 16일 ; 박익수, 2007년 11월 2일)[28] 통민청 전남도맹은 주로 민자
통과 사회당에서 지원을 받았는데, 정치이념은 사회당 소속의 강석봉,
이기홍, 김세원, 김철, 기세문 등의 지도를 받았고, 민자통의 한길상,
문태곤 등으로부터는 통일노선 및 정책과 관련한 지도를 받았다고 한
다. 지도의 형태는 오늘날 이야기하는 사상학습의 형태와 유사한데,
주로 비밀리에 이들의 집에 모여 당면 정세를 토론하거나 교양하는
형태의 지도였다고 한다.

통민청 전남도맹의 활동은 크게 민자통 결성대회 참가와 2대악법반
대투쟁, 남북학생회담 촉진, 전남학생대회 개최 등으로 요약할 수 있
다.(한국혁명재판사편집위원회, 1992b, 1117~1127쪽) 통민청 전남도맹
위원장 서리 김시현은 1961년 2월 19일 광주시 금남로 2가 YMCA회관
에서 개최된 민자통 전남협의회 결성대회에 통민청 전남도맹 대표로

---

27) 이 부분은 기세문의 미간행원고인『과도기의 론리, 우리 민족의 살길』의 160쪽
   을 인용했다.

28) 기관지『신세대』는 후에『신시대』로 제호를 변경하고 월간지 형태로 발간했다.

참가하여 민족자주적인 평화통일과 남북경제문화교류, 서신왕래 등을 주장했던 민자통 전남협의회에 가입한 후 학생부장으로 선임되었다. 김시현은 또한 2월 25일 서울 천도교대강당에서 개최된 중앙민자통 결성대회에 통민청 전남도맹 대표로 박복규, 유광원 등과 함께 참석하여 남북한 민주민족 주체 세력의 협상을 통한 평화통일과 완충지대에 우체국설치, 남북한의 경제·문화·인사 등의 교류 등의 투쟁목표 채택을 결의했다.

3월 4일에는 광주시 불로동 한길상의 집에서 통민청 전남도맹 간부회의가 소집되어 김시현이 참석자들에게 민자통의 취지를 역설하여 참석자 전원의 찬동을 받고 중앙의 혁신단체 연사를 초청하여 조국통일촉진강연회를 개최함으로써 전남도민들에게 평화통일 등을 내용으로 하는 통일정책을 선전할 것을 결의한다. 통민청은 3월 12일 광주공원 광장에서 청중 약 6,000여 명이 운집한 가운데 조국통일촉진강연회를 개최했는데, 전남도맹 교양국장 박복규의 사회로 시작하여 중앙민자통 조직국장 김배영, 중앙 통민청 교양국장 박익수, 집행위원 김영광, 혁신당 선전위원장 유병묵, 민족일보사 사장 조용수 등이 참석하여 중립화통일, 남북협상, 남북평화통일 등과 함께 장면정권을 비판하는 취지의 강연을 실시했다. 3월 28일에는 민자통 전남협의회 주최로 전남 광산군 송정읍 공회당에서 개최한 조국통일촉진강연회에 통민청 전남도맹 간부인 박명서 및 안태순 등이 통민청 대표로 참석해 청중 약 500여 명 앞에서 "평화통일을 민족의 지상목표로 남북한의 협상과 교류가 시급히 요청된다"는 취지의 강연을 하기도 했다.

1961년 3월 22일경 김시현, 김수영, 박복규, 박명서 등 통민청간부 10여 명은 광주시 양림동 김시현의 집에 모여 당시 정부가 국회에 제출하려고 준비 중이던 반공임시특별법안과 데모규제법 등 2대특별법안은 국민의 자유권을 침해하고 혁신운동을 억압하기 위한 악법으로서 이를 2대악법으로 규정하고 이를 반대하는 투쟁을 조직할 것을 결의한다. 이 결의에 따라 통민청 전남도맹은 2대악법반대 전라남도 공동투쟁위원회 명의로 4월 1일 광주공원에서 청중 약 6,000여 명이 운집한 가운데 2대법반대시민궐기대회를 개최했는데, 당시 김시현은 전라남도 공투위의 연락위원 겸 기획위원으로 참가하여 2대악법제정반대격문을 전남대학교와 조선대학교 등에 배포했고, 통민청 전남도맹 회원이었던 최준섭은 2대법반대시민궐기대회 석상에서 사회를 담당하고, 박명서는 성명서를 낭독했고, 김시현은 "2대악법은 국민의 권리를 억압하고 통일을 방해하려는 악법이다"는 요지의 결의문을 낭독했다. 같은 날 오후 3시경부터는 궐기대회에 참석했던 시민들과 함께 '반민주공장송데모'라는 명목으로 상여를 선두에 세우고 "장정권 물러서라, 배고픈 사람에게 악법보다 빵을 달라", "데모가 이적이냐 악법이 이적이냐"는 등의 구호를 외치며 광주공원에서 남광주역에 이르는 시위를 주도하기도 했다.

4월 14일에는 김시현의 집에서 통민청 전남도맹 간부회의가 다시 개최되었는데, 이날 간부회의는 다가오는 4·19 1주년 기념일에 광주공원에서 고등학생 및 대학생을 규합하여 '4월혁명완수촉진성토대회'를 개최하기 위한 준비모임이었다. 이날 모임에서 통민청 전남도맹은 관변단체에서 주최하는 4·19 1주년 기념식을 거부하고, '4월혁명완수촉진성토대회'를 민자통과 공동개최하기로 결의한다. 또한 이날 행사에서는 2대법반대학생성토대회 및 시위행렬도 같이 전개할 것을 결의하고 시내 각 고등학교에 연락하여 플래카드 등을 작성 지참하고 대회에 참가하도록 했다. 그 결과 4월 19일 광주공원 광장에서 광주시내 각 대학 및 고등학생 및 일반시민 약 2,000여 명이 운집한 가운데 '4월혁명완수촉진성토대회'가 개최되었는데, 이문교의 개회사에 이어 식순에 따라 2대법제정반대성토대회를 마치고 오후 3시경부터 광주시내 고등학교 및 대학교학생들과 더불어 "학원의 자유를 달라, 악법을 철회하고 실업자를 구하라, 통일만이 우리의 살길이다, 데모기 이적이냐 악법이 이적이냐"는 등 구호를 외치며 시내에서 가두행진을 전개한다.(이문교 구술, 2007년 10월 16일)

통민청 전남도맹은 자주, 민주, 통일을 지향하는 4·19정신의 구체적 실현을 위한 청년조직이었다. 자주적이고 평화적 통일을 위한 다음 세대의 중추세력으로 뿌리내리기 위한 조직목표를 설정하고, 대학생들을 중심으로 조직화를 진행했다. 통민청은 기존정당이나 정치세력을 부정부패하고 반민주, 보수수구집단으로 규정하고, 이를 대체할 대안적 세력을 자임하기도 했다. 통민청 전남도맹은 4·19 이후 5·16 군사쿠데타 직전까지 전남지역 청년운동은 물론 혁신세력 정치활동의 중심적 위치를 차지하고 있었다. 이 당시 활동한 인사들이 '일사회'를 조직해서 이홍길, 김동원, 홍갑기, 박석무로 이어지는 1960년대 중후반 전남대 학생운동의 지도세력이 되었으며,(김시현의 구술, 2007년 7월 19일) 이들이 성장하여 1970년대 전남대는 물론 광주지역 학생운동의 지도세력을 육성하게 된다. 통민청 전남도맹의 결성은 전남지역에서 사회운동 주체역량의 선순환적 재생산구조를 만들어냈다는 점에서 역사적 의미를 부여할 수 있다.

통민청 전남도맹은 전남대 민통련과도 유기적으로 결합되어 있었다. 통민청 위원장 서리였던 김시현이 전남대 민통련 대의원회 의장이기도 했기 때문이다. 이에 따라 민통련에서 주창했던 남북학생회담 성사투쟁에도 통민청이 참여했다. 비록 민통련이 전남대에서 결성되었지만, 민통련 회원 대부분이 통민청 전남도맹 회원이었기 때문이다.

1961년 5월 14일 통민청 전남도맹 위원장 서리 김시현이 주도하여 광주시 금남로 2가 YMCA회관에서 광주시내 각 고등학교 및 대학교 학생 약 300여 명의 참석하여 '남북학생회담촉진 전남학생대회'가 개최되었다. 동 행사는 전남대 민통련의 결성식이기도 했다. 이날 행사에서는 전남대 민통련 간부 김철의 사회하에 광주여고생 김혜란이 "남북학생회담을 희구한다"는 요지의 선언문을 낭독했고, 전남대 민통련 위원장 유인학, 전남대 민통련 간부 정종협, 김만우, 김명자 등이 "다음날 판문점학생회담에 우리 모두 참석하자"는 요지의 강연을 하기도 했다. 그러나 전남대 민통련은 전남지역에서 독자적인 활동을 하지는 못했다. 민통련은 학교단위로 조직되었고, 회원도 대학생만 가입할 수 있었지만, 통민청은 시·도 행정단위로 조직화되었고, 대학생이 아니더라도 청년과 학생(고교생, 대학생)이 모두 가입·참여할 수 있었다. 조직화의 대상과 범위에 있어서 통민청과 민통련은 비교가 되지 않았다. 또한 민통련은 조선대학교에서는 결성되지 못함으로써 활동의 상승효과를 발휘할 수 없었다. 조선대학교는 4·19에 참여했던 핵심운동역량이 박철웅총장 퇴진투쟁으로 퇴학조치를 당하면서 학내의 운동역량이 대부분 소실되고 말았다.(전남대학교, 1982 ; 이문교 구술, 2007년 10월 16일)

전남지역 대학 중 유일하게 결성된 전남대 민통련도 5·16군사쿠데타 이틀 전인 1961년 5월 14일에야 결성된 관계로 실질적인 활동을 전개할 수 없었다. 전남대 민통련의 유일한 공식활동이 전남대 민통련 결성식날 개최한 '남북학생회담촉진 전남학생대회'였다. 더욱이 전남대 민통련 회원 상당수가 이미 통민청에 가입해서 활동해오고 있었기 때문에 민통련만의 독자적인 사업대상과 활동영역을 구축한다는 것이 처음부터 어려웠다. 이러한 이유로 민통련은 당시 전남지역의 청년운동에서 평가의 대상으로 삼기에는 어려움이 있다. 이는 역으로 통민청 전남도맹이 4·19 이후 전남지역 청년운동에 있어 얼마나 독자적이고 중요한 조직이었는가를 입증해준다.(전남대학교, 1982 ; 오승용, 2008)

3) 민족통일운동 : 민족자주통일협의회 전남협의회

민족자주통일협의회(민자통)는 1960년 9월 30일 한국전쟁 이전에 활동했던 진보적인 인사들이 민족 자주적이고 평화적인 방법으로의 통일을 표방한 민족자주통일촉진회를 발기하여 조직한 데서 비롯되었다. 이것이 1960년 9월 말에 '민족자주통일중앙협의회'로 개칭되었다. 여기에 진보적인 정당·사회단체들이 참여하여 1961년 1월 15일에는 민자통중앙협의회결성준비위원회가 조직되었으며, 1961년 2월 25일, 21개 정당·사회단체가 참여하여 민자통중앙협의회 결성대회를 갖고,(『민족일보』 1961년 2월 26일자 ; 정기영, 1990, 140쪽)[29] 외세에 의존한 사대노예들의 난무를 일체 배격하고 민족통일역량을 총집결하여 통일에 매진할 것을 결의했다.(『민족일보』 1961년 2월 26일자) 민자통은 "정당·사회단체 및 개인으로 민주역량을 총집결하여 3·1의 독립정신에 입각한 민족자주통일달성을 선언"했다.(『민족일보』1961년 2월 26일자)

이 과정에서 통일사회당, 혁신당, 삼민당, 광복동지회, 천도교, 대종교는 1961년 2월 21일 민자통중앙협회의와 결별을 선언하고, '중립화조국통일총연맹발기준비위원회(중통련)'를 구성했다.(『민족일보』 1961년 2월 22일자) 이들은 결별성명서에서 민족자주통일중앙협의회의 통일방안은 구체성이 없다고 주장하고, 영세중립국으로 통일하기 위해 범

---

29) 민자통 결성 당시 참여한 정당·사회단체로는 사회당, 사회대중당, 혁신당 일부, 동학당 일부, 삼민당, 광복동지회 일부, 구국동지회, 민족건양회, 민민청, 통민청 준비위, 천도교 일부, 천도교 부녀회, 유도회 일부, 4월학생혁신연맹, 피학살자 유족회, 교원노조 일부, 출판노조 일부, 교수협의회 일부, 사회문제연구회, 학사회, 사회과학연구회 등이다. 일부에서는 혁신당, 삼민당, 광복동지회, 천도교, 대종교 등 중통련으로 합류한 5개 단체를 제외한 16개 정당·사회단체로 기술하고 있으나, 당시 민족일보의 보도내용을 보면 이들 단체 회원 모두가 불참한 것은 아니었으며 일부 당원 및 회원들은 여전히 소속 단체의 이름으로 민자통 결성식에 참여했다.

국민운동을 전개할 것을 천명했다. 민자통은 이들의 결별성명에 대해 '상습적 분열주의자들의 행동'이라고 비난했다. 민자통이 결코 중립을 배격 혹은 부정하지 않았고, 다만 통일문제를 다루는데 있어 국민의 의사를 존중해야 한다는 점을 강조했을 뿐이라는 주장이다. 이에 대해 통사당 등 중통련 세력은 민자통이 "통일방안에 대한 기본태도의 결정을 기피하고 결성대회만을 서둘러 무원칙한 국민운동으로 일부 간부들이 오도하고 있다"고 비난하면서 이 결별이 갖는 의미는 혁신세력의 통일정책단일화를 촉진하는 계기가 됨과 동시에 통일정책과 관련한 본격적인 좌우논쟁의 계기가 되었다는 점이다.(『민족일보』 1961년 2월 22일자 ;『민족일보』 1961년 2월 26일자)

민자통은 각 지방에 민자통 지역협의회 결성을 서두르면서 명실상부한 전국조직화를 실현해 나갔다. 민자통중앙협의회가 결성되기 전까지 전남, 전북, 경남, 경북의 4개 지방조직이 결성이 완료된 상태였으며, 충남지역은 민자통중앙협의회가 결성된 이후에 조직되었다. 보도에 따르면, 17개 군 지역에 각각 군협의회준비위가 구성되어 있었고, 해외동포를 중심으로 한 지부의 결성도 구상하고 있었다고 한다.(『민족일보』 1961년 3월 8일자) 민자통의 지방조직은 중앙협의회를 포함하여 도·군·면 단위는 협의체 조직이며, 동·리는 단일조직으로 구성되었다.

민자통은 조직에 가입한 회원의 수가 경북 2만여 명, 경남 2만여 명, 전북 5백여 명, 전남 1천여 명, 경기 2백여 명, 서울 5백여 명, 충북 5백여 명, 충남 5백여 명 등이며, 여기에 정당관계자 1만여 명, 사회단체관계자 4만여 명을 합산하여 전체 회원이 약 10만 명에 달한다고 밝히고 있다.(『민족일보』 1961년 2월 26일자)

민자통의 지방협의회 조직은 대개 사회당과 민민청·통민청 등의 구성원들이 중심이 되어 결성되었다. 이는 전국적인 차원에서 조직구성이 가능한 단체가 바로 이들 정당·사회단체였기 때문이다. 또한 각 지역조직의 주요 구성원들은 대개 해방 이후부터 중간파 혹은 좌파계열에서 활동한 경험이 있거나 혁신운동에 참여한 인사들이 많았다. 한미경제협정반대운동, 2대악법반대운동, 남북학생회담지지운동 등의 대중운동을 각 지역의 정당·사회단체가 연합하여 이끌면서 민자통의 전국적 세력화와 조직화가 용이하게 진행되었다는 점이 특징이다.

민자통 전남협의회는 1961년 2월 14일 결성준비회의에서 조직결성의 윤곽이 그려진다.(김세원, 1993a, 352쪽) 이날 민자통 전남협의회 준비회는 박석진의 집에서 개최했는데 오지호, 김창선 씨 등을 비롯해서 임금택, 서동열, 노응상, 김세원 등의 인사들이 참여했다.(한국혁명재판사편집위원회, 1962c, 137쪽) 이날 모임에서 구성된 민자통 전남협의회 임원은 아래와 같다.

<표 4> 민자통 전남협의회 주요 간부의 직책 및 주요 경력

성명	직책	주요 경력
김창선	상임의장 (선전위원장 겸임)	구례출신, 공무원, 족청 참여, 47년 호남신문사 편집국장, 전라남도의회의장, 남도일보이사장
오지호	의장 (도대표, 총무위원장 겸임)	전남 화순, 조선대 미술과 교수, 한국전쟁 당시 농민위원회 위원, 화순 백아산 입산, 빨치산 전남지구 총사령부 출판위원
길문	조직부장	남로당 전남도당 장흥 유치면 당책
박석진	재정부장	
임금택	총무위원회 부위원장	무안, 48년 한국미곡창고주식회사 사장, 민자통 전남협의회 준비위원
김시현	학생부장	전남대 상대 재학, 전남대 민통련 대의원회 의장단, 통민청 전남도맹 위원장 서리

* 출전 : 한국혁명재판사편집위원회, 1962c, 137쪽.

2월 14일 준비회의에 따라 2월 19일 민자통 전남협의회 결성식이 거행된다. 결성식은 광주시 금남로 2가 YMCA 회관에서 개최된다. 이 날 결성식은 사회대중당 전남도당, 사회당 전남도당, 통민청 등의 단체가 주요 정당·사회단체가 참여했는데, 200여 명 정도가 행사에 참여했다고 한다. 결성식에서 김창선과 오지호가 의장단에 피선되고, 김창선은 연사로, 오지호는 의장단 도대표로, 임금택은 회의록작성서기로 임명되었는데, 김창선은 남북평화통일, 남북협상, 문화교류, 민자통 조직 강화 등의 중요성을 역설하는 연설을 수행했고, 김태홍은 "우리는 외원(外援)에 의존하는 민족이 되고 말았다. 경제자립이 없는 곳에 국가의 독립이 있을 수 없다. 민족세력 결집하여 외세의존 배격하자" 및 "통일만이 살길이다. 우리는 조국도 하나이며 민족도 하나다"라는 내용의 통일선언문을 낭독했다.(한국혁명재판사편집위원회, 1962c, 137쪽)

1961년 3월 8일 장면정부는 「집회와시위운동에관한법률(안)」을 각의에 상정하기 위해 심의 중에 있으며, 내무·법무장관이 「반공을위한특별법」을 별도로 구상 중이라고 밝혔다. 장면정부의 2대법안 구상에 대해 『민족일보』는 사설을 통해 "민주주의에 도전하는 장 내각의 폭거"라고 비판했고,(『민족일보』 1961년 3월 12일자) 『영남일보』는 "우리 사회를 일대 공포분위기로 몰아넣을 가능성이 크다"며 반대 입장을 표명했으며,(『영남일보』 1961년 3월 12일자) 중도적 성격의 『한국일보』도 "공산당이 아닌 사람들을 공산당으로 만들어내는 법률"이라며 비판했다.(『한국일보』 1961년 3월 9일자) 장면정부의 2대법안 구상에 대해 혁신정당과 장면정부에 반대했던 재야단체와 학생운동세력들은 2대악법의 직접적인 적용대상이라는 점에서 즉각적으로 반발했다. 이들은 이러한 반대를 장면정부에 대한 대정부투쟁과 대중적 조직화라는 두 가지 차원을 동시에 충족시킬 목적으로 2대악법반대 공동투쟁

을 전개했다.(손병선, 1990, 138~141쪽)

전국적인 2대악법반대투쟁에 대해 강경진압으로 일관했던 장면정부는 1961년 4월 9일 "금회기의 국회통과를 포기하고 다음 회기에 야당의 협조를 얻어 통과시킬 것"으로 방침을 변경했다. 그러나 내부적으로는 반공특별법과 데모규제법의 제정을 계속 추진하고 있었기 때문에 2대악법 반대궐기대회가 금방 중지되지는 않았다. 악법반대궐기대회와 성토대회를 지속시키면서 '민족통일전국학생연맹발기위원회'와 '악법반대전국학생공동투쟁위원회'는 진명여고의 강당인 삼일당에서 "악법은 통일금지법, 단결로써 민권을 지키자"는 현수막을 걸고 통일촉진, 악법반대강연회를 개최하여 2대악법반대투쟁을 통해 축적된 투쟁역량을 통일운동으로 전환시키면서 2대악법반대투쟁은 마무리된다.(손병선, 1990, 140쪽)

민자통 전남협의회를 중심으로 전개된 2대악법반대투쟁은 1961년 3월 중순 광주시 충장로 서동열의 집에서 김창선, 오지호, 임금택 등 민자통의 주요 간부와 사회대중당 전남도당 대표 김철중 등 10여 명이 회의를 개최하여 「집회와시위운동에관한법률(안)」과 「반공을위한특별법」을 2대악법으로 규정하고, '2대악법반대 전남공동투쟁위원회'를 조직하고 김창선을 지도위원으로, 임금택을 총무위원으로 선출하는 한편, 민자통 결성사실과 반외세 민족자주통일을 천명하기 위해 3월 28일 전남 광산군 송정읍 공회당에서 조국통일촉진강연회를 개최하기로 결정했다. 3월 28일에는 민자통 전남협의회 주최로 개최한 통일촉진강연회에서는 통민청 전남도맹의 박명서 및 안태순 등이 통민청 대표로 참석해 "평화통일을 민족의 지상목표로 남북한의 협상과 교류가 시급히 요청된다"는 취지의 강연을 했다.

4월 1일 민자통 전남협의회는 광주공원에서 '2대악법반대 전라남도 공동투쟁위원회' 명의로 2대악법반대시민궐기대회를 개최한다. 이 궐기대회에서 김창선은 "2대악법은 혁신계인 야당을 탄압하고 선량한 국민의 인권을 유린(蹂躪)하려는 데 목적이 있는 것이며, 장면정권의 무능과 부패를 은폐하려는 것이다"라는 요지의 연설을 했다. 통민청 전남도맹 위원장 서리이자 민자통 학생부장인 김시현은 "2대악법은 국민의 권리를 억압하고 통일을 방해하려는 악법이다"는 요지의 결의 문을 낭독했고, 결의문 낭독이 끝나자 '반민주공구'를 상여에 장치하고 김철중을 비롯한 7~8명이 상여를 메고 광주공원 광장을 출발하여 남광주역 광장에 이르기까지 "2대법은 공산당을 잡는다"라는 구호 아래 야당과 혁신세력을 탄압하기 위한 악법이라는 구호를 외치기도 했다. 민자통 주도의 시위대는 남광주역 광장에 이르자 역 광장에 운집한 청중들 앞에서 선전위원장 김창선이 "조국통일만세" 삼창을 선창하고 반민주공장송상여를 불태웠다.(한국혁명재판사편집위원회, 1962c, 137쪽)

민자통 전남협의회 총무위원회 부위원장 임금택은 1961년 4월 19일 통민청 주최로 광주공원에서 열린 4·19 1주년 기념식인 '4월혁명완수촉진성토대회' 겸 '2대악법반대성토대회'에 참석해 2대악법이 국민기본권을 박탈하고 혁신세력탄압을 목적으로 입법하는 것이라는 취지의 연설을 한 후 이 행사에 동참한 민자통 회원들과 함께 "통일만이 우리의 살길이다, 데모기 이적이냐 악법이 이적이냐"는 등 구호를 외치면서 광주공원을 출발해 금남로로 이어지는 시위행진을 벌이기도 했다(한국혁명재판사편집위원회, 1962c, 138쪽 ; 박동환 구술, 2007년 10월 19일)[30]

민자통 전남협의회 결성의 의미는 한국전쟁 이후 지방에서 결성된

---

30) 박동환의 증언에 따르면, 이날 행사에서 종연방직 노조원들을 대거 참가해 피켓과 플래카드를 들고 항의시위를 전개했다고 한다. 이날 행사에 2천여 명 정도가 참가했는데, 그중에 종연방직 여성노조원들이 3백여 명 정도 됐을 거라고 진술하고 있다.

최초의 민족자주화운동을 지도하는 대중운동의 집결체라는 점이다. 민자통은 통일운동을 위한 협의체로 출발했으나 자주통일과 민주주의를 위한 통일전선체의 성격을 의식적으로 지향하는 조직이었다. 또한 민자통은 혁신세력 재통합 논의의 산물이다. 비록 민자통의 결성 과정에서 통사당을 비롯한 일부 세력들이 중통련을 결성함으로써 혁신정치세력의 재통합 시도는 실패했지만, 통일운동을 위한 협의체를 통해 분열되었던 혁신세력의 재통합을 모색하면서 동시에 대중운동과의 결합을 모색했던 의미 있는 시도였다.

그 결과 민자통은 1961년의 3대 투쟁이라고 할 수 있는 2·8한미경제협정반대투쟁, 2대악법반대투쟁, 남북학생회담지지투쟁 등을 주도적으로 이끌 수 있었다. 특히 2대악법반대투쟁은 장면정권이 국회상정을 결국 포기했을 정도로 민자통이 주도했던 투쟁 중 가장 성공적인 투쟁이었다. 2대악법투쟁을 통해 민자통을 비롯한 혁신세력은 정치적으로 의미 있는 세력으로, 제2공화국 민주주의의 방향을 전환시킬 수 있는 영향력 있는 정치세력으로 변화된 모습을 보여줄 수 있었다.

4. 광주·전남지역의 4월혁명
: 유산(流産) 혹은 미완(未完)?

5·16쿠데타의 발발은 4월혁명의 중단을 의미했다. 일부 혁신세력들은 박정희의 과거 경력을 볼 때 군사쿠데타가 오히려 부패하고 무능한 장면정권을 대체하여 새로운 민족민주혁명의 과업 수행을 대리할 수 있을 것으로 기대하기도 했지만, 그러한 기대가 얼마나 어리석은 것이었는가는 혁명공약에 적나라하게 표현되어 있다.[31] 과거 좌익

---

31) 혁명공약 제1조는 "반공을 국시의 제1의로 삼고 지금까지 구호에만 그친 반공태

과 연계가 있었던 박정희에게 있어 혁신세력은 박정희 자신의 약점이자 감추고 싶은 과거를 속죄해줄 수 있는 희생양이었다. 박정희는 자신의 과거와의 단절을 보다 분명하고 철저히 표현하기 위해 법의 이름으로 공산주의자를 만들어 처벌하고자 했다. 그 구체적인 조치가 바로 「특수범죄처벌에 관한 특별법(제정 1961년 6월 22일, 법률 제644호)」이었다. 이로써 4월혁명은 유산된 혁명 혹은 미완의 혁명으로 남게 되었다.

특별법 제6조는 특수반국가행위에 대해 "정당·사회단체의 주요 간부의 지위에 있는 자로서 국가보안법 제1조에 규정된 반국가단체의 이익이 된다는 정을 알면서 그 단체의 구성원의 활동을 찬양, 고무, 동조하거나 또는 기타의 방법으로 그 목적수행을 위한 행위를 한 자는 사형, 무기 또는 10년 이상의 징역에 처한다"고 규정하고 있다.(법제처 종합법령정보센터 http://www.klaw.go.kr/) 더욱이 이 법은 위헌적인 성격이 강한 소급법(遡及法)으로서 동법이 공포된 날로부터 3년 6월까지 소급하여 적용됨으로써 이승만정권하의 부정선거에서부터 4·19 이후 혁신세력의 모든 활동이 동법에 의해 단죄되었다. 특별법 적용자들의 처리를 위해 혁명재판소와 혁명검찰부가 설치되었다.(한국혁명재판사편집위원회, 1962a, 2쪽)[32]

「특수범죄처벌에 관한 특별법」에 따라 혁신정당과 혁신계 단체들이 직접적인 처벌대상이 되었는데, 이와 관련된 주요 사건들로 사회대중당 창준위 사건, 혁신당 사건, 사회대중당 사건, 통일사회당 사건,

---

세를 재정비 강화한다"이다.

32) 설치의 법적근거는 「국가재건비상조치법」 제22조였다. 국가재건비상조치법 제22조는 "① 국가재건최고회의는 5·16군사혁명 이전 또는 이후에 반국가적·반민족적 부정행위 또는 반혁명적 행위를 한 자를 처벌하기 위하여 특별법을 제정할 수 있다. ② 전항의 형사사건을 처리하기 위하여 혁명재판소와 혁명검찰부를 둘 수 있다"고 규정하고 있다.

사회당 사건 등 혁신정당 관련 사건만 14건이고, 통민청 사건, 민민청 사건, 민통련 사건 등 청년학생운동 관련 사건이 5건, 통일운동과 관련하여 민자통 사건이 8건, 사회단체 피학살자유족회 사건 8건, 2대악법반대공동투쟁위 사건 2건, 기타 민족일보 사건, 교원노조 사건 11건 등 총 48건이 혁신세력과 관련된 사건들이다. 이들에게는 3년에서 15년 형이 선고되었고, 민족일보의 조용수, 사회당 최백근 등에게는 사형이, 송지영, 안신규 등은 사형이 선고되었으나 뒤에 무기징역으로 감형되었고, 민통련 사건 관련 학생들에게는 6년에서 15년 형이 선고되었으며, 통민청과 민민청 관련 청년운동 관련자들에게도 5년에서 7년 형이 선고되었다.(한국혁명재판사편집위원회, 1962b ; 한국혁명재판사편집위원회, 1962c)

전남지역 혁신정당과 혁신세력들이 연루된 사건만을 살펴보면, 7·29총선 당시 제11선거구(광양군)에 혁신동지총연맹 공천으로 출마했다 낙선한 최백근이, 사회대중당 사건으로 김철중이, 통일사회당 사건으로 정해룡, 조중환, 임춘호, 박세원, 노응상이, 민자통사건으로 오지호, 김창선, 임금택이, 통민청 사건으로 김시현이 혁명재판소에서 유죄판결을 받았다.33)

4·19 이후 혁신정당 활동과 청년운동, 통일운동을 주도했던 혁신계 인사들이 대거 혁명검찰부에 구속되면서 혁신정당과 혁신운동단체들은 즉각적으로 활동이 중단되었을 뿐만 아니라 조직이 와해되었고, 검거를 피한 조직원들이 도피함으로써 다시금 4·19 이전의 상태로 되돌아가게 된다. 군사정권하에서 혁신세력들은 합법적인 활동을 포기하고 제도권 정당·사회단체로 편입하든지, 아니면 지하화해서

---

33) 이들 사건 중 정해룡, 조중환, 임춘호, 박세원, 노응상 등이 연루된 통일사회당 전남도당 사건은 한국혁명재판사편집위원회 발행 『한국혁명재판사』에 수록되어 있지 않은데, 이는 통일사회당 전남도당 사건이 혁명재판부에서 심판된 것이 아니라 광주지방법원에서 심판되었기 때문이다.

활동을 계속하던지 중대한 선택의 기로에 서게 된다. 1963년 1월 1일을 기해 정치활동이 재개됨에 따라 혁신세력 내의 명망가 그룹들은 세 가지 부류로 갈라지게 된다. 하나는 '합법적인' 혁신정당을 재건하자는 그룹으로서 김철, 안필수, 이봉학 등이 이에 해당한다. 이들은 통일사회당을 재건하여 제6대 민의원 선거에 참여했지만 단 한명의 당선자도 내지 못하고 당도 곧바로 해체되고 만다. 두 번째 그룹은 혁신운동을 포기하고 기성정당에 편입된 그룹으로서 이동화, 박기출, 임갑수, 이명하, 조헌식, 한왕균, 김성숙 등이 대표적이다. 이들은 보수야당인 신한당에 합류한다. 마지막 그룹은 합법적인 혁신정당 활동이 불가능한 상태에서는 그것이 가능해질 때가지 기다려야 하고 우선은 복역 중인 혁신계 인사들의 석방운동에 주력해야 한다는 그룹으로서 조규택, 정태영, 안준표, 황빈 등이 대표적이다.(정태영, 1992, 46~47쪽) 그러나 이들 역시 석방된 혁신계 인사들과 함께 5공화국에서 민정당에 입당하거나 기성보수야당에 편입됨으로써 실제로 혁신정당 활동의 맥을 이었다고 평가할 수 있는 부분은 많지 않다.

우리가 주목해야 할 사람들은 제도권 편입이냐 지하화냐의 갈림길에서 지하화를 선택한 그룹이다. 많은 혁신정당 출신 인사들이 제도권에 편입되는 길을 선택한 반면 특히 청년운동에 참여했던 인사들은 지하화의 길을 선택하는 이들이 많았다. 이른바 통민청, 민민청, 민통련에서 활동했던 다수의 인사들이 여기에 해당하는데, 이들의 지하활동이 최초로 사건화 되었던 사례가 바로 1964년 발생한 '제1차 인민혁명당 사건'이었다.

이들이 지하활동을 전개한 기저(基底)에는 4·19공간의 복원이라는 사회운동의 목표가 전제되어 있다. 즉 한국전쟁 이후 최종 봉합된 기형적인 보수 독점적 이데올로기지형이 4·19를 통해 일정 부분 파열되면서 획일화된 보수정치에 반대하는 혁신정치세력들이 합법적으로 등장해서 활동할 수 있는 정치공간이 열렸다. 이를 4·19가 창출한 정치공간이라고 이야기할 수 있는데, 이러한 4·19공간은 5·16군사쿠데타가 발발하면서 다시 폐쇄되고 말았다. 다시금 반공을 국시로 하는 보수주의 정치세력들의 독점적 정치구조가 복원되었다. 5·16군사쿠데타가 반공에 기초한 보수주의 독점적 정치구조의 복원을 위한 쿠데타였다면, 5·16군사쿠데타 이후 지하화된 혁신세력 내지 청년운동가들의 목표는 5·16군사쿠데타로 폐쇄된 4·19혁명공간의 복원이었다.

제1차 인민혁명당 역시 이러한 사회운동의 목표를 크게 벗어나지 않는다고 볼 수 있다. 제1차 인민혁명당 관련자들의 공통된 인식은 군사독재를 극복하고 민주적 사회주의 건설, 대외 의존적 종속경제가 아닌 자립적 민족경제의 건설, 그리고 분단 상태의 극복을 최우선적 과제로 설정하고 있었다. 이들이 조사과정에서 진술했던 제1차 인혁당의 강령이 사회당의 강령과 정확히 일치하고 있다는 사실이 이를 증명한다. 이후 통일혁명당이나 제2차 인민혁명당 사건(인혁당 재건단체 사건), 남민전 사건 등은 모두 4·19공간에서 활동했던 혁신정당 참여자나 통민청, 민민청, 민통련 등에서 활동하던 청년 운동가들이 중심세력을 형성했다. 이 사실 역시 5·16군사쿠데타 이후 1970년대 말까지(광주민중항쟁 이전) 사회운동의 큰 테마 중의 하나가 4·19공간의 복원투쟁이었음을 보여준다.

그렇다면 광주·전남지역의 4월혁명과 다른 지역 4월혁명의 공통점과 차이점은 무엇인가? 우선 공통점은 다른 지역의 4월혁명과 마찬가지로 정치적 민주화운동 2대악법반대투쟁, 학원민주화운동, 민족통일운동이 활발하게 전개되었다는 점이다. 특히 전남대와 조선대를 중심으로 전개된 학원민주화운동은 1960년대 학생운동의 활성화에 결정적 영향을 미쳤다. 전남대의 경우, 1960년 5월 2일 학생총회를 통해 대학민주화에 대한 결의안을 채택했는데, 학도호국단 해체·1인 독재교학방침 지양·어용학자 및 교권문란교수 사퇴·총장 사퇴 등이 포함되어 있었다.(전남대학교, 1982, 692~695쪽) 조선대의 경우 박철웅의 총장 및 이사장직 사퇴를 요구하며 조선대학교 학원정화학생투쟁위원회를 구성하여 학원민주화투쟁을 전개했으나 끝내 실패하고 말았다.(민주화운동기념사업회 편, 2005, 37~44쪽)

우리가 주목해서 봐야할 부분은 공통점보다는 차이점이다. 광주전남지역과 다른 지역의 4월혁명 전개과정의 차이점은 크게 다섯 가지로 요약할 수 있다.

첫째, 광주·전남지역의 4월혁명은 초기에 고등학생이 중심이 되어 혁명이 진행되었는데, 다른 지역에서처럼 대학생이 조직적으로 참여하여 혁명의 주체 세력으로 부상하지 못했다. 그 이유는 앞에서도 언급한 것처럼, 고등학교가 대학교보다 수적으로 많았고, 고등학교가 대학교보다 급작스런 조직적 동원에 유리한 학급구조를 가지고 있었으며, 광주지역의 저항운동 역량이 대학교보다 고등학교에 집중되었던 점 등에서 찾을 수 있다.

둘째, 광주·전남지역 4월혁명은 통민청을 필두로 청년운동이 사회민주화투쟁의 전면에 서고 혁신정당이 배후에서 지원하는 형태로 전개되었다. 민주당 전남도당은 새 정부 구성 이후 혁명 주체로서의 역할을 담당하지 않았다. 민통련과 같은 대학생 조직의 활동이 활발하지 않았던 점, 청년운동이 2단계 4월혁명의 중심적 역할을 담당했던 점 등은 역으로 혁명의 주체역량이 다른 지역에 비해 매우 취약했음을 반증하는 근거로 볼 수도 있다.

셋째, 이승만정권의 붕괴 이후 활발하게 전개되었던 노동운동이 광주·전남지역에서는 관찰되지 않는다. 그 이유는 광주·전남지역의 취약한 산업기반에서 전적으로 연유한다. 노동운동이 전개될 수 있는 물적 기반 자체가 광주·전남지역에는 존재하지 않았다. 목포지역 항만부두노조가 4월혁명 전후에 활동했다는 기록이 있지만, 정작 4월혁명 기간 동안에는 별다른 활동이 없었다.(민주화운동기념사업회 편, 2005)

넷째, 교원노조가 결성되었지만, 활발한 활동을 하지는 못했다. 원래 교원노조운동은 1960년 5월 29일 경북지부를 시발로 7월 초까지 경남, 전남, 충남, 전북, 경기, 제주에서 도연합회를 결성했으나 서울, 충북, 강원도에서는 도 단위 연합회가 결성되지 못했다. 과도정부가 1960년 6월 하순 교원노조 해체를 지시하는 등 교원노조의 결성 및 활동을 탄압하자 교원노조의 합법화투쟁이 전개된다. 전남지역의 교원노조 결성은 5월 28일 목포지구, 6월 10일 광주지구 교원노동조합이 결성되는데, 나주, 순천 등지에서도 결성되었다는 기사는 있지만 언제, 어떻게 결성되었는지를 확인할 수는 없다. 광주·전남지역 교원노조의 활동 중 다른 지역에서 중점적으로 추진했던 학원정화투쟁에 관한 기록 역시 찾을 수 없다. 그렇지만 나주, 순천, 광주 등에서 법정수당 쟁취투쟁을 전개했다는 기록은 전남일보(1961년 1월 12~28일)의 보도를 통해 확인 가능하다.(민주화운동기념사업회 편, 2005, 34쪽)[34]

다섯째, 한국전쟁 당시 대규모의 민간인 학살이 자행된 지역이지만, 4월혁명 기간 동안 피학살자유족회의 결성과 활동은 거의 찾아볼 수 없다. 경주, 경산, 마산, 창원, 밀양, 김창(김해, 창원), 동래, 산청, 제주4·3진상규명동지회, 문경, 고창 등 주로 경상남북도와 제주도 민간인학살지역을 중심으로 피학살자유족회 활동이 이루어졌으나 광주·전남지역에서는 피학살자유족회의 활동이 거의 없었다.(한상구, 1990) 유일하게 함평양민학살유족회가 4월혁명 시기에 활동을 했는데,(『노

---

[34] 1월 11일에는 전남교육회 제5차 대의원대회에서 교원들의 처우를 개선하라는 요구사항을 발표했고, 1월 26일에는 순천과 나주교직원 법정수당투쟁위원회, 1월 28일에는 광주교육회의 법정수당지급 요구 궐기대회 등이 개최되었다.

컷뉴스』 2010년 1월 18일자)35) 한국전쟁 당시 피해규모나 다른 지역의 유족회 활동과 비교한다면 의외의 결과다. 이처럼 한국전쟁 당시 민간인학살 피해규모가 컸던 광주·전남지역에서 피학살자유족회 활동이 거의 부재한 것은 '빨갱이' 담론이 지배하는 한국 사회의 구조에 대한 기피의 결과라고 추정할 수 있다. 경상남북도지역의 피학살자유족회 활동은 빨갱이로부터 양민을 분리함으로써 피학살자와 그 가족들의 '신원회복'운동에 집중했기에 가능했다. 인민군이 점령하지 않았던 지역에서는 이러한 신원회복운동이 가능했을지 몰라도, 인민군 점령하에서 좌와 우, 피와 아가 분명하게 각인되어버린 광주·전남지역에서는 4월혁명 기간 중에도 피학살자유족회 활동을 전개하기란 쉬운 일이 아니었다. 특히 이승만을 계승한 장면정부 역시 반공을 전면에 내세우고 있었다는 점을 고려해야 한다.

5. 맺음말

광주·전남지방은 조선말 갑오농민전쟁에서부터 일제시대 광주학생독립운동 등 무수한 저항운동이 발생했던 지역이다. 해방 직후에도 광주·전남지역은 미군정과 민중 간의 갈등이 매우 첨예하게 전개되었던 지역이었다. 어떤 지역보다도 한국전쟁 전후에 입산자가 많았던 지역이었으나, 인민군과 국군의 점령이 거듭되면서 과거 독립운동에

---

35) 원래 함평유족회는 1951년에 구성되어 활동해왔다. 이후 1960년도 4대 국회 때 정권이 민주당으로 바뀌자 전국적으로 양민학살 사건의 진상을 조사해 달라고 청원을 해서 국회가 전국적으로 일제 조사에 들어갔다. 그때 함평도 조사를 했는데 그때 나온 학살자 수가 541명이다. 그러다 5·16군사쿠데타가 발생하면서 유족회 활동가들이 잡혀 들어가고 유족회도 해산되었다. 이후 1993년도가 되어서야 유족회를 다시 구성해서 처음으로 합동위령제를 지냈고 지금까지 14년 동안 위령제를 지내오고 있다.

참가했던 인사들이나 좌익운동 관계자들은 대부분 제거된다. 남로당과 북로당의 합당으로 결성된 조선노동당과 노선을 달리하여 그들로부터 소외된 과거 전남 건준 활동에 참가한 경력을 가진 중도좌익세력들, 이정윤계의 공산주의자들이 일부 살아 남아있었으나 다른 지역과 마찬가지로 4월혁명 이전까지는 공개적인 정치활동을 전개할 수 있는 여건이 아니었다. 이들이 한국전쟁 이후 최초로 제도정치권에 등장했던 시기가 바로 4월혁명이었다. 비록 5 · 16쿠데타 이후 이들은 다시 지하화 되었지만, 박정희정권하에서 전개된 한일회담 반대운동, 반유신운동 등 사회운동의 기저를 형성했음은 주지하는 바다. 사회운동 주체역량의 계승이라는 관점에서 볼 때 광주 · 전남 4월혁명은 지역사회에 존재하던 저항운동의 역사와 정신을 계승한 사건임은 분명하다.

지금까지 4월혁명은 주로 4월 19일부터 4월 26일까지 발생한 사건을 중심으로 논의되었고, 이 기간 동안 고등학생들을 중심으로 전개된 활동에 대한 역사적 평가가 이루어져왔다. 그러나 4월혁명의 범위는 좀 더 확장될 필요가 있다. 오히려 이승만의 사퇴 이후 혁명주체세력의 분화와 대중적 조직화 수준의 제고, 사회민주화를 위한 국민적 요구의 분출 등에 초점을 맞출 필요가 있다. 그렇지만 이러한 시각이 소위 4월혁명 1단계의 성과를 폄하하거나 무시하려는 것은 아니다. 역사상 민중봉기에 의한 최초의 정권교체, 새로운 정치시스템으로의 전환 등 4월혁명 1단계의 의미는 충분히 긍정되어야 한다.

그래서 이 글에서는 4월혁명의 전개과정을 2단계로 나누어 1단계의 시기를 반독재민주화의 시기로, 2단계를 사회민주화 요구와 민족통일운동의 시기로 규정하여 각 시기별 전개과정을 살펴보았다. 1단계는 3 · 15부정선거에 대한 대중적 저항이 본격적으로 시작된 1960년 2월 28일부터 이승만의 사퇴성명이 발표된 4월 26일까지의 시기로서 광주고생들을 시발로 고등학생들이 시위를 주도하고 시민들이 여기에 참여하면서 4월혁명의 주체가 형성되고, 반독재민주화투쟁이 4월혁명의 이념으로 정립되던 시기였다. 제2단계는 이승만 사퇴 이후부터 5·16 군사쿠데타 직전까지의 시기로서 사회민주화투쟁과 통일운동의 시기로서 혁명의 주체가 분화하고, 혁명의 과제가 심화되는 시기였다. 진보세력을 중심으로 사회민주화 요구와 2대악법반대투쟁, 조국통일운동 등이 전개되었다. 다른 지역과 마찬가지로 광주·전남지역에서도 4월혁명은 불균등하게 전개되었는데, 주로 광주지역이 중심이 되었고, 전남지역은 목포, 여수, 순천, 나주(영산포)에서 산발적인 시위가 전개되는 수준에 그쳤다.

4월혁명에 대한 기록을 찾고, 관련자들의 기억을 되살리는 작업을 진행하면서 발견한 사실 중의 하나는 4월혁명의 망각이다. 광주·전남지역에서는 특히 그 정도가 심하다는 인상을 받는다. 4월혁명보다 훨씬 규모가 컸고, 피해자가 많았으며, 지역사회에 미치는 영향이 막대했던 5·18의 존재가 4월혁명의 존재를 잊게 하는 중요한 요인이 되었으리라는 추정이 가능하지만, 지나친 국가화와 정치화(4월혁명 주체들의 명분 없는 제도정치권 편입 등)가 4월혁명의 정신을 훼손시킴으로써 대중들의 기억 속에서 망각되었을 것이라는 추정도 충분히 가능하다. 중요한 것은 이를 통해 무엇을 배울 것인가 인데, 특히 4월혁명과 5·18은 국가화와 정치화 경향에 있어 큰 차이가 없다는 점에서 시사하는 바가 크다. 잊혀진 4월혁명 50주년의 현실에서 5·18은 무엇을 배울 것인가? 광주·전남 지역사회가 관심을 가져야 할 문제다.

▣ 참고문헌

고성국, 1990 「4월혁명의 이념」『한국사회변혁운동과 4월혁명 1』(4월혁명연구소 편), 한길사.

권대복, 1985 『진보당』, 지양사.

권희경, 1989 『한국혁신정당과 사회주의인터내셔널』, 도서출판 태양.

기세문, 『과도기의 론리와 우리 민족의 살길』, 민간행 원고.

김광식, 1988 「4·19시기 혁신세력의 정치활동과 그 한계」『역사비평』1988년 봄호(통권 2호).

______, 1989 「한국현대사의 증언―해방 직후 근로인민당에서 4·19시기 사회당 박정권하에서의 인혁당·남민전 사건까지 혁신계 변혁·통일운동의 맥」『역사비평』 1989년 여름호.

______, 1990 「4월혁명과 혁신세력의 등장과 활동」『한국사회변혁운동과 4월혁명 1』(4월혁명연구소 편), 한길사.

김낙중, 1990 「4월혁명과 민족통일운동」『한국사회변혁운동과 4월혁명 1』(4월혁명연구소 편), 한길사.

김동춘, 1990 「4월혁명에 관한 기존 연구와 그 문제점」『한국사회변혁운동과 4월혁명 1』(4월혁명연구소 편), 한길사.

______, 1991 「제2공화국의 사회상황과 민족·민주운동」『1960년대의 사회운동』(박태순·김동춘), 도서출판 까치.

______, 1992 「민족민주혁명, 4·19」『청년을 위한 한국 현대사』(박현채 엮음), 소나무.

김민하, 1998 『한국혁신정당론』, 중앙대학교 출판부.

김세원, 1991 「4월혁명 이후 전위조직과 통일운동」『역사비평』 제15권(1991.11).

______, 1993a 『비트(상)』, 일과 놀이.

______, 1993b 『비트(하)』, 일과 놀이.

김수진, 1996 「제2공화국의 정당정치」『제2공화국과 한국민주주의』(백영철 편), 나남출판.

김지형, 1996 「4·19 직후 민족자주통일협의회 조직화과정」『역사와 현실』 제21권.

______, 2002 「전략당과 남민전 : 권재혁·이재문·신향식 복권은 6·15 실현에 달려 있다」『민족 21』 통권 제20호.

김효중, 1960 「광주학생 4·19의 발자취(총 9회)」『전남일보』.

노중선, 1992 「4월혁명기 혁신정당, 왜 좌절하였나」『역사비평』 1992년 가을호(통권 20호).

류동민, 2002 「민족경제론의 형성과정에 관한 연구」『경제와 사회』 2002년 겨울호.

문한영, 1990 「60년대의 민족자주통일운동」『한국사회변혁운동과 4월혁명 2』(4월혁명연구소 편), 한길사.

박명림, 1996 「제2공화국 정치균열의 구조와 변화」『제2공화국과 한국민주주의』(백영철 편), 나남출판.

박찬호, 1991 「4월민중항쟁과 민족민주운동의 성장」『한국현대사 2』(한국역사연구회 현대사연구반), 풀빛.

박태균, 1993 「한국민주주의의 주도세력」『한국민주주의의 현재적 과제』, 창작과 비평사.

박태순, 1983 「4·19의 민중과 문학」『4월혁명론』(강만길 편), 한길사.

부산민주운동사편찬위원회 편, 1998 『부산 민주운동사』, 부산광역시.

서중석, 1988 「3선개헌반대. 민청학련투쟁·반유신투쟁」『역사비평』 1988년 여름호(통권 제3호).

______, 1991 「4월혁명운동기의 반미·통일운동과 민족해방론」『역사비평』 1991년 가을호(통권 제16호).

______, 1997 「1960년 이후 학생운동의 특징과 역사적 공과」『역사비평』 1997년 겨울호(통권 41호).

______, 1999 『조봉암과 1950년대(상)』, 역사비평사.

손병선, 1990 「2대악법 반대운동」『한국사회변혁운동과 4월혁명 2』(4월혁명연구소 편), 한길사.

손호철·정해구, 1996 「제2공화국 시민사회와 사회운동」『제2공화국과 한국민주주의』(백영철 편), 나남출판.

송남헌·정태영·서중석, 1995 「대담 : 고초로 점철된 혁신계 50년」『역사비평』 1995년 봄호(통권 30호).

오승용, 2008 「제2공화국 민주주의와 혁신세력 : 전남지역의 조직결성과 활동을 중심으로」『민주주의와 인권』 제8권 1호.

이갑윤, 1996 「제2공화국의 선거정치 : 7·29총선을 중심으로」『제2공화국과 한국민주주의』(백영철 편), 나남출판.

이상우, 1985 「민족일보·인혁당 사건의 전말」『신동아』 6월호.

이우관, 1990 「4·26에서 7·29총선까지」『한국사회변혁운동과 4월혁명 2』(4월혁명연구소 편), 한길사.

이재오, 1984 『해방 후 한국 학생운동사 : 1945년부터 1979년까지』, 형성사.

이종석, 1990 「4월혁명 주도세력의 변천과정」『한국사회변혁운동과 4월혁명 1』(4
월혁명연구소 편), 한길사.

이태호, 1982 『70년대의 현장』, 한마당.

전남대학교, 1982 『전남대학교 30년사 1952~1982』.

______, 2002 『전남대학교 50년사 1952~2002』.

정기영, 1990 「4월혁명의 주도세력」『한국사회변혁운동과 4월혁명 1』(4월혁명연
구소 편), 한길사.

정창현, 1991 「4월민중항쟁 직후 혁신정당운동과 민족자주통일중앙협의회」『한
국현대사 2』(한국역사연구회 현대사연구반), 풀빛.

______, 1991 「4월민중항쟁 직후 혁신정당운동과 민족자주통일중앙협의회」『한
국현대사 2』(한국역사연구회 현대사연구반), 풀빛.

정태영, 1992 「5·16쿠데타 이후 혁신세력은 어떻게 존재하였나?」『역사비평』
1992년 가을호(통권 제20호).

______, 1995 『한국 사회민주주의 정당사』, 세명서관.

______, 2006 『조봉암과 진보당 : 한 민주사회주의자의 삶과 투쟁』, 후마니타스.

정태운, 1991 「1960·70년대 '공안사건'의 전개양상과 평가」『한국현대사 3』(한국
역사연구회 현대사연구반), 풀빛.

조희연, 2001 「50·60·70년대 민족민주운동의 전개과정에 관한 연구」『한국사회
운동사』, 한울.

차기벽, 1983 「4·19, 과도정부, 장면정권의 의의」『4월혁명론』(강만길·고영복
외), 한길사.

천주교인권위원회 엮음, 2001 『사법살인 - 1975년 4월의 학살』, 학민사.

최용호, 1999 「1970년대 전반기 경제정책과 산업구조의 변화」『1970년대 전반기
의 정치사회변동』(한국정신문화연구원 편), 백산서당.

최웅·이석연·이홍길·이종범·최영태, 1989a 「한국에서의 '혁신주의' 정당운동
의 전개와 그 성격(Ⅰ)」『전남사학』 제3집.

______, 1989b 「한국 '혁신주의' 정당운동의 전개와 그 성격(Ⅱ)」『전남사학』 제4
집.

최장집, 1993 『한국민주주의의 이론』 한길사.

______, 1996 「제2공화국하에서의 민주주의의 등장과 실패」『제2공화국과 한국

민주주의』(백영철 편), 나남출판.
한경남, 1990「70년대 이후. 민족민주운동에서 노동운동의 위상변화」『한국노동
　　　운동20년의 결산과 전망』(전태일기념사업회 편), 세계.
한국기독교교회협의회 인권위원회, 1987『1970년대 민주화운동(Ⅰ~Ⅷ)』.
한국사료연구소(이정식 집필), 1986『한국현대정치사(제3권) : 제2공화국』, 성문각.
한국정신문화연구원 편, 1999『1970년대 후반기의 정치사회변동』, 백산서당.
한국혁명재판사편집위원회, 1962a『한국혁명재판사, 제2집』.
＿＿＿＿, 1962b『한국혁명재판사, 제3집』.
＿＿＿＿, 1962c『한국혁명재판사, 제4집』.
한상구, 1990「피학살자 유가족 문제」『한국사회변혁운동과 4월혁명 2』(전태일기
　　　념사업회 편), 한길사.
황　건, 1990「민통련과 민족통일운동」『한국사회변혁운동과 4월혁명 2』(4월혁명
　　　연구소 편), 한길사.

『민족일보』,『연합연감(1961)』,『영남일보』,『전남일보』,『한국일보』.
중앙선거관리위원회 역대선거정보시스템(http://www.nec.go.kr/sinfo/index.html)
특수범죄처벌에 관한 특별법(제정 1961년 6월 22일, 법률 제633호)(http://www.klaw.
　　　go.kr)

〈구술자료〉
기세문 구술, 2007년 10월 19일.
김시현 구술(1차), 2007년 7월 19일.
김시현 구술(2차), 2007년 11월 3일.
박동환 구술, 2007년 10월 19일.
박익수 구술, 2007년 11월 2일.
이규영 구술, 2007년 11월 2일.
이문교 구술, 2007년 10월 16일.
정길상 구술, 2007년 9월 10일.
정종희 구술, 2007년 11월 9일.

제10장 부산의 4월혁명

김선미

1. 머리말

4월혁명에 대한 연구는 1980년대에 본격화된 이래 꾸준히 진행되어 왔다. 이에 전체적인 전개과정과 성격 및 의의, 기본 논리와 틀에 대한 대체적인 분석이 이루어졌으며 이를 토대로 4월혁명의 전반적인 역사상을 재구성할 수 있기에 이르렀다. 즉 4월혁명은 한국현대사의 주제 가운데 가장 많은 연구와 분석이 진척된 영역 가운데 하나라고 할 수 있다.

한편으로 이러한 연구의 과정은 4월혁명의 범주를 시기적으로, 내용적으로 확대하는 과정이기도 했다. 그 결과 4월혁명은 시기로는 1960년 3, 4월의 민중저항에서 이듬해인 1961년 5·16쿠데타로 종말을 고하기 전까지, 내용으로는 이승만정권에 반대하는 반독재투쟁에서 이승만 퇴진 이후 전개된 일련의 민주화운동을 거쳐 자주적 통일운동으로 정점에 이르는 과정까지, 주체에서는 학생과 민중 그리고 진보적 정치세력을 포괄하게 되었던 것이다. 이를 통해 4월혁명에 대한 인식의 지평은 지속적으로 확대되고 심화되었으며, 이로써 초기의 반독재투쟁과 이후의 민주화운동 및 자주화투쟁이 계승적 관계에 있음을 이해하게 되었던 것이다.[1]

그러나 아직도 4월혁명의 모습은 온전하지 않다. 그것의 가장 중요한 이유 가운데 하나는 한국현대사의 거대한 분수령을 이루는 이 사건에서 지역이 가지는 의의와 위상에 대한 분석이 부족하기 때문이다. 잘 알려져 있듯이 4월혁명은 대구 2·28시위를 선두로 시작된 반이승만정권투쟁이 마산에서 3·15의거로 폭발하여, 이후 전국 대도시에 들불처럼 확산되는 양상을 보이다가 4월 19일 정점에 이르는 궤적을 그리고 있다. 이 과정에서 지역은 4월혁명을 실현하는 구체적 현장이기도 하고, 때로는 새로운 의제를 설정함으로써 전국적 국면을 선도하는 역할을 하기도 했다.

이 가운데 부산지역은 반독재투쟁에서 민주화운동을 거쳐 자주화투쟁에 이르는 4월혁명의 단계적 양상들을 구체적으로 확인할 수 있는 곳이었다. 또한 부산지역은 4월혁명 최대의 성과인 자주적 평화통일을 담보할 주체로 등장한 민족자주통일중앙협의회(약칭 민자통중앙협의회)의 결성을 견인함으로써 전국적인 통일운동을 전개하는 추동력을 발휘하였다.(정창현, 1991 ; 김지형, 1996 ; 홍석률, 2001) 4월혁명 시기[2] 부산지역에서는 혁신정계와 양심적 지식인, 진보적 청년층과 노인 및 학생운동 진영 등 지역사회 구성원들이 다양한 형태로 조직화하고, 이 조직들이 그물망처럼 상호 연계되면서 민주화운동과 자주화투쟁이 전개되었다. 이런 점에서 부산지역 4월혁명의 전개 과정은 4월혁명이 가진 구체적 양상을 살펴보는 데 무척 유용할 것이다.

말하자면 지역사는 전체사의 맥락과 동떨어진 것이 아니라 그 구체

---

1) 1980년대 이후의 연구 성과는 다음과 같다. 한완상 외, 1983 ; 강만길 외, 1983 ; 4월혁명연구소 편, 1990 ; 이종오 외, 1991 ; 박찬호, 1991 ; 정창현, 1991 ; 김지형, 1996 ; 한국역사연구회 4월민중항쟁연구반, 2000 ; 홍석률, 2001.

2) 홍석률은 흔히 '2공화국 시기'로 부르는 이 시기를, 이 시기의 특징적인 정치·사회적 국면이 4·19로 인해 만들어졌다는 점을 들어 '4·19 시기'라고 부를 것을 주장했는데(홍석률, 2001, 5쪽), 필자 또한 '4·19 시기' 또는 '4월혁명 시기'라고 부르는 것이 마땅하다고 여긴다.

적 실현이고, 거꾸로 전체사의 보편성이란 개별 지역사의 축적을 통해 비로소 가능한 것이다. 따라서 지역사에 대한 분석을 통해 전체사에 대한 인식은 더욱 포괄적이고 심층적으로 될 수 있을 것이다. 4월혁명의 지역적 양상에 대한 연구는 아직 일천한 실정이다.[3] 그러나 4월혁명에서 지역이 차지하는 의의를 생각할 때 지역사 연구는 불가결한 부분이다. 또한 서울지역 역시 지역사의 단위로 인식될 필요가 있으며, 그러한 연구 역시 가능하다고 본다.

이런 점에서 이 연구는 부산지역의 4월혁명이 서울을 비롯한 다른 지역의 그것과 궤를 같이 한다는 것을 전제로, 부산지역의 4월혁명이 가진 양상과 구조를 재구성하는 데 주된 관심을 둘 것이다. 이를 통해 4월혁명의 역사상을 보다 포괄적이고 심도 있게 재구성하는 데 기여하려 한다.

따라서 여기서는 4월혁명 기간을 세 시기로 구분한 기존 연구의 틀을 사용하여 부산지역의 4월혁명을 서술하고자 한다. 기존 연구에서는 이 시기를 4월 26일 이승만의 사퇴성명과 7·29총선을 전후하여 세 시기로 구분하고, 각각의 시기를 이승만정권의 무능과 부패에 저항하여 반독재투쟁을 전개한 시기, 민주세력의 역량을 조직화하고 이를 기반으로 사회 각 분야에서 민주화운동을 전개한 시기, 비자주적 분단 현실을 타파하기 위한 자주화투쟁이 전개되는 시기로 자리매김 하였다.[4] 이러한 시기별 특징은 부산지역의 4월혁명의 전개 과정에서

---

3) 관련 연구는 이동일, 2000 ; 박철규, 2000 ; 김선미, 2000(이상은·최장집 외, 2000, 『한국민주주의의 회고와 전망』, 한가람에 수록) ; 김선미, 2010.

4) 주도세력의 변천을 기준으로, 처음으로 4월혁명 기간을 세 시기로 나누었던 것은 정기영이다. 이는 고성국, 정창현의 논문에서 기준, 세분화의 정도에서 차이가 있긴 하지만(정창현은 세 번째 시기를 다시 둘로 세분하여 전체적으로 네 시기로 구분하였다) 대체로 받아들여졌고 이후 널리 사용되고 있다. 이를 다시 부산지역 4월혁명에 적용한 것은 박철규였다. 정기영, 1990 ; 고성국, 1990 ; 정창현, 1991 ; 부산민주운동사편찬위원회, 1998 ; 박철규, 2000.

구체적으로 확인할 수 있을 것이다.

따라서 이 글에서는 4·26성명과 7·29총선을 전후한 세 시기를 각각의 장으로 구성하여 부산지역 4월혁명의 전개 과정을 서술하였다. 이 연구에서 대상으로 하는 지역의 범주는 기본적으로 부산이다. 하지만 이 시기에 부산은 경남의 일부로서, 도청 소재지였다. 따라서 경남과 분리하기 어려울 때나 그 핵심적 부분이 부산에 있을 경우에는 부득이 경남을 서술의 단위로 삼았다.

자료는 당시 부산의 대표적 신문이었던『국제신보』와『부산일보』를 비롯하여, 4월혁명의 학생시위와 이후 일련의 민주화운동, 자주화투쟁에 주도적으로 참여한 다수 인사의 구술을 중심으로 하고,『동아일보』,『조선일보』등 중앙지와 기타 지역사 자료를 활용하였다.

2. 학생시위에서 민중저항으로(3월 초~4·26)

1) 학생시위의 전개

부산에서 이승만정권에 대한 저항은 고등학생의 시위로 시작되었다. 지난 12년 동안 쌓인 적폐에 대한 지역민의 불만은 이미 극에 달했는데 특히 정·부통령 선거를 앞두고 긴장은 더욱 높아졌다. 선거를 앞두고 관권을 이용한 불법 선거운동과 사전 투표 등 각종 선거 부정이 이미 광범위하게 자행되고 있었기 때문이다. 이에 연초부터 부산지역의 학생들 사이에서는 반정부 데모와 관련한 논의가 자연스레 오가기 시작했다.(이형호 구술 ; 김승 구술) 이런 가운데 전해진 대구의 2·28의거를 비롯한 각지의 데모 소식이 일부 선진적 학생들에게 전해지면서 위기를 더욱 고조시켰던 것이다.

　　이에 3월 초부터 부산에서도 '공명선거'와 '학원의 자유', '민주주의 수호'를 내세운 고등학생들의 벽보 부착, 삐라 살포, 시위 기도가 시작되었다. 이러한 움직임은 서구 동대신동과 중구의 도심지, 동구 초량 일대와 동광동 일대, 부산진구와 동래 복천동 일대에 이르기까지 부산 전역에 걸쳐 전개되었는데, 상세한 것은 아래 표와 같다.

〈표 1〉 3월 초 부산지역 학생들의 데모 상황

일자	삐라 살포와 가두시위	삐라와 구호
7일	동아고 등 서부산 일대 학생들 공명선거호소발기회 계획, 주모자 18명 경찰에 체포	
8일	도심지에 '공명선거 호소 학생위원회' 벽보 부착, 7일 연행된 학생 대표의 즉시 석방 요구	① 학원에 자유를 달라 ② 부정선거는 학생의 '피'를 본다. ③ 공명선거 사수하여 민주주의 수호하자!
10일	복천동 뒷길에 삐라 살포	'학원의 자유를 달라', '학도들이여 피로써 민주주의를 수호하자', '교직원은 정치에 관여 말라', '민권수호에 선봉에 서자'
10일	동구 초량, 부산진 일대에 민권수호전국학생투쟁 위원회의 삐라 살포	'학원에 자유를 달라', '학도들이여 피로써 민주주의를 사수하자', '민권 수호의 선봉에 서라', '우리 세대의 민주주의를 위하여 현실의 부정과 항쟁하자'
12일	새벽에 동대신동 공설운동장과 학교 주변에 삐라 살포	'××에서 잃은 땅 공명선거하여 다시 찾자'
	오후 1시 해동고 학생 1~2백 명 광복동에서 가두시위	'학원의 자유를 달라'
	오후 2~3시 범천동 굴다리와 조방 부근에 운집한 남녀 학생 수백 명을 경찰이 해산	
	9시 동광동에서 삐라 세 뭉치를 운반하는 해동고 학생 3명을 경찰이 체포	

13일	새벽 동아고 학생의 집에서 3천여 매 삐라 압수, 상오의 데모 무산	
	9시 40분경 동광동 시립도서관에서 고교생 2명 삐라 살포 후 경찰에 체포됨	

자료: 『국제신보』, 『동아일보』, 『부산일보』, 『조선일보』.

학생 데모에서 자주 사용된 구호는 당시 학생들의 인식을 잘 보여주고 있다. 삐라나 시위 구호 속에서 공통되게 등장하는 것은 '공명선거를 실시하라'는 것과 '학원의 자유를 보장하라'는 것이었다. 이 무렵 학생들은 관권, 금권을 동원한 선거부정이 이승만정권을 유지하는 필수적 요소라는 데 공통된 인식을 가지고 있었다. 그리고 그러한 불법적 선거운동에서 학원이 예외가 아니라는 사실을 경험하고 있었던 것이다. 이는 '교직원은 정치에 관여 마라'는 구호에서 구체적으로 드러나고 있는데, 선거를 앞두고 일선 학교와 학무 당국이 학생과 학부형에 선거운동을 자행하는 현실을 지적한 것이었다.[5] 따라서 학생들의 인식은 이미 이승만정권의 근본적인 부도덕성과 교육 현장의 부조리가 맞닿아 있음을 꿰뚫고 있었던 것이다.

하지만 이러한 움직임은 선거를 앞두고 가뜩이나 예민해져 있는 경찰에 포착되어 번번이 좌절되었다. 그러나 거듭되는 실패에도 저항은 계속되었는데, 이것은 확실히 이전과는 다른 양상이었다. 그것은 이미 거대한 항쟁의 물결인 4월혁명을 예고하는 것이었다.

선거가 가까울수록 학생들의 움직임은 더욱 가속화되었고, 3월 12일

---

5) 동래고에서도 대구 2·28의거가 있기 며칠 전인 25일 무렵 경남도 학무국 관리가 학생들을 상대로 공산주의자의 위협 운운하며 자유당에 투표할 것을 종용하였다.(장제모 구술, 2010년 민주화운동기념사업회 4월혁명 참가자 구술사업, 면접자 이광욱·김선미) 교사의 선거운동에 대해서는 『국제신보』 1960년 5월 4일 ; 경남교원노조연합회 위원장을 지낸 이종석의 구술.(2005년 민주화운동기념사업회 구술사업, 면접자 김선미)

드디어 부산에서는 처음으로 경찰의 감시망을 뚫고 가두시위가 전개되었다.[6] 영도 해동고 학생 1백여 명은 1시경 호각소리를 신호로 시내 중심가인 광복동 일대에서 "학원의 자유를 달라"고 외치며 가두시위를 벌였던 것이다. 이날 해동고의 시위는 사전에 학교 당국과 경찰에 정보가 누설되면서 주모자가 체포되고 준비한 삐라도 소각되는 등 큰 차질을 빚었다.(박우영, 1984, 141~142쪽) 이에 가두시위는 얼마지나지 않아 진압되고 다수의 학생들이 연행되어 곤욕을 치렀지만 해동고 시위가 미친 파장은 적지 않았다.

이후 부산에서는 시내 대부분의 고등학교와 일부 중학교 학생이 참여하고 시내 전 지역을 현장으로 하는 학생시위가 전개되었다. 15일 선거가 가까울수록 경찰의 통제는 더욱 강화되었지만, 그럴수록 저항의 대오 역시 더욱 강고해져서 선거를 하루 앞둔 14일에는 종일토록 학생시위가 감행되었으며 시위의 양상 또한 가일층 격화되는 모습을 보였다. 15일을 전후한 부산지역 학생시위를 표로 정리하면 다음과 같다.

〈표 2〉 3월 15일을 전후한 시기 부산의 학생시위

일자	시위 상황
12일	오후 1시 해동고 학생 1~2백 명 광복동에서 가두시위
	오후 2시 남녀 학생 수백 명 범천동 구름다리에 운집
	오후 3시 남녀 학생 수십 명 범일동 조방 부근 모임
14일	새벽에 전포동 제일제당 부근과 부산상고, 혜화여고 일대와 대연동 등지에서 시위 무산

---

6) 진보적 지식인들이 다수 교사로 재직하고 있던 탓에 해동고는 경찰이 예의주시하던 곳이었다. 부산에서 학생시위가 일어날 가능성에서 첫 번째로 손꼽히는 학교가 해동고였던 것인데, 그 예상이 적중했던 셈이다. 당시 해동고 교사로 경남교원노조연합회 법규부장을 지낸 김대상 구술.(2005년 민주화운동기념사업회 구술사업, 면접자 김선미)

	오전 10시 서구 대신동에서 학생 데모 시도
	저녁 6시 범전동과 범내골에서 5, 6백 명 학생 대규모 데모
	밤늦은 시각 중구 현대극장 앞에서 해동고, 건국상고 학생시위
15일	시내 중심가에서 여고생 데모 무산
16일	영남상고, 건국상고 학생 보수동에서 국제시장까지 시위

자료: 『국제신보』; 『부산일보』; 학민사 편집실, 1984.

이 무렵 부산지역 학생시위는 연합시위라는 새로운 양상으로 전개되었다. 연합시위는 인접한 여러 학교의 학생이 미리 약속한 장소에 모여서 한꺼번에 시위를 벌이는 것으로, 시위 역량을 한층 끌어올릴 수 있는 방식이었다. 연합시위의 주요 거점은 지금의 범일동에서 범내골 구름다리와 광무교를 거쳐 서면에 이르는 일대였다. 이곳은 데레사여고, 금성고, 부산상고, 경남공고, 혜화여고, 항도고, 북부산고, 영남고 등 학교들이 밀접해 있을 뿐 아니라 가두시위에 적극적이었기 때문에 연합 시위를 전개하기에 적합한 특성을 가지고 있다. 평소 접촉을 가지고 있던 이 일대 학생들은 3월 초의 삐라 살포 과정에서 연계 관계를 더욱 강화해 갔다.

특히 이 가운데 14일 저녁 범내골에서 벌어진 대규모 연합시위는 데레사여고, 부산상고, 영남상고, 항도고, 북부산고, 혜화여고, 동래고 등 시내 12개 학교 학생 6, 7백 명이 참여하여 감행한 최초의 대규모 연합 시위였다. 격렬한 시위로 동부산서와 부산진서에는 무려 40명 가량의 학생이 연행되었다. 이어 연행 학우 석방을 요구하는 2차 데모가 밤늦게까지 이어졌다. 경찰은 백여 명 학생들을 상대로 무술 부대를 동원하여 진압할 정도로 강력히 대응하였다. 4월혁명 기간에 부산지역의 경찰서 가운데 부산진경찰서와 동부산경찰서가 시위 진압에 적극적이었는데, 이는 이 일대가 학생시위가 가장 빈번한 지역이었기 때문이다. 결국 양 경찰서는 시위대의 주요 타격 대상이 되기도 했다.

하지만 부산 학생들의 저항은 선거가 끝난 후 오히려 본격화되었다. 이는 3·15선거가 유례를 찾아보기 힘든 부정선거였던 데다 마산의 3·15의거 소식이 전해졌기 때문이었다. 마산의 3·15의거가 부산의 지역민에게 준 충격은 대단히 큰 것이었는데, 이후 학생시위의 격렬함은 더욱 증폭되었다. 이러한 상황을 배경으로 터져 나온 것이 24일 부산고와 25일 동성고 시위를 비롯한 일련의 가두시위였다.

부산고의 시위는 3·15사태 직후인 17일 무렵 논의되기 시작하였는데, 애초 이 시위는 부산고 단독이 아니라 해동고, 동성고, 부산상고, 부산공고, 경남공고, 남성여고, 동아고 등 부산지역 10여 개 학교의 연합시위로 구상되었다. 이 때문에 시위에 준비된 선언문은 '전 부산 학생 일동' 명의로 작성되었던 것이다.[7] 비록 다른 학교 학생들이 교내에 봉쇄되면서 결과적으로 부산고의 단독 시위에 그쳤지만, 1천여 명이 참여한 시위대가 초량에서 서면까지 벌인 이날의 가두시위는 3·15부정선거 이후 벌어진 최초의 대규모 시위로서 정계에 큰 파문을 일으켰다. 특히 부산고 시위에서는 당시 세간에 일반화된 고위층에 대한 부정적 인식이 잘 드러나고 있은 것이 눈에 띤다. 이날 시위 현장에는 때마침 3·15마산의거를 조사하기 위해 부산에 온 국회조사단 일행이 지나가고 있었는데, 이때 학생들은 이들이 경찰의 호위를 받고 있는 것을 보고 고위층의 차량이라 여기고 투석하여 차량 유리창을 파손하였던 것이다.[8]

이튿날인 25일에는 동성고 학생 3백 명이 쏟아지는 빗속에서 가두

---

7) 부산고등학교 교지, 1960, 70쪽. 이날 시위의 선언문이었던 "동포에게 호소하는 글"의 명의가 '부산고등학교'가 아니라 '전 부산 학생 일동'이었던 이유가 바로 이 것이다.

8) 이날 학생들은 국회조사단의 차량이라는 사실을 모른 채, 막연히 더 높은 지위에 있는 인사들이니 더 나쁜 이들이라는 생각으로 투석했다고 한다. 부산고 박현용 구술.(2010년 민주화운동기념사업회 4월혁명 참가자 구술사업, 면접자 이광욱·김선미)

시위를 전개하였는데, 이는 전날 시도된 연합시위의 연장선에 있는 것이었다. 애초 동성고가 24일 연합시위에 참여할 계획이었다는 점, 부산고 데모에서 사용된 선언문과 결의문을 뿌리며 시위한 점, 부산고와 같은 "경찰은 마산 학생 사살 사건의 책임을 지라", "협잡선거 물리치고 공명선거 다시하자"는 구호를 외쳤던 점을 감안할 때 그러하다.[9] 이런 점에서 24일 서면 일대에서 벌어진 150여 명 학생의 데모와 25일 혜화여고, 경남공고 학생의 야간데모 역시 동성고 데모와 마찬가지로 24일로 기획된 연합시위의 연장선에 있는 것으로 보인다.[10]

이후 시위는 동래 지역으로 번져 부산 4월혁명 최대의 고교생 데모로 기록되는 4월 18일 동래고 시위를 맞이하게 되는 것이다. 이날 동래고는 1천 3백 명 전교생이 동래에서 범일동에 이르기까지 왕복 20킬로미터 가까운 거리를, 무려 6시간 동안 질주하며 가두시위를 벌였다. 경찰은 동래경찰서부터 거제리, 양정, 서면 등 길목마다 방어선을 구축하고 학생들을 저지했지만 시위대는 파죽지세로 저지선을 뚫고 단박에 범일동에 다다랐으며, 연도에는 2만 군중이 운집하여 시위대를 지지 격려했다. 이날 부산에서는 처음으로 최루탄과 공포가 사용되었으며 소방차를 동원하여 학생들에게 붉은 물감을 뿌리고 무장경관을 동원하는 등 폭력적 데모 진압 방식이 구사되었다.[11] 이에 맞서

---

9) 원래 부산고의 데모일은 25일이었는데, 24일로 변경되었다.(부산고 교지, 1960, 76쪽) 따라서 동성고의 경우 원래 데모하기로 한 날 데모한 셈이다. 그것이 24일 데모 기도가 좌절된 때문인지, 아니면 변경된 데모 일정이 동성고에 제대로 전달되지 않은 탓인지는 불명확하다.

10) 24일 서면 범천로터리 광무교와 전포동 일대에서 벌어진 학생 150명의 데모는 아마도 이날 부산고 데모에 호응하지 못한 서면 일대의 고등학교 학생이었을 것으로 생각된다.(『조선일보』 1960년 3월 24일 ; 『부산일보』 1960년 3월 25일) 25일에는 혜화여고 학생 180명이 데모에 돌입하였으나 경찰과 교사들의 제지로 좌절되자 이들 가운데 일부는 7시경 제일제당 부근에서 경남공고 학생 등과 함께 야간 데모를 감행했다. 이들은 흙탕길을 뛰어 달리면서 삐라를 뿌렸다.(학민사 편집실 편, 1983, 145~146쪽)

시위대도 소방차를 파손하고 경찰에 무력으로 저항함으로써 다음날인 19일의 대격전을 예고하는 듯 했다.

이상에서 살펴본 바와 같이 부산지역의 4월혁명에서는 고등학생의 선도성이 두드러졌다. 3, 4월의 반독재투쟁의 과정에서 부산시내 고등학교 가운데 한 번도 참여하지 않은 학교는 한 곳도 없을 정도로 고등학생의 실천은 적극적이고 지속적으로 전개되었다.[12] 이들 가운데 일부 선진적 학생들은 다른 지역의 소식을 접하고 있었으나, 대부분의 학생들은 3 · 15마산의거 이외의 다른 지역 사정을 잘 알지 못하였다. 그러나 그들은 타지의 사정과 무관하게, 스스로 선구적 소임을 자처하며 떨쳐 일어났던 것이다.[13]

이들은 초기에는 개별 학교 단위의 시위를 기도했지만 점차 다른 학교와 연계를 강화하여 갔다. 이러한 연대는 우연히, 일회적으로 진행되다가 점차 지속적 · 계획적으로 진행되었다. 연합시위의 주축이 서면과 부산진 일대 학교였기 때문에 이들 간의 연대를 위한 주요 장소는 범내골 광무교 부근이었다. 3, 4월의 학생시위를 전개하면서 이들은 광무교 아래서 수시로 만나 연합시위를 계획하고 연대의 수준을 높여갔던 것이다. 그 결과 대규모 연합시위의 흐름을 형성했던 것이다.

그리고 연합시위에는 일부이긴 하지만 부산대 학생도 참여하였다. 즉 부산지역 대학가는 초기의 학생시위에 적극적으로 참여하지 못하였지만 일부 대학생은 연합 시위의 계획에 참여하여 지도성을 발휘하

---

11) 동래고 2학년 박순보에 따르면 수안로터리로 가는 길에서 소방차가 붉은 물감을 섞은 물을 시위대를 향해 발사했으며 이에 격분한 시위대가 돌멩이로 소방차의 유리를 부셨다고 한다. 박순보 구술.(2010년 민주화운동기념사업회 4월혁명 참가자 구술사업, 면접자 김선미)

12) 이는 학생시위를 주도한 학생 대부분의 일치된 견해이다.

13) 데레사여고 대대장으로 시위를 주도한 석진희 구술(2010년 민주화운동기념사업회 4월혁명 참가자 구술사업, 면접자 김선미) ; 박현용 구술.

였다.(석진희 구술) 또한 실현되지 못했지만 부산대의 경우 4월 18일 동래고의 시위에 동참하려는 움직임도 있었다.[14] 동아대 역시 비상계엄이 선포된 이튿날인 4월 20일 시위를 기도했지만 경찰에 의해 해산되었다.(『국제신보』 1960년 4월 20일자)

이승만정권의 붕괴 후 부산에서는 대학과 고등학교 학생을 통합한 연합체를 형성하는 과정 전개되는데, 여기에는 이러한 연대가 그 기반이 되었다. 이러한 연대를 바탕으로 부산지역의 학생들은 4월혁명에 지속적이고 적극적으로 참여하였던 것이다.

2) 민중저항의 확산

4월 19일 부산에서는 4월혁명 기간에서 가장 격렬한 항쟁이 전개되었다. 또한 이날은 저항의 주체와 양상이 학생시위에서 민중저항으로 확대된 날이기도 했다. 이날 학생시위의 중심은 경남공고, 데레사여고, 부산상고를 비롯하여 그간의 연합시위를 주도해왔던 학교의 학생들로, 부산지역 4월혁명사상 최대의 연합시위가 벌어진 셈이었다. 이 때문에 이날 시위에서 서면과 범일동 일대는 최대의 격전지가 되었던 것이다.

시위는 오전 11시 무렵 학교를 나선 경남공고 학생들이 범일동 자성대 앞, 서면 제일제당 앞에서 경찰과 격렬하게 대치하면서 시작되었다. 그런데 이날 시위에 대한 경찰의 대응방식은 이전과는 확실히 다른 모습이었는데, 시위대에 무차별 폭행을 가하는 것은 물론이고 실탄 공격을 자행한 것이었다. 심지어 경찰은 후퇴하는 시위대를 향하여 뒤에서 총격을 가하여 자성대 앞에서 시위 도중에 총상 사망자

---

14) 부산대 법대 학생으로 2대악법반대경남학생공동투쟁위원회 위원장을 지낸 최석환 구술.(2000년, 면접자 김선미)

가 발생하기에 이르렀다.(『부산일보』1960년 4월 24일자 ; 부산상업고등학교, 1975, 235쪽)

이러한 경찰의 폭력 진압은 시위에 참가한 학생은 물론 연도에서 지켜보던 시민들의 격분을 자아내기에 충분했고, 이후 확대되는 시위대에는 학생뿐 아니라 시민이 합류하여 분노의 물줄기를 형성했다. 이전과 달리 이날의 시위는 시간이 흐를수록 대열이 더욱 확대되고, 시위의 양상 역시 적극적이고 공세적으로 되어갔던 것이다. 2시경 서면로터리에 모인 수천 명의 시위대가 부산진경찰서를 향하여 돌을 던지기 시작하자, 경찰은 수류탄과 기관총을 난사하며 응사하였고 이에 격분한 군중들은 경찰 짚차와 소방차, 트럭에 불을 지르며 저항하였다.[15] 결국 버티지 못한 경찰이 경찰서를 비우고 퇴각하면서 경찰서는 군중에 의해 점거되어 파괴를 면치 못했다. 이 과정에서 경찰의 총격으로 많은 사상자가 발생했으며, 연기와 총성으로 뒤덮인 4월 19일 하오의 서면 일대는 마치 전쟁터를 방불케 했던 것이다.(박순보 구술)

4월 19일 오후 5시 서울, 부산, 대구, 대전, 광주에 비상계엄령이 공포되고, 부산계엄사무소장으로 박정희 소장이 임명되었다. 박정희는 강력한 경고와 선무활동을 함께 하는 강온 양면 작전을 구사함으로써, 시위는 소강상태로 접어드는 듯했지만, 26일 대학교수단 데모와 노인 데모를 선두로 시위는 재점화 되었고 더 높은 곳으로 가파르게 치달았던 것이다.

26일의 부산의 시위는 아침 9시경에 전대미문의 노인 데모로 시작하였다. 동구에서 시위를 시작한 노인 데모대는 "이승만 대통령은 즉시 물러나라", "살인경찰을 엄벌하라"는 구호를 외치며 도심을 향해

---

15) 『부산일보』1960년 4월 20일. 이날 경찰이 난사한 총탄이 부산상고의 벽돌담에 작렬하였다.(조병효, 1991, 86쪽) 현재 부산상고는 교명을 개성고등학교로 바꾸고 교사를 이전하였으므로 그 흔적은 찾아보기 어렵다.

시위를 감행했다. 이 신기한 데모에 시민들이 합세하면서, 도심에 이르렀을 때 데모대는 이미 수십만을 헤아렸다. 데모대가 부산시청과 경남도청을 포위하자 이미 계엄사는 데모 진압은 엄두를 내지 못하였다. 오로지 평화적 시위를 주문할 뿐이었다.(『국제신보』 1960년 4월 26일자)

이어서 오후에는 부산지역 대학교수단 데모가 시작되었다. 오후 1시 부산대 의대 교수들과 동아대 교수단은 각각 하루 전인 25일에 있었던 서울의 대학교수단이 채택한 선언문 14개 항목을 지지하는 결의문을 내고 도심과 간선도로를 따라 가두시위에 들어갔다. 교수단의 데모에는 두 학교의 학생과 간호원들이 동참하였으며 십만여 시민이 지지와 박수로 환영했다.(『부산일보』 1960년 4월 27일자) 이날의 시위는 정권 퇴진을 바라는 부산지역민의 의사를 정확히 드러내는 것이었고, 수십만의 시민이 시위대와 하나가 됨으로써 이제 시위대와 일반 시민의 구별이 의미가 없어졌음을 보여주는 것이었다.

이런 가운데 이승만 사퇴성명 소식이 알려지면서 부산에서는 환호와 함께 그간 누적되었던 권력에 대한 불만이 폭발적으로 표출되었다. 그것은 그간 원성의 대상이 되었던 권부에 대한 폭력적 양상으로 나타났다. 가장 일차적으로 시위대의 습격을 받았던 곳은 경찰서와 파출소였다. 이승만정권 아래서 경찰은 부패와 폭력으로 얼룩진 정권을 지탱하는 제일선이자, 그런 정권의 정체성을 가장 잘 체현하는 곳이었기 때문이다. 이 때문에 시내 경찰서는 예외 없이 모조리 시위대의 습격을 받았는데, 특히 동부산경찰서, 부산진경찰서, 영도경찰서와 관내의 파출소는 가장 심각하게 파괴되었다. 이곳에서는 데모대의 습격으로 경찰이 도주하여 텅 빈 경찰서와 파출소가 즐비할 정도였다. 자유당 또는 자유당 민의원 관련 기관, 반공단체 사무실도 습격을 받았으며, 도지사 관사도 파괴되었고, "악질 부산시장을 죽여라"는 외침과 함께 시장의 집은 전소되었다. 이외에도 시위 진압에 동원된 소방서, 구청, 부패한 사학 재단의 이사장 등이 타격 대상이 되었다. 일시적이긴 하지만 치안은 완전히 마비되고 말았던 것이다.(『부산일보』 1960년 4월 26일자 ; 『국제신보』 1960년 4월 27일자)

그런 가운데서도 영도 일대의 파괴 양상은 특히 심한 편이었다. 영도에서는 영도경찰서와 관내 6개 파출소가 모조리 파괴되었고, 경찰관들은 모두 달아났다. 악명 높던 자유당 민의원 이영언의 집은 산산이 부서졌으며, 자유당 영도갑·을구 당부사무소, 영도구청, 영도소방서, 반공청년단 영도을구 당부사무소, 영선1·2동사무소까지 완전히 파괴되었던 것이다. 이는 민의원 이영언을 필두로 하여 경찰과 관료 등 지역 권력의 횡포가 워낙 자심했던 데 기인한 것으로, 평소 억눌린 이 지역 민심이 적나라하게 터져 나온 사례라고 할 수 있다.[16]

또 한 가지 부산지역 4월혁명의 특징으로, 타 지역의 시위를 지원하기 위한 원정 데모가 있다. 마산과 같은 경우는 예외였지만, 대부분의 원정 데모는 해당 지역의 시위 역량이 부족하여 지원이 필요한 곳이었다. 김해, 밀양, 창원, 합천 등 경남 일원이 주로 대상 지역이었다. 원정 데모의 주요 양상은 경찰서, 관공서, 자유당사 등 이승만정권을 떠받치고 있던 관변 단체의 시설들을 공격하는 것이었다.(『국제신보』 1960년 4월 27·30일)

이상과 같이 4월 19일을 경계로 부산의 4월혁명은 학생시위에서 민중저항으로 성격의 변화를 보이고 있다. 그런데 이러한 변화는 동시에 시위 양상의 폭력화를 포함하는 것이기도 했다. 4월 19일 부산진경찰서 방화를 비롯하여, 4월 26일 시내 전역을 휩쓴 권력 기관에 대한

---

16) 이영언은 깡패를 동원하여 상대 후보의 선거등록을 저지함으로써 자신의 무투표 당선을 이끌어낼 정도로 폭압을 일삼았고, 이런 이영언의 악행은 당시 영도뿐 아니라 전국적으로 알려진 바였다. 김정섭 구술.(2010년 민주화운동기념사업회 4월혁명 참가자 구술사업, 면접자 이광욱·김선미)

습격과 파괴, 원정 데모가 그것이었다. 이 시기의 폭력 시위에 대해 계엄사령부는 학생은 가담하지 않았다고 발표했다.(『국제신보』 1960년 4월 22일자) 하지만 실제로는 상당수의 학생들이 시위대에 폭력을 구사하고 총기를 난사하는 경찰 및 공권력에 대한 극도의 분노를 가지고 있었기 때문에 경찰과 경찰관서에 대한 공격은 당연한 일이었던 것이다.[17] 다만 학생시위의 지도부 역시 폭력 데모에 대해 대체로 부정적인 입장을 가지고 있었던 상황에서(석진희 구술 ; 박현용 구술 ; 김정섭 구술) 폭력 시위의 물리적 주도성은 학생 이외의 부분이 행사했을 가능성이 높다고 본다.

한편 시위가 민중저항으로 확대되면서 도시 내의 다양한 집단이 참여하게 되는데, 여기에는 앞서 말한 바와 같이 노인과 부녀자 등도 포함되었다. 이 가운데 구두닦이, 전차표 파는 사람, 음식점 종업원, '양아치'라 불리는 넝마주이, 엿장수 등 도시빈민의 참여가 눈에 띤다. (『국제신보』 1960년 4월 21 · 22일 ;『부산일보』 1961년 4월 22일자) 대도시라는 부산의 특성상 4월혁명에는 다수의 도시빈민이 참여한 것이다. 특히 구두닦이, 넝마주이들은 인상적인 외형 때문에 많은 이들의 이목을 집중시켰다.(김상찬 구술 ; 장제모 구술) 이들은 4월 19일 부산진경찰서 습격에 적극적으로 참여하였다.(천순주 구술) 그 양상을 구체적으로 추구할 수 있는 단서는 많지 않지만 이들이 4월혁명의 일부였음은 분명했으며, 이는 부산지역 4월혁명의 특징 가운데 하나였던 것이다.

---

17) 데레사여고 3학년으로 가두시위의 중심인물이었던 천순주는 자신도 부산진경찰서에 대한 투석에 적극적으로 참여했다고 한다.(석진희 구술에 참여. 2010년 민주화운동기념사업회 4월혁명 참가자 구술사업. 면접자 김선미) 항도고 3학년으로 학생시위 지도자였던 이형호도 경찰의 무차별 총격으로 시위대의 희생이 확산되자 이를 막기 위해 경찰서 앞의 트럭에 불을 질렀다고 한다.(이형호 구술)

3. 4월혁명의 고양과 민주화운동의 전개(4 · 26~7 · 29)

1) 부산지역 민주세력의 조직화

이승만정권의 붕괴 이후 국면은 새로운 정부의 수립과 사회 전반에 걸친 절차적 민주주의의 확보를 위한 사회 각 분야의 광범한 민주화의 전개로 나아갔다. 이는 정치적으로는 새로운 국회 구성을 위한 총선의 실시와 개헌을 통한 권력 구조의 재편이었고, 사회 각 부문에서 비민주적 요소를 척결하고 새로운 민주제도를 형성하는 노력으로 전개되었다. 특히 부산지역에서는 교육, 노동, 청년, 학생, 노인 등 다양한 부문에서 민주세력의 조직화 사업이 진행되었다. 이러한 과정은 그 자체로서 비민주적 요소의 척결과 민주적 절차를 마련하기 위한 노력의 일환으로 자리매김 되었으며, 이렇게 조직된 역량을 기반으로 민주화운동을 활발하게 전개하였다.

먼저 민주 역량의 조직화 과정을 살펴보면 다음과 같다. 가장 먼저 가시적 움직임을 보인 것은 혁신계였다. 혁신계란 단독정부 수립에 반대하여 제도 정치권 바깥에 있던 재야 정치인과 진보적 지식인 그리고 진보당 출신 정치인을 포괄적으로 이르는 표현이다. 이들 가운데는 근본적인 사회 변혁을 지향하는 집단이 포함되어 있는 등 내부적으로 다양한 편차가 있어서 일률적인 기준으로 평가하기 어려운 부분이 있다. 하지만 이들은 점진적이든 급진적이든 기존 사회체제의 궁극적 변화를 추구하며, 극단적인 반공 이념과는 다른 차원에서 남북의 실체 인정과 교류 · 협상을 주장한다는 면에서 공통점이 있으며, 이들 가운데 상당수는 8 · 15 직후의 중간파 세력을 연원으로 하고 있다는 데 특징이 있다.

부산지역 진보 진영은 8 · 15와 한국전쟁을 거치며 형성되었다. 이들은 주로 경상남북도 출신으로 국내외에서 항일운동을 전개한 인물들인데, 8 · 15 이후 부산에서 활동을 재개하거나 또는 한국전쟁 때 임시수도가 된 것을 계기로 부산에 머무르게 되었다. 이들이 부산에 정착한 계기는 다양했지만, 대도시라는 조건이 활동에 유리할 것이라는 점이 크게 작용하였다. 여기에 1950년대 중반의 진보당 인맥이 더해졌다. 이들은 이승만정권기의 억압적인 정치상황 아래서 은인자중 암중모색하며 지내고 있던 터수였다.(김선미, 2000)

4월혁명으로 새로운 정국이 도래하자 이들은 이승만정권 아래 억압적이고 통제적인 정치상황 아래서 봉쇄된 민족적 · 민주적 · 진보적 정치를 수면 위로 올렸던 것이다. 이 가운데 단독정부 수립 반대운동에 참여했던 인사들과 진보당 관련 인사 70여 명은 4월 29일에 한국혁신세력집결촉진회를 결성했다.(『국제신보』1960년 5월 1일자) 이들은 과거에 한독당, 민족자주연맹, 사회당, 근로인민당, 신생회, 민독당, 진보당 등에 참여했던 인물들로, 새로운 정치국면의 도래에 부응하여 혁신세력의 총집결을 촉구하며 나섰던 것이다. 혁신세력집결촉진회는 격문 및 성명서와 함께 국가보안법 폐지와 전 국민적 차원의 활발한 통일논의를 주장하는 결의문을 채택하면서 활동을 시작하였다.[18] 이들은 5월 윤우현, 김철을 비롯하여 김용겸, 송세동, 김재봉, 신영갑 등의 주도로 사회대중당 경남도당 결성주비위원회가 조직됨으로써 본격적인 체제를 정비하였던 것이다.[19]

---

18) 의장에 선출된 尹于鉉은 1946년 한독당 중앙위원을 역임하고 1948년 남북협상회담에 참여한 인물이다. 심사위원 金哲은 1948년 민족자주연맹 중앙위원, 1956년 진보당 경남도당 기획위원장을 지냈다. 한국혁명재판사편집위원회, 1962, 793~794쪽.

19) 김용겸은 민독당, 민족자주연맹, 사회당(조소앙)에서 활동한 인물로 4월혁명 당시 현직 변호사였다. 신영갑은 1933년 경남적색교원노조에서 활동하고, 1945년 창녕 길곡면인민위원회를 조직한 후 조선공산당에서 대중조직과 노동운동에 종사했다. 이상은 한국혁명재판사편집위원회, 1962, 658쪽 ; 증언 신영갑/대담 오

한편 이와는 다른 갈래에서 진보적 청년층을 조직화하는 움직임도 전개되었다. 이를 주도한 것은 부산대 정치학과 교수 이종률이었다. 그는 일제하 신간회 동경지회와 8·15 직후 백남운의 조선학술원 창립에 참여한 인물로, 한국전쟁 시기에 정전운동을 전개하던 끝에 부산에 정착하였다.[20] 이후 이종률은 부산대와 동아대 정치학과를 거점으로『국제신보』논설주간,『영남일보』편집국장 등을 역임하면서 지역 내의 지식인 그룹과 대학가에 큰 영향을 미치면서 민족혁명론 학맥을 형성하였다.[21]

4월혁명으로 새로운 정치국면이 전개되자, 5월 초에 이종률은 자택에 기거하던 제자들에게 새로운 정치투쟁을 전개함에 이를 뒷받침할 청년단체의 결성을 제의하였다. 6월 12일 부산상공회의소에서 결성된 민주민족청년동맹(약칭 민민청)은 그 결과이다. 결성대회에서 민민청은 민족혁명론의 입장에 선, 반둥체제의 非蘇非美 자주적 중립성을 자신의 노선으로 선언했다. 현직 교사와 기자 등 지역 엘리트와 무산청년층을 기반으로, 청년단체의 정치도구화를 반대를 내세운 민민청의 결성은 이승만정권하의 청년단체가 정치세력의 별동대로서 지녔던 부정적 이미지와 대조를 이루면서, 지역 청년계에 신선한 바람을

미일, 1992, 305쪽.

20) 이종률은 경북 의성 출신으로, 1924년 공학회 창립을 주도, 경성청년회 창립에 참여 후 1926년 일본 와세다대학에 진학하여 동경조선인단체협의회와 신간회 동경지회 결성에 참여, 이듬해 귀선하여 학생맹휴옹호전국동맹사건으로 옥고를 치렀다. 1931년 사회실정조사소를 설립하고 기관지『이러타』를 경영하다가 1933년 형평청년전위동맹사건과 '경성제대 미야께교수 적화공작사건'에 연루되어 3년여의 혹독한 고초를 겪었다. 8·15 후 단정반대투쟁을 전개했다. 민족일보 초대 편집국장을 지냈으며 민족일보라는 제호를 정한 것도 그였다. 이종률에 대해서는 전명혁, 2005 ; 이호룡, 2006 ; 김승, 2006 ; 김선미, 2008 참고.

21) 앞서 말한 후진성극복학생연구회는 이종률의 한국사회론인 '후진성지역론'을 논리적 기저로 했다. 또한 이종률은 1950년대 중반에 민족문화협회를 조직하여 양심적 지식인들의 결속을 다지는 활동을 전개하였다.

불러일으켰다.[22]

　이승만의 퇴진을 반긴 것은 4월혁명에 앞장섰던 학생들도 마찬가지였다. 정국의 변화에 대한 학생들의 대응은 다양하게 나타났다. 거리청소나 경찰서와 관공서 복구 등 4월혁명의 열기 속에서 파손되거나 어지럽혀진 공공시설 정비에 앞장서기도 하고, 경찰의 도주로 공백이 된 일선 경찰서의 치안 회복에 힘을 보태기도 했으며, 시위 과정의 희생자를 돕는 위령사업에 참여하기도 했다.[23] 그러나 정권 퇴진 후 학원의 가장 큰 이슈는 아부교사 퇴진을 주장하며 전개된 학원민주화운동이었다. 이는 자유당을 도와 선거운동에 나서거나 학생시위를 강력하게 제지한 교사들을 퇴출시키기 위한 것으로 부산공고, 경남고, 경남상고, 경남중학, 영남상고, 부산여고 등 시내 여러 학교에서 격렬하게 전개되었다.(『국제신보』 1960년 4월 30일·5월 2, 3, 4일 ; 『부산일보』 1960년 5월 2, 3, 4일)

　학원 민주화를 위한 노력은 대학가에서도 진행되었다. 이는 부산지구 대학교수단의 결성과 후진성극복학생연구회를 중심으로 진행되었다. 5월 1일 부산지역의 대학 교수 3백여 명은 부산 의과대학 강당에 모여 ‘학원의 민주혁명’을 촉구했다. 이는 대한교육회와 학도호국단의 해체와 민주적 교육단체의 설립 등을 중심으로 하는 제반 제도 개혁을 요구한 것이었다.(『부산일보』 1960년 5월 1일자 ; 『국제신보』 1960년 5월 1일자) 학생들의 경우 후진성극복학생연구회(약칭 후연회)를 중심으로 하였는데, 후연회는 수산대, 동아대, 부산대 연합의 학생운동

---

22) 4월혁명 시기에 전국적으로 청년조직의 활동이 활발했지만, 결성대회를 치르고 명부가 존재한 청년단체는 민민청이 유일했다. 민민청의 결성과 정치지향은 김선미, 2000 참고.

23) 경찰서 경비는 계엄사의 요청을 받은 대학생이 담당했는데, 여기에 동래고 등 일부 고등학교 학생들도 참여했다.(이종문 구술, 2010년 민주화운동기념사업회 4월혁명 참가자 구술, 면접자 김선미) 이외의 관련 내용은 『국제신보』 1960년 4월 27, 28, 29, 30일 참고.

조직으로 4월혁명의 과정에서 고등학생과 급속히 결합하였던 것이다.(이형호 구술 ; 최석환 구술 ; 김선미, 2000) 대학에서도 부산대, 동아대, 수산대, 부산연세대, 해양대 등 그간 친정부적 입장을 견지한 각 대학의 총장 퇴진운동이 전개되었다.(『국제신보』1960년 4월 22, 28 · 5월 2, 3일 · 9월 13, 14일 ;『부산일보』1960년 5월 3, 4일, 9월 12, 14일)

이승만의 퇴진 후 정가의 당면한 문제는 내각책임제로의 개헌과 새로운 국회의 구성이었는데, 문제는 그 시점이었다. 이에 이승만정권 하에서 구성된 당시의 국회가 개헌의 주체가 될 수 없다는 여론이 비등하였다. 하지만 기득권에 연연한 국회가 개헌 후 총선을 고수하자, 이에 반대하는 시위가 경향 각지에서 벌어졌다. 부산에서도 개헌 전 국회 해산을 요구하는 가두시위가 전개되었는데, 여기에는 부산지역의 대학과 고등학교 심지어 중학교까지 포함하여 학원가가 총동원되다시피 하였다. 5월 1일 부산지역 대학 교수 3백 명은 학원 민주화를 촉구하는 선언문에 국회 즉시 해산 요구를 명시하였다. 이를 시작으로 5월 2일 2만여 명의 중 · 고등 · 대학생이 무려 7시간 동안 가두시위를 벌였으며 시위는 이튿날인 3일에도 이어졌다.[24] 부산지역의 국회 해산 요구 가두시위는 정가에 큰 파문을 던졌던 것이다.

이러한 과정에서 학생층의 조직화가 진행되었다. 고등학교의 경우 3, 4월의 가두시위를 조직하는 과정에서 부산 경남 일원의 연대가 강화되면서 조직적 기반이 마련되었다. 이는 대학가의 후연회와 연계하면서 자연스럽게 경남지역 대학과 고등학교를 포괄하는 경남학생총

---

24) 가두시위에 참여한 학교는 다음과 같다. 부산대학교, 동아대학교, 부산사범대학, 부산연세대학, 항공대학, 경남여고, 경남상고, 부산여상, 동아고, 부산사범학교, 남성여고, 부산상고, 해동고, 부산남고, 북부산고, 덕성여고, 항도중 · 고교, 금성중 · 고교, 동성중 · 고교, 혜화여중 · 고교, 경남중학, 부산중학, 개성중학, 영남상고 부중, 남도여중, 훈성여중. 시위에는 전포동 대동경로회 회원인 노인 70여 명도 참여하였다. 『국제신보』1960년 5월 1, 2, 3, 4일 ;『부산일보』1960년 5월 2, 3, 4일 ;『조선일보』1960년 5월 2, 3, 4일 ;『동아일보』1960년 5월 3일.

연합회의 조직으로 전개되었다.(이형호 구술 ; 최석환 구술) 이는 이 듬해인 1961년 3월 27일 부산 경남의 모든 대학과 고등학교 대표들로 구성된 경남학생총연합회로 결실을 보게 된다.(『국제신보』 1961년 3월 30일자)

이 시기 부산지역의 특징으로 노인 조직의 출현을 들 수 있다. 1950년 대 부산에는 일제하에서 항일운동을 전개하고 8·15 직후에 정당 사회단체에서 활동한 경력을 지닌 원로들이 다수 존재하고 있었다. 이들은 정순종, 권손, 최천택, 유혁 등이 중심이 되어 1960년에 '부산노인구락부'를 조직하였다. 부산노인구락부는 4월혁명을 거치는 과정에서 경남으로 조직 범위를 넓히는 동시에 구락부라는 명칭을 바꾸어 '경남노인회'로 개칭하게 되었다.(『국제신보』 1960년 10월 15일자)

경남노인회는 친일 경력이 없고 통일을 지향하는 인식을 가진 사람이라면 모두 환영하였고, 달리 가입에 제한을 두지 않았다. 이에 다양한 편력을 지닌 인물들을 모으는 데 성공함으로써, 한때 참여 인원이 1천 2백 명에 이르렀다. 경남노인회는 『민생시보』라는 주보(週報)를 발행하기도 했는데, 당시 『부산일보』의 주필이었던 손풍산이 이를 맡아 주관하였다.25) 노인층은 그 특성상 통일문제에 대한 관심과 열의가 다른 어떤 계층이나 집단에 비하여도 월등히 높았다. 이 때문에 경남노인회는 통일운동에 적극적으로 앞장서게 되는데, 여기에 필요한 실무적 지원은 민민청의 청년층이 담당하였다.

2) 민주화운동의 전개

4월혁명은 노동운동에 새로운 희망을 불러일으켰다. 노동계는 3, 4월

---

25) 유혁 구술.(2000년 6월 19일, 면접자 김선미) 손풍산은 카프 출신 문인으로, 이 무렵 언론인으로 활동하였다.

의 민중저항에 적극적으로 참여하지 못했지만 이승만 권의 붕괴 이후 조성된 정국을 기반으로 활발한 활동을 전개하였다. 이 시기의 노동운동은 노동쟁의 발생과 노동조합 결성이 비약적으로 증가하고, 어용노조를 규탄하는 노조 민주화운동이 활발한 전개되었으며, 교사와 언론인 노조가 결성되고, 노동법이 대상으로 하지 않던 실업자구호 문제가 포함되면서 노동운동의 범주가 확장되는 등 자못 활성화되었다. 이런 가운데 부산지역의 노동운동에서 가장 활발한 활동을 보인 것은 교원노조와 부두노조였다.(박현채, 1988, 166~167쪽 ; 이동일, 2000, 84쪽)

이승만의 퇴진 후 교육계에서도 비자주적이고 반민주적인 교육 현실에 대한 의분이 터져 나왔다. 이는 친일 교육자가 청산되지 않고, 부정과 비리가 만연하며, 선거운동에 교사를 동원하는 등 이승만정권 아래 교육계의 현실에 대한 일선 교사들의 비판의식을 반영한 것이었다.[26] 그리고 이것은 이승만의 퇴진 성명 후 밀어닥친 학생들의 어용교사 축출 요구와도 맥을 같이 하는 것이었다.(『국제신보』 1960년 4월 30일 · 5월 1, 2, 3, 4, 6, 13일 ; 『부산일보』 5월 2, 3, 4, 12, 28일) 즉 4월혁명에서 학생들이 보여준 희생과 실천은 교사들의 통렬한 반성을 불러일으켰다. 이는 교육계의 질곡을 척결하는 데 교사들의 과감한 결단이 필요하다는 인식으로 귀결되었던 것이다. 이러한 교육현장의 인식을 바탕으로 기존의 관제단체인 대한교육연합회를 해체하고 한국교원노동조합을 설립하려는 움직임이 활발히 전개되었다.

이러한 움직임의 진원지는 경상남북도였다. 5월 7일 대구에서 초 · 중등 교원들이 교원노동조합의 횃불을 치켜든 데 이어, 부산에서도 5월 15일과 21일 부산지구교원노동조합(중등)과 부산초등교원노동조합을

---

26) 김홍주 구술(2000년 3월 28일, 면접자 김선미) ; 이태길 구술.(2004년 민주화운동 기념사업회 구술사업, 면접자 김선미) 특히 부산에서는 최고 명문고인 경남고교 교장 추월령의 친일 행적이 크게 문제시되었다.

각각 결성하여 전국적인 교원노조 단체의 출범을 촉구하였던 것이다. 이에 서울을 비롯한 경기, 충남, 전남북, 제주에서 교원노조가 조직되면서 7월 29일 '한국교원노동조합연합회'라는 명실상부한 전국조직의 연합체를 완성하였다. 이 과정에서 경상남북도는 전국 조직의 결성을 추동하는 데 결정적 역할을 수행했으며, 전체 조합원의 80% 이상, 전체 조합 수의 74% 이상을 차지하는 압도적 비중을 차지하였다.[27] 이후 부산 경남의 교원노조는 8월 2일 경남교원노조연합회로 조직을 단일화했다.[28]

하지만 장면정권의 문교부장관 이병도는 교원노조를 인정하지 않았고, 따라서 노조 설립 허가증을 교부하지 않는 태도로 일관했다. 이에 교원노조설립운동은 합법화투쟁으로 전환하였고, 이는 지역 사회의 민주 세력과의 연대 속에서 진행되었다. 부산 경남에서는 학생과 학부형을 비롯한 지역 사회 구성원들의 절대적 지지 속에서 교원노조합법화투쟁이 진행되었다.[29] 이듬해인 1961년 2월 5일 각계의 민주 인사들로 결성된 교원노조합법성쟁취공동투쟁위원회가 개최한 교원노조합법성쟁취 도민궐기대회에는 학생 대표와 노동계, 법조계, 청년 단체, 언론계, 학계 인사들이 참여하여 교원노조에 대한 지역 내 민주 세력의 열렬한 성원을 표명하였다.(『국제신보』 1961년 1월 29일 · 2월

---

27) 한국교원노조총연합회 조합원 19,883명 가운데 경남북의 조합원 수는 각각 8,145명과 8,042명이고, 조합 82개 가운데 경남북의 조합 수는 각각 26개와 35개였다. 이목, 1989, 64쪽 ; 『부산일보』 5월 15, 22, 23일 ; 『국제신보』 5월 15, 22일.

28) 이날 선출된 임원은 다음과 같다. 위원장 이종석(부산 남성여고), 부위원장 황낙규(마산초교), 박운백(부산고), 김영근(남해초교), 김창범(부산초교), 이봉발(마산고), 총무 이덕우(수정국민교), 조직 김갑룡(성남국민교), 선전 신소야(경남고), 조사 은인기(배정중고), 섭외 황영규(동신국민교), 법규 김대상(해동고), 여성 박덕선(중앙국민교), 쟁의 김우현(원예고), 후생 강신문(좌성국민교), 문화 왕준권(경상고). 『국제신보』 8월 2, 3일 ; 『부산일보』 8월 2일.

29) 교원노조 사무실에는 지지와 격려를 위한 학부형의 방문이 이어졌다고 한다.(김홍주 구술, 2000)

4, 5일 ;『부산일보』2월 4, 5일) 이렇게 전개된 교원노조설립운동은 부산지역 4월혁명의 가장 특징적 측면을 형성하는 것이었다.

교원노조와 함께 4월혁명 시기 부산지역의 노동운동에서 가장 활발한 활동을 보인 것은 부두노동조합이다. 1950년대 중반에 부산부두노조는 2만 명의 조합원을 거느린 가장 큰 규모의 단위노조였다. 이 때문에 대한노총에서 부산부두노조가 차지하는 위치는 확고한 것이었다. 1954년 부산부두노조 위원장이 된 김기옥은 부산부두노조가 가진 이러한 지위를 바탕으로 대한노총 최고위원, 대표위원을 거쳐 1958년 대한노총 위원장에 오를 수 있었다. 이후 부산부두노조는 완전히 김기옥의 사조직으로 전락하여 비리와 폭력의 온상이 되었다. 노동자의 임금 착취와 임금 횡령, 임금 협상을 부정하게 체결하는 등의 파행적 운영을 서슴지 않았다. 1959년에는 부산부두노조 간부 가운데 김기옥 반대파들이 김기옥 반대운동을 전개하기도 했다. 하지만 자유당 부산 동구 갑구 당위원장으로, 경찰을 비롯한 공권력의 비호 아래 있던 김기옥에 의해 도리어 폭력적으로 파괴당하였다.

그러나 4월혁명의 공간에서 반김기옥 투쟁은 다시 터져 나오게 되었다. 4월 26일 이승만 사퇴성명이 발표되자 부산부두노조 집행부도 덩달아 퇴진하였다. 그러자 바로 다음날인 27일 격분한 부두노동자를 중심으로 하는 군중들이 동구 초량동에 있는 김기옥의 집을 습격하였다. 이들은 "노동자를 착취하는 자는 없애라"는 구호를 외치며 김기옥의 집과 가재도구를 파괴하는 것으로 그간의 억눌린 심정을 일부나마 토해냈던 것이다.(『국제신보』;『부산일보』1960년 4월 27일자)

김기옥 일파가 퇴진한 부산부두노조는 새로운 전기를 맞이하게 되었다. 5월 18일에 수습 대의원대회를 통해 전병문, 박인근 등을 집행부로 하는 집단 지도체제가 구축되었다. 새로이 구성된 집행부의 임무는 김기옥의 잔재를 쓸어내고 부산부두노조를 민주노조로 전환시키는 것이었다. 부두노조 민주화의 상징은 노조 간부를 충원하는 반장을 임명제에서 선출제로 바꾼 것이었다. 이는 전국 부두노조에서 처음 시행된 사례로서, 실로 획기적인 변화였다.(이동일, 2000, 88~89쪽) 이제 반김기옥 투쟁은 부산부두노조의 민주화라는 의의를 새로이 부여받게 되었던 것이다. 또한 이러한 과정은 인천, 군산, 목포 등지의 부두노조의 민주화 과정과 함께 진행되었다.

하지만 권토중래를 노리는 김기옥계 노조원들의 반격 또한 만만치 않았다. 이후 부산부두노조는 한편으로 부두노동자의 생존권 보장을 위한 투쟁을 전개하면서 다른 한편으로 부두노조의 재장악을 노리는 김기옥계 노동자들의 반격을 맞아 힘겨운 투쟁을 전개하였다. 이 와중에서 5·16쿠데타를 맞아 전국의 모든 노조가 해체되면서 부산부두노조의 민주화투쟁은 막을 내리게 된다. 하지만 노동조합의 간판 아래 노동자를 착취하던 노조 간부를 몰아내고 민주 노동조합을 쟁취하고, 반장 선출제를 통해 자주적인 노동조직 건설의 가능성을 보여준 부산부두노조의 성과는 노동운동사에서 4월혁명이 가지는 의미를 평가할 때 빠트릴 수 없는 것이라 하겠다.

한편 이승만정권이 붕괴하자 이승만정권기의 민간인 학살의 진상규명에 대한 요구가 들끓기 시작하여 각지에서 피학살자유족회가 조직되었다. 그 중심은 한국전쟁 시기 보도연맹 관련자 학살 사건이었다. 부산은 수적으로 피해가 컸을 뿐 아니라 학살 과정도 매우 잔혹하여 피해가 가장 심한 지역 가운데 하나였다.[30] 이에 1960년 5월 27일

---

30) 보도연맹원에 대한 학살은 경상도가 가장 심했다. 이는 개전 후 단시간에 낙동강까지 전선이 밀렸기 때문에 이외의 지역에서는 학살의 시간적 여유가 적었기 때문이다. 더구나 중부지방에서 보도연맹원 중 일부가 인민군에 동조하여 우익 인사의 처형에 앞장섰다는 소문이 퍼지면서, 군과 경찰의 경계심이 극에 달한 상황에서 학살이 저질러졌다. 특히 부산에서는 마산 등 다른 형무소에서 이감되어온 사상범이 부산형무소에 대거 수감되어 있어서 많은 인명피해가 발생했다. 김기진, 2004, 97~98쪽.

민주당 국회의원인 박찬현이 국회 본회의에서 특무대가 만 명 이상의 민간인을 기관총으로 학살하고, 철사에 손을 묶어 트럭에 실어 바다에 수장하였다고 주장하면서 지리산지구 양민학살사건 국회조사단의 활동 범위 내에 부산시내 양민학살사건도 조사 범위 내에 넣어줄 것을 요청했다.(『국제신보』 1960년 5월 27일자 ; 『부산일보』 1960년 5월 27일자) 하지만 전국 각지에서 유족회의 활동이 활발했던 4월혁명 시기에도 부산에는 유족회가 결성되지 않았다. 이에 국회 양민학살사건 진상조사특위도 부산지역에 대해서는 전혀 조사하지 않았다.

다만 동래군에서는 1960년 8월 28일 부산 상공회의소에서 출범한 경남유족회에 참여하고, 9월 5일 동래유족회를 조직하는 등 활발한 활동을 전개하였다. 그 결과 동래에서는 동래컨트리클럽, 회동수원지 입구, 고리 원자력발전소 뒤, 반송동 운봉마을, 해운대구 우동 산기슭 등지의 암매장지에서 713구의 유골을 발굴하는 성과를 거두었다. 이는 피해 신고 접수자 360명의 2배를 넘는 것이었다. 동래유족회는 10월 28일 연제구 화지산 능선에 합동분묘를 만들고 위령비를 건립하고 합동위령제를 거행하였다. 하지만 이듬해 5·16쿠데타로 권력을 잡은 군부는 유골 발굴과 합동위령제를 '반국가행위'로 간주하고, 합동분묘를 파헤쳐 화장하고 위령비는 파괴하였으며 사진 등 관련 자료 일체는 압수하였다. 이로 인해 동래유족회의 총무 송철순은 3년 7개월 동안 수형생활을 겪어야 했으며, 학살에 대한 기록은 정권에 의해 대부분 폐기되고 말았다. 하지만 4월혁명 시기의 이러한 활동은 2000년 '부산·경남유족회' 결성과 이후 진행된 부산지역 피학살자 유골 발굴의 토대가 되었다.[31]

---

31) 현재 부산에서는 사하구 구평동 일대, 영도구 동삼1동 미니공원 일대, 중구 영주동 부산터널 위 야산, 서구 암남동 혈청소 앞 해상, 동래, 구포읍 등지에서 유골이 발굴되었다. 김기진, 2004, 111~120쪽.

이상과 같이 4월혁명 시기 부산지역에서는 혁신정계를 비롯하여 학생층이 조직화되었고, 청년단체가 결성되어 지역 청년계를 선도하고, 자주적 통일운동을 내세운 노인단체가 출현하였으며, 교육현장의 통렬한 각성의 결과물로 교원노동조합이 출범하였고, 노동운동이 약진하였다. 또한 이들 각 단위들은 그물망처럼 상호 연계하여 활발한 활동을 전개하였다. 즉 혁신정계와 민민청은 경남학생총연합회와 후연회 등을 통해 학생층에 지도성을 발휘하고, 교원노동조합운동을 열렬히 지원하였으며, 경남노인회와 함께 각종 민주화운동과 자주화투쟁을 전개하는 구심을 형성하게 되는 것이다.

4. 민족자주통일중앙 및 경남협의회와 통일운동의 전개(7·29~5·16)

4월혁명 시기는 한국현대사를 통틀어 통일문제가 가장 격렬하게, 가장 전면적이고도 구체적으로 제기되었던 시기이다. 이는 4월혁명이 단순한 부정선거에 대한 저항이 아니라 이승만정권으로 상징되는 반민족적이고 비자주적인 현실에 대한 총체적 거부라는 것을 보여주는 대목이다. 따라서 관제 통일운동으로 통일논의를 봉쇄하고 있던 폭력적인 권력의 몰락은 그 자체로 통일에 대한 열망을 복권시키는 결과를 초래하였다. 이는 통일논의의 활성화를 내용으로 하는 격렬한 통일운동의 분출로 나타났다.[32]

통일과 관련한 논의가 본격화된 것은 7·29총선 과정이었다. 그 뿌리가 단독정부 수립 반대에 가 닿는 혁신계 정치인 또는 진보적 지식

---

32) 4월혁명 시기 통일운동의 전개와 성격에 대해서는 김선미, 2007 참고.

인들은 통일문제를 내세워 총선에서 보수 정당과의 차별화를 시도하
였다. 그러나 이들은 4월혁명이라는 거대한 역사적 전환에 걸맞은 새
로운 틀을 제시하지 못하였을 뿐 아니라, 용공적이라는 민주당의 이
념 공세 앞에 해명성 대응이라는 위축된 모습으로 일관하다가 설상가
상으로 후보 난립과 분열로 총선에서 참패하고 말았다. 부산에서도
혁신동지총연맹의 후보로 참의원에 출마한 정상구가 경남지역에서
당선되었을 뿐이다.[33] 혁신계의 참패로 통일논의의 확산은 중대한 고
비를 맞이하게 되었던 것이다.

　이즈음 정당 정치의 바깥에 있던 진보적 지식인과 사회단체가 사분
오열된 통일세력을 포괄하면서 통일운동의 새로운 구심을 형성하였
고, 여기에 통일운동으로 방향을 전환한 학생운동이 합류하면서 국면
은 다시 전환되어 갔다. 이러한 흐름을 중심에서 주도한 것이 민족자
주통일중앙협의회(약칭　민자통중앙협의회)와 학생 민족통일연맹(약
칭 민통련)이었다. 민자통중앙협의회는 1960년 10월 10일 준비위원회
가 발족하여 이듬해인 1961년 2월 25일 역사적인 창립을 보게 된다.
창립 당시 민자통중앙협의회는 21개 정당 및 사회단체와 4만 명이 넘
는 회원을 지닌, 순수 민간단체로서는 한국전쟁 이후 최대의 대중조
직이었다.(『민족일보』 1961년 2월 25일자) 민자통의 결성 과정은 그
자체가 자주적 통일역량을 결집하는 과정이자 통일운동의 본격적인
전개 과정이기도 했다.

　정당과 사회단체 및 특수 개인을 망라하는 독특한 조직 형태를 구
상한 것이 이종률이었고,[34] 그는 또한 민자통중앙협의회를 발의하고

---

33) 총선에서 혁신정계는 150여 명의 후보가 출마하였지만 그 가운데 민의원 5명(서
　　상일, 윤길중, 박권희, 박환생, 金星淑), 참의원 3명(이훈구, 정상구, 최달희)이 당
　　선되고 유효투표의 6%가량을 얻는데 그쳤다. 중앙선거관리위원회, 1964, 431 ·
　　435 · 444 · 448쪽.

34) 박진목 구술.(원희복, 1995, 93쪽) 이는 민민청 중앙맹부 간사장을 지낸 김금수에

준비위원회 조직을 주도한 민족건양회의 중심인물이었다.(정창현, 1991, 242~245쪽) 그리고 이러한 활동을 조직적으로 뒷받침했던 것이 바로 민주민족청년동맹이었다. 이를 위해서는 민민청 조직의 전국화가 필요했으므로 민민청 중앙맹부를 부산에서 서울로 옮기는 것과 동시에, 대구에 경북맹부를 결성하는 일이 진행되었다. 중앙맹부를 서울로 옮기면서 '암장'이 합류하였고,[35] 경북맹부는 대구지역의 청년계를 주도하던 서도원, 도예종을 중심으로 결성되었다.(『영남일보』 1961년 1월 9일자)

이후 사회당과 통일민주청년동맹준비위원회(약칭 통민청)가 합류하면서 민자통 결성은 급물살을 타면서 역사적인 창립을 보기에 이르렀던 것이다. 이에 민족건양회와 민민청은 사회당, 통민청과 더불어 민자통중앙협의회의 주류를 형성하고 남북협상통일론을 주도했던 것이다.[36]

서울에서 민자통중앙협의회가 결성된 후 부산 경남에서는 민자통지방협의회를 건설하기 위한 움직임이 전개되었다. 여기에는 혁신정당과 경남노인회의 역할이 주도적이었다. 총선이 끝난 후 경남지역의 혁신정계 역시 중앙 혁신계의 이념적 분화에 연동하여 사회대중당, 사회당, 통일사회당 등으로 재편되었는데, 이 가운데 민자통경남협의회의 결성에 참여한 것은 사회당과 사회대중당이었다. 앞서 말했듯이 노인층은 통일문제에 가장 큰 열의를 보이는 이들이다. 이들의 조직

게 다시 확인한 것이다.(김금수 구술, 2007년 민주화운동기념사업회 구술사업, 면접자 김선미) 이러한 독특한 조직을 구상한 것은 평소 그의 지론인 敵本主義的 사고에 바탕을 두고, 연대의 범위를 최대화하기 위한 것이다.

35) 부산 출신 서클인 암장의 주요 멤버인 이수병, 박중기, 김금수 등은 서울에 진학한 상태였다. 이 가운데 이수병은 학생 민통련을 주도하고, 박중기 김금수 등은 민민청에 합류하였다. 암장에 대해서는 이수병선생기념사업회 편, 2005 참고.

36) 이상 민자통 관련 부분은 정창현, 1991 ; 박찬호, 1991 ; 김선미, 2008 참고.

인 경남노인회의 주요 활동 역시 통일문제를 환기하고 확산시키는 일이었다. 따라서 노인회 구성원들은 경남협의회 결성에 가장 선두에 서서 이를 추동하였던 것이다. 그 결과 1961년 4월 18일 결성된 민자통경남협의회에서 정순종, 권손 등은 상임의장, 유혁은 사무총장을 역임하였다.

민민청 경남맹부는 지역 내에서 통일문제와 관련한 관심을 환기시키는 활동을 지속적으로 진행하여 왔다. 8월 15일 개최된 창립대회에서 민민청은 '민족통일의 긴절성과 그 방안'이라는 주제로 창립 기념 강연을 실시하고, 강연에 이어 통일방안에 대한 설문조사를 함으로써 통일문제에 대한 인식을 확산시키는 사업을 진행하였다. 11월 30일 신간회 서기장을 지낸 황상규의 서거 기념행사는 민자통경남협의회 결성을 추동하는 역할을 했다. 따라서 서울의 민민청 중앙맹부가 민자통중앙협의회 결성의 산파 역할을 했다면, 민민청 경남맹부는 민자통경남협의회를 뒷받침하고 있었던 것이다.

이렇게 민자통경남협의회는 경남의 혁신정계와 노인회, 민민청 경남맹부의 연대를 기반으로 결실을 맺었던 것이다. 또한 경남학생위원회(뒤에 경남학생총연합)와 후진성극복학생연구회를 축으로 하는 부산지역 학생층은 이를 적극적으로 지지하였다. 학생 지도부는 민민청 경남맹부 및 혁신 정치인과의 연계되어 있었던 것이다. 또한 정치적 부담 때문에 조직적인 연계를 형성하지 않았지만 경남지구교원노조연합회 역시 이 연대의 범주에 들어 있었다. 역으로 교원노조합법화 투쟁에 혁신정당, 민민청, 학생층 역시 열렬한 지지와 성원을 아끼지 않았던 것이다.

한편 11월 18일 서울대를 시작으로 전국의 대학에서 민족통일연맹 조직이 확산되면서, 이듬해인 1961년 5월 5일 민족통일전국학생연맹 결성준비위원회(약칭 민통전학련)가 결성되었다. 이는 민자통과 함께 통일운동의 또 다른 축이 형성된 것인데, 이에 맞추어 부산에서도 부산대와 수산대에서 민통련을 조직하여 민통전학련에 참가하였다. 또한 학내외를 통해 통일논의를 확산시키면서 통일운동을 전개하였다.[37]

말하자면 민자통경남협의회의 창립이라고 하는 지역 내 통일운동 주체의 형성과 그 세력화, 통일운동의 확산에는 혁신정계, 노인층, 청년층, 학생층, 교육계가 그물망처럼 연계를 형성하고 함께 함으로써 강고한 세력을 형성할 수 있었던 것이다. 그리고 이를 통해 통일운동과 통일문제에 대한 여론을 지역에서부터 떠받치고 있었던 것이다.[38]

이는 1961년 초의 '한미경제협정반대투쟁'과 '2대악법반대투쟁'에서도 동일한 양상으로 전개되었다. 다른 지역과 마찬가지로 부산에서도 2대악법반대투쟁이 특히 격렬하였다. 혁신정계와 지역 청년계, 학생층이 주도하여, 3월 13일 2대악법반대 경남공동투쟁위원회를, 3월 21일 2대악법반대 경남학생공동투쟁위원회를 결성하였다. 특히 학생층의 참여가 적극적이었는데 경남학생공투위에는 그간 부산지역 대학가의 학생운동을 주도하던 후진성극복학생연구회가 전면에 나서서 강력한 투쟁을 천명하였고, 여기에 고등학생들의 대대적인 참여가 뒷받침되었다.[39]

경남학생공투위에서는 2대악법반대투쟁에 도내의 전 대학생과 고

---

37) 1960년 11월 5일 부산대 학생 백여 명은 서면에서 "실속 없는 통일방안 유엔에 상정 말라", "외세 의존의 일방적 통일을 배격하고 중립적 무혈 통일을 제의한다"며 가두시위를 벌였다.(『부산일보』 1960년 11월 5일) 1961년 2월 11일 남성여고 강당에서는 후연회가 개최하는 '조국통일방안 시민공개토론회'에 정당, 언론인, 대학 교수들이 연사로 참여하여 토론회가 진행되었는데, 약 5백 명의 시민이 참여하였다.(『국제신보』 1961년 2월 12일)

38) 민자통경남협의회 관련 부분은 김선미, 2000 ; 2008 참고.

39) 학교 단위로 2대악법반대 시민궐기대회 등 투쟁 대열에 참여한 고등학교는 경남상고, 동성고교, 혜화여고, 부산여고, 덕명여상, 부산상고 등이었다. 『국제신보』 1960년 3월 23~26일 ; 『부산일보』 3월 24~25일.

등학교 학생까지 규합하기로 계획하였는데, 이는 때맞추어 출범한 경남학생총연합회의 등장으로 효과적으로 진행되었다. 즉 그간에 학생운동 주도세력은 부산 경남의 대학과 고등학교를 포괄하는 조직을 지속적으로 추진해 왔는데, 3월 27일 경남 도내 대학과 고등학교 학생 대표들로 구성된 경남학생총연합회가 결성됨으로써 그 결실을 보게 된 것이다. 지역 내 학생층을 포괄하는 조직의 등장은 이제 본격적인 학생운동의 개막을 알리는 것이었다.

2대악법반대투쟁에는 지역 노동계도 적극성을 보였다. 부두노조, 철도노조, 교원노조, 섬유노조, 화학노조연맹, 자동차관계노조가 중심이 된 경남노동조합 산하 80여 개 단위 노조는 2대악법반대 경남노련투쟁위원회를 결성하고 시민궐기대회 개최를 계획하였다. 노동계는 2대악법이 노동운동에 부당하고 가혹한 간섭과 파괴를 초래할 것으로 여기고 2대악법 저지를 위한 적극적 태세를 갖추었던 것이다. 그간 교원노조의 합법화를 위한 활동 과정에 노동조합 대표가 지지를 표현하기는 했으나(『국제신보』 1961년 1월 29일) 민주화운동에 사업장 단위의 참여는 매우 드문 일이었다. 경남노련의 시도는 한국노련 중앙본부의 이해할 수 없는 철회 결정으로 결국 실패로 돌아가고 말았지만 진보세력의 연대 범위를 가늠할 수 있게 하는 사건이었다.

이상과 같이 부산의 4월혁명은 혁신정계, 청년층, 노인층, 학생층, 교육계가 함께 연대를 형성하여 진행되는 민주화운동과 자주화투쟁의 과정으로 전개되었으며, 이 과정에서 전국적인 통일운동의 흐름과 교원노조설립운동을 추동하는 역할을 수행하기도 하였다.

5. 맺음말

이 연구는 지역에서 4월혁명은 무엇이었나, 그것은 구체적으로 어떤 모습 어떤 양상을 띠고 있었는가를 살펴보기 위해 마련되었다. 이를 위해 부산지역에 한정하여, 4월혁명의 지역적 전개 과정을 전국적 흐름과 궤를 같이 하면서 살펴보았다. 그 결과 지역의 4월혁명 역시 전국적 흐름에서 벗어나지 않는 지향을 가지고 있다는 것을 확인할 수 있었다. 동시에 중앙 또는 타 지역과 다른 특징적 요소들도 확인할 수 있었으며, 또한 지역에서 중앙을, 그리고 이를 통해 전국적인 흐름을 추동해내는 동력이 제공되기도 했음을 확인하기도 했다.

하지만 이 연구 역시 아직은 대체적인 상황과 흐름에 대한 파악에 그치고 있으며, 지역사를 구성하는 제 요소들에 대한 보다 상세하고 밀도 있는 분석이 필요하다고 생각된다. 이는 지역사에 대한 기존의 연구 성과에 제약된 결과이고, 따라서 이후 좀 더 세밀한 부분에 대한 점검과 보완 작업이 필요하다고 생각된다.

▣ 참고문헌

4월혁명연구소, 1990 『한국사회변혁운동과 4월혁명』 1·2, 한길사.

강만길 외, 1983 『4월혁명론』, 한길사.

김선미, 2000 「부산의 4월민주항쟁과 주도세력」, 『한국민주주의의 회고와 전망』 (최장집 외), 한가람.

______, 2008 「이종률의 민족운동과 정치사상」, 부산대 사학과 박사논문.

______, 2010 「부산지역 4·19민주항쟁의 주도세력」, 『지방사와 지방문화』 13-1.

노중선, 1985 『민족과 통일』 1(자료편), 사계절.

______, 1989 『4·19와 통일논의』, 사계절.

데레사여자고등학교, 1984『데레사三十年史』.

민주화운동기념사업회, 2008『한국민주화운동사』Ⅰ, 돌베개.

박철규, 2000「4월민중항쟁의 전개과정 ─부산」『한국민주주의의 회고와 전망』(최
　　　　장집 외), 한가람.

부산고등학교, 1960『靑潮』10호, 부산고등학교.

부산민주운동사편찬위원회, 1998『부산민주운동사』, 부산시사편찬위원회.

부산민주항쟁기념사업회 민주주의사회연구소 편, 2006『산수 이종률 민족혁명론
　　　　의 역사적 재조명』, 선인.

부산상업고등학교, 1975『釜商八十年史』.

산수이종률선생기념사업회 엮음, 2001·2002『山水李鍾律 著作資料集』1·2, 들샘.

이동일, 2000「4월민중항쟁기 부산 부두노동자와 교원노조의 투쟁」『한국민주주
　　　　의의 회고와 전망』(최장집 외), 한가람.

이목, 1989『한국교원노동조합운동사』, 푸른나무.

이종오 외, 1991『1950년대 한국사회와 4·19혁명』, 태암.

편집부, 1983『4·19혁명론』(자료편), 일월서각.

학민사 편집실 편, 1983『4·19의 민중사』, 학민사.

한국역사연구회 4월민중항쟁연구반, 2000『4·19와 남북관계』, 민연.

한국역사연구회 현대사연구반, 1991『한국현대사』2, 풀빛.

한완상 외, 1983『4·19혁명론』Ⅰ, 일월서각.

홍석률, 2001『통일문제와 정치·사회적 갈등: 1953~1961』, 서울대학교 출판부.

『국제신보』,『동아일보』,『민족일보』,『부산일보』,『영남일보』,『조선일보』.

〈구술자료〉

하상연 2000년 4월 22~23일 하동 화개 고려다원 2층(자택), 면접자 김선미.

유 혁 2000년 6월 19일 부산연합 사무실, 면접자 김선미.

유 혁 2000년 10월 18일 오후 3시 부산연합 사무실, 면접자 김선미.

최석환 2000년 3월 31일 동래호텔 커피숍, 면접자 김선미.

김상찬 2002년 10월 10일, 2002년 민주화운동기념사업회 구술사업, 면접자 김선미.

김상찬 2003년 10월 12일, 2003년 민주화운동기념사업회 구술사업, 면접자 김선미.

배다지 2002년 9월 12일 자택, 2002년 민주화운동기념사업회 구술사업, 면접자 김
　　　　선미.

배다지 2007년 5월 10일 자택, 2007년 민주화운동기념사업회 구술사업, 면접자 김
　　　선미.
조현종 2002년 8월 양정 사무실, 2002년 민주화운동기념사업회 구술사업, 면접자
　　　김선미.
이형호 2003년 8월 부산 민주공원, 2003년 민주화운동기념사업회 구술사업, 면접
　　　자 김선미.
박진목 2005년 8월 24일 서울 자택, 면접자 김선미.
김대상 2005년 9월 24일 자택, 2002년 민주화운동기념사업회 구술사업, 면접자 김
　　　선미.
이종석 2005년 8월 19일 한국일본문제연구학회 사무실, 2005년 민주화운동기념사
　　　업회 구술사업, 면접자 김선미.
김금수 2007년 4월 19일 한국노동사회연구소, 2007년 민주화운동기념사업회 제2
　　　회 현장민주화운동사 정리사업, 면접자 김선미.

제11장 제주지역의 4월혁명과 지역사회의 변화

박찬식

1. 머리말

1960년 4월혁명(4·19혁명)은 해방과 전쟁을 거치며 형성된 정치·사회·경제·문화의 여러 사회 변동의 요소들을 내포한 가운데 발발한 대한민국 정부 수립 이후 최초의 시민참여 변혁운동이었다. 이승만정권은 1950년대 한국 사회의 사회경제적 모순을 해결하지 못한 채 정권 유지를 위해 폭압적인 권력을 행사하며 부정부패를 만연시켰으며 민중들의 불만은 팽배해갔다. 이런 와중에 치러진 1960년 3·15부정선거는 이승만 독재체제에 대한 불만을 전면적으로 표출하는 계기가 되었다. 1960년 2월 28일 대구시내의 고등학생들로부터 시작된 시위는 3월 15일 마산 봉기를 거쳐 4월 전국의 주요 도시를 중심으로 확산되었고, 4월 19일을 정점으로 하여 대학생들과 교수, 시민들이 참여한 대대적인 군중시위로 발전하였다. 결국 이승만정권은 4월 26일 마침내 붕괴하기에 이르렀다.

한국현대사의 변혁 과정에서 4월혁명이 갖는 의미는 두 가지로 요약될 것이다. 첫째, 4월혁명은 대한민국의 기본이념인 자유민주주의의 보편 원리와 기본 절차를 무시한 독재정권에 대하여 교육을 통해 자유의 소중함과 민주주의 보편성을 인식한 신세대 학생과 시민층이

봉기의 주체로 나선 변혁운동이었다는 점이다. 둘째, 4월혁명은 대구·마산 등 지방으로부터 시작되어 심장부 수도를 타격한 밑으로부터의 운동이며, 국내 모든 지역이 항거에 참여한 전국적 수준의 운동이었다는 점이다.

본고의 대상인 제주지역을 뺀다면 위 두 가지 의미는 매우 위축될 수밖에 없을 것이다. 대한민국 최남단, 육지와 격리된 섬인 제주지역의 운동이 포함되면 4월혁명의 전국화는 완결될 것이라고 단순하게 생각할 것이기 때문이다. 그러나 더욱 중요한 것은 4월혁명 당시 제주지역민은 10년 전 4·3을 통해서 국가공권력이 행한 폭력의 상흔을 내재화하고 있었기 때문에 대한민국 국민으로 포섭되지 못한 사회심리적인 상태에 놓여 있었다는 점이 고려되어야 한다. 곧 제주지역의 4월혁명에 대한 고찰 작업은 지리적이 아닌 심리적인 전국화로서, 4월혁명을 진정한 전국적 민주주의 변혁운동으로 평가하는 데 중요한 자료를 제공할 수 있다고 본다.

유감스럽게도 지금까지 제주지역의 4월혁명에 대해서는 개설적인 서술조차 거의 시도된 바 없었다. 4·3연구자들 사이에서 4월혁명 이후 전개된 4·3진상규명운동에 주목한 글이 나왔을 정도이다. 이영권 씨의 1950년대 제주도 유력자 집단의 변천과 성격을 검토한 글이 있는데,(이영권, 2002) 후속 연구가 이어지지 않아서 아쉬울 따름이다.

필자는 이 글을 통해 지역신문인 『제주신보』[1] 등 신문기사와 당시 체험자의 구술자료[2]를 중심으로 우선 제주지역 4월시위의 전개과정

---

1) 『제주신보』는 1945년 해방 직후 창간된 『제주민보』를 계승하여 1946년 6월에 발행되었다. 1947년 1월 계속되는 운영난을 타개하기 위해 회사를 주식회사로 개편하였다. 1960년 4·19혁명이 일어나자 5월 4·3사건 진상 규명을 위해 제주 지역민들로부터 양민학살 진상규명신고서 1,259건을 접수하여 국회 4·3사건진상조사단에 전달하였다. 1962년 군사정부의 언론 정책에 따라 제주 지역에서 발행되던 『제주신보』와 『제민일보』는 『제주신문』으로 통합되었다. 『제주신보』는 4월혁명 당시 시위 상황을 보도한 제주지역의 유일한 신문이었다.

에 대해서 기본 얼개를 만들어보겠다는 생각이다. 원래 4월시위 이후 지역사회의 변화에 대해서도 살펴보겠다고 했지만 현재로서는 언감생심(焉敢生心)인 듯싶다. 초보적인 글이라도 일단 구성해서 발표하고, 앞으로 시간을 두고 사료를 되씹고 재구성해보고자 한다. 우선 지역사회의 변동과 관련하여 정치·사회 각 분야에서 전개된 혁명 후속활동 등을 체계적으로 정리할 필요가 있다. 특히 보수, 혁신세력, 사회운동세력들의 활동을 시간 공간적으로 교차 분석하고 그 의미와 한계를 면밀하게 분석하는 작업이 앞으로 요구된다 하겠다. 본고를 작성하는 데 큰 도움을 주신 제주지역 4월혁명의 주역이신 이문교 선생께 지면을 빌려 고마운 말씀을 드린다.

2. 4월시위의 전개과정

1) 제주지역에서의 3·15부정선거

1960년 3·15부정선거는 전국적으로 4월혁명을 촉발시킨 결정적 계기가 되었다. 제주지역에서도 관권을 동원한 부정선거의 행태가 각지에서 다양한 방법으로 표출되었다.

관권 부정선거는 1959년 10월부터 사전 준비되고 있었다. 4·19 직후 구속된 전인홍 제주도지사의 공소장을 보면, 1959년 10월 하순에 도지사실에서 국·과장, 경찰서장, 시장, 군수, 교육감 연석회의를 열어서, 전국적으로 조직되어 있는 공무원친목회를 제주도에도 조직함

---

2) 제주지역의 4월혁명의 주역인 이문교 선생(1938년생, 제주시 연동)을 대상으로 인터뷰했다.(제주시 연동 자택, 2002년 5월 16일 채록 ; 제주시 연동 소재 호텔, 2010년 6월 19일 채록)

으로써 실질적으로 도내 각 공무원들에 대한 선거운동뿐만 아니라 일반 유권자에 대한 사전 선거운동을 의논했다는 것이다. 관권 선거운동의 조직 및 운영은 고정협 제주시장에게 전임시켰고, 제주도내 읍·면 단위로 공무원친목회를 결성케 하여 선거 조직으로 활용케 하였다. 또한 친목회 소속 공무원들이 일반 유권자 25명씩 각각 포섭하여 자유당 입후보자를 반드시 당선시키도록 했다는 것이다.(『제주신보』 1960년 6월 12일자)

제주지역에서의 관권 동원 선거는 다른 지역과 다를 바 없이 중앙정부로부터 하달된 비밀지령에 따른 것이었다. 4·19를 거친 뒤 부정선거 수사에 착수한 제주지방검찰청은 선거 전 북제주군 교육감 김시형으로부터 3월 3일자 내무부 지방국장 최병환이 보낸 비밀지령서를 입수했다. "득견(得見) 즉시 소각하라"는 단서가 쓰인 지령서에는 30만원을 총무국장에게 보내니 받으라고 하고, "전 공무원은 단결하여 자유당의 이승만·이기붕 양인을 기필코 당선시키라"고 강조하였다는 것이다. 또한 제주도청에서는 매주 토요일에 국·과장, 시장, 군수, 교육감 등을 모아놓고 공무원이 선거운동에 앞장서도록 강요한 사실을 증언했다.(『제주신보』 1960년 5월 29일자)

중앙으로부터 선거자금이 유입되어 기관장급에게 전달되었으며, 경찰기관 등에서는 일반 지역민들로부터 자금을 거두어들이기도 하였다. 제주도 총무국장 100만 원, 경찰국장 100만 원, 제주·서귀경찰서장에 250만 원, 지서 주임 80만 원, 경찰단위조장 60만 원, 자유당의 도당과 시당, 시장·군수 등에게는 70만 원 등의 내역으로 자금을 뿌린 사실이 관련자 증언과 방증을 통해 드러났다고 하였다.(『제주신보』 1960년 5월 14일자 ; 29일자)

투표에 있어서도 전국적으로 행해진 부정투표 방식이 제주지역에도 실시되었다. 선거인명부에 유령인물을 기재하거나 번호표를 일체

교부하지 않고 사전 4할 투표를 하였고, 비밀경찰의 지휘 아래 3인조 공개 투표 등을 했으며, 환표(換票)나 환함(換函) 등이 행해졌다.(『제주신보』 1960년 5월 18일자)

2) 시위 준비와 좌절 : 제주대 학생그룹의 시도

4월혁명은 제4대 대통령선거일인 1960년 3월 15일 마산에서 일어난 두 차례 시위가 기폭제 역할을 하여 전국적으로 확산되었다. 4월 19일부터 서울을 중심으로 시작된 시위는 전국적으로 불길처럼 번져갔다.

그러나 제주지역의 경우 표면적으로는 전국적인 4·19시위에 아랑곳없이 평온한 상태를 유지하고 있었다. 제주도 행정당국에서는 4월 15일자로 3·15선거 후의 민심수습책을 각 시·군에 시달하였다.(『제주신보』 1960년 4월 20일자) 4월 20일 문교부의 지시에 의해 국민학교를 제외한 모든 학교가 임시휴교에 들어갔다.(『제주신보』 1960년 4월 21일자)

4월 21일 제주경찰서에 제주시내 각급 학교 대표와 도 장학진, 정당·사회단체 대표 등 20여 명이 모여서 데모 방지에 대한 사전 무마책을 논의하였다. 이 대책회의에서 조 경찰서장은 학생들이 데모를 감행할 시에는 최후 수단으로 강력한 조치를 취할 수밖에 없다는 경찰 방침을 천명함으로써 발포를 염두에 두고 있었다. 대책회의에 참석한 각계 대표들은 이구동성으로 이에 동의하였다. 특히 학교 대표들은 교사, 학부형, 사친회, 동창회 등을 총동원하여 학생들을 감시하고 있으며, 휴교령에 따라 지방학생들은 귀향시키고 교사들이 지역별로 담당하고 있다고 발언하였다.(『제주신보』 1960년 4월 22일자)

4·19를 지나 4월 26일 이승만 대통령 사퇴 때까지도 제주지역 사회는 숨죽인 듯이 고요한 상황이었다. 오히려 경찰이 시민을 억압하는 사

건이 발생하여 중앙 언론의 가십으로 보도되기도 하였다. 즉 4월 26일 사찰 형사가 "데모 사건의 책임은 민주당에 있다"며 민주당 당원을 구타하는 사건이 발생하였던 것이다.(『동아일보』 1960년 4월 28일자)

그러나 위와 같은 표면 상황과는 달리 일부 제주대학생들을 중심으로 이면에서 끊임없는 시위를 일으키려는 움직임이 전개되고 있었다. 제주지역에서의 봉기는 3·15부정선거 직전인 3월 초부터 이문교·고시홍·박경구를 비롯한 제주대학 법과 2학년생을 중심으로 용담캠퍼스와 북신로 이문교의 자취방을 오가며 사전 계획되고 있었다.3) 이들은 제주시내 6개 고등학교(제주농고, 오현고, 제주일고, 제주상고, 신성여고, 제주여고) 학생회장과 연락을 취하여 3월 7~8일을 기해 대대적인 집회 및 시위를 전개하기로 결정하였다. 그러나 이와 같은 정보를 사전 탐지한 경찰당국은 교수·교사 및 친인척 등을 총동원하여

제주지역 4월혁명의 주역인 '4·3진상규명동지회'가 당시 기념으로 찍은 사진(이문교 선생 소장)

와해 공작을 벌여서 실행에 옮겨지지 못했다. 『제주신보』 사설에도 "4 · 19사태에 곧이어 도내의 대학생 12명이 주동되어 재빨리 데모 계획을 수립하였으나 사전 탐지한 경찰의 혹독한 탄압으로 뜻을 이루지 못하였다."고 밝히고 있다.(『제주신보』 1960년 5월 1일자) 결국 전국적인 4 · 19봉기에도 제주지역은 동참하지 못하게 되었다. 4월 20일 휴교령이 내려지자 지방학생들은 귀향해 버리고 조직은 더욱 약화되어 버렸다.

3) 4 · 27시위 : 제주시내 학생이 주도한 첫 봉기

4 · 19봉기에 실패한 제주대학생들은 4월 26일 이승만 대통령의 사퇴 소식을 듣고 재결집하였다. 전국적으로 번져나간 시위대열에 참여하지 못했다는 자책감을 갖고 있던 학생들은 늦게나마 전격적인 조직화에 나섰다. 4월 26일 저녁에 관덕정 앞에 일군의 학생들이 모였으나 일정한 계획이 없는 비조직적인 모임이었다. 관덕정에 모인 이들은 경찰의 무대응을 확인하고 곧바로 밤새도록 작업하여 다음 날 대대적인 시위를 위한 조직 동원에 나서게 되었다. 각 학교별로 연락을 받은 학생들은 4월 27일 밤 9시 반을 기하여 기습적인 첫 시가지 시위를 전개하게 되었다. 당시 『조선일보』 기사를 통해 4 · 27시위 상황을 살펴보자.(『조선일보』 1960년 4월 30일자)

4월 27일 밤 9시 30분 제주시내 2개 극장이 끝나는 시간을 계기로 시내 각 중고등학교 학생 1백여 명은 오현중고교 앞을 행진하면서 전우가와 구호를 외치며 데모를 전개하였다. 골목골목마다 대기해 있던 남녀 중고교생들의 가세로 한 시간 후에는 1천 5백 명 이상으로 수가 불어났다. 이들 시위대는 시내 5개 동(일도 · 이도 · 삼도 · 건입 · 용담

---

3) 이문교 선생의 증언.

동) 중심가를 시위한 다음 급보에 놀라 가족과 같이 피신해 버린 김용학(金龍學) 경찰국장 관사에 난입하였다. 시위대는 "국장은 나와서 불법선거를 사과하라", "학원의 자유를 달라"고 외쳤는데, 그중 흥분의 극에 달한 일부 학생의 투석으로 유리창 일부가 파손되었다. 데모대는 경찰국장이 이미 피신 중임을 알고 도지사 관사 앞으로 옮겼다. 이들은 "도지사는 즉각 그 자리에서 물러나라"고 외쳤으나 전인홍(全仁洪) 지사 역시 부재중이어서 관덕정 광장에 자리 잡은 제주경찰서 앞에서 애국가를 부르며 도지사·경찰국장과의 대면을 요구했다.

이때 데모대에서 잠시 이탈했던 20여 명의 학생들은 지난 4월 21일 제주경찰서가 주최한 도내 각 기관장 회의 때 만일 본도에서 데모가 일어나면 총으로 쏘아 죽이라고 발언한 것으로 알려진 당지 영주시보사 사장 강필생(姜必生, 56세) 씨를 데모 학도들 앞으로 끌고나왔다. 흥분한 일부 학도는 강씨에게 폭행을 가했으나 즉시 주위의 데모대에 의하여 만류되었다.

4월 27일 시위 상황을 상세하게 보도한 『조선일보』 기사
(1960년 4월 30일자)

결국 하오 11시 20분 전인홍 지사가 시위대 앞에 나타나 자유당의 불법선거를 시인하고 그 자리에서 지사직을 물러날 각오가 이미 굳어진 것을 피력하고 학도들의 평화적 시위를 찬양하기에 이르러 사태는 일단 수습되어 12시 15분경 완전 해산하였다.

4) 4·28시위 : 1만 명 군중 시위, 제주도내 각 지역으로 확산

4월 28일 오전 전인홍 제주도지사는 자신과 김용학 경찰국장, 조 경찰서장, 고정협 제주시장, 좌문규 제주도 총무국장 등이 사표를 제출했음을 담화문을 통해 공표했다. 결국 전날 밤 3·15부정선거에 대한 지역 공직 책임자들의 공개사과와 사퇴를 요구하는 제주시내 학생·시민들의 대대적인 시위와 강력한 촉구를 수용한 것이었다.

전날 해방감과 자신감을 획득한 학생·시민들은 4월 28일 오후 시가지로 쏟아져 나왔다. 오후 5시 30분경 또다시 시위를 전개한 군중의 수는 1만여 명으로 늘어났다. 시위대는 오전에 담화를 통해 사퇴를 표명한 공직자들이 직접 나와서 사죄할 것을 요구하였다. 이에 김용학 경찰국장, 고정협 제주시장 등이 군중 앞에 나와서 직접 공개 사과를 하게 되었다. 이로써 4월 28일 시위는 해산하게 되었다. 이때도 전날과 마찬가지로 경찰은 물론 무장한 군인들도 군중들의 요구에 따라 시가지에서 철수했다. 시위 군중들은 자유당·경찰서 등 간판을 파괴하며 시가지를 마음껏 행진하였다.(『경향신문』 1960년 4월 29일자)

제주시에서 비롯된 시위는 4월 28일부터 각 읍·면 지역으로 확산되어 갔다. 조천면 함덕리에서는 4월 28~29일에 걸쳐 2백여 명의 함덕중고교 학생과 수많은 일반 주민들이 3·15부정선거를 규탄하는 데모를 전개했다. 4월 28일 밤 9시 반부터 약 70여 명의 함덕중고교 학생들이 데모에 돌입하자 백여 명의 일반 면민들도 학생데모 대열에 참가하였다. 이들은 "학원의 자유를 달라", "자유당 정부는 물러가라", "도의원·면의원은 사퇴하라" 등 구호를 외치며 마을 골목길을 행진하였다.(『제주신보』 1960년 5월 1일자)

4·28시위 때 제주경찰국 앞에 모인 시위대가 경찰국장에게 항의하는 광경. 경찰관 정복을 입은 사람이 김용학 경찰국장이다. 그 옆에 상반신을 벗은 학생은 제주대학생 고공영(상과)이며, 스피커를 잡고 있는 사람은 제주대학생 이문교(법과)이다.(이문교 선생 소장)

또한 조천면 조천리에서는 데모대가 조천면장 집 앞에 연좌하여 면장직을 사퇴하라고 촉구하였다. 김 면장은 데모대 앞에서 면장직을 물러날 것을 약속하였고, 자유당 조천면당위원장 이은행 씨는 3·15부정선거에 책임을 느껴 자유당을 탈당함은 물론 신문지상을 통하여 면민들에게 사과문을 발표하겠다고 약속하였다.(『제주신보』 1960년 5월 1일자)

시위에 참여한 학생들은 시위와는 별개로 4·19 희생자들에 대한 성금을 모금하는 운동을 전개하기도 하였는데, 각 지역의 학생들도 이에 호응하였다. 중문의 청년·학생이 주도하여 4월 28일부터 모금하였고, 조천에서는 4월 28일 하루에 모금이 이루어졌다. 한림에서는 한림중고교 학생들이 주도하여 4월 29일 하루에 7만 5천여 환이 모금되었다.(『제주신보』 1960년 5월 1일자)

5) 4·29시위 : 3천 명 집회, 시가행진

4월 29일 사흘째 시위가 계속 이어졌다. 이날은 저녁 또는 밤에 시작된 4·27, 4·28시위와는 달리 오후 3시부터 관덕정 집회로부터 시작되었다. 관덕정 앞 광장에 모인 시위대는 "민주학원에 자유를 달라", "참다운 민주국가를 건설하자", "학도는 사태수습에 선봉이 되자"고 쓰인 현수막을 들고, "경찰은 중립을 지켜라", "권력으로 모인 돈 국민에게 돌려라", "학원에 자유를 달라" 등의 구호를 외치면서 집회를 시작하였다. 오후 4시가 넘자 각급 학교 학생 1천여 명이 모였고, 주위에는 2천여 명의 일반 대중이 운집하여 관덕정 앞 광장은 3천여 명의 인파로 뒤덮였다.

관덕정 앞 광장에 모인 시위대 데모에 들어가기 앞서 오후 4시 15분 문종채(제주대 법과 3년)의 사회로 애국학생궐기대회를 열고 4·19 희생학도에게 1분간의 묵념을 올린 후 선언문 낭독(제주대 상과 2년 고공영), 결의문 낭독(제주대 법과 2년 이문교), 호소문 낭독(제주대 법과 3년 고순화) 등을 통해 3·15부정선거를 규탄하였다. 기성세력을 불신하는 여덟 가지 구호를 강종홍(제주대 국문과 1년)의 선창으로 소리높이 제창하였으며, 대회장 고익조(제주대 수의과 4년)는 개회사를 통해 "불의와 부정에 항거하는 데 만시지감이 있으나 우리 학도는 한결같이 단결하여 앞으로 학도로서의 책임을 다할 것이며 일체의 난동은 절대 삼가라"고 강조하면서 어디까지나 평화적인 데모를 하여 지금부터는 사태 수습 방향으로 나가자고 촉구하였다.

4시 50분 대한민국 만세삼창으로 공식적인 집회가 끝나자 학생시위대는 동서로 나눠서 관덕정 앞을 출발하여 동문로터리, 서문통 일대, 산지 일대 등을 힘차게 행진하였다. 시가행진 과정에서 일부 학생시위대는 부정선거 관련자와 부정세리를 규탄하자는 기세를 올려 세관과 세무서 세관장 집에 투석하여 유리창이 파괴되기도 하였다. 이날 무장한 육군 군인은 경찰청사 앞과 검찰청 주변을 경비하였다.

한편 제주대학생 30여 명은 궐기대회가 끝나자 즉시 검찰청으로 향하여 연좌하여 3·15선거를 규탄하는 구호와 부정선거 하수인, 부정세리, 부정공무원을 처벌하라는 구호를 외친 후 원택연(元澤淵) 검사장을 대면하였다. 학생들은 검사장에게 △ 부정선거 하수인 처벌 △ 부정재물 취득자 처벌 △ 부정공무원 처벌 △ 협박사건 진상규명 △ 고발고소 등 5개 조항의 요구 사항을 내걸어 강력한 처리 방침을 촉구하였다. 이를 둘러싸고 검사장과 시위대 사이에 한 시간 가까이 토론이 벌어졌다. 이때 검찰청 주위에는 2천여 명의 군중이 이 광경을 구경하였다. 원 검사장은 "이번 학도들의 영웅적인 의거로 이승만정부와 자유당 정권이 물러가 여러분이 원하는 대로 참다운 민주주의가 온 것이니, 여러분은 학원으로 돌아가 학업에 충실하기 바라며 건설적인 일에 힘써주기 바란다"고 간곡히 부탁하였다. 이어서 시위대의 요구사항 중 부정선거 하수인 문제 외의 것은 확증만 있으면 검사장이 의법조처 할 수 있으나 부정선거 하수인 처벌 문제는 이제 내각이 조직되고 국가방침만 세워져 대검찰청장으로부터 지시가 있어야 집행할 수 있는 것이며 또 이에 따라 행동을 할 것이니 지방검찰청에서 마음대로 할 수 없는 것이라고 설명하고 한계를 명백히 하였다.

4월 29일 시위 당시 학생들에게 해명하고 있는 원택연 검사장과 운집
한 시위대의 모습(이문교 선생 소장)

　이날 시위대는 산발적인 시가행진과 데모를 전개하였으며, 시가행
진에 돌입한 지 한 시간이 지나자 각 학교별로 해산하기 시작하여 오
후 7시가 지날 무렵 거의 해산하였다.(『제주신보』 1960년 5월 1일자)
이로써 3일 간에 걸친 제주시 중심의 4월 시위는 마무리되어 갔다.
　그러나 읍·면 지역의 주요 마을에서는 4월 29일 이후에도 산발적
으로 시위가 발생하였다. 조천리에서는 전날에 이어 4월 29일 약 3백
명의 학생·청년이 섞여서 시위를 전개하여 "애국학도 흘린 피로 이
나라 건설하자", "독재정치 물러났다" 등 구호를 외치면서 조천면장과
자유당 면당위원장 이은행 씨에게 직접 공격적인 질문을 던졌다. 시
위대는 첫째 3·15선거 시 투표함을 개봉하고 야당 표 3백여 매를 바
꿔친 자들의 명단을 밝히라, 공직에서 물러가라 등 10개 조목을 내걸
었다. 시위대 앞에서 김 면장과 이 위원장은 3·15선거의 책임을 지고

사퇴를 약속했으며 과오를 사과하였다.

같은 날 조천면 신촌리에서도 중고교생과 일반민 약 백 명이 데모에 참가하여 신촌리사무소 앞에서 결의문을 낭독하고 신촌리 출신 부면장과 리장, 신촌수리조합장은 그 직에서 물러나라고 외쳤다. 또한 함덕리에서도 28일 시위에 이어 29일 시위에서 2백여 명의 시위대는 부인회 회장 집 앞에서 부인회 간부들의 사임을 요구하였고 일부 반공청년단 간부에게도 3·15부정선거의 책임을 지고 물러나라고 외쳤다. 이날 데모는 저녁 7시 반부터 밤 10시까지 전날과 같이 구호를 외치며 궐기하다가 해산하였다.

또한 표선면에서는 표선중고교 학생 약 4백 명이 4월 30일 12시부터 3·15부정선거를 규탄하는 시위를 행하고 오후 2시 반 해산하였다. "자유당 앞잡이는 모든 공직에서 물러가라"는 등 구호를 외치며 시가를 행진한 뒤 해산하였다.(『제주신보』 1960년 5월 1일자) 애월면 하귀리에서는 5월 1일 저녁부터 시위가 벌어져 경찰지서 주임과 국민학교 교장에게 물러가라고 외쳤으며, 우도리에서도 4월 29일 시위가 전개되었다.(『제주신보』 1960년 5월 3일자)

6) 5·1위령제의 거행 : 사태 수습, 선무대 출범

사흘 동안 대대적인 시위를 마무리한 제주대학을 포함한 제주시내 남녀 각 고등학교 학생 대표는 4월 30일 오후 제주신보사 중역실에서 회합하여 향후 대책을 논의하였다. 이 자리에서 학생 대표들은 우선 4월 29일 밤으로 데모는 일단락 지을 것으로 합의하고, 사태 수습을 위한 '학생연합선무대'를 구성하여 하루 빨리 질서를 회복하는 데 힘을 모으자고 합의하였다. 이들은 제주시를 제외한 지방에서 일어나고 있는 데모와 파괴 행동을 진압하는 데 힘쓰기로 하여 제주도 동서 양

쪽으로 수습을 위한 '계몽선무반'을 급히 파견하기로 하였다. 또한 5월 1일 오전 10시에 제주시내 관덕정 광장에서 '4·19희생학생합동위령제'를 열기로 결의하였다. 이 위령제에는 제주시내 학생 시민은 물론 지방 학생들의 많은 참가를 요망하였다.(『제주신보』 1960년 5월 1일자)

5월 1일 치러진 4·19희생학도합동위령제에는 제주대학 및 제주시내 각 고등학교 학생 공동주최로 관덕정 광장에서 1천 5백여 명의 남녀 중·고·대학생과 40여 명의 각 기관 대표, 중·고 교장, 유지, 그리고 수백 명의 시민이 모인 가운데 거행되었다.(『제주신보』 1960년 5월 2일자) 위령제는 오전 11시 30분 국민의례를 시작으로, 4·19희생학도에게 1분간의 묵념, 청혼과 독경(조계종회)을 끝마친 후 영전경례와 분향(제주대학생 대표)을 하였다. 이어서 경과보고와 조문 낭독, 조사를 행한 후 회향과 염불, 내빈과 학도 대표들의 소향이 행해졌다. 3발의 조포가 발사된 뒤 참석자들은 학도호국단의 노래를 제창하여 12시 30분에 행사는 끝났다.

이날 위령제에 참석한 학생들은 젊은 피를 흘려 민권을 되찾은 영혼 앞에 경건한 마음으로 명복을 빌었으며, 각 학교 대표와 재경학우회, 중앙대학 학우회 대표들은 조사를 통하여 그들이 그토록 원하고 갈망하던 참다운 민주주의가 4·19혁명에 쓰러진 젊은 애국 학도들의 의거로 말미암아 이 땅에 민주의 새 싹이 트고 민주의 승리로 돌아갔다고 축원하면서 남아있는 학생들은 이 갸륵한 유지를 받들어 이 땅에 불의와 불법이 없는 민주사회를 건설하겠다고 맹서하고 영령의 명복을 빌었다.

위령제를 거행한 이후 학생들은 4·19희생자 조위금 모금운동과 더불어 사태 수습을 위한 선무대 활동에 나섰다. 우선 4월 27일부터 29일까지 시위 전개 이후 학생들은 4·19희생학도에게 보내는 조위금 갹출운동을 전개하였다. '4·19희생학도합동위령제준비위원회'는 합동위령제를 마친 뒤 시민들에게 감사의 뜻을 표명하고, 모금된 조위금 가운데 3만 원을 4·19시위로 서울에서 희생된 삼양동 출신 안창원의 유가족에게 5월 3일 전달했다.(『제주신보』 1960년 5월 5일자) 제주대 학생들도 '제주대학 애국상해학생 구호모금운동반'을 조직하여 모금운 동에 적극 나섰다.(이문교 선생 소장 '모금 호소문' 전단, 1960년 5월 26일)

사태 수습을 위한 학생선무대는 제주대학생을 중심으로 하여, 4월 30일 인원을 제주도 동서지역으로 나눠서 4일 간에 걸쳐서 순회활동 을 펼쳤다. 이들은 데모의 사전 방지와 수습, 경찰과 행정의 기능 회 복, 민원 파악에 주력하면서 치안 유지에 성과를 거두었다. 선무대의 활동을 종합한 결과, 사적 보복 행위, 관에 대한 불평, 기관장의 사퇴 요구, 기성세력에 대한 불신 등이 주로 시위 분위기를 지배하고 있었 다. 선무대는 일주도로 주변의 마을과 읍면 소재지의 동태를 살피고 여론을 수집하면서 행동하는 한편 계몽도 병행하였다.(『제주신보』 1960년 5월 5일자) 또한 각 학교 학생들은 4월 30일부터 임시로 치안 대를 편성하고 사태 수습을 위한 선무공작에 나서기도 하였다.

선무대의 활동에도 불구하고 읍·면지역에서는 끊임없이 학생 데 모가 일어났다. 모슬포에서는 5월 4일 오전 9시부터 대정중고교 학생 6백여 명이 대정면사무소, 경찰지서, 우체국, 대한부인회 사무실과 학 교 등 각 관공서를 포위하여 책임자로부터 말단직원에 이르기까지 개 별적으로 부정선거 책임을 물어 사과를 받고 즉각 공직에서 물러나라 고 촉구하였다.(『제주신보』 1960년 5월 6일자) 한림중고교 학생들은 5월 4일 학교 교정에서 8백여 명이 모여서 합동위령제를 열고 평화적인 데모를 전개하였다. 이 시위에서 학생들은 자유당 당직자는 물러나라 고 외쳤다.(『제주신보』 1960년 5월 6일자) 서귀농업고교 학생들은 5월 4일 학생회의를 열고 이기휴 교장에 대한 사표를 건의하였다. 5월 5일

이 교장은 학생 대표들이 입회한 가운데 사표를 제출하였다고 한다.
(『제주신보』 1960년 5월 7일자)

당시 제주도 읍·면지역 시위는 다른 곳과는 달리 관공서와 국민학교는 물론 교직자들까지 한 사람 빠짐없이 부정선거 연루사실에 대해서 추궁하고, 마을 단위의 부정선거 협조자 또는 자유당 관련자들을 심판하였다는 특징을 보여주고 있다. 이 점에 대해서는 앞으로 마을 단위 조사·연구를 통해서 미시적으로 검토해야 할 것으로 보인다.

3. 4월시위 이후 지역사회의 변화

1) 4월시위 이전 지역사회의 동향

1945년 해방 직후 제주지역 사회에서는 일제 식민지 권력을 대체할 신진세력으로 급속히 대체되었다. 이들은 인민위원회를 중심으로 민중들의 강력한 지지 속에 새로운 정치사회질서를 창출하고자 하였다. 인민위원회 중심의 자치운동 움직임은 미군정의 통치와 맞물려 친미 정치인의 등장과 친일 행정관료·경찰간부의 재등장을 불러왔다. 1947년 3·1사건은 '민족 대 반민족'의 구도 속에서 민족·민중적인 새로운 체제를 지향하는 세력이 공권력에 의해 일선에서 후퇴하는 계기가 되었다.(박찬식, 2006)

4·3을 거치면서 제주의 민족적이고 사회주의적인 청년급진세력이 무장봉기를 일으켰지만, 오히려 강력한 탄압에 부딪혀 제주도민 3만여 명이 희생되는 참화를 겪었다. 4·3 이후 극우반공체제의 권력구조가 급속히 자리 잡으면서 제주도민들은 군·경 중심의 극우세력에 대한 공포심을 마음에 품고 살았다. 4·3을 거치면서 진보적이고 민

족적인 인사들은 제거되었고, 제주지역을 대부분 떠났다. 제주에 남아있는 인사들은 철저하게 반공국가체제에 순응하여갔다. 제주의 권력구조는 외래 군·경 출신들이 완전히 장악하였고, 제주지역의 토착세력은 급격하게 약화되었다.(이영권, 2002) 4·3의 과정에서 남로당 또는 무장대에 가담하지 않았으면서도 행정·교육·법조·언론계 유력 인사들이 즉결 처분되었다.

1950년 6·25한국전쟁은 제주지역의 권력구조를 더욱 우익·외래세력 위주로 굳어지게 만들었다. 전쟁의 와중에 27,000명의 보도연맹원들을 별도로 관리했을 뿐만 아니라 그 가운데 1천여 명을 예비검속시켜 총살하였다. 1950년 8월에 있었던 '제주도 유지사건'은 외래 군부세력이 토착세력을 억압한 대표적 사례로서, 법원장·검사장·제주읍장 등이 계엄군 정보과장(대위)에 의해 사형 직전까지 몰렸다.(4·3진상규명위원회, 2003)

1950년대 이승만정권이 반공국가체제를 공고히 해나가는 가운데 4·3으로 인한 억압적 분위기가 다소 완화되어갔다. 적성지대로 여기던 중산간 마을로 주민복귀사업이 추진되었고, 전쟁 과정에 설치된 모슬포 육군 제1훈련소가 해체되었다. 또한 군·경 당국에 의해 봉쇄되었던 모슬포 예비검속 학살자 유골이 1956년 수습되어 '백조일손지묘'가 조성되었다. 외지 출신자로 임명되던 제주도지사와 제주지방법원장에 제주 출신이 임명되었다. 물론 경찰 수뇌부는 계속 외지인이 장악하였다. 1958년 5월 2일 실시된 제4대 국회의원 선거에서 야당인 민주당 후보 고담룡이 당선된 것은 우익권력구조하에서 빚어진 변화의 모습이라고 할 수 있다.

2) 4월시위 이후 지역사회의 변화

4월혁명은 제주지역 사회에 커다란 변화를 가져왔다. 전국적인 4·19시위의 전개와 4·26정권붕괴 과정에서 국가공권력의 기조가 무너지자, 지역사회를 지탱하던 공권력 체계도 함께 크게 동요하였다. 제주지역 학생들은 4월 27~29일 시위를 통해 3·15부정선거를 행정, 경찰, 관변단체가 주도한 것으로 지목하고 이들 공조직의 대표자를 시위대 앞에 소환하여 공격하는 수순을 밟았다. 즉, 시위 과정에서 전인홍 제주도지사를 비롯하여 제주도청 좌문규 총무국장, 김용학 경찰국장과 고정협 제주시장, 김○○ 제주도반공청년단장 등에게 3·15부정선거에 대한 책임을 문죄하였고, 공직에서 물러날 것을 촉구하고 확약 받았다. 중앙의 정세에 비교적 둔감하였던 자유당계 고위 공무원들에게는 커다란 충격으로 다가왔다. 도민의 대의기관인 제주도의회도 예외가 아니었다. 5월 초 도의회 의장 김도준이 사임 의사를 표명하자 5월 3일 후임으로 강영술을 선임하였다.(『제주신보』 1960년 5월 4일자)

4·19 한 달 후인 5월 19일자 『제주신보』 기사에는 제주지역 정치사회 권력의 변화상이 다음과 같이 잘 묘사되어 있다.

고귀한 피의 대가로 제2공화국이 이루어진 오늘 이 섬에서는 어떠한 변혁을 가져왔던가! 지난 4월 27일을 기하여 본도에도 학생봉기가 시작되어 며칠 동안을 두고 파상적으로 지방으로 파급되었다. 3·15부정선거에 관여한 각급 공무직장의 책임자들은 물러서라고 외쳤으며 각급 남녀중고교와 대학에서는 학생들이 주동이 되어 목숨을 나라에 바친 영령의 명복을 빌었으며 각계에서의 정성어린 조위금은 490여만 환이나 모여지고 있다.

중앙에는 과도정부가 3·15부정선거의 원흉들을 처단하는 한편 모든 부패의 원인을 제거하기 시작하였으며 본도에서도 도백을 위시한 경찰

수뇌, 시장 등이 자리를 물러섰다. 국회는 소수의 민주당이 지도적 위치를 차지하게 되고 다수의 자유당이 국민 앞에 머리를 숙여 내각책임제 개헌을 서두르는 일방 민권을 박탈하는 독재의 이기로 쓰여 오던 헌법을 뜯어고치기 시작하였다.

본도에서도 자유당 도당부는 해체나 다름없이 와해 상태가 되고 말았으며 민주당 도당부는 당세 확장 등 힘찬 전진으로 발길을 옮기고 있다. 도의회는 갈팡질팡하다가 의장만을 개선하고 부의장만은 공석이 되고 있다. 이리하여 민주 의욕에 부풀어 오르면서도 멀리 떨어진 섬이란 위치적 조건과 다년 간 관권에 짓밟힌 압제로부터 호흡이 막힌 채 살아오던 도민에게도 민권을 다시 찾고 새 생활을 설계해 보려는 기쁨을 누리게 되었다.

즉, 제주지역 사회의 변화상을 크게는 부정선거에 앞장선 기존 공직자 배척과 청산, 지역 정치권력의 변화로 거론하였다. 이외에도 학원민주화의 바람, 통일운동의 전개, 4·3진상규명의 움직임, 교원노조 설립운동 등을 들 수 있다.

① 기존 공직자의 배척 운동

전인홍 제주도지사와 김용학 경찰국장은 시위 과정에서 사퇴 의사를 밝혔는데, 결국 중앙의 명령에 의해 4월 30일자로 지사직과 국장직에서 해임되었다. 제주도의회 김도준 의장이 사임했으며, 고정협 제주시장도 5월 16일 사임하였다. 원택연 검사장도 5월 26일 사임하였다. 5월 25일에는 제주지방검찰청에서 중앙의 지시에 의해 1차로 부정선거 관련자 전 지사 전인홍, 전 총무국장 좌문규, 전 경찰국장 이창훈, 전 경찰국 제2과장 현채성 등이 입건되었다.(『제주신보』 1960년 5월 27일자) 이외에도 각 읍·면장, 제주도농사원장, 일부 학교장 등이 사퇴하였다.

제주도의회 또한 김도준 의장이 사임하고 강영술 의장이 새로 선임됐지만, 제주대학생들은 근본적으로 도의회의 해산을 강력하게 촉구

하였다.(『제주신보』 1960년 5월 5일자)

② 학원민주화운동

5월 6일 제주대학에서는 8백여 학도 일동의 명의로 결의문을 다음과 같이 채택하였다.(『제주신보』 1960년 5월 7일자 ; 이문교 선생 소장 문서)

1. 우리는 어용기관인 학도호국단을 해체함과 동시에 학생자치기구를 조직하여 학원의 자유를 사수한다.
1. 우리는 도내의 최고의결기구인 도의회의 즉각 해산을 요구한다.
1. 우리는 현금 정치적 전환기를 이용하여 무절조하게 어부지리를 득하려는 정상배를 경계한다.
1. 우리는 4·19의 의거정신을 전승하고 차후 민주주의 발전에 암이 되는 사실이 있을 때는 붉은 피를 뿌려 이를 배격하고 순국할 것을 엄숙히 결의한다.

이에 따라 제주대학생들은 우선 학장 및 어용교수를 배척하는 데 나섰다. 제주대학 조현하(趙晛夏) 학장은 5월 6일 4백 명이 참석한 임시긴급학생총회의 결의에 따라서 사표를 제출하였다.(『제주신보』 1960년 5월 7일자) 나아가 학원의 질서를 바로잡는 데 나섰다. 학도호국단을 자치학생회로 개편하였으며, 학원의 비리와 비민주적 운영을 청산하였다. 이러한 학원민주화운동은 공개조직인 '제주대학학생자치위원회'를 중심으로 전개되었다. 자치위원회는 5월 9일 '제주대학 4·19 이후 사태수습대책위원회'를 별도로 구성하여 학원 정상화, 도의회 해산 요구 등 대내외적인 후속 활동을 전개하였다.

공개적인 자치위원회와는 별도로 1961년 3월 18일 '4월혁명과업완수 제주대학투쟁위원회'가 조직되었는데, 혁명정신을 모독하는 특정인 및 기관을 규탄하는 데 앞장서기로 결의했다.(『제주신보』 1961년 3월

21일자) '투쟁위원회'는 특히 중앙에서 조직한 특검활동을 감시하는 활동을 전개하였다. 1960년 12월 23일 혁명과업을 처리·완수하기 위한 '특별재판소 및 특별검찰부 조직법'이 공포되었다. 이에 따라 특별검찰부가 구성되었는데, 특검부는 30명의 검찰관과 각 도마다 15명의 조사위원을 구성하였다. 그러나 특검의 활동은 공소시효와 정부의 미온적인 대응으로 제대로 수사가 이루어지지 않았다. 특히 '투쟁위원회'는 새로이 민선 도지사에 당선된 강성익의 자유당 정치자금 제공 문제가 불거지자 이에 대한 특검의 조사가 미진한 데 대해 강력하게 반발하였다.(이문교 선생 소장 문서) 4월혁명을 주도한 제주대학생들은 이렇듯이 끊임없이 학원과 지역사회를 향한 대내외적인 정치사회적 발언 공간을 확보하여 갔다.

③ 지역 정치세력의 재편

4월혁명을 거치며 제주지역에서도 자유당 정치세력은 거의 청산되었으며, 민주당 세력이 서서히 확장하게 되었다. 민주당 내부에서는 중앙과 마찬가지로 구파와 신파 간 내분이 커져가고 있었다. 진보정당 또한 처음으로 제주지역에 등장하여 한국사회당 출신의 김성숙(金成淑)이 7·29총선에서 자유당 출신의 현오봉을 누르고 남제주군 민의원으로 당선되기도 하였다. 김성숙은 제주도 3개 선거구 중에서 최고 득표인 13,114표로 당선되었다. 그는 기자들에게 "사회정의 신념에 힘쓰고 4월혁명 정신을 되살려 민족정의의 반영에 진력함으로써 정치사회·경제·문화 등 각 분야의 발전 향상의 길을 개척하겠다."고 당선 소감을 밝혔다.(『제주신보』 1960년 7월 31일자)

12월 12일 제3대 제주도의회 의원 선거가 실시되었으며, 12월 19일에는 시읍면의회 선거가 치러졌다. 이어서 12월 26일에는 제주시장 및 읍면장 선거가 실시되어 제주시장에 김차봉이 당선되고, 3명의 읍장과 10명의 면장이 당선되었다. 12월 29일 1960년도에 마지막으로 치러진 제주도지사 선거에서 서귀포 출신의 무소속 강성익(康性益)이 여당인 민주당 김선옥 후보를 누르고 당선되었다.

④ 통일운동 추진

4월혁명 직후 한국 사회에서 나타난 특징적인 현상 중의 하나가 민간 통일 논의와 통일운동의 분출이었다. 7·29총선 직후부터 신문, 잡지, 각종 토론회, 강연회를 통해 민간 차원의 통일 논의가 확산되는 양상이 나타났다. 당시 민간 차원의 통일 논의는 크게 중립화통일론과 남북협상론을 중심으로 이루어졌다. 이러한 상황에서 4월혁명의 주역이었던 학생층은 자연스럽게 통일 문제에 민감하게 반응하였다. 1960년 9월부터 고려대·서울대 등에서 통일문제토론회가 개최되었다. 그리고 서울대 민통련의 조직을 필두로 전국 각지의 대학에서 다양한 명칭을 내걸고 학생 통일운동단체들이 만들어지기 시작했다.

제주도에서도 제주대학생을 중심으로 '한국통일문제연구회'(대표 이문교)가 조직되었다. 통일문제연구회는 1960년 11월 13일 제주시내 중앙극장에서 한우회(漢友會)와 공동으로 통일방안 모색을 위한 공청회를 개최하기도 하였다.

⑤ 4·3진상규명운동 전개

4·19가 일어나자 우선 10여 년간 입을 굳게 다물었던 4·3 피해유족들은 거리낌 없이 자신들의 경험을 털어놓았고, 자유당 정권이 몰락하자 4·3에 대한 공개적인 논의가 처음으로 이루어졌다. 4월혁명은 한국전쟁과 이승만 반공독재체제하에서 제주지역민들이 국가에 대하여 가졌던 공포감에서 벗어나 누적된 불만을 한꺼번에 분출시키는 결정적 계기가 되었다. 4·19 직후 '무고한 양민(良民) 학살' 담론이

신문기사를 통해 형성되어 갔다. 10여 년간 입을 굳게 다물었던 4·3 피해유족들은 거리낌 없이 자신들의 경험을 털어놓았다. 이 시기는 사자(死者)를 '죄 없는 양민'으로 보는 주민들의 보편적인 인식이 확산되는 과정이었다.

1960년 5월, 고순화·고시홍·박경구·양기섭·이문교·채만화·황대정 등 제주대학생 7인이 '4·3사건진상규명동지회'를 조직하여 4·3 진상규명운동을 전개하였다.(『제주신보』 1960년 5월 25일자) 이들은 『제주신보』 광고란에 호소문을 게재하여, "4·3사건의 진상을 하루빨리 규명하여 사건 당시 양민을 학살한 주동자들을 엄정하게 처벌할 것과 인간의 탈을 쓴 야수와 같은 행위로써 양민학살, 방화 등을 자행한 주동자와 졸도들을 고발하여 법의 심판을 받게 하고 죄 없이 죽어간 원혼을 위령할 것"을 정부와 제주도민들에게 호소하였다.(『제주신보』 1960년 5월 26일자) 이어서 5월 27일에는 제주도 남제주군 모슬포에서 유가족 등 주민 60여 명이 집회를 열어 1949년의 '특공대 참살 사건'과 1950년 '예비검속 사건' 등의 진상 규명을 호소하였다.(『제주신보』 1960년 5월 31일자)

1960년 5월 23일 국회에서 거창·함양 등지의 양민학살사건에 관한 조사단이 구성되자, 제주 출신 국회의원 김두진이 제주4·3사건의 진상도 조사하여야 한다고 발의하였다. 국회는 이를 받아들여 경남반(반장 최천)의 조사지역을 확대하여 6월 6일 하루 동안 제주 4·3의 진상조사를 실시하게 되었다.(『제주신보』 1960년 6월 1일자) 이러한 결정이 내려지자 당시 제주신보사는 6월 2일자 사고(社告)를 내고 '4·3사건 및 6·25 당시 양민학살 진상규명 신고서'를 접수하여, 국회 조사단에 제출하기 위한 준비에 나섰다. 촉박한 일정이었지만, 6월 10일까지 기한을 연장하면서 제주신보사에 접수된 피해 건수는 총 1,259건, 인명피해는 1,457명에 달했다.(『제주신보』 1960년 6월 13일자) 이

신고서를 접수한 제주신보의 신두방 전무는 6월 23일 제주시 외도동에서의 일가족 10명 학살사건의 가해 경찰을 검찰에 고발하여 '학살 고발 제1호'로 기록되기도 했다.(『제주신보』 1960년 6월 24일자)

1960년 6월 6일 제주도의회 의사당에서 열린 국회조사단의 증언 청취 자리에서 10년 동안 한을 품어온 희생자 유족들은 처음으로 말문을 열었다. 이들은 모두 학살 당시의 불법성과 잔인성을 폭로하고 희생자들의 죽음이 억울함을 호소했다. 이 자리에서 국회조사단 조일재 의원은 총살을 집행한 군인이나 경찰 등을 증인으로 소환할 것을 요청했고, 박상길 의원은 가해자 처벌에 대한 시효문제가 제기되자, 국회에서 특별법을 제정하여 처리하겠다고 밝혔다.(『제주신보』 1960년 6월 7일자)[4]

1960년 6월 6일 단 하루 동안 대한민국 국회가 제주도 현지에서 실시한 4·3진상조사는 제주도민들로 하여금 기대감을 부풀게 하였으나, 형식적이고 의례적인 조사에 그쳤다. 이들이 상경한 뒤 국회 차원에서 4·3에 대한 논의는 전혀 이루어지지 않았다. 국회의 4·3에 대한 규정은 '양민학살 사건'이었고, 제주도내 언론과 제주시의회 역시 이러한 공적 인식과 같은 맥락에서 접근하였다.

1960년 7월 『조선일보』에 4·3의 실상을 기고한 고창무(高昌武)는 "수습이 안 되니 일주도로를 경계로 하여 산촌부락은 전부 소각하는 가혹한 작전을 감행하니 잔여 부락은 해안선에 연(沿)하여 있는 부락뿐이었다. 소각당한 부락민은 불의의 변을 당하여 해안부락에 이거(移居)한 사람도 있었지만 대부분은 입산하니 25만 도민을 적으로 만든 기묘한 작전이었다. 해안부락의 주민은 낮에는 당국의 감시와 살육에 떨고 밤이면 반도의 보복행위에 전전긍긍 주야 좌우협공을 당하여 유혈의 참극만 더할 뿐이었다."고 하여, 정부의 진압작전의 무모함

---

4) 「국회조사단 활동 속기록」.(제민일보 4·3취재반, 『4·3은 말한다』 3권에 수록)

을 비판하였다.(『조선일보』1960년 7월 17일자 ; 24일자) 고창무 또한 제주지역민의 무고함을 강조하는 논조를 편 것이다.

4월혁명 공간 시기에 4·3 사자에 대한 기억은 국가가 강제한 '빨갱이', '폭도', '공비'에서 '무고한 양민', 죄 없는 희생'으로 변화했다. 제주지역민들은 국가가 진상규명과 명예회복의 과제를 실천해 주기를 바랐고, 특히 가해자 처벌의 요구도 봇물같이 쏟아져 나오게 되었다.

한편 4·19 직후의 달라진 분위기 속에서도 제주도 토착세력은 4·3진상규명 움직임에 대한 극도의 불안감을 드러내었다. 고담룡·현오봉·김두진 등 세 국회의원은 "(진상규명이) 좌익세력에 역이용되지 않도록 냉정과 신중을 기해야 한다"고 선을 그었다.(『제주신보』1960년 5월 25일자) 언론에서는 제주도내 각계 유지들의 동향을 "조그마한 불평에도 공산당시 당해 온 도민의 강박관념은 이제 놀라움과 초조로 변한 듯싶으며 때가 때인 만큼 혼란을 예상하여 주저하는 기색들이었다. 국시가 반공이니 공산당은 마땅히 몰아내야 되고 이 나라 과도기를 호시탐탐 노리고 있는 북한괴뢰의 침략을 막기 위해선 안정된 시기를 폭로의 때로 택해야 된다."고 표현하였다.(『제주신보』1960년 5월 26일자) 이성근 경찰국장 또한 "4·19혁명은 공산국가는 물론 독재국가를 배척하자는 데 일어난 것이니 도민은 이런 시기일수록 신중을 기하여 양민학살을 가장한 적색분자의 역이용을 막아내야 한다"고 말했다.(『제주신보』1960년 5월 26일자)

4월혁명으로 인한 지역권력층의 동요와 더불어 기존 반공체제의 붕괴가 곧 자신들의 지위에 변화를 가져올 수 있다는 인식이 확산되었음을 알 수 있다. 그러나 제주 지역사회는 이러한 기존 권력집단의 보수적이고 미온적인 움직임에 동조하지 않았다. 결국 7·29총선에서 정부 수립 이후 처음으로 혁신계 정당인 한국사회당의 김성숙이 남제주군 선거구 민의원으로 당선되었음이 이를 반증한다.

⑥ 교원노동조합의 결성과 활동

4월혁명은 어린 학생들의 희생 속에 이루어졌다. 학원에서 이를 목격한 교사들의 반응은 남다를 수밖에 없었다. 대구지역 학생시위인 2·28의거에서도 나타나듯 이승만정권은 부정선거를 위해 노골적으로 교육과 학교라는 공간을 이용하였고, 따라서 교사들은 남다른 부채의식을 가지게 되었다. 자연스럽게 4월혁명 직후부터 전국 각 지역에 교원노동조합이 결성되었다. 1960년 4월 29일 대구·경북지역의 교사들을 중심으로 교원노조 준비위원회가 결성되었고, 5월 이후 전국 각 지역으로 확산되었다.

제주지역에서는 1960년 5월 17일 '제주시교사조합'이 제북교 강당에서 제주시 관내 국민학교 교사 109명이 모인 가운데 학원 자유를 기약하며 결성되어 발족하였다. 이 교사조합은 제주시내 13개 국민학교 교원을 중심으로 조직되었는데, 결성대회에서는 학원의 민주화와 자주적인 독립, 교권 확립, 교육의 정화를 위해 교원들의 단합을 결의하였다. 이 교사조합은 정식 교원노조를 만들기 위한 전 단계 조직체로 만들어졌는데, 초대 조합장은 제북교 교사인 이양구가 선출되었다.(『제주신보』 1960년 5월 19일자)

제주시교사조합은 6월 22일 내려진 문교부장관의 교원노조 해체 명령에 자극받아 6월 29일 문교부장관을 규탄하는 데모를 벌였다. 제주시 관내 13개 국민학교 남녀 교사 130여 명으로 구성된 데모대는 이날 오후 6시 동국민학교 교정에 결집하여 마이크차를 앞세우고 관덕정 광장-서문통-제주신보사-구세관-칠성통-도립병원-제주극장 등을 거치면서 "이(병도) 문교장관의 비민주적 담화를 규탄한다", "대한교련은 즉시 해체하라"는 등의 플래카드를 들고 구호를 외치며 시위 행진하였다.(『제주신보』 1960년 7월 1일자)[5]

---

5) 이날 채택된 결의문 요지는 다음과 같다. "우리 교육자는 민주주의의 국시에 단

이러한 준비 과정을 거쳐서 결국 8월 13일에는 '제주도교원노동조합연합회'가 서귀국민학교 강당에서 초등교사 35명이 참석한 가운데 결성되었다.(『제주신보』 1960년 8월 15일자)

4. 맺음말 : 제주지역 4월혁명의 성격과 의의

1960년 4월혁명으로 분출된 자유와 민주주의의 열망과 새로운 사회와 국가 건설의 진로는 다음해 5·16군사쿠데타로 다시 막혀버렸다. 정변 발생 이튿날인 5월 17일 제주지역 4월혁명의 주역인 제주대학생 이문교·박경구가 검거되어 옥고를 치렀다.(『한국일보』 1961년 11월 11일자)6) 4·3진상조사에 앞장섰던 제주신보사 신두방 전무 또한 검거되어 고초를 겪었다. 1961년 6월 15일 경찰이 직접 지휘하여 전년도에 건립된 '백조일손위령비'를 부숴서 땅에 파묻어 버렸다.(이도영, 2000, 76~78쪽) 4·3은 극도의 반공·군부·독재국가체제 속에 금기의 단어가 되어버렸다. 지역 권력은 철저하게 극우반공체제에 순응한 토착세력 위주로 편성되었다.

제주현대사를 총괄해서 볼 때 제주지역의 4월혁명은 1947년 3·1집회, 1948년 4·3항쟁 당시 5·10단독선거 거부 이후 사라진 대중적 집회 및 시위의 부활이었다. 반공 이데올로기에 짓눌려 있던 제주지역

결하여 4월혁명 정신에 의한 교육의 민주화 촉진과 교원 대우 개선, 교육의 자주 중립을 기하기 위하여 법이 보장하는 근로자의 권리를 행할 수 있는 교원노조 모체인 교사조합을 조직한 우리들은 총궐기하여 이문교장관의 담화를 규탄하여 과거 비민주적 학교 운영의 기수를 다루던 일반 말단 교육공무 행정가들이 반성함이 없이 어용단체였던 교육회 가입을 강요하여 우리 조합 육성에 반동적인 행위를 도전하는 한 우리의 투쟁은 불사한다."

6) 이문교 선생의 증언.(제주시 연동 자택, 2002년 5월 16일 채록 ; 제주시 연동 소재 호텔, 2010년 6월 19일 채록)

의 시민들은 4월혁명을 거치면서 자유주의와 민주주의의 기본저항권을 인식하게 되는 소중한 경험을 하였다. 4월혁명을 통해 최초로 가두로 진출해 대규모 시위를 전개하여 전 시민적 역량을 결집한 것은 제주지역민들에게 지대한 정치사회적 영향을 미쳤고 민주주의를 생생하게 체험하게 하였다.

제주지역의 4월시위가 타 지역에 비해 늦었던 이유는 지리적 격리, 정보의 부재라는 외적 변수 외에 4·3으로 인한 국가공권력에 대한 위축감, 반공 이데올로기, 레드 콤플렉스 등 지역사회 내부의 보수적인 분위기를 들 수 있다. 또한 제주지역 사회의 공동체성 때문에 보안 유지가 힘들고 지인들에 의해 회유 또는 억압받아서 봉기에 적극 나서지 못하는 점도 지적해야 할 것이다.

제주지역의 4월혁명은 타 지역과 마찬가지로 학생운동으로 시작하여 시민운동으로 확대되었고, 지역사회를 변혁시켜 놓았다. 제주대학생이 주도하고, 중고등학생들이 참여하고 시민계층으로 외연이 확장되었다. 이들 혁명의 주체세력은 봉기 및 시위에 그치지 않고 4월혁명 공간을 적극 활용하여 '4월혁명 완수사업'을 수행하였으며, 지역사회의 정치사회적 지형을 변화시켰고, 전국적인 통일운동에도 적극 가담하였다. 학원민주화운동을 전개하였으며, 과거사 해결운동으로서 지역의 최대 현안인 4·3진상규명운동을 전개하였다. 또한 4·3으로 인한 레드 콤플렉스를 뚫고 7·29총선에서 혁신운동계열의 국회의원을 당선시키는 파격을 보이기도 했다.

4월혁명 이후 민주화의 진전 과정은 1년 뒤 5·16군사쿠데타로 좌절되었지만 제주지역 학생·시민계층의 변혁운동의 역사적 자산이 되었다. 4월혁명은 역사적 변화를 거쳐 1980년대 제주지역 민주화운동의 자산이 되었고, 주민사회운동으로 이어지는 밑바탕이 되었다. 앞으로 제주지역의 4월혁명에 대해서는 후세대의 민주화 교육 자료로 전승될 수 있도록 올바른 자료 정리와 역사 기록이 있어야 할 것이다. 또한 4월혁명의 정신과 원동력이 새로운 제주지역사회의 발전을 일구어나가는 원천이 되길 기대해 본다.

▣ 참고문헌

강용삼·이경수, 1984『대하실록 제주백년』, 태광문화사.

김석준, 1998「제주지역의 선거(1948~1992) – 개괄적 검토와 재해석」『제주사회론』 2, 한울아카데미.

김영범, 2005「4·3은 아직 끝나지 않았다」『4·3과 역사』 5, 제주4·3연구소.

김종민, 1999「4·3 이후 50년」『제주4·3연구』(역사문제연구소·역사학연구소·제주4·3연구소·한국역사연구회 편), 역사비평사.

민주화운동기념사업회, 2010『4월혁명과 한국의 민주주의』, 4월혁명 50주년 기념 학술토론회 발표자료집.

민주화운동기념사업회 연구소, 2008『한국민주화운동사』 1.

박찬식, 1999「4·3연구의 추이와 전망」『제주작가』 2, 실천문학사.

______, 2006「1947년 제주3·1사건 연구 – 집회와 총파업 주도세력을 중심으로 –」『한국사연구』 132.

______, 2007「'4·3'의 공적 인식 및 서술의 변천」『한국근현대사연구』 41.

이영권, 2002「제주도 유력자 집단의 변천과 성격」『4·3과 역사』 2, 제주4·3연구소.

이은진, 2004『근대 마산 – 압축된 모순의 폭발지』, 경남대학교 출판부.

제주4·3사건진상규명및희생자명예회복위원회, 2003『제주4·3사건진상조사보고서』.

제주도, 2006『제주도지』 제3권.

『경향신문』, 『동아일보』, 『제주신보』, 『조선일보』.

이문교 선생 소장 문서 및 인터뷰 녹취록.

찾아보기

ㅈ

기타

필자소개

(원고게재순)

▶ **정근식** · 서울대학교 사회학과 교수
민주화운동기념사업회 한국민주주의연구소 소장
『기지의 섬 오키나와』(2008), 『경계의 섬 오키나와』(2008), 『식민
지 검열: 제도 · 텍스트 · 실천』(2010).

▶ **석원호** · 경북대 · 안동대, 시간강사
「胡適自由觀的特徵與演變」(2004), 「馮友蘭自由觀初探」(2007),
「馮友蘭의 자유와 인생경지」(2010).

▶ **김은경** · 인하대학교 사회과학부 강사
『한국사회과학사연구』(공저, 2006), 『인천근현대문화예술사연구』
(공저, 2009)』, 「조르주 바타이유(Georges Bataille)의 『폭풍의 언덕』
해석에 대한 비판적 연구」(2005), 「문화도시의 충족조건: 인천
남구의 문화환경정책을 중심으로」(2006), 「매니페스토(Manifesto)
가 지방선거에 미친 영향」(2007), 「박정희체제의 지배양식에 대
한 비판적 연구 — 음악정책을 중심으로」(2010).

▶ **서규환** · 인하대학교 사회과학부 교수
『현대성의 정치적 상상력』(1993), 『정치적 비판이론을 위하여』
(2006), 『비판적 현대성의 정치적 이론』(2006), 『박인환, 정치적
메타비판으로서의 시세계』(2008), 『열린 총체성의 해석과 정치』
(2009), 『더 많은 민주주의와 비판시민사회』(2010).

▶ **윤상진** · 인하대학교 다문화 및 사회통합연구센터 상임연구원
『민주노동당 지지층의 투표행태와 정치의식』(공저, 2006), 『한
국대통령 통치사료집 I 』(공편, 2010), 「인천지역 시민사회운동
을 통해 본 인천시민사회의 성격에 관한 연구: 비교역사적 분

석을 통하여」(2003), 「인천지방정치의 발전과정과 전망: 제1대 인천시의회구성(1952~1956)부터 제4대 민선 지방정부 구성까지 인천시의회를 중심으로」(2006), 「김대중의 정당정책과 국민통합」(2010), 「정당의 권력획득과 지지동원 전략: 박정희, 김대중을 중심으로」(2010).

▶ **송규진** · 고려대학교 아세아문제연구소 HK연구교수
『日帝下의 朝鮮貿易硏究』(2001), 『통계로 본 한국근현대사』(2004), 「일제강점초기 '식민도시' 대전의 형성과정에 관한 연구-일본인의 활동을 중심으로」(2002), 「4·19시기 대전지역의 사회운동-대전일보·중도일보를 중심으로」(2002), 「일제하 '선만관계'와 '선만일여론'」(2009), 「조선의 '관세문제'와 식민지관세법의 형성」(2010).

▶ **박만순** · 충북역사문화연대 운영위원장
「청주시 현대사지도 제작과정과 수록내용」(2008), 「한국전쟁기 청원군에서의 민간인학살」(2008), 「진보적 여성운동가 류금수의 생애」(2009).

▶ **엄한진** · 한림대학교 사회학과 부교수
「재이슬람화와 정치개방」(2004), 「근본주의: 유토피아와 이데올로기 사이에서」(2005), 「프랑스 이민통합 모델의 위기와 이민문제의 정치화」(2007).

▶ **신병식** · 상지영서대학 행정학과 교수
「한국의 토지개혁에 관한 정치경제적 연구」(1992), 「한국 현대사와 제3의 길-여운형, 김구, 조봉암의 노선을 중심으로」(2000), 「박정희 시대의 일상생활과 군사주의-징병제와 '신성한 국방의 의무' 담론을 중심으로」(2007), 「라캉 정신분석과 권력개념: 초자아와 권력의 양면성」(2009).

► **이성호** · 동국대학교 사회학 문학박사, 전북대학교 강사

『근대항구도시 군산의 형성과 변화』(공저, 2006), 『전북지역 노동운동의 역사 다시 쓰기』(공저, 2009), 『전북지역 민주노조운동의 전환과 모색』(공저, 2009), 『전북지역 민주노조운동과 노동자의 일상』(공저, 2009), 「한국전쟁과 지역주민의 대응」(2009), 「신빈곤층 사회적 네트워크의 해체와 대응전략」(2009).

► **오승용** · 전남대학교 5 · 18연구소 연구교수

『분점정부와 한국정치』(2005), 『세계화, 국가, 시민사회』(2006), 『5 · 18의 기억과 역사 4』(2010), 「민주화 이후 정치의 사법화에 관한 연구」(2009), 「노무현정부 시기의 대통령 − 의회관계 연구」(2009), 「민주화 이후 국회생산성 추이 분석: 대통령 − 의회관계를 중심으로」(2010), 「한국 민주주의의 위기와 법의 지배」(2010).

► **김선미** · 부산대 사학과 비정규직 교수

『부산민주운동사』(공저, 2003), 「이종률의 민족운동과 정치사상」(2008), 「부산지역 4.19 민주항쟁의 주도세력」(2010).

► **박찬식** · 제주대학교 강사

『4 · 3과 제주역사』(2008), 「'4 · 3'의 공적 인식 및 서술의 변천」(2007), 「제주의 6월 항쟁」(2007).